Béla Bartók
Weg und Werk
Schriften und Briefe

Herausgegeben
von Bence Szabolcsi

Bärenreiter
Verlag

Deutscher
Taschenbuch
Verlag

Dieses Buch enthält Beiträge von
Zoltán Kodály
Bence Szabolcsi
Ernő Lendvai

Auswahl der Briefe und Abbildungen:
János Demény

Bibliographie der Schriften:
András Szőllősy

Diskographie, zusammengestellt von
László Somfai
Verzeichnis der Werke Béla Bartóks

Januar 1972
Gemeinsame, ungekürzte Lizenzausgabe
mit freundlicher Genehmigung des Corvina-Verlages, Budapest
im Bärenreiter-Verlag Karl Vötterle KG Kassel Basel Tours London
und im Deutschen Taschenbuch-Verlag GmbH & Co. KG München

Umschlaggestaltung: Celestino Piatti
Satz und Druck: Druckerei Franklin, Budapest
Bindung und Umschlag: C. H. Beck'sche Buchdruckerei Nördlingen
Printed in Hungary
ISBN 3-423-04085-8 (dtv)
ISBN 3-7618-0244-7 (Bärenreiter

Das Buch

Béla Bartók (1881–1945) ist einer jener wenigen Musiker, in denen sich musikalischer Genius mit echtem wissenschaftlichen Ethos verbindet. Als Komponist gilt er als einer der bedeutendsten und eigenwilligsten Repräsentanten der Musik des 20. Jahrhunderts, und als Erforscher der osteuropäischen Folklore leistete er Bahnbrechendes auf dem Gebiet der Musikethnologie. Diese beiden Seiten seiner Doppelbegabung stehen miteinander in engstem Zusammenhang, ergänzen einander und fördern sich gegenseitig. Bartóks Weg als Künstler und Wissenschaftler nimmt im ungarischen Heimatland seinen Anfang und ist ohne die spezifischen musikalischen und allgemeinen politischen und geistigen Probleme Ungarns, mit denen er sich mit aller Intensität seines kompromißlosen Charakters auseinandersetzt, nicht denkbar. Schon früh überschreitet er jedoch als Forscher die Grenzen seines Landes und gewinnt als Musiker aus den uralten volksmusikalischen Schätzen, die er in Osteuropa, der Türkei, Nordafrika und Kleinasien sammelt, in zielstrebiger Arbeit mehr und mehr jene Internationalität und Weltgeltung, die sein Werk auszeichnen. — Der vorliegende Band enthält in seinem ersten Teil Arbeiten über Leben und Werk Bartóks, die deshalb einen gewissen Grad von Authentizität besitzen, weil sie aus der Feder von Forschern und Künstlern stammen, die Bartók persönlich kannten, zum Teil eng mit ihm zusammen arbeiteten. Den überwiegenden Teil des Buches nehmen aber Schriften und Selbstzeugnisse Bartóks ein, seine Selbstbiographie, Arbeiten über Wesen und Methode der Volksmusikforschung, die sich jedoch niemals im rein Fachlichen erschöpfen, sondern stets eine Beziehung zur politischen und geistigen Situation der Zeit herstellen. Die Briefsammlung bietet eine sorgsam kommentierte Auswahl aus allen Lebensabschnitten des Meisters, angefangen in den Budapester Studienjahren bis hin zu den letzten Jahren der Emigration in New York. Der Anhang enthält ein Werkverzeichnis, eine Bibliographie der Schriften Bartóks sowie eine Diskographie, die unter anderem Bartóks eigene Klavierinterpretationen vollständig verzeichnet. So versteht sich das Buch in erster Linie als Dokumentation. Diesen Charakter dürften auch einige ältere Arbeiten des ersten Teils beanspruchen, etwa die Aufsätze Kodálys, die als Dokumente der geistigen Auseinandersetzung in der neuen Musik zu gelten haben.

Inhalt

Schriften über Bartóks
Leben und Werk

Den Text der Bartók-Biographie von Bence Szabolcsi haben wir mit der freundlichen Erlaubnis vom Verlag Philipp Reclam jun., Reclam übernommen

Das Leben Béla Bartóks

Von Bence Szabolcsi

Umwelt, Herkunft, Jugendjahre 1881–1906

Die Zeiten der epochalen Wandlungen, die großen historischen Krisen haben die ihr eigentümlichen Vertreter und Wortführer: Schöpfergestalten, deren Werk gleich einem Seismogramm die Bewegung der inneren Kräfte ihrer Zeit und Gesellschaft aufzeichnet und zum Ausdruck bringt. Der Prozeß selbst mag sich in solchen Fällen in hundertfacher Gestalt im Wollen und Wirken zahlloser Zeitgenossen spiegeln; den eigentlichen Kern und zugleich das Wort der Lösung besitzt jedoch nur jene schöpferische Persönlichkeit, in der nicht nur der Wille zum Wandel, sondern auch das Gesetz des entstehenden Neuen, das Bewußtwerden der gesellschaftsbildenden Kräfte, zum erstenmal und am klarsten zutage tritt. Eine solche Gestalt war in der Musik des zwanzigsten Jahrhunderts Béla Bartók.

Scharf, für immer unvergeßlich, hat sich seine Gestalt jedem eingeprägt, der ihm einmal begegnet ist. Und das ist um so bedeutsamer, als der große Musiker niemals auch nur den geringsten Wert darauf gelegt hat, seine Persönlichkeit hervorzuheben oder zu stilisieren. Er konnte sich den größten Luxus seiner Zeit erlauben: aufrichtig und wahr zu sein. Und was seine Kunst zum größten Teil nicht verriet, kann seine Umgebung — seine Familie ebenso wie seine Bauernsänger und jugendlichen Schüler — bezeugen, daß nämlich im Innersten dieser unendlich komplizierten Schöpferpersönlichkeit schlichte und warme Menschlichkeit wohnte.

Bartók war mittelgroß von Gestalt und hatte eine nervöse, zarte Konstitution; doch trug dieser gebrechliche, von Krankheiten angegriffene, beinahe schmächtige Körper ein leuchtendes Haupt; feurige nußbraune Augen mit durchdringendem Blick, die sich beim Klavierspiel oder bei der Diskussion weit öffneten und aufblitzten; eine gewölbte Stirn, deren einst wellige, später kurzgeschorene Haarumrahmung besonders an den Schläfen früh ergraut war; eine feingeschnittene Nase und ein schmaler, energischer Mund — es gab Menschen, auf die all dies den Eindruck einer mittelalterlichen asketischen Mönchsgestalt machte. Seine Hände waren zart und schmal, von artistischer Feinheit, und drückten doch zugleich außergewöhnliche Kraft aus. Seine Bewegungen vor der Öffentlichkeit hatten oft etwas Unstetes, manchmal wirkten sie indes gemessen, sein Gang war rhythmisch wiegend und zielbewußt zugleich. Noch deutlicher aber zeigte sich die Kraft in dem häufigen Zurückwerfen des Kopfes. Wer Béla Bartók beim Klavierspiel gesehen hat, wird sich erinnern, daß in seinen Bewegungen, in seinem Sichrecken, Vorstoßen und Zusammenzucken etwas Pantherartiges, etwas Raubtierhaftes, Unheimliches lag. Eine Brille benützte er nur bei der Arbeit. In seinen jüngeren Jahren (1910–1912) trug er eine Zeitlang einen Zwicker. Mehrmals, aber immer nur für kurze Zeit, ließ er sich Bart und Schnurrbart wachsen. Zu seiner nervösen Konstitution stand in eigentümlichem Widerspruch, daß seine Stimme überraschend tief, sehr diszipliniert und von ruhigem Klang war und daß er sehr klar, schlicht, gleichsam verhalten, sachlich und konzentriert sprach. Eine Zeitlang kannten wir ihn als starken Raucher — auf seinen Fotografien »mit der Zigarette zwischen den Fingern« ist jedenfalls eine seiner charakteristischsten Gesten festgehalten.

Das ist das Bild Bartóks im vollen Mannesalter, wie wir ihn in den zwanziger und dreißiger Jahren sahen, also zwischen seinem vierzigsten und sechzigsten Lebensjahr. Das Bild des jungen Bartók mag in einigen Zügen abweichend gewesen sein, wie auch diejenigen ein anderes Erinnerungsbild von ihm behalten haben werden, die ihn gegen Ende seines Lebens in Amerika kannten. Fotografien aus dieser Zeit legen davon Zeugnis ab. Sein Gesicht war wohl schon leidender und eingefallener, seine Haltung zusammengesunkener, seine Bewegungen matter und seine Augen verschleiert. Dennoch blieb das Bild dieses Menschen im großen und ganzen unverändert; und dieses Bild ist das einer Persönlichkeit großer Spannungen, eines Künstlers und Kämpfers, in dem alle Gegensätze und aller Aufruhr seiner Zeit mit konzentrierter Kraft zusammenstoßen; das Bild des Menschen, der Energiequelle und Antenne zugleich ist und mit beispielloser Wachsamkeit und gereizter Empfindlichkeit bei jedem Zucken der Welt aufhorcht und in seinem Innern die Stimme einer heraufkommenden Epoche formt.

Die Zeit, in der Bartók wirkte, und auch schon die, in der

er geboren wurde, war eine Zeit großer politischer Spannungen. Auch seine Heimat, das Ungarn der Jahrhundertwende, trug die Keime schwerer Krisen und Umwälzungen in sich. Nachdem es in den Jahren 1848/49 gegen das Österreich der Habsburger einen tragisch endenden Kampf um seine Unabhängigkeit geführt hatte, brachte es 1867, auf Grund einer scheinbaren Gleichberechtigung, einen »Ausgleich« mit der Wiener Regierung zustande. Unter der ruhigen Oberfläche gärten große Widersprüche, und die Monarchie der Habsburger war eigentlich schon gegen Ende des Jahrhunderts sichtbar im Zerfallen. Neben den nationalen Gegensätzen zwischen Ungarn, Deutschen, Tschechen, Italienern, Serben, Rumänen traten immer deutlicher auch die sozialen Gegensätze hervor. Das Schreckensbild der nahenden Revolution veranlaßte die Regierung bald zur Nachgiebigkeit, bald zu terroristischen Maßnahmen. Die einzelnen nationalistischen Strömungen wurden stärker und stärker. In Ungarn löste die beginnende großstädtisch-bürgerliche Lebensform eine noch nahezu mittelalterlich-feudale Welt ab. Die Lage des Bauerntums wurde infolge der raschen, gewaltsamen Kapitalisierung des Landes immer schwieriger, die Arbeiterschaft begann sich eben erst zu organisieren; und von entscheidendem Einfluß auf die ganze Atmosphäre war die sich verschärfende Spannung zwischen den Großmächten Europas. Als Bartók zu Nagyszentmiklós, am 25. März des Jahres 1881, die Welt erblickte, schien die »lange europäische Friedenszeit« der Jahrhundertneige angebrochen zu sein. Eine Friedenszeit war es wohl, aber mit den Ansätzen großer Konflikte im Innern. Auch für die europäische Musik war sie eine Übergangsperiode, eine »Dämmerstunde«. Mussorgski war soeben gestorben, Wagner und Liszt lebten und wirkten noch (es waren ihre letzten Lebensjahre), Brahms stand auf der Höhe seines Ruhmes, Verdi vor seinen letzten großen Werken, der junge Strauss und der junge Debussy hatten kaum ihre Studien beendet. Von alledem drang um 1880 gewiß nichts in das Leben eines ungarischen Provinzstädtchens.

Die Familie Bartók stammte, wie die Nachforschungen D. Dilles ergaben, aus Nordungarn, vom Rande des alten Oberlandes, und übersiedelte von dort nach Südungarn. Béla Bartók der Ältere, der Vater des Komponisten, war Direktor der landwirtschaftlichen Schule in Nagyszentmiklós (jetzt: Sînnicolau Mare, Rumänien). Er war ein begabter, gebildeter Mann, auch in der ländlichen Abgeschlossenheit voller Initiative, in dessen Heim das Kind eine warme, anregende Umgebung gehabt haben mag. Seine Ehefrau, geborene Paula Voit, die Mutter des Komponisten, war eine außerordentlich energische, ernste Frau, die ihre Kinder, Béla und Elza, selbst noch unter verhältnismäßig ungünstigen Umständen, nach dem frühen Tod des Vaters (1888), in angemessener Weise weiterzuerziehen vermochte.

Frau Bartók wirkte als Lehrerin, zuerst in Nagyszőllős, dann in Pozsony, in Beszterce und von 1894 an wieder in Pozsony. Durch zähe Arbeit sicherte sie den ihrigen den Lebensunterhalt. Die genannten Städte waren die Schauplätze der ersten Entfaltung des Knaben, außerdem noch Nagyvárad, wo er ein Jahr lang das Gymnasium besuchte. Nagyvárad (Großwardein, heute Oradea Mare in Rumänien) und Pozsony (Preßburg, heute Bratislava in der ČSSR) zählten im alten Ungarn zu den Städten mit großer Vergangenheit und entwickelter Kultur. Sie bildeten auch den Rahmen für ein anspruchsvolleres Musikleben. Nagyszentmiklós, Nagyszőllős und Beszterce hingegen waren Kleinstädte, wo es für eine musikalische Ausbildung von europäischem Niveau kaum Gelegenheit gab.

Der Knabe war ein ernstes, stilles, häufig kränkelndes Kind; er begann erst spät zu laufen und zu sprechen, aber um so früher zeigte sich seine musikalische Begabung. »Als er drei Jahre alt war, bekam er eine Trommel«, so erinnert sich die Mutter, »die machte ihm große Freude; wenn ich Klavier spielte, setzte er sich auf sein Stühlchen, vor ihm stand die Trommel auf einem Schemel, und er gab genau den Takt an. Wenn ich vom Dreivierteltakt zum Viervierteltakt überging, hörte er einen Augenblick zu trommeln auf, dann fuhr er im entsprechenden Takt fort; ich sehe ihn noch vor mir, wie er tiefernst und aufmerksam mein Spiel begleitet. Manchmal gab es bei uns Zigeunermusik — bei besonderen Gelegenheiten —, dann winkte er, wir sollten ihn hinbringen, und er hörte mit erstaunlicher Aufmerksamkeit zu; die Gäste konnten sich nicht satt sehen, wie ein solch kleines Kind so stark von der Musik gefesselt wurde. Mit vier Jahren schlug er auf dem Klavier mit einem Finger die ihm bekannten Volkslieder an; vierzig Lieder kannte er, und wenn wir den Textanfang eines Liedes sagten, konnte er das Lied sofort spielen. Er hatte schon damals ein gutes Gedächtnis ...«

Der Vater des kleinen Bartók spielt Cello in einem Amateurorchester. Das erste Konzert findet im Gasthof von Nagyszentmiklós statt. Hier begegnet das Kind zum erstenmal einem Orchester. Die Ouverture zu Rossinis »Semiramis« wird gespielt; der Knabe ist entzückt, er begreift nicht, wie die anderen Leute bei Musik essen können; »von nun an hatte er keine Ruhe mehr«, sagt die Mutter, »er bat mich, ihm Klavierunterricht zu geben...« So beginnt er, im Alter von fünf Jahren, sich die Grundkenntnisse der Musik anzueignen. Zwei Jahre später entdeckt man sein absolutes Gehör. »Als er neun Jahre alt war, fiel ihm einmal nach Tisch, während ich im Nebenzimmer schlief, eine Melodie ein, die er noch nie gespielt und noch nie gehört hatte. Auf dem Klavier konnte er sie nicht spielen, weil er mich nicht wecken wollte, aber als ich aufwachte, erzählte er es mir. Sofort spielte er die Melodie, es war ein Walzer, aber ganz anders als alles, was er bis dahin gehört hatte. Dann komponierte er rasch hintereinander verschiedene Tanzstücke und auch anderes... Als er in der Schule von der Donau hörte, vertonte er den Donaulauf von der Quelle bis zur Mündung ins Schwarze Meer; ich schrieb das sowie auch seine anderen kleinen Stücke mit seiner Hilfe in Noten auf...«

Elf Jahre zählt er, als er im Frühling 1892 bei einem Wohltätigkeitskonzert in Nagyszőllős zum erstenmal öffentlich auftritt. Er spielt unter anderem den Satz einer Beethoven-Sonate und seinen *Lauf der Donau*. »Da gab es riesigen Applaus und große Begeisterung...« Schon merken einige Musiklehrer auf, und als dann in Pozsony ein Sohn Ferenc Erkels, des bedeutenden ungarischen Opernkomponisten, László Erkel, den kleinen Béla Bartók unter seine Fittiche nimmt, schlägt seine musikalische Entwicklung eine bestimmte Richtung ein. Der *Lauf der Donau* ist das umfangreichste der erhalten gebliebenen Frühwerke Bartóks. Aus ihm sowie aus einigen anderen Kindheitskompositionen, vor allem aber aus dem bisher Gesagten können wir uns bereits ein Bild von den ersten Eindrücken machen, die an das Gemüt des Kindes rührten. In den Klavierstücken leuchten — neben gewissen Salontanz-, Tschardasch- und Liedimpressionen — Elemente Haydns, Mozarts und Schumanns auf; dann erscheinen Beethoven, Rossini.

In Beszterce begleitet der zwölfjährige Knabe Violinsonaten von Beethoven und das Violinkonzert von Mendelssohn auf dem Klavier. Hier tritt also der Abglanz der Klassiker und der in die Provinz gelangten »klassischen Romantik« in Erscheinung; aber immer wieder ist auch die volkstümliche ungarische Musik der Zeit da, die Zigeunermusik und die volkstümlichen Lieder, der ungarische Liederschatz am Ende des Jahrhunderts.

Hier müssen wir innehalten, um dieses ungarische musikalische Milieu, das zuerst auf Bartók einwirkte, ein wenig zu erläutern. Diese Ausführungen werden wir im weiteren in verschiedener Hinsicht benötigen; erstens um Bartóks Verhältnis zum ungarischen Publikum zu verstehen, zweitens um sein Streben nach einem modernen ungarischen Interpretationswesen besser zu erfassen, und schließlich auch, um die Bedeutung der Aufführungen und der Erfolge der Bartókschen Werke im Ausland zu erkennen.

Die ungarische Musik kann sich auf eine ansehnliche Vergangenheit berufen. Die älteste Schicht der ungarischen Volksmusik enthält (wie dies gerade Bartóks und Kodálys Forschungen bewiesen haben) noch asiatische Elemente aus der Zeit der Völkerwanderung. Im Mittelalter zeigten sich — neben der Kirchenmusik — schon die Spuren einer gewissen höfischen Musikkultur. Die frühesten erhalten gebliebenen Musikdokumente aus dem sechzehnten Jahrhundert spiegeln bereits eine eigentümliche nationale Kunstmusik im Bereich des epischen Gesanges. Im siebzehnten Jahrhundert setzt auch die Entwicklung der Instrumentalmusik ein, größere Formen treten in Erscheinung, und das in drei Teile zerrissene, unter türkischer und österreichischer Knechtschaft leidende Land ist nach den ihm zur Verfügung stehenden Möglichkeiten bestrebt, seiner Musikkultur einen festeren Rahmen zu geben (Residenz-Orchester, Virginalmusik). Das achtzehnte Jahrhundert bringt die Entfaltung der Musik in den Studentenkollegien und den Schülerchören und einen Aufschwung der neueren ungarischen Volksmusik, vor allem aber zeitigt es einen neuen, farbigen und geschmeidigen, schwung- und gefühlvollen Tanzmusikstil, den »Verbunkos« (so benannt nach der unter Musik und Tanz vor sich gehenden Werbung von Soldaten), der im ganzen Lande volkstümlich wird. Die Musik der Zigeuner, die in Ungarn seit dem fünfzehnten Jahrhundert nachweisbar ist und eigentlich als Vorbereitung dieses Stils gelten kann, vermischt ihn mit Elementen des Balkans und des Ostens und verbreitet ihn im ganzen Lande. Sie besteht dem Wesen nach in einer Vortragskunst von außerordentlicher Buntheit, Geschmeidigkeit und Nuanciertheit. Am Ende des achtzehnten Jahrhunderts, ganz besonders aber zwischen 1810 und 1850, steht der neue Stil schon so kraftvoll in Blüte, daß er im Allgemeinbewußtsein (auch des Auslands) als »die« ungarische Musik par excellence gilt und daß sich die großen ungarischen Werke der Romantik auf ihm aufbauen: die ungarische Oper (Ferenc Erkel), die ungarische sinfonische Dichtung und die Kirchenmusik (Franz Liszt, Mihály Mosonyi), natürlich auch die Klavier- und Kammermusik. Nirgends fehlen jedoch die unentbehr*li*chen deutschen und italienischen Elemente. Was von Haydn bis Brahms, von Weber bis Massenet im Ausland als »ungarische« Musik bekannt wurde, war ausnahmslos Musik im Stil dieser volkstümlichen Kunstmusik, die Musik des »Verbunkos«, des »Csárdás« (Tschardasch) und des volkstümlich komponierten Liedes.

Diese volkstümliche »nationale« Musik hatte freilich ihre historische Funktion: Sie repräsentierte ein bestimmtes musikalisches Allgemeinbewußtsein, sie faßte — besonders zur Zeit der patriotischen Opposition gegen den Habsburg-Absolutismus (1850–1860) — die verschiedenen Gesellschaftsschichten des Landes, den Adel, das Bürgertum und eine gewisse Schicht der Bauern, zu einer Einheit zusammen, ohne daß sie jedoch mit der echten Volksmusik etwas zu tun gehabt hätte. Sie ist am besten von Liszts Ungarischen Rhapsodien und Brahms, Ungarischen Tänzen her bekannt. Man weiß, daß diese Musik keine besonders hohen Ansprüche an den Hörer stellte: als Liszt sie — vorwiegend in seinen späteren Werken — in die Gestaltungsweise einer verwickelten, modernen Ausdruckskunst zwingen wollte, versagte sie. Sie hätte, um sich zu einer wirklich tiefen, von Grund aus nationalen Kunstmusik gestalten zu können, ein kraftvolles ungarisches Bürgertum von nationaler Bildung, eine gründliche und selbstbewußte städtische Kultur benötigt. Das aber gab es in Ungarn nicht. In der zweiten Hälfte des neunzehnten Jahrhunderts entwickelte sich nur Budapest zu einer Großstadt von europäischem Gepräge, hier aber entstand, parallel mit dem Hereinströmen ausländischen Kapitals, ein für die damalige Habsburg-Monarchie typisches, geistig bodenloses »Misch-Bürgertum« mit Misch-Kultur, welches, sofern es gebildet war, nur zu Wien und zu Deutschland Beziehungen unterhielt, den ungarischen Überlieferungen jedoch fremd gegenüberstand. Nach dem Tode Franz Liszts, in den Jahren um die Jahrhundertwende, trat dieser Umstand immer deutlicher zutage, und die Lage wurde immer mißlicher. Provinz und Hauptstadt trennten sich voneinander, ja, sie wandten sich sogar gegeneinander. Die großen Musikinstitutionen Budapests, das Opernhaus, die Philharmonische Gesellschaft, die Musikakademie, verbreiteten fast ausschließlich Wiener und deutsche Musikkultur, während die ungarischen Provinzstädte sich der Zigeunermusik, der volkstümlichen Lied- und Tschardaschliteratur in die Arme warfen. »Europäische Kultur« und »nationale Überlieferung« gerieten auf ungesunde Weise auseinander, ja sie wurden zu Antipoden. Ein verdrossener Schriftsteller schrieb zu jener Zeit mit bitterem Hohn, wer in Ungarn als gebildeter Musiker gelte, sei gewiß ein Deutscher. Budapest also schwärmte für Wagner und Brahms und verstand unter ungarischer Musik höchstens die Zigeunermusik der Kaffeehäuser; die Menschen der Provinz jedoch haßten Budapest als »deutsche Musikkolonie« und empfanden die Musikinstitutionen der Hauptstadt nicht als die ihrigen. Wurzelloser Kosmopolitismus auf der einen Seite, dilettantische Halbbildung und engstirniger Nationalismus auf der anderen: das war in Ungarn die Lage des Musiklebens um 1900, zu der Zeit, da Béla Bartók und Zoltán Kodály auftraten.

Es war förmlich vorauszusehen, daß ein Musiker, der unter solchen Umständen eine von Grund auf neue Lösung suchte, der das Beste der europäischen Kultur mit dem Besten der ungarischen Tradition vereinigen wollte, der auf der einen Seite Bach, auf der anderen Seite die altungarische Volksmusik, außerdem die europäischen Modernen entdeckte und letzten Endes das Urelementare mit dem Fortschrittlichen zu verbinden suchte, sich auf einen harten Kampf gefaßt machen mußte, weil er auf Verbündete so gut wie nirgends rechnen durfte. Und noch härter mußte der ihm bevorstehende Kampf werden, wenn er es wagte, an die Eitelkeit der schwankenden und unterminierten Gesellschaft, an die Überheblichkeit nationaler Ausschließlichkeit, an die chauvinistische Empfindlichkeit der im Verfall begriffenen führenden Klassen zu rühren.

Zoltán Kodály hat darauf hingewiesen, welche große Rolle in Bartóks Jugendwerken und vielfach auch noch in den Werken seines reifen Alters die Melodik der volkstümlichen ungarischen Kunstmusik, der Liedliteratur, die um 1900 blühte, gespielt hat. Sie ist nicht nur für die 1902 entstandenen *Vier Lieder*, Bartóks erstem im Druck erschienenem Opus, charakteristisch, sondern auch für die *Rhapsodie für Klavier*, die *I.* und die *II. Or-*

chestersuite und viel später noch für zahlreiche Melodie- und Harmonie-Einfälle. Diese Musik war Bartóks »erste ungarische Muttersprache«, der erste Widerhall der Musikalität, die ihn umgab; später verschmolz sie mehr und mehr mit der großzügigen, kraftvollen Überlieferung, die Bartók in der ungarischen Romantik Franz Liszts erblickte. Von 1906 an verschleierte sie sich, wurde resorbiert, gab Bartóks neuentdeckter »zweiten ungarischen Muttersprache«, der Volksmusik, Raum. Solange die volkstümliche Kunstmusik Bartók begleitet, illustriert sie symbolisch auch des Künstlers Verbundenheit mit seiner eigenen provinziellen ungarischen Umgebung; als er ihr entwächst und sie verläßt, ihr sogar gegenübertritt, versinnbildlicht sie bereits Bartóks Trennung vom ungarischen breiten Publikum der Jahrhundertwende, sein Suchen und Ringen nach einer neuen, aufnahmefähigen Hörerschaft. Als sich dieser Kampf dem Höhepunkt nähert, entsteht schon ein neues, jedoch nicht zahlreiches Publikum für Bartóksche Musik, und zwar in den Kreisen der fortschrittlichen Intelligenz Budapests, das aber der Mehrheit der Hauptstadt, dem Bürgertum, das dem »deutschen Geschmack« huldigt, gegenübersteht. So ist der Kampf um Bartók und Kodály fünfzehn bis zwanzig Jahre lang im Gange, mit wechselndem Glück, er dauert an, bis der Erfolg ihrer ersten großen Werke in der Heimat und im Ausland den Sieg auch beim breiten ungarischen Publikum entscheidet.

Pozsony bedeutet eine neue Phase im Leben des heranwachsenden Knaben; die fünf Jahre, die er dort verbringt (1894–1899), machen ihn mit dem Leben einer Stadt von europäischen Ansprüchen, die regelmäßige Gelegenheiten zum Musizieren bietet, und mit der weiteren Musikliteratur, mit dem Vorteil systematischen Studiums und mit den Möglichkeiten der Künstlerlaufbahn bekannt. Der Unterricht László Erkels, die öffentlichen Veranstaltungen des Gymnasiums, Konzerte, Opernaufführungen, häusliches Musizieren bei großbürgerlichen Familien, hie und da ein Auftreten auf dem Podium (auch in Wien) erwecken höhere Ambitionen in dem jungen Künstler. In dieser Hinsicht ist vielleicht das Erscheinen eines Künstlervorbildes, Freundes und Rivalen, des vier Jahre älteren Ernő Dohnányi, der schon damals glänzende Fähigkeiten entwickelte, von größter Bedeutung. Beide sehen eine Pianisten- und Komponistenlaufbahn vor sich, zunächst im nahen Wien, das sie hauptsächlich durch die Musik von Brahms fesselt und anlockt. Ungefähr gleichzeitig werden sie auch mit der übrigen bedeutenden Musikliteratur bekannt (mit Bach, Beethoven, Liszt... mit *Wagner bis zum Tannhäuser*, wie Bartók in seiner Autobiographie berichtet), und das Beispiel Dohnányis wird auch insofern ausschlaggebend, als nach Pozsony — trotz der ersten Gymnasiastenpläne — nicht Wien folgt, sondern die Budapester Musikakademie. Zu Beginn des Jahres 1899 stellt sich Bartók in Budapest István Thomán, einem ehemaligen Schüler Liszts, und Hans Koessler vor, der im Zeichen Brahms' an der damals schon sehr angesehenen ungarischen Musikhochschule Komposition unterrichtet. Die Studien werden zeitweilig durch Fieberanfälle unterbrochen, die manchmal längere Zeit andauern. Namentlich die Lunge des jungen Künstlers scheint schwach zu sein, und einmal (1900/1901) erweist sich sogar ein halbjähriger Erholungsaufenthalt in Meran als notwendig. Im Oktober 1901 spielt Bartók zum erstenmal öffentlich in der Budapester Musikakademie. Mit großem Erfolg bringt er Liszts h-moll-Sonate zur Aufführung (die Kritik beginnt schon, ihn neben Dohnányi zu stellen); und der Name Liszts fehlt von da an kaum mehr auf Bartóks Konzertprogrammen. Aber an dem Scheidepunkt von Pozsony—Wien—Budapest, von Brahms, Wagner und Liszt, erhebt sich erneut die Frage: Welcher Art war die früheste musikalische Perspektive, die sich dem jungen Bartók öffnete?

Der kürzlich (1958/1959) in Budapest gesichtete Nachlaß des Komponisten enthält die bezeichnendsten Werke der letzten Preßburger und der ersten Budapester Jahre: Kammermusik, Klavierwerke, auch Orchesterstücke, zum Teil im Klavierentwurf. Die Grundschicht in der schulmäßig angeeigneten Bildung des jungen Meisters war zu dieser Zeit offenbar die deutsche Romantik: Klaviervariationen und Werke für kleineres Kammerensemble zeugen von eingehenden Schumann-Studien, die Formensprache der deutschen Romantik (Brahms) ist sogar in einigen Liedern und Chören vorherrschend. Aus all dem ragt — neben dem eigenwilligen *Scherzo für Klavier und Orchester* (als op. 2 aufgeführt) — der Entwurf einer *Sinfonie* (1902) heraus, ein viersätziges Werk (zum Teil instrumentiert), das schon bedeutend mehr als jugendliche Kraftanstrengung verrät. Wagner und der späte Schumann reichen sich hier die Hand, der Scherzosatz fällt auffallend originell aus, und trotzige Imitationen im Finale mochten den Zuhörer um die Jahrhundertwende sonderbar anmuten. Das Burleske, Groteske, Spielerisch-Karikierende, das Ironisch-Bittere, mit einem Wort

der neue Scherzoklang ist auffallend früh gefunden; jahrelang bleibt er vorherrschend, und vielleicht kann er als erster, endgültig gefundener Ton der späteren Bartók-Musik angesprochen werden. Seine Verbindung mit dem romantisch-ungarischen »Heimatton« des jungen Künstlers, namentlich aber die Begegnung mit Liszt wird bald zum Mittelpunkt einer eigentümlichen stilistischen Auseinandersetzung.
Liszts Kunst ganz in sich aufzunehmen war nicht leicht, und dieser Prozeß ging auch nicht rasch vor sich: Bartók erzählt später selbst, daß er ihr lange Zeit abgeneigt gewesen sei und sich auch die h-moll-Sonate nur durch langwierige, schwere Arbeit habe aneignen können. Was an dieser Kunst nicht äußerlich, sondern wirklich groß und von epochaler Bedeutung ist, wird ihm nur allmählich offenbar; doch als er es entdeckt, ist es bereits nicht mehr die technische Reife des Pianisten, die damit Siege erntet, vielmehr nimmt der Komponist ein herrenloses, gewaltiges Erbe in Besitz. Bartók weiß damals selber noch nicht, daß sein Erfolg mit der h-moll-Sonate sich darin schon wesentlich von Dohnányis glänzenden Podiumserfolgen unterscheidet; nicht Liszts interpretatorische Zaubermacht hat er geerbt, sondern Liszts kühnen Neuerungsgeist, sein epochemachendes Genie.

Man kann sagen, daß das Problem Liszt ihn bis an sein Lebensende begleitet. Bald bewegt es ihn als nationale Frage, bald mißt er es an seinem Verhältnis zur Volksmusik und zu den Musikkulturen Osteuropas, bald entwickelt er Liszts formale Lösungen und sein Harmoniesystem weiter, bald versetzt er der offiziellen ungarischen Kulturpolitik mit dem Hinweis auf Liszts wahre Bedeutung einen Schlag, bald macht er die internationale Perspektive des Künstlers sich selbst zu eigen. Er kämpft mit seinem größten Vorgänger und für ihn, und immer sucht er sein Vorbild und seine Kontinuität, auch dort, wo er nicht davon spricht. So ist es heute bereits klar, daß er auch bei Richard Strauss die Weiterführung des von Liszt Begonnenen sucht, als ihn 1902 die Bekanntschaft mit der Musik des »Heldenlebens« und des »Zarathustra« geradezu wie ein Blitzschlag trifft.

Da kennt er schon den »späten Wagner« (»Die Walküre« und »Tristan« vermochten ihn noch tief zu beeindrucken, nur »Parsifal« enttäuschte ihn 1904 — trotz der *vielen Neuheiten seiner Musik* —) und ist der Brahmsschen Kunst bereits überdrüssig; keiner von beiden hilft ihm weiter. Eine Zeitlang komponiert er überhaupt nicht, auf der Akademie ist er nur als Pianist bekannt. Doch die Beredsamkeit, der Schwung, die überlegene Orchestertechnik der Strausschen Musik rütteln ihn auf, ergreifen und begeistern ihn. Er spielt das »Heldenleben« in eigener Klavierübertragung bei einer Musiklehrerzusammenkunft in der Musikakademie, später auch im »Wiener Tonkünstlerverein« (1902/1903), und — was noch wichtiger ist — er vergräbt sich nicht nur in die Strausschen Partituren, sondern beginnt auch wieder zu komponieren. Zwar gelangt die schon erwähnte Sinfonie von 1902, bis auf ihren Scherzosatz, niemals zur Aufführung (»sie verschwand«, wie Zoltán Kodály erklärt, aus trotziger Opposition des jungen Komponisten seinem konservativen Lehrer Hans Koessler gegenüber, der die Komposition mißbilligte), doch melden sich sehr bald neue Pläne, Entwürfe und Ideen.

Ein förmliches Arbeitsfieber überkommt den jungen Mann, in verhältnismäßig kurzer Zeit (1903–1905) entsteht eine ganze Reihe von Werken, die auch gleich zur Aufführung gelangen, und zwar bezeichnenderweise in mehreren Fällen zuerst im Ausland, erst danach in der Heimat. Zu den Schauplätzen dieser Aufführungen gehören Wien, wo man Bartók als Pianisten kennengelernt hat, und Paris, wo er sich um den Rubinstein-Preis bewirbt. Als erstes werden *Klavierstücke* und eine *Violinsonate* aufgeführt, dann folgt die sinfonische Dichtung *Kossuth* (in Budapest und Manchester im Jahre 1904); im gleichen Jahr gelangt das *Klavierquintett*, im folgenden Jahre die *I. Orchestersuite*, op. 3 zur Aufführung, beide in Wien, und 1905 ist auch das Jahr des Rubinstein-Wettbewerbes, in dem die *Rhapsodie für Klavier und Orchester*, op. 1 zum erstenmal in Paris erklingt. Die ersten Interpreten, die Bartók-Werke zur Aufführung bringen, sind in Budapest István Kerner, in Manchester Hans Richter, in Wien Ferdinand Löwe — der Anfang verspricht somit eine glattere und leichtere Fortsetzung als sie dann tatsächlich erfolgt.

Hierbei muß man unter anderem natürlich auch Bartóks große innere Wandlung in Betracht ziehen. Alles, was er in dieser Zeitspanne geschrieben hat, ist noch von der wie eine Fieberwelle im Lande wogenden nationalen Begeisterung inspiriert; Bartók arbeitete noch »in Gemeinschaft«, er brachte allgemeine Stimmungen in glücklichster Form zum Ausdruck und wurde als nationaler Komponist betrachtet. Er wußte nicht nur eine Gruppe von Künstlern und Literaten, nicht nur einen großen Teil der hauptstädtischen Intelligenz, sondern auch die öffentliche Meinung seines Landes hinter sich. Im Jahre 1903 ging durch Ungarn eine starke österreichfeindliche, antihabsburgische Bewegung, die Forderung einer selbständigen Nationalarmee wurde allgemein, verschiedene militärische Maßnahmen und Edikte des Kaisers und Königs Franz Joseph hielten die Gemüter in Aufregung, und die Beschwörung von Widerstand und Revolution, des Geistes von 1848, des Kossuth'-schen Geistes schien aktueller denn je. Bartók wird vom Fieber patriotischer Kundgebungen ergriffen — *nieder mit den Habsburgern!* schreibt er als Devise auf sein Briefpapier —, demonstrativ ungarisch gekleidet erscheint er auf der deutschfreundlichen Musikakademie, er zieht sich von Dohnányi (bei dem er im Spätsommer 1903 in Gmunden Studien betreibt) wegen dessen *Mangel an Patriotismus* zurück, und in einem Brief erklärt er (8. September 1903): *Was mich betrifft, so werde ich in meinem ganzen Leben, auf jedem Gebiet und auf jede Weise, ein einziges Ziel verfolgen: der ungarischen Nation, der ungarischen Heimat zu dienen.* Bei Bartók sind solche Gelöbnisse niemals leere Worte; deswegen muß man als ihre Fortsetzung jenes andere, noch ergreifendere Glaubensbekenntnis hinzufügen, das er achtundzwanzig Jahre später in einem Brief an einen rumänischen Bekannten folgendermaßen formuliert: ... *Meine eigentliche Idee, deren ich — seitdem ich mich als Komponist gefunden habe — vollkommen bewußt bin, ist die Verbrüderung der Völker, eine Verbrüderung trotz allem Krieg und Hader. Dieser Idee versuche ich — soweit es meine Kräfte gestatten — in meiner Musik zu dienen...* (10. Jan. 1931). Diese beiden Äußerungen Bartóks widerlegen einander nicht, vielmehr bekräftigen sie sich gegenseitig: Von der Idee der Nation führt ihn eine gradlinige Entwicklung seiner Anschauungen zur Idee von der Verbrüderung der Völker.

Zur Zeit der sinfonischen Dichtung *Kossuth* gelangt Bartók noch nicht zu dieser Erkenntnis, doch ist in ihm das Suchen nach Wahrheit schon ebenso stark wie später. Das Werk selbst — die »Programmsinfonie« des ungarischen Freiheitskampfes — ist noch voll fremder Einwirkungen und technischer Unausgeglichenheit. Doch ist es dadurch, daß es nach langer Pause Liszts heroische Stimme wieder vor der ungarischen Zuhörerschaft ertönen läßt, daß es mit trotzigem Wagemut ein großes historisches Thema beschwört, daß es da und dort schon Formen anbahnt, mit denen der reife Bartók die Kunst

Liszts fortsetzen wird (z. B. im Prinzip der auf einer einzigen musikalischen Grundidee beruhenden »monothematischen« Durchwebung), eine denkwürdige Station in der Geschichte der ungarischen Musik geworden, deren romantische Epoche eigentlich hier und damit ihr Ende findet. Bartók selbst kommt später nicht mehr auf das Werk zurück, weil seine Entwicklung in den folgenden Jahren so hastig und gewaltig vor sich geht, daß er alles bisher Errungene rasch hinter sich läßt.

Übrigens wurden ihm um die gleiche Zeit zwei entscheidende Erlebnisse zuteil: die Reise nach Paris und die Entdeckung der ungarischen Volksmusik, die eine völlig neue Einstellung zur Musik überhaupt in ihm wach werden ließen.

Die Reise nach Paris brachte dem Schein nach nicht viel Neues. Bartók, der 1903 seine Studien an der Budapester Musikakademie beendet hatte, bewarb sich 1905 als Komponist und Pianist um den Rubinstein-Preis, jedoch ohne Erfolg. Scheinbar geschah nur dies, nichts weiter; aber wer Bartóks Briefe aus Paris (vom Sommer 1905) liest, wird von ihrem neuartigen Ton überrascht. Der junge Künstler entdeckte die westliche Weltstadt (*für mich die einzige auf der Welt* — wie er fast vierzig Jahre später in Amerika auf die Nachricht von der Befreiung der französischen Kapitale an seinen Sohn schreibt, *die Stadt, die ich immer anbetete, wohin ich immer wie nach Hause ging*...), wird betäubt von den Meisterwerken der Kunst und von den Würzen des Lebens, vom eigenartigen, ihm so neuen Reiz der Vergnügungen — betäubt wird er aber auch von den neuartigen und kühnen Perspektiven seines eigenen Denkens. Das große Zweifeln überkommt ihn, er wird zum Anhänger Nietzsches, predigt unabhängiges Schweben und Indifferenz, blickt in tiefe innere Kataklysmen (... *zeitweise fühle ich mich fast auf der Höhe, darauf folgt ein gewaltiger Sturz, dann wieder Kampf, Ringen, In-die-Höhe-Streben; und das wiederholt sich unaufhörlich. Einmal wird es mir wohl doch gelingen, auf der Höhe zu bleiben*...), insbesondere revidiert er seine sozialen und politischen Anschauungen. Endre Ady, der größte ungarische Dichter der Zeit, und außer ihm noch eine ganze Anzahl ungarischer Schriftsteller werden in denselben Jahren ebenfalls durch Erlebnisse in Paris angespornt und inspiriert; dies hilft ihnen allen bei der Gestaltung einer neuen, progressiven literarischen Zielsetzung und politischen Weltanschauung, der Ideen und Forderungen einer fortschrittlichen bürgerlichen Intelligenz, vor deren Augen die Probleme der Heimat plötzlich in neuem Licht erscheinen.

Bartók schätzt die Kunst der deutschen klassischen Meister am höchsten, gleichzeitig aber erscheint ihm das ungarische Volkslied in einem völlig neuen Licht — er erkennt die geistige Bedeutung des ungarischen Bauerntums, das Fehlen einer echten ungarischen Mittelklasse, das Unvermögen der führenden städtischen Schicht, des »Budapester Publikums«. Ein positives Programm sieht er noch kaum vor sich (... *erziehen wir lieber die ungarische Provinz...*), und es ist bekannt, daß sich seine philosophische und politische Ernüchterung zwei Jahre später in noch schärferer Form ausdrückt. Da kann er, sechsundzwanzigjährig, sich nur noch durch eine Wendung zum Materialismus vertrösten (Briefe an die Violinistin Stefi Geyer), die ungarische Intelligenz indessen nennt er *eine aus Halbjunkern bestehende verkommene Gesellschaft.* Sich mit diesem Publikum abzugeben, ist nicht der Mühe wert... *lassen wir die Esel Esel sein, und gehen wir mit allen ernsten geistigen Produktionen ins Ausland.*

Wie man sieht, geht die geistige Entwicklung, die Ernüchterung überraschend, ja verblüffend schnell vor sich. Es sind die charakterbildenden Jahre der persönlichen Entwicklung. Und schon steht eine Persönlichkeit von unbeugsamer Eindeutigkeit, Klarheit und Strenge vor uns, ein Charakter, der stets die wirkliche Lösung der Probleme sucht und sich nur damit zufrieden geben kann, jeder Konzession, jedem gesellschaftlichen Kompromiß und jeder konventionellen Lüge grundsätzlich abhold. Diese unbeugsame Natur ist es, die den Komponisten sein Leben lang in Konflikte mit seiner Umwelt zwingen wird, der Charakter, dem er schließlich seine menschliche Vervollkommnung und seinen künstlerischen Sieg verdankt.

Das Suchen nach Wahrheit leitet ihn zu den Konsequenzen, die er in menschlicher wie künstlerischer, in wissenschaftlicher wie in politischer Hinsicht aus seinen Erfahrungen zieht. Zunächst tritt außer der Abkehr von der führenden ungarischen Gesellschaftsschicht, von der alten »Herrenklasse«, eine neue und gewaltige Erkenntnis hervor, die eben jene Ernüchterung zur Voraussetzung hat, nämlich die Erkenntnis der Werte, die im Volk, enger genommen: im ungarischen Bauerntum verborgen sind. Auch hier wird sofort der Schritt von der ästhetischen Erkenntnis zur sozialen Konsequenz vollzogen; dies konnten wir schon aus den Pariser Briefen des Jahres 1905 ersehen. Bartók war nicht der erste, der die Bedeutung der ungarischen Volksmusik erkannte, er hatte Vorgänger. Das Sammeln von Volksmelodien wurde eigentlich bereits seit dem Beginn des neunzehnten Jahrhunderts betrieben, jedoch systemlos und unwissenschaftlich. Man vermischte und verwechselte die volkstümliche Kunstmusik ständig mit der echten Volksmusik, mißverstand diese und vernachlässigte sie zuweilen ganz. In den neunziger Jahren des vorigen Jahrhunderts begann Béla Vikár Volkslieder mit dem Phonographen zu sammeln, und einzelne Forscher drängten auf genauere, eingehendere Untersuchungen.

Der junge Bartók und der junge Kodály richteten fastgleichzeitigihre Aufmerksamkeit auf die echten Volkslieder. Bartók notiert 1904 zum erstenmal ein Volkslied, und sogleich beschäftigt ihn der Gedanke, Volksweisen zu sammeln und zu bearbeiten. Die erste erfolgreiche Forschungsreise Kodálys im Sommer 1905 überzeugt sie dann beide von der dringlichen Wichtigkeit solcher Arbeit. Das Jahr 1906 bringt Bartóks erste Forschungsfahrt (Große Ungarische Tiefebene und Nordungarn), und am Ende dieses Jahres liegt, mit einem Vorwort von Kodály, die erste gemeinsam herausgegebene, grundlegende und »deklarative« Sammlung druckfertig vor: die *Zwanzig ungarischen Volkslieder*, zunächst mit populären und popularisierenden Ansprüchen, für ein breites Publikum bestimmt, mit leichter Klavierbegleitung. Das Vorwort jedoch enthält schon Seitenhiebe auf das ungarische Publikum, das *nicht mehr naiv genug und noch nicht gebildet genug ist, um die Schönheiten der Volksmusik zu verstehen* und dem es noch *sonderbar klingt*, daß diese Melodien in die Konzertsäle einziehen und den ihnen gebührenden Platz in der ungarischen Musikkultur finden sollen. Es war eine Kampfansage, die aber zunächst ohne Echo und ohne Ergebnis blieb; die Arbeit jedoch ging ununterbrochen weiter.

Vom Volkslied zur »Verbrüderung der Völker« 1906–1930

Die vielen hundert und zuletzt mehreren tausend Melodien, die Bartók, Kodály und noch einige Arbeitsgenossen in den folgenden Jahren, mit dem Phonographen durch die verstecktesten Dörfer Ungarns ziehend, entdeckten und aufzeichneten, brachten eine große Überraschung — zuerst nur für die Sammler, dann nach und nach auch für das gesamte ungarische Musikleben. Eine versunkene Welt war entdeckt worden, die kraftvolle und blühende Musik früherer Jahrhunderte, eine Musik, die sich von den bis dahin als Volksmusik deklarierten Kunstliedern wesentlich unterschied — ganz in der Tiefe hatte man sogar ein Stück asiatischer Musikkultur entdeckt, gewissermaßen im Herzen Europas! Über die altertümliche Melodienwelt der sogenannten »Kirchentöne« hinaus tauchte die Welt der uralten Pentatonik, des archaischen fünfstufigen Tonsystems, der freien Rhythmen und der reichen Ornamentierung auf, eigentümliche Melodiebildungen — eine geradezu unbekannte Musiksprache, die die kühnsten Erwartungen der Forscher übertraf und deren Wörterbuch und Grammatik, deren ganzes wissenschaftliches System die Entdecker nun selbst schaffen mußten. Und beim In-die-Tiefe-Steigen konnten sie es gar nicht mehr bewenden lassen, da sie ja, um die Musik des ungarischen Volkes wirklich verstehen zu können, auch die Musik der Nachbarvölker kennenlernen mußten. Bartók beginnt 1906 das wissenschaftliche Sammeln und Ordnen der slowakischen, 1908 der rumänischen Volksmusik; dann weitet sich der Kreis immer mehr, umschließt auch die Erforschung der ukrainischen und der südslawischen sowie der bulgarischen Volksmusik; 1913 sammelt Bartók bereits in Nordafrika, in algerischen Städten, arabische Volksmusik; 1932 sucht er Kairo auf, 1936 führt ihn eine Forscherfahrt nach Anatolien, wo er türkische Volksmusik studiert, und 1942 beschließt er mit der Bearbeitung des serbo-kroatischen Materials von Milman Parry auf der Columbia-Universität in New York seine ungeheuer ausgedehnte folkloristische Tätigkeit. Auf seinem mühsamen und kühnen Wege nähert er sich nicht nur unbekannten Musikkulturen, sondern lernt auch das Leben der Bauernvölker Osteuropas und des Nahen Ostens kennen. Über die Erforschung von Verwandtschaft und Verschiedenheit hinaus eröffnen sich ihm eine Reihe von uralten Zügen und gemeinsamen Problemen der Völker Europas, Afrikas und Asiens, ein gewaltiges Kapitel der ganzen menschlichen Kultur. Bartók, der Patriot, der Künstler, der Wissenschaftler, der Mensch, entwickelt sich im Laufe dieser Arbeit zu jenem Humanisten von umfassender Kraft und Tiefe, als den wir ihn aus seinen Werken kennen.

Die Entdeckung der Volksmusik führte zu einer radikalen Umgestaltung von Béla Bartóks Weltbild. Diese Umgestaltung offenbarte sich im Ästhetischen wie im Kompositionstechnischen, im wissenschaftlichen Streben wie in der politischen und menschlichen Haltung im allgemeinen. Im folgenden sei nun versucht, all diese Momente in Umrissen zu beleuchten. Vorerst muß dabei der wissenschaftlichen und ideologischen Entwicklung gedacht werden, um die künstlerische später besser beleuchten zu können.

Die erste Phase seines großen Erlebnisses dürfen wir wohl als die ästhetische bezeichnen. *Ich begann die Forschung vom rein musikalischen Standpunkt ausgehend*, schreibt er in seiner Autobiographie. *Das Studium der Bauernmusik war deshalb von entscheidender Bedeutung für mich, weil sie mich auf die Möglichkeit einer vollständigen Emanzipation von der Alleinherrschaft des bisherigen dur- und moll-Systems brachte.* Die Schönheit der unbekannten Melodienwelt, die sich da vor ihm auftat, zwang ihn sofort in ihren Bann: *Unsere Volksmelodien*, bekennt er später, *sind samt und sonders wahre Musterbilder höchster künstlerischer Vollkommenheit. Ich betrachte sie im kleinen als ebensolche Meisterwerke wie im Reich der großen Formen eine Fuge von Bach oder eine Sonate von Mozart. Solche Melodien sind klassische Beispiele dafür, wie ein musikalischer Gedanke bündig, gedrängt, unter Vermeidung alles Überflüssigen ausgedrückt werden kann... Von dieser Musik können wir die unvergleichliche Gedrängtheit des Ausdrucks, die strengste Ausmerzung alles Unwesentlichen lernen — und gerade das war es, wonach wir uns nach der Weitschweifigkeit der Romantik vor allem sehnten.* Nun aber folgt ein weiterer Schritt — hinter den Melodien tut sich das Leben einer Menschengemeinschaft auf, und der Künstler sieht sich aufgefordert, in jenes Leben selbst hineinzutreten. *Wer das pulsierende Leben dieser Musik wirklich fühlen will, der muß es... erleben, und das kann er nur durch unmittelbaren Umgang mit den Bauern erreichen. Von dieser Musik mit ihrer ganzen Macht ergriffen zu werden... dazu genügt es nicht, die Melodien zu erlernen. Ebenso wichtig ist es, auch die Umgebung zu sehen und zu kennen, wo diese Melodien leben... In unserem Falle ging es nicht nur darum, uns einzelne Melodien zu verschaffen und sie als Ganzes oder in Teilen in unsere Werke einzubauen und nach einem herkömmlichen Verfahren zu bearbeiten. Das wäre Handwerkerarbeit gewesen und hätte nicht zur Schaffung eines neuen, einheitlichen Stils geführt. Unsere Sache war es, den Geist dieser bisher unbekannten Musik zu erfassen und... davon ausgehend, einen Musikstil zu schaffen.* Es wird nun allmählich klar, daß dieses Ziel nur dann erreicht werden kann, wenn *der Komponist sich die Musiksprache der Bauern angeeignet hat und sie vollkommen beherrscht wie ein Dichter seine Muttersprache.* Als Vorbild konnte ihm hier Mussorgskis Beispiel dienen; aber damit war der entscheidende Schritt in das musikalische Neuland des zwanzigsten Jahrhunderts noch nicht getan.

Es folgt ein langjähriger, harter Kampf um die persönliche Aneignung der musikalischen Volkssprache; zugleich aber zeigt sich die dringende Notwendigkeit einer eingehenden wissenschaftlichen Bearbeitung. Wir haben erwähnt, daß diese Arbeit sich eigentlich durch das ganze Leben Bartóks hindurchzog; nun mögen einige Zitate seine wissenschaftliche Methode beleuchten.

In der Schriftlegung und Gruppierung der Volksmusik *müssen wir natürlich Objektivität anstreben*, schreibt er in seiner letzten folkloristischen Publikation (Serbo-Croatian Folksongs, New York 1951). *Das ist das Ideal, ein Ideal jedoch, das niemals vollkommen erreicht werden kann. Die Objektivität kann durch den Gebrauch genauerer Meßapparate gefördert werden, aber diese erweisen sich in der Praxis als zu kompliziert und die Ergebnisse zu unbequem für den Leser. Wenn wir solche Apparate nicht anwenden, dienen unser Auge und unser Ohr als Meßapparate — wahrlich sehr unvollkommene Hilfsmittel. So dringen durch unsere unvollkommenen Sinnesorgane ziemlich viele subjektive Elemente in unsere Aufzeichnungen, durch welche diese noch weniger zuverlässig werden. Das gilt besonders für die kleinen Details des Vortrags (sehr kurze Ornamentstöne u. ä.); in der Wahrnehmung solcher Details gibt es nicht nur unter gewandten Aufzeichnern, sondern auch in den Aufzeichnungen ein und derselben Person Unterschiede. Aus verschiedenen Gründen kommt es sehr selten vor, daß derselbe Forscher zweimal ein und dasselbe Musikstück schriftlich festlegt. Aber wenn es vorkommt, sind diese doppelten Aufzeichnungen, besonders wenn zwischen ihnen ein breiterer Zeitraum liegt, sehr wertvolle Dokumente: Ihre Abweichungen (wenn auch nur meistens kleinere Einzelheiten betreffend) zeigen den Grad der Zuverlässigkeit des betreffenden Aufzeichners. Selbst wenn wir objektive Meßapparate für die Bestimmung von Tonhöhe und Tempo anwenden, sind wir schwerlich imstande, Struktur, Tonumfang und Skala der Volksmelodien eindeutig zu bestimmen. Der Laie könnte da fragen: Wozu solche Werkzeuge? Nichts ist einfacher: Nimm die Schlußnote jeder Melodiezeile, zähle die Silben und so weiter, und schon hast du Struktur, Tonumfang und Skala bestimmt. Nur wenige wissen, wie viele Komplikationen bei der Lösung solcher Fragen auftreten und wie oft sie Gelegenheiten für subjektive Urteile bieten. Einige Beispiele: Die Schlußnote einer Melodiezeile oder einer Melodie selbst ist nicht immer der eigentliche strukturelle Finalton. In einem Musikstil, wo das metrische System auf Silbenzählung ruht, entspricht die Silbenzahl nicht immer der strukturell wichtigen Silbenzahl. Manchmal werden Melodiezeilen oder -abschnitte wiederholt; nun haben wir zu bestimmen, ob diese Wiederholungen strukturell wichtig oder nur gelegentliche und spielerische Ad-hoc-Repetitionen sind. Eine Melodie von festem Tanzrhythmus wird manchmal in freiem Parlando-Rubato-Rhythmus (das heißt mit ungebundener Deklamation) vorgetragen, muß aber trotzdem dort eingereiht werden, wohin sie nach ihrem festen Rhythmus gehört. Manchmal sind auch die Grenzen der einzelnen Melodiezeilen schwer festzustellen. — Sicherlich gibt es feste Regeln und Überlieferungen zur Entscheidung dieser Fragen, diese aber sind nicht immer anwendbar. Hier müssen wir uns wieder durch unser subjektives Urteil beraten lassen. Natürlich herrscht in diesen Fragen unter den Forschern eine noch größere Meinungsverschiedenheit als in denen rein technischer Natur... Ich möchte die Aufmerksamkeit des Lesers auf einen der auffallendsten Züge der Volksmusik lenken, nämlich auf ihre beständige Veränderlichkeit. Darauf wurde schon so oft hingewiesen, daß es schon fast als Gemeinplatz gilt. Da aber unter den Laien noch immer der Glaube herrscht, die Volksmelodien seien etwas Festes und Unveränderliches, kann man nicht umhin, auf die Unhaltbarkeit dieser Annahme hinzuweisen. Einige Sprachforscher behaupten, daß jeder Sprechlaut eine einmalige Erscheinung darstellt, welche niemals in der Vergangenheit vorkam und nie wieder in der Zukunft vorkommen wird. Diese Feststellung mag vorerst befremdend wirken. Doch ist man eher geneigt, sie als Tatsache anzunehmen, wenn man eine parallele Erscheinung in Betracht zieht, die keiner besonderen Beweisführung bedarf; jeder gibt es zu, daß jedwede lebendige Tier- und Pflanzenart eine einmalige Erscheinung darstellt. Dasselbe gilt für die Volksmelodien: Ein bestimmter Vortrag einer Volksweise ist früher niemals vorgekommen und wird niemals genau in derselben Form wieder vor-*

kommen. Wir dürfen daher nicht sagen oder denken, daß eine Volksweise mit ihrer in einem bestimmten Vortrag erscheinenden Gestalt identisch ist; alles, was wir darüber sagen können, ist, daß sie dort damals, zur Zeit jenes Vortrags in jener Form erschien. — Manche glauben, daß der wesentliche Unterschied zwischen Kunst- und Volksmusik in der stetigen Veränderlichkeit der Volksmusik gegenüber der starren Stabilität der Kunstmusik besteht. Ich stimme dieser Feststellung bei, jedoch mit einer gewissen Einschränkung: der Unterschied besteht nicht in einem Gegensatz, sondern in einer Abstufung, das heißt, der Vortrag der Volksmusik zeigt eine fast absolute Veränderlichkeit, während sich die Kunstmusik im Vortrag weit weniger, oft nur im geringsten Maße verändert. Wir müssen darüber im klaren sein, daß selbst ein und dasselbe Werk der Kunstmusik vom selben Vortragenden nie zweimal in genau derselben Weise ausgeführt wird. Selbstverständlich dürfen die Noten der Kunstmusik, infolge ihrer schriftlichen Fixiertheit, niemals verändert werden, während in der Volksmusik selbst die Noten einer Veränderung unterliegen. Ja, wenn wir das Vorhergesagte überlegen, können wir feststellen, daß einzelne Noten selbst in der Kunstmusik verändert werden: man denke an die Ornamentaltöne (Triller u. ä.). — Diese ewige Veränderlichkeit verleiht der Musik Leben, sei es Volks- oder Kunstmusik, sollte es sich um beträchtliche oder um kaum wahrnehmbare Veränderungen handeln. Diese inneren Wesenszüge der Musik scheinen in Widerspruch zur zunehmenden Mechanisierungstendenz der musikalischen Produktion unserer Zeit zu stehen, laut welcher die Musik in eine erstarrte und unveränderliche Form gezwungen wird. — Als Abschluß dieser Ausführungen möchte ich dem Leser wiederholt meinen leitenden Gedanken betonen: daß man zwar in der Schriftlegung und Klassifizierung der Volksmusik niemals eine Vollkommenheit erreichen kann, doch ständig bemüht sein muß, einem Ideal der Vollkommenheit nahezukommen — einem Ideal, welches uns nur in nebelhaften Umrissen erscheint. Wir dürfen niemals aufhören, unsere Arbeitsmethoden ständig zu verbessern, um unsre Aufgabe so gut als menschlich nur möglich erfüllen zu können.

So entsteht Schritt für Schritt ein haarfeines System der schriftlichen Fixierung, der Gruppierung und Einordnung, der wissenschaftlichen Verwertung des Volksliedes, jene großartige Reihe von Einzeluntersuchungen und Synthesen, die Bartóks folkloristische Tätigkeit darstellen. So kommen jene wissenschaftlichen Werke zustande, die mit ihrem Material und ihrer Systematik, mit der wachsenden und schließlich fast vollkommenen Genauigkeit der Aufzeichnungen und mit den gewaltigen Perspektiven der Vergleichung beispielgebend für die gesamte

Volksmusikforschung wurden: die mit Kodály herausgegebenen *Siebenbürgischen Volkslieder* (1923), *Das ungarische Volkslied* (1924, auch deutsch und englisch erschienen), die Studie *Die Volksmusik der Magyaren und der benachbarten Völker* (1934, auch deutsch und französisch), die Bände rumänischer Volksmusik *Volkslieder aus Bihar* (1913), *Die Volksmusik der Rumänen von Maramureş* (1923), *Melodien der Rumänischen Colinde* (1935), ferner das in Den Haag 1967 erschienene dreibändige zusammenfassende Sammelwerk *Rumanian Folk Music*, die slowakische, die türkische und die arabische Sammlung, die erst in diesen Tagen zur Veröffentlichung vorbereitet wird, der postume serbo-kroatische Band (1951) sowie zahlreiche kleinere und größere Studien und Artikel — alles in allem mit ungefähr zehntausend höchst wertvollen Melodieaufzeichnungen und mit Beobachtungen, die zum erstenmal ferne Zusammenhänge beleuchten.

Die allgemeine Anlage dieser Werke ist eher eine naturwissenschaftliche als geschichtswissenschaftliche zu nennen; und hier tritt ein charakteristischer Zug in der Persönlichkeit des Komponisten zutage. Sein Hang zur Wissenschaft, und namentlich zur naturwissenschaftlichen Betrachtungsweise, ist ein Motiv, das ihn sein ganzes Leben hindurch begleitet. Doch dieser Wissensdrang des Forschers ist nur e i n Zug, e i n e Seite seiner starken Naturverbundenheit.

Schon die Aufzeichnungen über seine Kindheit verraten, daß er sich von jeher mit wachsamer Neugier, ja mit ausgesprochener Empfindlichkeit jeder Erscheinung der Natur zuwandte. Jedes Tier fesselt seine Aufmerksamkeit, leidenschaftlich sammelt er Käfer, Insekten, Schmetterlinge, studiert das Leben der Ameisen und der Seidenraupen. Auch die Vögel beschäftigen ihn (noch in einem seiner letzten Briefe stellt er Betrachtungen über die Stimme der Kolibris an, und sein letztes Werk, das *III. Klavierkonzert*, beschwört die Stimmen der Waldvögel herauf); aber auch sonst erklingen in fast jedem seiner Werke Stimmen und Geräusche der Natur. Zeitlebens fühlt er sich bewegt und angeregt von der landschaftlichen Umgebung, von Bäumen, Blumen und Bergen, von den Sternen, vom Meer, vom ganzen lebenden und sich bewegenden Kosmos. »Sympathie mit den Elementen« — so könnte man mit Thomas Manns Wort diesen Grundzug seiner Persönlichkeit bezeichnen. Man denke nur an die Naturschilderungen seiner Oper und seines Tanzspiels *Der holzgeschnitzte Prinz*, aber auch an den Zyklus *Im Freien*, namentlich an Stücke wie die *Klänge der Nacht*, überhaupt an seinen vielfach wiederkehrenden »Notturno«-Typus, an die merkwürdigen *Nachtstücke* in den Konzerten und Streichquartetten. Auch sonst findet er in seinen Briefen und Reiseschilderungen fast immer Gelegenheit, wenigstens ein Wort über Landschaft und Atmosphäre zu sagen. Der Traunsee und seine Umgebung wird hier ebenso zu Worte gebracht wie der Park Monceau zu Paris mit seinen *wundervollen Bäumen und Blumen* und mit seinem *kleinen Teich im Schatten der Bäume, an dessen Ufer sich ein baufälliger griechischer Säulengang hinzieht*, oder anderswo der Meeresstrand von Wales, mit seiner Brandung, der *stürmisch brausende Stille Ozean*, die *Fichtenwälder, Schneeberge und Sturzbäche* in Siebenbürgen, wo man *mit Wagen, in Schlitten und zu Fuß* reisen muß... die türkische Kleinstadt in Anatolien, wo Dattelpalme und Zuckerrohr, Pfefferbaum und Banane *noch gegen Ende November in voller Blüte stehen*, oder die erste Reise im Flugzeug *2400 Meter hoch, in hellem Sonnenglanz und über einem grenzenlosen Gefilde leicht gekräuselter Federwolken* und so weiter.

Man könnte sagen, daß die gesamte Menschenwelt, die gesamte Kultur ihn zunächst als Naturerscheinung fesselt.

Auf ganz ähnliche Weise interessiert er sich für die Sprachen als lebende und organische Phänomene: als ausgesprochenes Sprachtalent eignet er sich außer der englischen, deutschen und französischen nicht nur die rumänische und die slowakische Sprache an, sondern lernt auch Russisch, Ukrainisch, Italienisch, Spanisch, Türkisch und Arabisch, da er ja zum rechten Verständnis der Melodien und der Rhythmen auch die betreffenden Sprachen verstehen muß.

Ja, und noch weiter führt ihn der Weg, der sich ihm mit der Erschließung der Volksmusik auftat. Die Musik, wie jede Kunst, wie jedes Kulturprodukt, stellt ja eine äußerst komprimierte, aber bei weitem nicht isolierte Erscheinung des menschlichen Lebens dar: eine Volksmusik erfassen heißt soviel wie das Leben eines Volkes erfassen. Im Hintergrund der Bauernmusik steht der Bauer; hinter den Volksmelodien stehen die Völker der Welt. Wer wie Bartók mit der Natur mit seinem ganzen Wesen innig verbunden ist, den kann die Natur zum Verständnis des Grundwesens von Welt, Leben und Menschlichkeit führen.

Bartók, der sich schon 1907 zur Naturreligion, zum Pantheismus bekennt, schreibt in jenem Jahr, daß er als Glaubensbekenntnis nur die Formel *im Namen der Natur, der Kunst und der Wissenschaft* annehmen könnte. Und gerade zu dieser Zeit seiner »Atheistenbriefe« wird klar, daß er sich, in seinen menschlichen und künstlerischen Erwartungen betrogen, von der bürgerlichen Mittelklasse endgültig trennt und eine neue Orientierung in menschlicher und sozialer Hinsicht sucht. Er sucht den Idealmenschen, der in der unmittelbaren Nähe von Natur und Menschlichkeit verblieb, den die Zivilisation der Großstadt nicht verdorben hat, der in sich noch die tiefsten Weltkräfte und Weltgesetze fühlt und aufbewahrt. Er sucht den Naturmenschen, den *Urmenschen* — und findet den Bauern als den *einfachen* und *wahren* Menschentypus. Er idealisiert ihn, er will die Klüfte, die Widersprüche des bäuerlichen Lebens nicht sehen; als Anhänger Rousseaus und Tolstois bekennt er sich zum harmonisch-schöpferischen Dorfleben, zur Aufrichtigkeit bäuerlichen Wesens, im Gegensatz zur städtischen Zivilisation. *Die glücklichsten Tage meines Lebens waren jene, die ich in Dörfern unter Bauern verbrachte*, schreibt er 1927. Und noch am Ende seines Lebens (1943): *Die Zeit, die ich mit dieser Arbeit* (das heißt mit der Volksliedsammlung) *verbracht habe, war die schönste meines Lebens, die ich um nichts in der Welt missen möchte. Die schönste, im edelsten Sinne des Wortes, denn ich hatte die Möglichkeit, die künstlerischen Offenbarungen einer noch einheitlichen, aber bereits im Schwinden begriffenen sozialen Einrichtung unmittelbar zu beobachten. Schön für das Ohr, und schön für das Auge! Hier im Westen* (das heißt in Amerika) *kann man sich vielleicht gar nicht vorstellen, daß es in Europa noch Gebiete gibt, wo fast jeder Gebrauchsgegenstand, vom Kleide bis zum Werkzeug, im Hause angefertigt wird, wo man fabrikmäßig verfertigten Schablonentand überhaupt nicht zu Gesicht bekommt, wo Form und Stil der Gegenstände von Gebiet zu Gebiet, ja oft von Dorf zu Dorf wechseln ... Das sind unvergeßliche Erlebnisse ...* Und: *Jetzt, wo diese Völker* (die Völker Osteuropas) *auf höheren Befehl sich gegenseitig morden und die dortige Welt so beschaffen zu sein scheint, als wollten die verschiedenen Nationalitäten einander in einem Glas Wasser ertränken, ist es vielleicht an der Zeit, darauf hinzuweisen, daß es bei den Bauern keine Spur von grimmigem Haß gegen andere Völker gibt und nie gegeben hat ... Unter den Bauern herrscht Frieden — Gehässigkeit gegen Menschen anderer Rassen wird nur von höheren Kreisen verbreitet.*

Man muß sich diese Rousseausche Romantik oder vielmehr diesen »romantischen Antikapitalismus« Bartóks vor Augen halten, um u.a. die eigenartigen Züge seiner Dramaturgie verstehen zu können. Natur, Naturmensch, Weltgesetz und Moral hängen da unzertrennbar zusammen. Der Held des Tanzspiels *Der holzgeschnitzte Prinz* siegt mit Hilfe der Natur über Schwäche, Eitelkeit und Unverständnis. *Der wunderbare Mandarin* tritt als Symbol der unverbrauchten Lebenskraft und der Naturnähe in die Welt einer verkommenen Zivilisation und siegt auch durch seinen qualvollen Tod über die Mächte der niederträchtigen Unterwelt der Großstadt. Und in der *Cantata profana* tragen die Wunderhirsche den Sieg davon, das heißt die zu Hirschen verwandelten Menschensöhne, die sich von den Vorurteilen und Hemmnissen der menschlichen Gesellschaft endgültig befreien konnten.

Fast scheint es, als ob hier Bartók, in seiner fanatischen Naturanbetung, zum Feind des Menschen und der menschlichen Gesellschaft geworden wäre. Es war aber nur eine Phase der Erbitterung in seinem Leben; es war die Zeit des Kampfes gegen die verderblichen und tödlichen Gifte der Jahre um 1930. Die letzten Werke werden klar bekunden, daß die große Synthese, die »Vermenschlichung der Natur« bei Bartók schließlich doch stattgefunden hat. Sein letztes Wort war das der Versöhnung, des Trostes und der Heimkehr zum Menschen.

Es wurde schon erwähnt, daß Bartóks wissenschaftliche Arbeit im Jahre 1906 ihren Anfang nahm und sehr bald zu außergewöhnlichen Resultaten führte. Aber zu erwähnen bleibt noch, daß man um 1910 und besonders während der beiden Weltkriege derartige Arbeiten in Osteuropa nicht ungestraft ausführen konnte. Durch seine ganze Haltung, durch seine ostentativen Freundschaftsbeziehungen zu den rumänischen und slowakischen Mitarbeitern (seine schönsten Briefe an diese sind erst kürzlich an die Öffentlichkeit gelangt), durch seine intensive Beschäftigung mit der Volksmusik der Nachbarvölker und nicht zuletzt durch seinen nachdrücklichen Hinweis auf die in der *Bauernmusik* enthaltenen Werte versetzte Bartók die Chauvinisten der Zeit in Empörung. Er schrieb ja nicht nur die Worte nieder: *... die glücklichsten Tage meines Lebens waren jene, die ich in Dörfern unter Bauern verbrachte*, sondern auch jene: *Unter den Bauern herrscht Frieden — Gehässigkeit gegen Menschen anderer Rassen wird nur von höheren Kreisen verbreitet!*

Überhaupt mußten sich hier ästhetische, wissenschaftliche und politisch-soziale Stellungnahme miteinander fortentwikkeln und klären. Schon Ende 1904 lesen wir in einem Brief

Bartóks über seinen neuen Plan, die schönsten ungarischen Volkslieder zu sammeln und *mit der bestmöglichen Klavierbegleitung auf das Niveau des Kunstliedes zu erheben, damit das Ausland die ungarische Volksmusik kennenlerne. Unseren guten Magyaren paßt es natürlich nicht; diese verabscheuen jede ernste Sache und lassen sich lieber jenen altgewöhnten Zigeunerschlendrian schmecken, womit man jeden Musiker und jeden gebildeten Ausländer aus der Welt jagen kann* ... Nun, es zeigte sich bald, daß die in solchen Äußerungen enthaltene Polemik gar nicht so harmlos war.

Im Jahre 1913 wird Bartók erstmalig von einem Budapester Kritiker angegriffen, weil er rumänische Motive verwendet; 1920 beginnen Jenő Hubay (der bekannte Violinvirtuose und Pädagoge, damals Direktor der Budapester Musikhochschule) und sein Kreis gelegentlich des Erscheinens einer Studie rumänischer Thematik eine regelrechte Hetzjagd gegen Bartók, wobei sie ihn fast des Vaterlandsverrates beschuldigten; und rumänischerseits stellt die Kritik zuerst seinen Biharer Band als verdächtig hin, danach greift Coriolanu Petranu, Universitätsprofessor in Cluj (Kolozsvár, Klausenburg), Bartóks sämtliche die rumänische Volksmusik betreffenden Schriften wegen angeblichem ungarischem Nationalismus an (1936). So steht Bartók infolge seiner wissenschaftlichen Tätigkeit gleichsam dauernd im Kampf und ist genötigt, seine Publikationen ohne jegliche Unterstützung, öfters auf eigene Kosten herauszugeben. 1937 schreibt er dann auch in einem Artikel (*Volksliedforschung und Nationalismus*), die Verbreitung der nationalistischen Voreingenommenheit könnte die Wissenschaft ersticken; und ebenda spricht er eine seiner wichtigsten Schlußfolgerungen aus, wenn er sagt, die chauvinistische Eifersucht könne schon allein aus dem Grunde keinen Sinn haben, weil wahrscheinlich *jedwede Volksmusik, wenn erst einmal genügend Material zur Verfügung stehen wird, sich im Grunde auf einige ursprüngliche Formen, auf Urtypen, Urstilarten wird zurückführen lassen.* Diese Feststellung ist bereits das Endergebnis langwieriger Bemühungen, Kämpfe und Erkenntnisprozesse.

Wir sind der Zeit vorausgeeilt, um Bartóks wissenschaftliche Arbeit, die er 1906 begann, überblicken zu können; seine Entwicklung als Komponist ist indessen viel zu kompliziert, als daß sie sich — wenn auch nur auf eine Zeitspanne bezogen — summarisch zusammenfassen ließe. Die Volksmusik, die Entdeckung dieser Volksmusik, ist für den Künstler Bartók noch wichtiger und folgenschwerer als für den Wissenschaftler Bartók, und die Kämpfe, die er hier mit sich selbst, dann auch mit seinen Interpreten und mit dem Publikum auszufechten hat, übertreffen seine Kämpfe auf wissenschaftlichem Gebiet um ein Vielfaches.

Die Entdeckung des Volks-Melos bedeutete ihm mehr als nur die Erschließung neuer Möglichkeiten für Melodien, Tonarten und Rhythmen oder Harmonien; sie war zugleich die Entdeckung des Uralten und Primitiven überhaupt, sie war der Anfang all dessen, was man in Bartóks Musik »magisch« und »dämonisch« zu nennen pflegt, was auch den heutigen Zuhörer mit elementarer, aufwühlender und verblüffender Kraft mitreißt. Ein solches Eindringen osteuropäischer und asiatischer oder — wie man früher zu betonen liebte — »urmenschlicher« und »naturhafter« Musikalität als ein Eindringen des »Barbarentums« in die hochentwickelte, raffinierte und überfeinerte europäische Musik von 1910 geschah um die gleiche Zeit nur noch in Strawinskys Werken, namentlich in seiner »russischen Periode«, glänzender, aber keineswegs tiefer dringend als bei Bartók. Tatsache ist, daß Bartóks Bemühungen von nun an zwei Hauptrichtungen verfolgen: Er will die Elemente der verschiedenen Volksmusiken mit seiner eigenen Musiksprache verschmelzen, und er will sich die Errungenschaften der neuen europäischen Musik mit voller Selbständigkeit zu eigen machen. Dies bedeutet zugleich, daß er in der zeitgenössischen »westlichen« und »östlichen« Musik nach Verbündeten sucht.

Wer konnten diese Verbündeten, Vorbilder und ermutigenden Beispiele sein? Nur vier Komponisten waren es, deren befruchtende Einwirkung Bartók bis an sein Lebensende begleitete: Bach, Beethoven, Liszt und Kodály. Aber zeitweilig muß er sich auch anderen Künstlern nähern, Künstlern, die ihm Probleme in fertiger Lösung darboten oder deren kühnfortschrittliche Haltung und radikale Fragestellung ihre Wirkung auf seine stets nach Neuem strebende, forschende und dynamische Natur nicht verfehlten. Zu ihnen gehörte, wie wir gesehen haben, als erster Richard Strauss (1902); sein »élan vital«, seine orchestrale Pracht und Beredsamkeit halten Bartók einige Jahre im Bann, dann aber wird er ernüchtert, findet Strauss oberflächlich und kompromißlerisch, besonders seit der »Elektra«. Dieses Werk beeindruckt Bartók nicht mehr, und er fällt ein hartes Urteil darüber.

Durch Kodály wird er 1907 mit der Musik Debussys bekannt; später äußert er sich über ihn mit großer Wärme, nennt Debussy den größten Komponisten der Zeit, und in einem polemischen Artikel über Kodály, worin er dessen verständnislose Kritiker angreift, betont er nachdrücklich (1921): *Die zweifache Wurzel seiner* (nämlich Kodálys) *Kunst ist — ebenso wie die der meinen — der ungarischen Bauernmusik und der neuen französischen Musik entsprungen.*

Es ist kein Zufall, daß hier für Debussys Namen, Debussys Nationalität steht; denn für die Bahnbrecher der neuen ungarischen Musik war es das Wichtigste vor allem, sich aus der bedrückenden Lage einer »deutschen Kolonie« zu befreien: Der Name Debussys konnte für Bartók und Kodály zur Flagge einer musikalischen Freiheitsbewegung werden. Zum Teil war es auch Debussys Kunst, die die ungarischen Komponisten zu Mussorgski führte, wie denn seinerzeit die russische Musik, die neue Musik Osteuropas, wiederum für Debussy einen Ausweg aus der deutschen Spätromantik, die Befreiung von ihrem drückenden Gewicht bedeutete. Dennoch ist es verhältnismäßig wenig, was Bartók von Debussy gelernt hat; der Einfluß ist vielleicht am ehesten an einem gewissen »Hellerwerden« der Bartókschen Harmonien und der Behandlung des Orchesters zu beobachten und mehr noch an der bald traumhaft entrückten, bald sinnlich berauschten Heraufbeschwörung von Naturbildern, wie wir ihr in den *Zwei Bildern* und *Vier Orchesterstücken*, also zwischen 1910 und 1912, begegnen. Die Pentatonik, die Bartók mit Kodály gemeinsam voller Freude in Debussys Musik entdeckt, ist wohl auch bei diesem der Widerhall östlicher und osteuropäischer Musik.

Der dritte der zeitgenössischen europäischen Meister, dem Bartók begegnen mußte, ist Arnold Schönberg. Seine ersten Werke lernt er um 1910 kennen, doch hat er sich bestimmt erst später eingehender mit Schönberg befaßt, und bezeichnenderweise schreibt er 1920 einen demonstrativ-freundschaftlichen Bericht über ihn (*Arnold Schönbergs Musik in Ungarn*, Musikblätter des Anbruch, 1920). Trotzdem ist anzunehmen, daß ihn nur einige Werke Schönbergs näher beschäftigt haben (das II. Streichquartett, op. 10, die Klavierstücke op. 11 und 19, die »Fünf Orchesterstücke« und andere; von »Pierrot lunaire« schreibt er hingegen — 1937 in einem Brief —, daß er ihn noch nie gehört habe). Was ihn an Schönbergs Musik fesselte, waren offenbar die Sprengung des tonalen Rahmens und der

Mut zur linearen Polyphonie (Zusammenklang linienhaft geführter Einzelstimmen), vielleicht auch einige hierher gehörende Harmoniemomente (Quartakkorde); doch war er nicht geneigt, Schönberg und seiner Schule bis zur völligen und konsequenten Dodekaphonie, zum tonalitätslosen Zwölftonsystem zu folgen. Der Grund dafür war, daß Bartók die Volksmusik als seine eigentliche Wurzel empfand; und atonale Volksmusik hielt er für unvorstellbar. 1931 schreibt er: *In der Reihe der Momente, die das Vordringen der atonalen Richtung hemmen, ist der Umstand, daß ein Teil der Komponisten des zwanzigsten Jahrhunderts auf alte Volksmusik zurückgegriffen hat, zweifellos von nicht geringer Bedeutung.* Und schon 1928 hat er offen erklärt: *Allerdings gab es eine Zeit, da ich mich einer Art »Zwölftonmusik« näherte. Doch zeigen auch meine damals entstandenen Werke den unverkennbaren Charakterzug, daß sie auf entschieden tonaler Grundlage aufgebaut sind.* (Hier hatte er offenbar den *Wunderbaren Mandarin* und die beiden *Violinsonaten* vor Augen.)

Im Gegensatz zu einer Gruppe seiner westlichen Kritiker müssen wir hier betonen, daß Bartóks Festhalten am tonalen Denken keineswegs »Kompromiß« und »Ausgleich« war, sondern die notwendige Folge und Forderung der Volksmusik, Bartóks grundlegender Idee: er wäre sich selbst gerade dann untreu geworden, wenn er die Prinzipien der Dodekaphonie angenommen hätte. Nun bedeutet das freilich keineswegs, daß seine Tonalität mit dem konventionellen Tonalitätsbegriff zu fassen wäre. In seinen Tonsystemen verflechten sich das im Volk wurzelnde Allgemeine und das Individuelle in so komplizierter Weise, daß er damit eine mit nichts anderem zu verwechselnde, eigene Norm geschaffen hat.

Der vierte bedeutende Komponist, der Bartók in seiner Entwicklung beeinflußte, war Igor Strawinsky. Mit Strawinskys ersten großen Werken, den russischen Tanzspielen (»Feuervogel«, »Petruschka«, »Sacre du printemps«), wurde Bartók zur Zeit des ersten Weltkrieges bekannt. Er äußerte sich besonders über »Sacre du printemps« auch später stets mit Interesse und Begeisterung. Was er daran hochschätzte, war die Konstruktionstechnik, die Handhabung des Orchesters und die trotz des Fehlens von »handgreiflichen« Volksliedelementen zum Ausdruck kommende volkstümliche Art. In den Motivwiederholungen erkannte er das Konstruktionsprinzip primitiver Bauerntanzmusik: *Eine ganz besondere, fieberhaft aufregende, aufpeitschende Wirkung hat die fortwährende Wiederholung primitiver*

Motive auch in dieser Art von Volksmusik. Und diese Wirkung steigert sich hundertfach, wenn ein Tausendkünstler wie Strawinsky unter genauester Abwägung der Gewichtsverhältnisse diese einander jagenden Motivkomplexe ineinanderstaut. All dies bezieht sich, wie wir sagten, auf Strawinskys »russische Periode« — dem Strawinsky der zwanziger und dreißiger Jahre steht Bartók bereits erheblich kühler gegenüber: die »neoklassische« Richtung rührt ihn vielleicht noch einmal an (im *I. Klavierkonzert*), doch weder ihre Thematik noch ihr Entwicklungsgang beschäftigen ihn weiter, ihre »Sachlichkeit« und abstrakt-kühle Fühllosigkeit empfindet er als fremd. So trennt sich sein Weg sehr bald von den Wegen aller seiner namhaften europäischen Zeitgenossen — zur Zeit seiner letzten Entfaltung bleibt er völlig allein.

Im Vorhergehenden haben wir Bartóks zeitweilige Verbündete gesehen; verfolgen wir nun die Hauptphasen seiner schöpferischen Entwicklung in diesen Jahren. Wir erwähnten, daß seine Bestrebungen ungefähr bis zu seinem dreißigsten Lebensjahr, bis 1911, in zweifacher Richtung hervortreten. Er setzt sich die »Modernisierung« der musikalischen Ausdrucksmittel sowie die organische Verschmelzung von Elementen der Volksmusik mit seiner persönlichen Tonsprache zum Ziel.

Sich der Volksmusik von den verschiedensten Seiten zu nähern, die einfachen sowie die verwickelten Interpretationsformen zu meistern, ist die Aufgabe der gewaltigen Reihe von Volksliedbearbeitungen, die Bartóks Weg fast von Anfang bis zu Ende begleiten, von den vier Heften *Für Kinder* über die *Rumänischen Tänze*, die *Zwanzig Volkslieder*, die *Violinduos*, die *Improvisationen*, *Rondos*, *Rhapsodien* und *Volksliederchöre* bis zu den entsprechenden Stücken des *Mikrokosmos;* von der einfachsten Übertragung bis zur kompliziertesten »Einschmelzung« finden sich in dieser Reihe Beispiele für die verschiedensten Typen und Formgebilde, und bezeichnenderweise figurieren von Anfang an neben den ungarischen Melodien auch die slowakischen, dann die rumänischen sowie Melodien *nach jugoslawischer*, *nach bulgarischer*, *nach arabischer Art* — auch hier eine *Verbrüderung der Völker*, Bartóks leitende Idee.

Will man überhaupt seinen künstlerischen Werdegang an dem Verhältnis zur Volksmusik messen, so stellt sich heraus, daß dieses Verhältnis, in gewisser Hinsicht die Achse seiner schöpferischen Entwicklung, charakteristische Wandlungen aufweist. Es wurde schon erwähnt, daß Bartóks »erste ungarische Muttersprache« die der ungarischen Spätromantik war, ein »historisches« Phänomen also, wenn auch für den Komponisten damals gegenwartsnah. Von diesem »Historischen«, bald als oberflächlich und unkünstlerisch empfunden, wandte er sich nach der Entdeckung der Volksmusik ab, um dann nur mehr gelegentlich und in einer gründlich veränderten Perspektive darauf zurückzugreifen. Dagegen vertieft er sich immer mehr in das Wesen, in Stileigentümlichkeiten und Formensprache der alten ungarischen, bald auch der rumänischen und slowakischen Volksmusik — der *Bauernmusik*, wie er sie ostentativ nennt — und verknüpft sie mit der gesamten osteuropäischen Volksmelodik.

Ist die oben angedeutete erste Periode auf die Zeit von 1901 bis 1907, so wäre diese zweite auf die Jahre 1908 bis 1919 festzulegen. Nun folgt eine tiefgehende Erweiterung, eine Sprengung und Umdeutung all dieser Volksmusikelemente (1919–1938), und schließlich, zur Zeit seines Spätstils (1939–1945), steht die Vereinigung der Volksüberlieferung mit klassischen Überlieferungen im Vordergrund. Die Art und Weise der Deutung wechselt; aber die Verbundenheit selbst, die engste Nähe zur Volksüberlieferung ist einer der Zentralfaktoren, der Bartóks unruhige, manchmal im Zickzack verlaufende Entwicklung zu einer ununterbrochenen Einheit zusammenfaßt.

Die verschiedenen Abstufungen bestimmt er selbst in einem Aufsatz (*Vom Einfluß der Bauernmusik auf die Musik unserer Zeit*): zunächst die Volksmelodie als zentraler Inhalt, in einen einfachen, unpersönlichen Rahmen gefaßt, als einfache Transkription, eventuell mit Vor- und Nachspiel. *Solche Arbeiten weisen einige Ähnlichkeit mit Bachs Choralbearbeitungen auf.* Nun folgt die einfache, dann die kompliziertere Bearbeitung der Originalmelodie; also das Volkslied als Rohmaterial. Die ursprüngliche Weise *spielt nur die Rolle des Mottos, und was darum und darunter gesetzt wird, ist die Hauptsache.* Aber auch hier soll die Melodie und das Hinzugefügte *den Eindruck einer untrennbaren Einheit erwecken.* Weitere, verwickeltere Typen ergeben sich durch die freie Verwendung der melodischen und rhythmischen Elemente der Volksmusik. Der Komponist gebraucht sie völlig frei, *wie der Dichter seine Muttersprache*, und hierher gehört schließlich auch die freie Nachbildung von Volksmelodien, wo also das Volkslied nur mehr als stilistisches oder prinzipielles, geistiges Muster durch die persönliche Invention durchschimmert.

Bartóks Schaffen bietet reichlich Beispiele für sämtliche Typen und Abstufungen — das Eindringen in das Wesen dieser Melodienwelt war eben seine Schule in der musikalischen Stilistik, ebenso, wie auf der anderen Seite Bach, Beethoven und Liszt die ständigen Nährer und Erzieher seines musikalischen Denkens waren. Seine wachsende Freiheit tut sich nicht zuallerletzt eben in der stets zunehmenden Verwebung und Vereinigung der beiden großen schöpferischen Prinzipien, Volkstum und Klassik, kund. (Man denke an seine letzten Orchesterwerke.) Schon im *Blaubart* ist diese Freiheit offenkundig —hier, wie später im *Holzgeschnitzten Prinzen* oder in der *Tanzsuite*, wo es ja förmlich von »folkloristisch« anmutenden Motiven wimmelt, gibt es kein einziges wirkliches Zitat aus der Volksmusik! Sie wird nachgebildet, im Geiste neu geschaffen, ebenso wie die Oper *Blaubart* oder das Tanzspiel *Der holzgeschnitzte Prinz* oder auch die *Cantata profana* wesentlich die alte Form der Volksballade auf einer höheren, rein persönlichen Ebene geistig neu erschafft. Wir werden sehen, daß er diese geistige Anknüpfung an das Volkstümliche in seinem Werke bewußt, und zwar erstaunlich weit verfolgt.

Entfaltung 1911–1938

Soviel über die volkstümlichen Grundlagen seines persönlichen Stils. Er strebt aber, wie gesagt, zu dieser Zeit nach zweierlei Richtungen zugleich: Neben der Verarbeitung und Ausdehnung des Volkshaften steht der Wille zum Persönlichen und Einmaligen. Die wichtigsten Werkgruppen für die Gestaltung der neuen Ausdrucksweise sind die Serien der Klavierstücke. Hier entsteht eine neue Form des Charakterstückes, von kleinen Skizzen angefangen bis zu breitangelegten Phantasien (*14 Bagatellen* und *10 leichte Klavierstücke*, 1908; *2 Elegien*, *3 Burlesken*, *7 Skizzen*, *2 Rumänische Tänze*, *4 Klagelieder*, 1908–1911). Abgeschlossen wird die Reihe symbolisch — die völlige Reife des neuen Stils verkündend — durch das *Allegro barbaro* im Jahre 1911. In diesen Stücken können wir von Stufe zu Stufe die Verschärfung der Rhythmik, die Ausweitung der Tonalität, die immer freiere Entfaltung des Melodischen verfolgen; bitonale Versuche, die Mischung archaischer Tonfolgen mit neuartigen Dissonanzen, überhaupt die ersten Belastungsproben der aus der Volksmusik entwickelten eigentümlichen Tonalität sind überall mit der immer kühneren Erprobung der klaviertechnischen Möglichkeiten verbunden.

Mit dem *Allegro barbaro* sind wir an einer neuen Phase angelangt, und es ist höchst beachtenswert, daß (genau wie in der Entwicklung Beethovens) die Klaviermusik auch hier die »Vorarbeit« für die Kammer- und Orchestermusik leistet; das *I. Streichquartett*, op. 7 (1908), kann schon auf einer Höhe beginnen, zu der die Klaviermusik nur allmählich hinaufgelangt ist, und obgleich die Polyphonie der Kammermusik sich erst in den späteren Quartetten zur Reife entwickelt, können sich Bartóks kühnste Konstruktions- und »texturale« Ergebnisse in Orchesterwerken und Streichquartetten aus dem Grunde entfalten, weil ihnen das Klavier als »Versuchsinstrument« vorangegangen ist und den Weg gebahnt hat. Es handelt sich hier um eine der originellsten und die weitesten Perspektiven erschließenden Klavier- und Kammermusikschöpfungen der Epoche, um eine Musik, die viele schon früh mit der Kunst Beethovens verglichen. Und bereits hier wird klar, daß Bartóks Phantasie sich vorwiegend in der Richtung des Instrumentalen bewegt und zur Verwirklichung einer Revolution der Instrumentalmusik berufen ist.

Um so bedeutungsvoller erscheint es, daß er sich gerade in diesen Jahren seines menschlichen und künstlerischen Ausreifens mit gesteigertem Interesse der Bühne zuwendet. Bis dahin hat er seine Kraft auch schon am Orchester versucht: das bezeugen die im Geiste Berliozscher und Lisztscher Monothematik geschriebenen *Zwei Porträts*, op. 5 (1908), (der erste Teil ist einem erst 1958 veröffentlichten zweisätzigen Violinkonzert entnommen), die als erste Invokation der Natur und der Bauernwelt entstandenen *Zwei Bilder*, op. 10 (1910), und die ebenfalls in äußersten Gegensätzen schwelgenden *Vier Orchesterstücke*, op. 12 (1912, instrumentiert 1921). Sein früherer Orchesterstil fällt mit einemmal von ihm ab; von dem romantisch-ungarischen Klang der *I. Orchestersuite* ist keine Spur mehr vorhanden. Die Arbeit an der *II. Suite* wurde — bezeichnenderweise — durch die Entdeckung der Volksmusik in der Mitte des Werkes abgebrochen, so daß fast zwei Jahre (1905–1907) den dritten Satz vom Finale trennen, und diese jähe, sprunghafte Wandlung hat auch die stilistische Einheit des Werkes zerstört. Die »neue Einheit« indessen — auch das ist bezeichnend — erscheint auf dem Gebiet der großen Formen zur gleichen Zeit wie in der Klaviermusik: im Jahre 1911, dem Jahr des *Allegro barbaro*, als auch Bartóks erstes Bühnenwerk fertig wird, die auf Béla Balázs' Text komponierte einaktige Oper *Herzog Blaubarts Burg*, op. 11.

Auch in anderer Hinsicht ist dieser Zeitabschnitt Halte- und Wendepunkt für Bartók. Bis dahin ist seine Laufbahn gleichsam in einem ungebrochenen Bogen angestiegen. Einige Auslandsreisen (eine Konzerttournee mit Ferenc Vecsey durch Spanien 1906, Konzerte in Wien, Berlin, Manchester 1903–1909) wirkten äußerst anregend auf ihn, seine Ernennung zum Professor an der Musikakademie (1907) gab, wenngleich er sich für die Lehrtätigkeit nie begeistern konnte, seiner Arbeit in der Heimat einen geordneten Rahmen, das Sammeln von Volksliedern ging, wenn auch mit Hindernissen, weiter und die Freundschaft mit Zoltán Kodály (ihre Bekanntschaft datierte schon seit dem Beginn des Jahrhunderts) verhinderte Bartóks völlige gesellschaftliche Isolierung auch dann noch, als die ungarische Kritik ihm bei weitem nicht mehr mit der Begeisterung nachfolgte, die sie seinen ersten patriotisch-romantischen Werken entgegengebracht hatte. 1910 tritt Bartók an einem Autorenabend gleichzeitig mit Kodály vor die Öffentlichkeit, wozu die Bildung eines neuen ungarischen Kammermusikensembles, des Waldbauer-Kerpely-Quartetts, den Anlaß gibt. Überhaupt wird es immer zeitgemäßer und dringlicher, eine der neuen ungarischen Musik entsprechende neue ungarische Vortragskünstlergarde zu schaffen. Bartók muß sich daran erinnern, daß die Erstaufführung des *Kossuth* durch die Beanstandungen und Kritteleien der deutschfreundlichen Mitglieder des größten ungarischen Orchesters fast verhindert worden wäre; jetzt hält er es im Verein mit Kodály für dringend geboten, daß eine Musikgesellschaft zustande kommt, die den neuen Werken adäquate Aufführungen sichert. So wird im Jahre 1911 der Neue Ungarische Musikverein gegründet — um nach kurzem, ungleichem Kampf sehr bald wieder aufgelöst zu werden, so daß Bartók sich, noch stärker verstimmt, von jedem öffentlichen Auftreten zurückzieht.

Er lebt in diesen Jahren ziemlich zurückgezogen (in Budapest und in dessen Vorort Rákoskeresztúr) mit seiner Frau, Márta Ziegler, die er 1909 heiratete, und mit seinem 1910 geborenen Sohn Béla. Als Komponist sieht er sich zu dieser Zeit völlig gescheitert, *offiziellerweise hingerichtet*, wie er 1913 einem

Kollegen schreibt, der fortan nur für seinen Schreibtisch, *als Privatmensch, ausschließlich für Familiengebrauch* Musik schreibt. Die folkloristische Sammelarbeit und die Lehrtätigkeit an der Musikakademie sind die einzigen Aufgaben, die ihn an das öffentliche Leben binden.

Auch die neue Oper, ein musikdramatisches Zwiegespräch, das unter der symbolhaften Hülle des seinerzeit in der gesamten europäischen Literatur beliebten Themas »Mann–Weib-Gegensatz« die alte Fabel von den sieben verschlossenen Türen in Blaubarts Burg erneut, im Grunde aber eigentlich mit genialem Mut Ton und Atmosphäre der ungarischen Volksballade auf die Bühne versetzt und in der Deklamation zum erstenmal eine auf Volksmusik beruhende echte ungarische Melodik ertönen läßt, muß volle sieben Jahre auf die Erstaufführung warten. Unterdessen lähmt der erste Weltkrieg Bartóks Tätigkeit. Außer zwei Liederzyklen entstehen in diesen Jahren nur zwei bedeutende Werke größeren Umfangs: *Der holzgeschnitzte Prinz* (Tanzspiel auf den Text von Béla Balázs, op. 13, 1914–1916), eine dramatische Pantomime, Zwillingswerk der Oper *Herzog Blaubarts Burg* und das *II. Streichquartett*, op. 17 (1915–1917). Die beiden Bühnenwerke werden nach Überwindung zahlreicher Schwierigkeiten, wobei oft das ganze Opernorchester gegen den Komponisten aufgehetzt wurde, gegen Ende des ersten Weltkrieges im Budapester Opernhaus zum erstenmal aufgeführt. (*Der holzgeschnitzte Prinz* im Frühjahr 1917, *Herzog Blaubarts Burg* ein Jahr später) und ernten, dank den Bemühungen des hochbegabten italienischen Dirigenten Egisto Tango, mit einem Schlag unerwarteten Erfolg in weiten Kreisen. Die beiden Erstaufführungen bedeuten — nach Bartóks Worten — *einen entschiedenen Umschwung im Verhalten des Budapester Publikums meinen Werken gegenüber.*

Das Jahr 1918 brachte einen wirklichen Durchbruch, das erste Aufflammen des Verständnisses für Bartóks Kunst. Der bedeutendste Bericht über die Erstaufführung des Einakters stammt aus der Feder des großen Kollegen und Kampfgenossen Zoltán Kodály. »Die Musik Bartóks«, schreibt er im Frühjahr 1918, »ist heute nicht mehr, wie noch vor zehn Jahren, für Publikum und Kritik ein Buch mit sieben Siegeln ... Selbst seine früheren Gegner sind gezwungen, den Reichtum seiner Erfindungsgabe, die individuelle Farbe seines Orchesters, die ursprüngliche Verbundenheit seiner Farben mit den Gedanken und dem streng organischen Zusammenhang seiner Gedankenwelt anzuerkennen... Bartóks Musikerpersönlichkeit wird durch die ganz individuelle Art des Zusammenschweißens von Urprimitivem mit hochentwickelter Kultur zu einer einzig dastehenden. Seine Musik ist ein einheitlicher, in sich geschlossener Organismus, aus *einem* Stoff, der von Entlehnungen oder Nachahmungen fast gar keine Spuren aufweist. Vorfahren hat auch er, doch tritt die Beziehung nicht in Äußerlichkeiten zutage: Der Geist erhabener Musik der Vergangenheit lebt in ihm . . . Aber für die musikalische Durchschnittsbildung ist bei Bartók am schwersten verständlich, was aus seiner Verbindung mit der Volksmusik hervorgegangen ist. — . . . Es ist begreiflich, daß diejenigen, die den Stil einiger hundert um 1850 entstandener Lieder als den einzig ungarischen betrachten, diese neue Musik nicht als ungarisch empfinden . . . Der neuen ungarischen Musik entströmt eine andere, jungfräulich reine Atmosphäre eines tiefer wurzelnden, unverbrauchten Ungartums; wie der Duft der Szekler Fichtenwälder, in denen etwas von dem ungeheuer starken Lebensstrom erhalten geblieben ist, der einst das ganze Land durchflutete. Diesem Strom ist auch Bartóks Musik entwachsen, und durch die vulkanische Arbeit einer außergewöhnlich schöpferischen Kraft hat sie sich zu einer unendlich ausdruckskräftigen und dabei fest konstruierten Seelensprache entfaltet... Dies ist nicht mehr die sentimentale Zechkumpanenstimmung der ungarischen Gentry zur Zeit der Unterdrückung, nicht der Alarmruf Kossuths, nicht das wehmütige Klagen der Kurutzen[1], es ist kein Teil-Ungartum, sondern alles zusammen: ein vielschichtiges, tieftragisches, Allgemeingültigkeit beanspruchendes Ungartum, mit dem Selbstbewußtsein der einstigen Landeseroberer und einer wilden, dem gegenwärtigen Elend trotzenden Lebensenergie. Eine solche Musik ist in ihrem wahren Element, wenn sie sich mit dem Drama verbindet . . . Dem ›ereignislosen‹ Text fehlt es allerdings an jeder gewohnten Opernschablone. Aber wie (Balázs) die Schale des alten Märchens aufbricht, . . . das erfüllt den Zuschauer mit tragischer Spannung und fesselt ihn vom ersten bis zum letzten Wort. Die skizzenhafte Art, wie er es der Musik überläßt, die Konturen mit Leben zu füllen, macht die engste organische Verschmelzung des Textes mit der Musik möglich. Weder das Drama noch die Musik sind gezwungen,

[1] Aus dem lateinischen Wort »crux (Kreuz)« gebildete Bezeichnung für die ungarischen Freiheitskämpfer, die im 17. und 18. Jahrhundert gegen die österreichische Herrschaft aufstanden.

ihr gesondertes Dasein zu verleugnen, dennoch verbinden sie sich zu einer höheren Einheit. Diese Einheit wird durch den sinfonischen Aufbau der Musik nicht nur nicht gestört, vielmehr noch gehoben: Der Bogen des Dramas und der parallele Bogen der Musik stärken und gestalten sich gegenseitig zu einem gewaltigen doppelten Regenbogen. — Die konstruktive Kraft dieser Musik kommt noch mehr zur Geltung, wenn wir danach den *Holzgeschnitzten Prinzen* hören. Das Ballett gleicht mit seinem spielerischen, beweglichen Allegrokontrast das trostlose Adagio der Oper aus. Die beiden Werke fügen sich wie zwei Sätze einer riesigen Sinfonie ineinander. Und wer das Atonale für die Haupterrungenschaft Bartóks hält, möge doch endlich merken, daß beide Werke wiederkehrende Grundtonarten aufweisen, genau wie irgendeine »Mozart-Oper.«

Eine entschiedene Wendung, ein erster Durchbruch gewiß — aber Bartóks Laufbahn erinnert in so manchen Zügen an diejenige Beethovens: Wenn Publikum und Kritik eines seiner Werke verstehen lernen, ist er schon weit darüber hinaus, stellt größere Anforderungen — und die Folge davon ist, daß seine Kritiker ständig seine alten Werke gegen die neuen ausspielen. Denn die alten Werke sind nunmehr »verständlich« geworden, während die neuen noch »wirr, dissonant, unverständlich, ja peinlich« sind.

Sein drittes Bühnenwerk, *Der wunderbare Mandarin* (Pantomime auf den Text von Menyhért Lengyel, op. 19, 1918–1919, die Instrumentation erst 1924 beendet), das als unheimliche Danse macabre das dämonische Spiel von Liebe und Tod in der Szenerie einer großstädtischen Schauergeschichte heraufbeschwört, kann zu Lebzeiten des Komponisten in seiner Heimat nicht aufgeführt werden. (Die Behörden weigerten sich, das »unmoralische« Stück dem Publikum bieten zu lassen.) Nicht viel anders verhielt es sich auch im Ausland: Die Uraufführung in Köln 1926, unter der Leitung des ungarischen Dirigenten Eugen Szenkár, endete mit einem Skandal, gab zu kirchlichen und behördlichen Protesten Anlaß und kostete den Dirigenten beinahe seine Stellung. Im Hintergrund des Werkes — des letzten Bartókschen Bühnenwerkes — stehen schon der Zusammenbruch von 1918, die ungeheuren Aufregungen des Kriegsendes und der Revolutionsmonate; seine Sprache enthält schon viel von den Errungenschaften der neuen europäischen Musik wie noch kein anderes Bartóksches Werk, so viel auch von Bartóks eigentümlicher dramatischrhythmischer Dynamik wie keines seiner Werke zuvor. Diese unerhörte rhythmische Spannung, dazu die äußerste Erweiterung der Tonalität, die Anfüllung der Harmonie mit geballten Dissonanzen, die expressive Zerklüftung der Melodik künden Bartóks »dritte Stilperiode« an.

Herrschten in der Musik zum *Holzgeschnitzten Prinzen* die Naturfarben und Naturbilder vor — der Held des Tanzspiels, der Märchenprinz, erringt ja im Kampf gegen die Mächte der Natur und wiederum auch mit ihrer Hilfe den Sieg über die Gleichgültigkeit und Eitelkeit der Prinzessin —, so ist im *Wunderbaren Mandarin* die ganze Umwelt düsterer, feindseliger, der Kampf gegen ihre Mächte erbitterter und tragischer geworden. Ungezähmte Leidenschaft und unbändiger Lebenswille müssen sich in einer mörderischen Welt Geltung verschaffen; und im furchtbaren Ringen wird selbst die Leidenschaft, selbst der Lebenswille entstellt, zerklüftet, zum Tode verurteilt.

Diese Zeit rücksichtsloser, schärfster Konflikte, die »dritte Stilperiode«, hat offenbar Übergangscharakter und wird bald abgeschlossen mit den beiden *Violinsonaten* (1921—1922), mehr noch mit der *Tanzsuite für Orchester* (1923, für die Jubiläumsfeier der ungarischen Hauptstadt komponiert). Bartóks Leben ist in diesen Jahren voller Gehetztheit. Zur Zeit der ungarischen Räterepublik (1919) werden um ihn herum große organisatorische Pläne geschmiedet, er selbst ist (mit Zoltán Kodály, Ernő Dohnányi und Béla Reinitz) Mitglied eines Musikdirektoriums. Ein »Museum« oder eine »Sektion« für Volksmusik wird errichtet — dann macht im Herbst 1919 die Reaktion all dem ein Ende, man ist sogar im Begriff, die vorzüglichsten, die »kompromittierten« Professoren von der Akademie zu entfernen . . . Bald darauf beginnt auch die chauvinistische Hetzjagd gegen Bartók. Die neuen politischen Grenzen erschweren die wissenschaftliche Arbeit. Bartók trägt sich mit dem Gedanken, seine Heimat zu verlassen. Allerdings bessert das sich erneuernde Interesse des Auslandes seine Lage beträchtlich. Seit 1918 hat er einen Verleger in Wien, die Universal-Edition. 1920 nimmt er seine Konzertreisen als Pianist in Europa wieder auf. 1922 wird er in London und Paris gefeiert — in Paris trifft er u.a. mit Ravel, Strawinsky, Honegger, Milhaud und Szymanowski zusammen —, die »fremde Sprache« seiner *I. Violinsonate* läßt in der Presse lebhafte Debatten entbrennen. Im gleichen Jahr 1922 werden in Frankfurt a. M. *Herzog Blaubarts Burg* und *Der holzgeschnitzte Prinz* aufgeführt, die *Tanzsuite* erntet 1925 in Prag einen denkwürdigen Erfolg, das *III. Streichquartett* gewinnt 1927 den Preis der Musical Fund Society in Philadelphia, einer Konzertreise des Jahres 1927 durch Nordamerika folgt 1929 eine durch die Sowjetunion; und nun erscheinen auch die ersten Bücher und Broschüren über Bartók.

Wie einst in Berlin Busoni von Bartóks Musik gesagt hatte: »Endlich etwas wirklich Neues«, so erkennt jetzt die öffentliche Meinung der ganzen Welt in Bartóks Kunst das »wirklich Neue«. Und dies ist um so bedeutender, als man allmählich einen relativen Gesamtüberblick über sein bisheriges Schaffen zu gewinnen vermag.

Schon 1923 veranstaltet die Melos-Gesellschaft in Berlin einen dreitägigen Zyklus von Bartóks Kammermusikwerken. Und dem Berliner Beispiel folgt man in immer breiteren Kreisen.

Hier scheint es am Platze, auch über Bartók, den Pianisten, über ihn als Interpreten der Musik zu berichten. In seiner Jugend machte auf ihn der Interpretationsstil Emil Sauers, Eugen d'Alberts und Ernő Dohnányis fast gleich tiefen Eindruck. Sein Klavierspiel jedoch war von Anfang an ganz abweichend von dem ihrigen. Klare, scharfe Umrisse, oft eine gewisse Härte, hauptsächlich aber strenge Plastik, geballte Konzentration, eine ununterbrochene elektrische Ladung, eine hochgespannte Wachsamkeit kennzeichneten ihn als Pianisten. Sein Hauptgebiet war die Musik Bachs, Liszts, Kodálys, Debussys, ferner vorklassische Klaviermusik und eigene Werke. Uns, seinen ehemaligen Hörern, bedeutete es seinerzeit eine Überraschung und zugleich ein tiefes Erlebnis, auch einige Werke von Chopin und Mozart in durchgeistigter Zartheit von ihm zu vernehmen. Als Kammermusikpartner war er wegen der ungewollt-elementaren, alleinherrschenden Wucht seines Spiels bei den Mitwirkenden eher gefürchtet als beliebt; trotzdem bleiben auch seine Kammermusikabende (mit Franz Vecsey, Joseph Szigeti, Emil Telmányi, Ede Zathureczky, Imre Waldbauer, Zoltán Székely, Jelly Arányi, Henri Marteau, Gregor Piatigorsky, Emanuel Feuermann u. a.) unvergeßlich. Sein früh sich bekundendes Interesse für die Vorklassik bestimmte übrigens auch den Großteil seiner pädagogischen Herausgebertätigkeit (Bach, Couperin, Scarlatti, della Ciaja u. a. m.).

Als ob Rast und Ruhe ihm völlig unbekannt wären — alle diese Jahre zwischen 1920 und 1930 sind von einer fieberhaften Tätigkeit, von Hast, von Kämpfen und Krisen erfüllt.

Wir gedachten schon der chauvinistischen Hetze, die 1920 in Ungarn gegen ihn geführt wurde, und erwähnten auch, daß die ersten Pläne einer Emigration in ihm zu dieser Zeit auftauchten. Auch sein Privatleben blieb von Erschütterungen nicht verschont. 1923 löst er nach vierzehnjähriger Dauer die mit Márta Ziegler geschlossene Ehe und heiratet seine Schülerin Ditta Pásztory. Seine zweite Frau, eine begabte Pianistin, wirkt später bei jenen Konzerten mit zwei Klavieren mit, die Bartók in Ungarn, in der Schweiz, in England und in den Vereinigten Staaten gibt. Aus dieser Ehe stammt sein jüngerer Sohn Péter; er ist es, für den später die ersten Stücke des *Mikrokosmos* bestimmt waren. Trotz mancher Krisen ist es doch die Familie, die dem Komponisten in diesen wechselvollen Jahren Rückhalt gewährt und die sich jetzt ihrer eigenen historischen Rolle bewußt wird.

Es ist wohl kein Zufall, daß Bartóks Mutter, die Frau, an der der Meister bis ans Lebensende mit grenzenloser Hingabe hing, gerade zu dieser Zeit jene bedeutenden biographischen Aufzeichnungen für ihren Enkel Béla verfaßt, denen wir die wichtigsten Angaben über Bartóks Kindheit verdanken.

Die zwanziger und dreißiger Jahre sind die Zeit des wachsenden Ruhmes in Bartóks Leben — in seiner künstlerischen Entwicklung stellen sie die »vierte Stilperiode« dar: die Vereinigung von Polyphonie, Akkordik und »geometrischer Konstruktion«, eine Vereinigung größter Perspektive. Seine Rhythmik, die bisher oft in ganzen Kompositionen vorherrschte (*Der wunderbare Mandarin*, *Tanzsuite*), beginnt sich in diesen Jahren als gleichrangige Partnerin in die immer reicher werdende Melodiekonzeption einzufügen. Sehr bezeichnend ist, daß auch dieser Zeitabschnitt von einer Erneuerung der Klaviermusik eingeleitet wird, durch Phantasiestücke, die bald ein in »vorklassischer Art« polyphones, bald ein rhythmisches, bald ein koloristisches Gepräge zeigen — zur gleichen Zeit verliert das Klavier seinen Schlaginstrument–Charakter und wird um neue Spielmöglichkeiten bereichert (*Klaviersonate*, *Im Freien*, *Neun kleine Klavierstücke*, 1926). Als Marksteine treten das *I.* und das *II. Klavierkonzert* hervor (1926, 1931), während das *III.*, *IV.* und *V. Streichquartett* (1927, 1928, 1934) die

Ergebnisse der ganzen Zeitspanne zusammenfassen. Die bedeutendsten Werke des Jahrzehnts jedoch sind das Chorwerk *Cantata profana* (1930), die *Musik für Saiteninstrumente, Schlagzeug und Celesta* (1936) und die *Sonate für zwei Klaviere und Schlagzeug* (1937). Das sich an die letzteren unmittelbar anschließende *Violinkonzert* (1938) leitet bereits zu Bartóks letzter Stilperiode, einer abschließenden Synthese über. Es ist, als ob die zahlreichen Werke der dreißiger Jahre sich deshalb so dicht aneinander drängten, weil sie die letzte, hastige Eile »vor Torschluß« ankündigen, die wachsende Besorgnis in den Stunden wachsender politischer Verfinsterung.

Auf irgendeine Art bringt jedes seine Lösung und seinen Ausweg. Die *Cantata*, geschrieben auf den Text eines uralten rumänischen Volksgesanges, verleiht mit ihrem oft visionären, »gesanglosen« Chorstil Bartóks Freiheitsdurst und seiner Verbundenheit mit der Natur letzten, erschütternden Ausdruck; hier erweist sich für den Menschen als einziger Weg der Flucht die Rückkehr zur Natur und das Aufgehen in ihr — dies versinnbildlicht die mythische Geschichte von den neun Wunderhirschen der rumänischen Volksballade. (Bartók hatte die *Cantata profana* als erstes Glied eines großen Triptychons, einer ungarisch-rumänisch-slowakischen Kantatenreihe geplant; aber zur Fortführung der Reihe kam es nicht mehr. Es sei auf jeden Fall erwähnt, daß er in diesem Werk sein persönlichstes Glaubensbekenntnis sah.) Die *Musik für Saiteninstrumente, Schlagzeug und Celesta* verdankt ihr Entstehen dem Umstand, daß Paul Sacher, Leiter des Basler Kammerorchesters, Bartók anläßlich des zehnjährigen Bestehens des Orchesters um ein »festliches« Werk bat. Die Komposition wurde eine der großartigsten Schöpfungen Bartóks. Ihre vier Sätze beschränken sich nicht auf die Ausschöpfung der verhältnismäßig begrenzten Klangmöglichkeiten des Streichorchesters, sondern erschließen darüber hinaus ungeahnt neue Klangmöglichkeiten, die in ihrer Zeit einzig dastehen. Überdies weist der Inhalt eine gewaltige Ausdrucksskala auf, die sich von der Anfangsfuge über eine unbändige Tanzphantasie und einen »nächtlichen Monolog« bis zur hymnischen Dithyrambe erstreckt und mit seinem Riesenbogen gleichsam das »Inferno« des Zeitalters und seinen Weg zum »Paradiso« darstellt. Und diese hymnische Erhebung, diese Überwindung des Krisenhaften und Ausweglosen fehlt von nun an in nahezu keinem der Bartókschen Werke mehr.

Mit diesen Werken, gegen Ende der dreißiger Jahre, schließt eigentlich Bartóks letzte Kampfperiode. Was noch fehlt, was noch kommen muß, ist die letzte Synthese, der Ausklang, die in der Katastrophe errungene Katharsis. Ebendarum ist es hier am Platze, einen Überblick über die Aufnahme dieser Werke in ihrer Zeit zu geben. In Ungarn selbst ist das Ansehen Bartóks in den Kreisen der fortschrittlichen Intelligenz seit ungefähr 1920 bis 1925 unerschütterlich. Schon zwischen 1915 und 1920 hatte er einen kleinen Kreis der Kritiker auf seiner Seite (Béla Reinitz, Anton Molnár). Seit den zwanziger Jahren kann er auf eine ganze Mitkämpfergarde in der jüngeren Generation rechnen, an der Spitze Aladár Tóth und Alexander Jemnitz. Selbstverständlich bedeutet das noch nicht die ungeteilte Anerkennung; vor allem steht ihr die offizielle Musikkritik Ungarns entgegen.

Es ist eben das Ungarn der dreißiger Jahre, mit seiner reaktionären Herrscherklasse. Bartók wird noch jahrelang als »Antipatriot«, als »Kosmopolit«, als »Unzuverlässiger«, als »Verderber der Jugend« befeindet und gebrandmarkt. Nur daß dieser Chor der Feinde in Anbetracht der europäischen Erfolge immer kleinlauter wird und wenn auch noch nicht verstummt, so doch sich mit einer leisen »Umdeutung« seiner Kunst und seiner Stellungnahme begnügen muß. Die meisten Bartókschen Werke kommen ja in diesen Jahren »von außen«, nach europäischen Erstaufführungen, nach Ungarn, und diese Tatsache sichert ihnen auch vor den snobistischen Führerkreisen einen ungewollten moralischen Erfolg. Die Budapester Philharmonie sieht sich geradezu gezwungen, die Orchestersuite aus dem *Mandarin*, die beiden ersten *Klavierkonzerte*, die *Musik für Saiteninstrumente und Schlagzeug* aufzuführen — und die Jugend bejubelt schon einstimmig diese Aufführungen. Und fehlen auch die Bühnenwerke konsequent jahrelang im Spielplan des Budapester Opernhauses, so ernten die Autorenabende Bartóks in den zwanziger und dreißiger Jahren um so größeren Erfolg, und seine Klavierabende mit eigenem und »fremdem« Programm werden Anlaß zu stürmischen Beifallsbezeigungen. Bartók liebte es, vor einer leidenschaftlich Partei ergreifenden — und wenn auch gegen ihn demonstrierenden — Hörerschaft zu spielen. Als es in Köln, Berlin, Frankfurt, Florenz, Budapest und anderswo zu heftigen Demonstrationen bei der Aufführung seiner Werke kam, sagte er wiederholt: *So ein Publikum wünsche ich mir, voller Hingabe und voller Entrüstung.*

Wie aus dem bereits Gesagten hervorgeht, beginnt sich sein Werk zu dieser Zeit überall durchzusetzen. Die Bühnenwerke erscheinen, wenn auch versuchsweise, bald hier, bald dort immer wieder; die neuen Kompositionen aber gelangen, wie schon erwähnt, fast ausnahmslos im Auslande zur Erstaufführung, ja entstehen infolge ausländischer Aufträge. Die ersten beiden *Klavierkonzerte* erklingen in Frankfurt (1927, 1933), die *II. Violinrhapsodie* in Amsterdam (1928, 1939), die *Cantata profana* in London (1934), das *V. Streichquartett* in Washington (1935), die *Kontraste* in New York (1939), die *Musik*, die *Sonate für zwei Klaviere und Schlagzeug* und das *Divertimento* in Basel (1937, 1938, 1940) zum erstenmal. Ihre Aufnahme ist seit den dreißiger Jahren überall eindeutig bejahend. Was aber die Budapester Erstaufführung betrifft, sei hier — neben einigen Klavier- und Kammermusikwerken — auf die Gruppe jener kleinen *Chöre* (1936) hingewiesen, die — fast gleichzeitig mit einer aufrührerischen »Bauernkantate«, betitelt *Aus vergangenen Zeiten*, entstanden — Bartóks Namen gegen Ende der dreißiger Jahre auch in seiner Heimat fast plötzlich in die breiteste Öffentlichkeit der Schulen, der Jugendbewegung, der volkstümlichen Musikpflege, der musikliebenden Provinz hinaustragen. Auch dies war ein »Durchbruch«, in ganz anderem Sinne als in den Jahren 1917 und 1918, ein Heimfinden und Wurzelschlagen dieser Musik in den breitesten ungarischen Volksschichten. Bartók selbst gedenkt einmal mit tiefster Rührung jener Kindersänger, die seine Chöre zur Aufführung brachten (1937): *Es war eine große Sensation für mich ... nie werde ich den Eindruck vergessen: wie frisch, wie heiter die Stimmen dieser Kleinen klangen. Es ist etwas in der Natürlichkeit der Tongebung dieser Kinder, namentlich die der Vorstadtschulen, die an den Klang des noch unverdorbenen Bauerngesanges erinnert.* Eine späte, aber um so bedeutendere »Wiederbegegnung mit dem Volk«, dem der Komponist das einmal Erhaltene zurückgibt.

Von den inneren Entstehungsgründen dieser Werke wissen wir ziemlich wenig. Wenn Bartók 1931 erklärt, er wolle der *Verbrüderung der Völker* dienen, wenn er 1939 gegenüber Serge Mireux äußert, er und Kodály beabsichtigen *eine Synthese von Ost und West*, wenn er die *Cantata* als persönlichstes Selbstbekenntnis betrachtet und das *Streben nach genialer Einfachheit* als die eigentliche Aufgabe des Komponisten bezeichnet (1938), so sind das alles nur prinzipielle Andeutungen seiner Bestrebung, das Wesentliche immer klarer und menschlicher auszudrücken. Persönliche und allgemein menschliche Motive sind natürlich überall ineinander verwoben: der *Mikrokosmos* ist ebenso für die engste Familie wie für die »lernbegierige Jugend« geschrieben, zugleich aber als Zusammenfassung und Überblick des eigenen Lebenswerkes gedacht; der Mittelsatz des *Divertimento* wird nicht nur vom persönlichen Kummer, sondern auch von der Angst vor nahendem Kriegsausbruch umwölkt und überschattet. Und gerade hier verdient Bartóks neugewonnene Stellung zum Volkstümlichen besondere Beachtung.

Aus diesen Jahren gibt es ein bezeichnendes Dokument hierzu: Denijs Dille, der belgische Musikforscher, befragt Bartók 1937 in Brüssel über die Harmoniewelt seiner Werke; ob auch für diese eine nationale, ja folkloristische Grundlage anzunehmen wäre. Bartók antwortet:

Sie haben richtig bemerkt, daß meine Harmonik stark von derjenigen meiner europäischen Zeitgenossen abweicht. Diese Harmonien werden überall dem Spezialcharakter der von mir verwendeten Melodien angepaßt, gleichviel ob diese Melodien volkstümlichen Ursprungs oder von mir erfunden sind. Allerdings ist ihre Tonalität stark abweichend von der in traditionellem Sinne harmoniebedingter Melodien. Darum darf ich sagen, daß auch meine Harmonik ein nationales Gepräge trägt, jedoch nur in breitestem Sinne und bei weitem nicht in solchem Maße wie die Rhythmik und Melodik meiner Werke.

Diese enge Zusammengehörigkeit von Melodie und Harmonie kann nur bewirken, daß Bartóks Harmonik, der ungarischen Volksmusik gemäß, tonal bleibt und es ein Irrtum ist, seine Musik mit der Schönbergs und seiner Nachfolger, also mit der sogenannten atonalen Bewegung, in eine Reihe zu stellen.

Vollkommen richtig, sagt Bartók, *was jedoch mein Interesse für Schönbergs Neuerungen gar nicht beeinträchtigt. Meine Harmonik dagegen blieb der seinigen gänzlich fremd. Die das Gegenteil behaupteten, verstanden offenbar nicht viel davon.*

Auf die Frage, ob Bartók Edwin von der Nülls Auslegungen seiner Klavierwerke (1930) für richtig hält, antwortet der Komponist:

Im allgemeinen ja, aber mit gewissem Vorbehalt. Es handelt sich ja um eine systematische wissenschaftliche Studie, welche möglichst vollständig die innere Logik meiner Akkordfügung aufdecken will. Aber trotz allem redlichen Bemühen spielt die Intuition in solchen Dingen eine weit größere Rolle, als man sich vorstellt. Meine ganze

Musik und nicht zu allerletzt dieses Problem der Harmonik ist eine Frage von Instinkt und Gefühl. Man frage nicht, warum ich dies und jenes so und nicht anders schrieb. Darauf habe ich eine einzige Antwort: Wie ich es fühlte, so habe ich es geschrieben; lassen wir die Musik selbst reden, die spricht ja klar genug und ist stark genug, um sich zu behaupten.

Endlich kommt das Gespräch auf den angeblichen Unterschied, der zwischen den älteren, folkloristisch orientierten und den neuen, mehr persönlich betonten Kompositionen Bartóks in technischer Hinsicht bestehen soll.

Dieser Unterschied ist nur ein scheinbarer, erklärt Bartók. *Teilweise hängt er wohl mit der Bestimmung des betreffenden Stückes und mit dem Material desselben zusammen. Die technische Ausführung blieb dieselbe. Die sogenannten absoluten Formen dienen auch für die freieren Formen als Grundlage und bringen gewisse melodische und rhythmische Typen mit sich. Es ist aber klar, daß Volksmelodien, besonders in ihrer Originalgestalt, sich nur schwer in den sogenannten absoluten Musikformen verwerten lassen. Die Melodien, die in meinen Streichquartetten und anderswo ertönen, unterscheiden sich ihrem Wesen nach nicht von den Volksmelodien; nur ihr Rahmen ist strenger, das ist alles. Man findet im allgemeinen, daß ich eine Idee nicht zweimal auf dieselbe Weise auftreten lasse, daß ich niemals unverändert wiederhole; das hängt mit meiner Vorliebe für die Variation, für die thematische Umgestaltung zusammen. Es ist kein leeres Spiel, wenn ich zum Beispiel in meinem zweiten Klavierkonzert das Thema »umkehre«. Diese Variabilität und diese Verschiedenartigkeit findet man auch in unserer Volksmusik, und sie ist zugleich ein Grundzug meiner Natur.*

Sollte aber tatsächlich eine solche Verwandtschaft zwischen der Melodik der Bartókschen Streichquartette und der ungarischen Volksmelodik bestehen? Bartóks Antwort ist eindeutig:

Man muß nur mit der Volksmelodik enger vertraut sein, dann ist der Abstand gar nicht so groß. Auch darf man nicht vergessen, daß in den Streichquartetten die äußerste Konzentration herrscht. In meinen neueren Orchesterwerken trachte ich nach möglichst großer Einfachheit und nach voller Auswertung des Kontrapunktes; hier kann ich mich zum Beispiel auf meine zweite Rhapsodie für Violine und Orchester berufen ...

Was hier angedeutet wird, geht über das eigentliche Thema hinaus; es handelt sich letzten Endes um das Doppelgesicht des Bartókschen Schaffens, um das Naturhaft-Volkstümliche und das Konstruktiv-Abstrakte. »Rhythmus« und »Kontrapunkt« könnte man vereinfacht und ein wenig pedantisch polarisiert die beiden Hauptträger seines persönlichen Stils und zugleich die beiden historischen Grundfaktoren seiner musikalischen Denkweise nennen; es sind dieselben Pole, die wir vorher »naturhaft« und »konstruktiv« nannten, dieselben, welche die ungeheure Spannung, die elementare Gegensätzlichkeit seiner Musik ausmachen. Es wurde schon angedeutet, was in seinem Weltbild »Natur« und »naturhaft« hieß; im oben angeführten Gespräch mißt er selbst dem Konstruktiv-Kombinatorischen und dem Ewig-Umgestaltenden gleiches Gewicht zu; letzten Endes deutet er seine eigentliche Werkstatt an, die Hauptfaktoren und Triebkräfte seiner Phantasie.

1931 nahm Bartók als Delegierter Ungarns in Genf an den Sitzungen der Kommission für geistige Zusammenarbeit im Völkerbund teil. Daß er hier mit Dichtern, Künstlern und Literaten von Weltruhm zusammentraf, war eigentlich nichts Neues für ihn, wirft nur ein besonderes Licht auf seine Beziehungen zur zeitgenössischen Kunst und Literatur. Gewiß war er in erster Linie nicht »literarisch« oder »kunstgeschichtlich« interessiert, aber er sah und las mit wachen Augen, und er spürte instinktiv überall die großen Zeitprobleme. Mit Thomas Mann war er seit 1922 bekannt, mit Paul Valéry und Karel Čapek traf er in Genf zusammen; und zeitlebens war er Verehrer von Rolland, von Gorki (dessen Bedeutung er überraschend früh entdeckte) und — gegen Ende seines Lebens — von Proust, den er fast an die Seite seiner Lieblingsautoren Flaubert und Dostojewski stellte. Natürlich war seine Belesenheit besonders in der neuen ungarischen Literatur vielseitig; die Gedichte von Endre Ady (von denen er mehrere vertonte) galten ihm auch als Symbol der Solidarität mit den Nachbarvölkern, war doch Ady, wie er selbst, ein Verkünder des gemeinsamen »ungarischen, rumänischen, slawischen Leides«; in Zs. Móricz, B. Balázs, M. Lengyel und einigen jüngeren Zeitgenossen schätzte er das Neue, Fortschrittliche, Fermentierende in der ungarischen Dichtung — kein Zufall, daß er zum Teil ihr Komponist wurde. Mit Goethe und Heine aber verbanden ihn die ersten Jugendeindrücke, und seine frühesten Lieder und Chöre sind auf Texte der deutschen Romantik geschrieben. — Was die bildende Kunst betrifft, scheint er die stärksten Eindrücke in Frankreich gewonnen zu haben: Die französischen Kathedralen und die Schätze des Louvre, die ihn schon 1905 *wie ein*

Zauberschlag berührten, haben es ihm gleicherweise angetan. In seinen letzten Gesprächen (in Amerika aufgezeichnet) bekundet er jedenfalls eine tiefe Verzweiflung, nicht nur über das Schicksal der Menschen, sondern auch über das der Kulturschätze in Europa während des zweiten Weltkrieges.

Die letzten Jahre
1938–1945

Um die Mitte der dreißiger Jahre, besonders aber seit dem Einmarsch hitlerfaschistischer Truppen in Österreich, seit der drohenden Ausbreitung des Faschismus, wird die Lage Ungarns immer bedrückender. Bartók, der 1934 im Auftrage der Ungarischen Akademie der Wissenschaften begonnen hat, den Volksliederschatz Ungarns zu ordnen, zieht sich mehr und mehr vom Unterricht zurück und läßt sich 1940 von der Musikhochschule pensionieren. Er, dem der Faschismus von Anfang an verhaßt und verächtlich war, orientierte sich nun in wachsender Besorgnis über die Möglichkeiten einer Emigration, denn — so schreibt er 1938 — *es besteht die eminente Gefahr, daß sich auch Ungarn diesem Räuber- und Mördersystem ergibt.* Solange eine öffentliche Stellungnahme in Ungarn möglich ist, steht sein Name auf Protestdeklarationen gegen Rassengesetz, Verbote fortschrittlicher Kundgebungen und Verfolgungen. Aus dem nazisierten Wiener Autorenverband tritt er aus, die Aufführungen seiner Werke in faschistischen Ländern untersagt er. Bald jedoch muß er an sein eigenes Schicksal, an eine Evasion aus dem immer enger werdenden Kreis denken. Was seit der *Cantata profana* so unwiderstehlich in ihm lebt — protestieren! flüchten! hinaus ins Freie! —, das will er nun verwirklichen. Nur weiß er noch nicht, wie, wohin. Der Ausbruch des zweiten Weltkrieges gibt seinem Entschluß den entscheidenden Stoß; im Frühjahr 1940 begibt er sich auf eine »Orientierungsreise« in die Vereinigten Staaten, und im gleichen Jahr, im Herbst, verläßt er nach schwerem und schmerzlichem Abschied seine Heimat für immer (am 8. Oktober gibt er sein letztes Konzert in Budapest). Von seiner Frau begleitet, reist er über die Schweiz, über Südfrankreich und Spanien nach Amerika — Ende Oktober kommen sie in New York an.

Zu dieser Zeit ist Bartók nicht mehr gesund: Fieberanfälle, Gelenk- und Nervenschmerzen peinigen ihn, schon hat sich in seinen Organismus jene Krankheit eingeschlichen, die bald darauf seinem Leben ein Ende bereiten wird und die die Ärzte bis zum letzten Augenblick vor ihm verheimlichen: die Leukämie. Und was in Amerika seiner wartet, ist nicht eben leicht, im Gegenteil, es ist die härteste Prüfung seines Lebens.

Was läßt Bartók hinter sich, was erhofft er von der Landung in Amerika? Nur fort aus der Welt der neuen Barbarei, des faschistischen Kannibalismus, fort aus der Nähe des *verpesteten Landes*, wo *Wotan und sein irdischer Statthalter* herrschen, fort nach einer Insel des Friedens und der geretteten Menschlichkeit — dies war seine Losung im Jahr 1940. War es ein Rückzug, eine endgültige Flucht? Im Testament von Budapest (4. Oktober 1940) wurde allerdings jede Brücke einer kompromißhaften Heimkehr endgültig abgebrochen: keine Straße, kein öffentlicher Platz, kein öffentliches Gebäude soll in Ungarn nach ihm benannt, keine Gedenktafel angebracht werden, solange es im Lande Hitler- und Mussolinistraßen und -plätze gibt ... Ist aber eine Zuflucht irgendwo noch zu finden? Wird sie ihm in der Neuen Welt geboten? Bald erfolgt auch Amerikas Eintritt in den zweiten Weltkrieg, bald folgen auch dort düstere Kriegsjahre mit allerlei Depressionen — wobei auch Bartók, gleich anderen Emigranten, doch oft als »einer aus Feindesland« angesehen wird ... Noch im November 1940 wird er in New York mit der feierlichen Verleihung der Ehrendoktorwürde an der Columbia-Universität ausgezeichnet. Aber mit seinen Konzerten hat er nicht den erwarteten Erfolg, und überhaupt ist weder seine Stellung als Wissenschaftler noch die als Künstler seinem geistigen Rang angemessen. Die Beauftragung mit einer folkloristischen Arbeit an der Columbia-Universität ist nur vorübergehend und muß immer wieder amtlich verlängert oder erneuert werden. Bartók, immer mehr kränkelnd, fühlt sich der größten Ungewißheit ausgesetzt. 1941 beginnen langwierige Unterhandlungen zwischen New York und Seattle: Soll es die Columbia-Universität oder eher die Washington-Universität sein, die Bartók einen festen Lehrauftrag erteilt? Ist ein solcher Auftrag in den Kriegsjahren überhaupt denkbar? Soll er nicht besser beim Ordnen und Abschreiben von Volksmelodien bleiben? Und als es endlich zu einer Anstellung, zu einer Berufung längerer Dauer kommen könnte, ist es zu spät; Bartóks Gesundheit ist so tief zerrüttet, daß er nun keinen Auftrag mehr annehmen kann. Auch seine Kompositionen erscheinen ziemlich selten auf den Programmen. Seine Lage ist bedrückend und wird durch seine Überempfindlichkeit noch gesteigert. *Nie hätte ich gedacht, daß dies das Ende meiner Laufbahn sein würde*, schreibt er gegen Ende des Jahres 1942 an eine Schülerin, ... *meine Karriere als Komponist ist so gut wie zu Ende; die Quasi-Boykottierung meiner Werke seitens der führenden Orchester geht weiter ... Das ist eine große Schande — natürlich nicht für mich*. Und trotz aller bösen Erinnerungen, trotz aller bedrückenden Angst um das Schicksal der Heimat taucht in dem leidenden Emigranten immer wieder der Gedanke auf, ob es nicht besser wäre heimzukehren, denn *wenn es nun einmal überall schlecht zugeht, ist man doch lieber zu Hause*. Dabei ist es fast unmöglich, ihm aus der finanziellen Not zu helfen; sein Stolz untersagt ihm die Annahme jeglicher Unterstützung. »Er machte es seinen Freunden schwer, sich ihm mit solchen Angeboten zu nähern«, erzählt ein amerikanischer Freund aus diesen Jahren. »Er war ein Genie der Abwehr; er war einfach nicht imstande, selbst von den Nächststehenden etwas ohne Gegenleistung anzunehmen.« Die demütigende Ungewißheit um ihn herum, die tiefe Depression, bleibt im großen und ganzen bis 1943 unverändert.

Trotzdem — und hier erinnert Bartóks Entwicklung an diejenige Mozarts, der im tiefsten Elend seine vergeistigt-glücklich singenden, »melodieseligsten« Kompositionen schuf — sind es gerade Bartóks letzte Schöpfungen, die im Zeichen des Abschieds von Europa entstandenen und die in Amerika komponierten Werke seines Lebensabends, die seine »fünfte Stilperiode« bilden, aus denen melodischer Reichtum, befriedete Harmonie, das Glück des »Heimfindens« und der Erhebung in einer Fülle strömen, als hätte der Komponist gerade jetzt, in den finsteren Jahren, seinen Glauben, seine Zuversicht, seinen Optimismus gefunden. Niemals zuvor hat er so melodisch und so »allgemeinverständlich« geschrieben wie in dieser Zeit, vielleicht war er niemals sonst so von Menschenliebe und Mitleid durchdrungen wie jetzt, und niemals gelang es ihm so wie jetzt, die Ergebnisse seines Lebens in einer gewaltigen Synthese zusammenzufassen. Der neue, »warm melodische« Stil erscheint im *Violinkonzert* zum erstenmal (1938), eigentlich aber ist auch dieser, wie alle seine Stilwendungen, in der Klaviermusik vorbereitet: in den Stücken des *Mikro-*

kosmos (1926–1937). Hier gestaltet der Künstler mit instruktiver, pädagogischer Absicht die plastische Einfachheit, deren er zur Abklärung seines späteren Stils bedarf. Die größer angelegten Werke umspannen dann noch einmal die schärfsten Gegensätze: das *Divertimento für Streichorchester* — wiederum für das Basler Kammerorchester geschrieben (1939) — vereinigt die befreite Freude des gemeinsamen Musizierens mit der bedrückenden Vision eines Trauerzuges; das *VI. Streichquartett* (1939) die einsame Melancholie einer wiederkehrenden und sich nach und nach entfaltenden »Grundmelodie« mit der Härte wilder und roher Episoden; das *Concerto für großes Orchester* (1943) die Elegie des Heimwehs und der Einsamkeit mit verblüffenden und grotesken Momenten und mit dem Glanz eines wogenden Volksfestes; und das nicht mehr ganz beendete letzte Werk, das *III. Klavierkonzert*, verbindet die Schönheit von Kindheitslandschaften, Erinnerungen, Hymnen, Chorälen mit dem Dröhnen großer Volksreigen. Selbst in der für Violine geschriebenen *Solosonate* (1944) und dem nur skizzierten (von Tibor Serly ausgeführten) posthumen *Bratschenkonzert* können wir derartige Kontraste vernehmen. Doch sind die Gegensätze hier schon miteinander versöhnt im Zeichen einer reinen und edlen Serenität, einer abschiednehmenden stillen wehmütigen Klarheit.

Auch aus dieser Spätzeit, der letzten Periode seines Lebens, ist uns ein bezeichnendes Gespräch Bartóks, diesmal mit einem amerikanischen Journalisten (erschienen in der Zeitschrift »The Etude« 1941) erhalten geblieben.

Die Musik nach 1910, sagt er hier, *ist ihrem Wesen nach nicht revolutionär. Überhaupt ist so etwas in der Kunst undenkbar; da gibt es langsameren oder schnelleren Fortschritt, aber eher Evolution als Revolution. Was mich betrifft, verfolgt meine Entwicklung seit ungefähr 1926 — wo meine Werke kontrapunktischer und zugleich einfacher wurden — meines Erachtens ziemlich konsequent eine einzige Richtung. Diese Periode wird auch durch die stärkere Betonung der Tonalität gekennzeichnet. Vorher, zwischen 1918 und 1924, waren meine Werke viel radikaler und vielmehr homophoner Art.*

Je reifer man wird, um so deutlicher fühlt man den Wunsch, sparsamer mit den Mitteln umzugehen und einfacher zu sein. Die ähnlichen Bestrebungen anderer Komponisten meiner Generation sind wohl auf ähnliche Erfahrungen zurückzuführen. Wir finden nur in reifem Alter jenes richtige Maß, jene goldene Mitte, in welcher unsere musikalische Individualität am besten zum Ausdruck gelangt. Der junge Komponist ist geneigt, alles aufzubringen, was er kann. Wenn ich heute mein erstes Streichquartett wieder komponieren würde, wäre es natürlich von ganz anderer Art; mit heutigen Augen sehe ich klar, was darin überflüssig ist, wo darin Wagner-Reminiszenzen stecken. Mein letztes Streichquartett ist ein wesentlich persönlicheres Werk. Übrigens weiß ich für den persönlichen Stil des Komponisten eigentlich keine Erklärung; es muß einfach aus ihm hervorgehen...

Dies ist die Zeit, da Bartók tatsächlich sämtliche Mittel seiner Kunst überprüft, sichtet und neu gestaltet.

Der Musikstoff selbst und die Formenwelt, die er in diesem Zeitabschnitt zusammenfaßt, sind außergewöhnlich groß, überraschend weit, sie können wahrlich als die Synthese einer ganzen Epoche gelten. Denken wir nur an die Tonsysteme, die er von den Jahren 1910 bis 1915 an planmäßig, auf Grund der Volksmusik verschiedener osteuropäischer Völker, aufbaut — wo neben der uralten Pentatonik und der ihr so fernen Chromatik, nicht nur die alten »Modi« (Tonarten der Antike und des Mittelalters) entscheidend wichtig werden, sondern auch rumänische, arabische, javanische Tonfolgen, vor allem die sogenannte natürliche »akustische« Tonleiter mit erhöhter Quarte und kleiner Septime, überall der Tritonus, die »lydische Quarte« (die erhobene vierte Stufe der Tonleiter) stark, geradezu als Achsenton hervorhebend. All dies hat auch auf Bartóks Harmoniewelt entscheidenden Einfluß ausgeübt, ja es hat sie geradezu bestimmt, denn immer blieb es ja sein ausgesprochenes Bestreben, Melodienwelt und Harmonie aus ein und demselben Hintergrund, Stoff und System hervorgehen zu lassen. Die Melodienwelt selbst hat eine riesige Skala der »engen« und der »weiten« Bewegungsenergien zurückgelegt, vom »sprechend-deklamierenden« Parlando-Typus bis zur gestenhaft zuckenden oder rankenhaft verwobenen Ausdrucksmelodik, ja bis zum kaum artikulierten »Naturlaut« des Stöhnens, Schreiens, Schluchzens und Kreischens; und wie seltsam wirken in dieser Nachbarschaft — besonders in Bartóks späteren Werken — die Anklänge aus der Welt Bachs und Mozarts! Und keine geringere Abwechslung finden wir, wenn wir Bartóks Formenwelt betrachten; mit welcher Disziplin ist hier der Inhalt mannigfaltigster Formen zusammengefaßt, damit die Spannung des Werkes auch dadurch noch erhöht wird! Bartók selbst hat dem äußeren Schein nach wenig Gewicht auf tiefgreifendes Analysieren gelegt. Vom *II. Streichquartett* zum

Beispiel schreibt er in einem Brief (1936), es enthalte in der Form nichts Außergewöhnliches: *Der erste Satz ist normale Sonatenform; der zweite Satz eine Art* Rondo *mit einem durchführungsartigen Mittelteil; der letzte Satz läßt sich am schwersten definieren: letzten Endes ist er eine erweiterte ABA-Lied-Form.* Aber hinter solchen bescheiden summierenden Bemerkungen steckt eine selbstbewußte und komplizierte Arbeitsmethode.

Vielleicht ist es nicht ohne Interesse, wenn wir hier einen flüchtigen Blick auf die »Großformen« von Bartóks reifen Werken werfen:

1. Beethovens Sonatenform, insbesondere im Sinne der späten Werke Beethovens: »von der Fuge bis zur Tanzfantasie« *(I. Streichquartett*, zum Teil die *Violinsonaten):*
   a) die »sich verengende« Sonatenform *(Klaviersonate);*
   b) die Modifikation der Beethovenschen Sonate: ein oder zwei Scherzo-Sätze, abschließender langsamer Satz *(Klaviersuite, II. Streichquartett).*
2. Die Lisztsche Sonate: die Sonatenform erstreckt sich auf das ganze Werk:
   a) mit umgekehrter Reprise *(Der holzgeschnitzte Prinz);*
   b) mit veränderter Reprise *(III. Streichquartett).*
3. Dreisätzigkeit, wo der dritte Satz den ersten wiederholt:
   a) einfach *(Cantata profana);*
   b) thematisch verändert *(Klavierkonzert, Violinkonzert, Divertimento).*
4. »Bogen-« oder »Brückenform«:
   a) mit zentralem schnellem Satz, um ihn herum wiederkehrende Motive *(Der wunderbare Mandarin);*
   b) mit zentralem schnellem Satz, um ihn herum zwei langsame und zwei Ecksätze *(V. Streichquartett);*
   c) mit zentralem langsamem Satz, um ihn herum zwei Scherzos und zwei Ecksätze, wobei der 1. und der 5., der 2. und der 4. Satz dem Stoff nach verwandt sind *(IV. Streichquartett)*, oder wobei die Einleitung den zentralen langsamen Satz vorwegnimmt *(Concerto).*
5. »Kettenform« mit verbindendem Ritornell und Rekapitulation: Quasi-Rondo *(Herzog Blaubarts Burg, Tanzsuite).*
6. Monothematik:
   a) Varianten des Themas in verschiedenen Sätzen *(Kossuth-Sinfonie, I. Orchestersuite)*;
   b) zwei Sätze über das gleiche Thema *(Zwei Bildnisse);*

c) allmähliche Entfaltung des Grundgedankens: am vollständigsten am Anfang des Werkes *(Musik für Saiteninstrumente und Schlagzeug)* oder am Ende des Werkes *(VI. Streichquartett)*.
7. Klassische oder präklassische Concerto-Form *(I.* und *III. Klavierkonzert, Sonate für zwei Klaviere)*.
8. Kombination der Bachschen und der Beethovenschen Sonatenform *(Soloviolinsonate)*.

Durch diese vielerlei Formen (zu denen auch der Typus »Langsam-Schnell« der Rhapsodien hinzugerechnet werden kann, noch mehr aber das Variationsprinzip, in welchem der Komponist die gemeinsame Grundlage der Volksmusik und seiner eigenen Kunst erblickte) scheint die »ständige« Einwirkung der bedeutsamsten Vorbilder Bartóks — Bach, Beethoven und Liszt — ebenso hindurch wie durch seine gesamte schöpferische Tätigkeit. Gegen 1930 schreibt er in einem Brief, in seiner Jugend sei eher Beethoven als Bach und Mozart sein Vorbild gewesen, aber *in der letzten Zeit hat sich das einigermaßen geändert; in den letzten Jahren habe ich mich auch viel mit Vor-Bachscher Musik befaßt*... Tatsächlich bezeugt die bereits erwähnte Reihe von Transkriptionen und instruktiven Ausgaben, daß die Stilwendung der dreißiger Jahre eine reiche, unmittelbare Erlebnisbasis gehabt hat, ohne jedoch den Künstler von seinen früheren Idealen endgültig zu entfernen.

Und schließlich sei noch von Bartóks Rhythmik die Rede, von diesem vielleicht reichsten Element seiner Musik, durch welches er — neben Strawinsky mit seinen »russischen Werken« — den »Knochenbau« der zeitgenössischen Musik recht eigentlich erneuert hat; die förmliche Besessenheit vom rhythmischen Element, dessen unvergleichliche Mannigfaltigkeit einer Epoche ermatteter und verwischter Rhythmik ein nachahmungswürdiges Beispiel gegeben hat. Dieser »barbarische« Zug der Bartókschen Musik (der Begriff barbarisch ist hier so komplex aufzufassen, wie es Flaubert tat) rührt zweifellos ebenfalls vom Reichtum der Volksmusik her: von der oft unendlich komplizierten Rhythmik nicht nur der ungarischen, rumänischen und slowakischen, sondern auch der ruthenischen, jugoslawischen, bulgarischen, türkischen und arabischen Tänze, von dem aufregend vielgestaltigen, geradezu betäubenden Arsenal der kombinierten und asymmetrischen Taktarten. Auch hierin trat gegen das Lebensende Bartóks eine gewisse

Vereinfachung ein: als ob der immer mehr in den Vordergrund tretende zusammenfassende und humane Wesenszug seiner Kunst auch hier nur die triumphierende Kraft zurückgelassen hätte, ohne die aufwühlende, wilde Gewalt der orgiastischen Rhythmen.

Auf diese Ergebnisse also kann Bartók zurückblicken, sie faßt er in seinen letzten Werken zusammen. Die Depression, die in den Jahren um 1940 schwer auf ihm gelastet hatte, läßt langsam nach, seine Arbeitslust kehrt allmählich, wenn auch immer wieder durch Perioden der Erschöpfung unterbrochen, zurück. Vom Jahre 1943 an bessert sich seine Lage zusehends: Alte und neue Freunde, Schüler und Verehrer tun sich zusammen, um ihm zu helfen. Die Bemühungen Joseph Szigetis, Frigyes Reiners und anderer bleiben nicht erfolglos. Der Bund Amerikanischer Komponisten (ASCAP) ermöglicht Bartók eine Heilbehandlung und Erholungsaufenthalte in Saranac Lake und Asheville, Serge Kussewitzky beauftragt ihn mit der Komposition eines Orchesterwerks, Yehudi Menuhin wünscht eine Solosonate, William Primrose ein Bratschenkonzert und sein neuer Verleger, Ralph Hawkes, ein VII. Streichquartett... Seine finanziellen Sorgen haben ein Ende, der Komponist Bartók ist plötzlich von neuem »entdeckt« worden. Und glücklicherweise, wie wir wissen, nicht zu spät: Das *Concerto* und die *Solosonate für Violine* werden noch fertig. Die Aufführung dieser beiden Werke — Menuhin führte im November 1944 die *Sonate* in New York und Kussewitzky Anfang Dezember das *Concerto* in Boston zum ersten Erfolg — wird der letzte Triumph des erlöschenden Lebens. Aber die Arbeit an den übrigen Werken, dem seiner Frau zugedachten *III. Klavierkonzert*, dem für Primrose begonnenen *Bratschenkonzert*, dem *VII. Streichquartett*, ist schon ein Wettlauf mit dem Tod. Das Klavierkonzert wird noch bis auf einige Takte beendet, doch vom Bratschenkonzert sind nur Notizen und Skizzen vorhanden, vom Streichquartett nicht mehr als ein paar Takte. Am 26. September 1945 stirbt Béla Bartók im West Side Hospital zu New York, bevor er sein 65. Lebensjahr vollendet hat.

Die hinterbliebene Familie, die sich nicht vollzählig am Bett des Sterbenden versammeln kann, versinnbildlicht in ihrer Zerrissenheit gleichsam das aufgewühlte Leben der Nachkriegszeit: Bartóks Schwester und sein älterer Sohn aus erster Ehe sind in Ungarn geblieben, seine Frau ist gerade zu dieser Zeit schwer erkrankt, sein jüngerer Sohn, Péter, der den Eltern nach Amerika gefolgt war, ist eben vom Militärdienst zurückgekehrt.

Der Wunsch, den Bartók in einem seiner letzten Briefe äußerte: ... *ich möchte heimkehren, aber endgültig*..., fand keine Erfüllung mehr. Die Heimat, die gerade den Krieg und den deutschen Faschismus abgeschüttelt hatte, sah Bartók nicht wieder. Voller Angst, voller Hoffnung sah er das Kriegsende nahen, begrüßte noch enthusiastisch die beginnende Befreiung Europas — dann aber sank seine Lebensenergie rasch zusammen. Und sehr schmerzlich muß ihm gewesen sein, was er in den letzten Tagen zu seinem Arzt sagte: *Es tut mir nur leid, daß ich mit vollem Gepäck scheiden muß*. Er war erfüllt von Plänen, Entwürfen, Hoffnungen, die der frühe Tod in ihm erstickte. Freunde, Schüler, Familienmitglieder standen nun um ein Totenbett, wo bis zum letzten Augenblick ein Kampf um das Werk, um die Schöpferkraft geführt wurde; aber »der Rest war Schweigen«, und das Werk blieb unvollendet.

Bartók selbst sagte einmal zum Verfasser dieser Zeilen, sein künstlerischer Werdegang sei einer Spirallinie gleich: auf immer höherem Niveau, immer vollkommener die gleichen zentralen Probleme zu lösen — dies empfand er als Leitsatz seiner Entwicklung. Immer höher und immer vollkommener — so konnte es ihm gelingen, auf einer der höchsten Stufen die Musik des Jahrhunderts zusammenzufassen. Zu diesem Ergebnis bedurfte es auch eines Charakters und eines sittlichen Mutes, wie er sie besaß. Das musikalische Genie allein hätte nicht genügt: sein Zeitalter hatte mit allen Mitteln der Feindseligkeit und Bitternis diesen kristallklaren, leuchtenden menschlichen Charakter geprüft und gestählt. Wenn die Menschen der Zukunft dereinst wissen wollen, wie der Mensch unserer Zeit gekämpft und gelitten und wie er schließlich den Weg der Befreiung, die Harmonie und den inneren Frieden, den Glauben an sich selbst und an das Leben gefunden hat, werden sie im Lebenslauf und Schaffen Béla Bartóks allezeit ein Vorbild für diese heroische Selbstbehauptung und Sich-Erhebung finden. *(1968)*

Béla Bartók

Von Zoltán Kodály

Die Wiedergeburt des ungarischen Geisteslebens begann nach einer langen Periode des Verfalls mit dem Jahr 1772, als zum erstenmal eine literarische Schule, »die französische« genannt, auftrat. Sie bereitete den beiden großen Generationen, die die zeitgenössische geistige Kultur Ungarns schufen, den Weg.

Die erste der beiden Generationen, die von 1790 — ich zähle alle dazu, die zwischen 1780 und 1800 geboren wurden —, erreichte ihren Gipfel in der Literatur mit dem Dichter Mihály Vörösmarty, in der Politik mit dem Grafen István Széchenyi, dem »größten Ungarn«.

Die zweite Generation, die von 1820, welche wohl noch bedeutender war als die erste, vollendete mit den Dichtern Petőfi und Arany und dem Romanschriftsteller Jókai das von der vorangegangenen begonnene gewaltige Werk. In der Politik war es das Zeitalter Lajos Kossuths. Unglücklicherweise wurde die Entwicklung durch die Katastrophe von 1848–49 unterbrochen, und die folgende Generation hatte genug damit zu tun, die Lücken eines so raschen und so ungleichen Fortschritts auszufüllen. Die Generation von 1850 verkörpert die natürliche Ebbe nach einer so reichen und großartigen Flut. Nach zwei solchen Kraftausbrüchen war ein Zeitraum der Ruhe unvermeidlich. In der Literatur folgten Epigonen auf die großen Dichter, und der abgeschwächte Nationalismus machte einem kosmopolitischen Kurs Platz.

Die Musik folgte dem allgemeinen Fortschritt mit einigem Abstand nach. In Ermangelung jeglicher Tradition konnte die erste Epoche Musiker von Rang kaum hervorbringen. Allein die Volksmusik, wie sie die Zigeuner verbreiteten und verbildeten, gelangte zu ständig wachsendem Ansehen und versah Europa mit einer Art musikalischem Rohstoff. Von hier stammt die Musik »à la hongroise«, die, von den Musikern aller Länder von Haydn bis Glasunow komponiert, eine ganze kleine Bibliothek füllt.

Erst der folgende Zeitabschnitt brachte die ersten großen ungarischen Musiker hervor. Liszt, Erkel, Mosonyi und eine Anzahl anderer sind erst zwischen 1810 und 1830 geboren.

Ihnen schwebte das gemeinsame Ideal vor, eine nationale Kunst zu schaffen, und ihre ersten Bemühungen blieben nicht ohne bedeutenden Erfolg. Dennoch wurde der Fortschritt im nächsten Zeitabschnitt unterbrochen, und zwar infolge einer merkwürdigen Spaltung im musikalischen Leben, die übrigens der nach 1849 eingetretenen Spaltung im politischen und literarischen Leben entsprach. Einerseits bestand der lebhafte Wunsch, die ungarische Musikkultur auf ein europäisches Niveau zu bringen. Es wurde beschlossen, eine Musikhochschule (1875) und ein besonderes Operntheater (1884) zu gründen. Nun konnten aber diese Unternehmungen ohne die Unterstützung zahlreicher ausländischer Musiker nicht bestehen. Die Ausländer bildeten eine kleine Kolonie, sie hatten keine Beziehung zum Leben der Nation und waren nicht einmal der Landessprache mächtig. Nichtsdestoweniger hatten sich diese Musiker unschätzbare Verdienste erworben, indem sie für ein solides handwerkliches Können sorgten, das, wenn auch fast ausschließlich in deutschem Geist gehalten, grundlegend für die zukünftige Entwicklung war. Die Zuwanderung von Musikern wurde durch den kosmopolitischen Kurs begünstigt.

Andernteils blieb die Pflege der speziell ungarischen Tradition in den Händen der Zigeuner und der mehr oder weniger dilettantischen Tonsetzer, die zwar nicht imstande waren, ihre Melodien korrekt aufzuzeichnen, aber ihre Lieder von bestrikkender Originalität hallten im ganzen Lande wider.

Der Gegensatz zwischen den beiden Gruppen und der übertriebene Kult, den das Publikum mit den Zigeunern trieb, führten zu einem kläglichen Ergebnis: Ein großer Teil der ungarischen Gesellschaft, besonders in der Provinz, blieb der ernsten Musik fremd, die nur in einigen größeren Städten Anklang fand.

Die Zunft der gebildeten Musiker verspottete die Dilettanten, haßte die Zigeuner und ging, besonders mit dem Fortschreiten des Wagnerkultes[1], so weit, selbst die Möglichkeit einer ungarischen Kunstmusik zu leugnen, obgleich Wagner seinerseits in einem berühmten offenen Brief auf diese Möglichkeit hingewiesen und die Pioniere ermutigt hatte.

Niemandem gelang es indessen, die beiden gegensätzlichen Elemente zu vereinigen, und die Musikergeneration, die um 1900 auftrat, fand einerseits handwerklich gut ausgebildete Kom-

[1] Es wurde viel Wagner gespielt, und unter der Leitung von Richter, Mahler und Nikisch gab es Aufführungen von hohem Niveau.

ponisten vor, die aber auf die fremden Schulen eingeschworen waren, andererseits eine neue und reiche Blüte des sogenannten Volksliedes, das aber keinerlei Verbindung mit der alten melodischen Tradition des Volkes hatte. Die Spitzenleistungen der ungarischen Musik verkörperten immer noch Erkels Opern, von denen *Hunyadi*, von Berlioz bereits 1846 gelobt, sich als zeitbeständig erwies. Liszts symphonisches Werk wurde damals nur von einer kleinen Gruppe von Kennern gewürdigt.

Um 1900 kam in Ungarn eine lebhafte Bewegung auf; der seit 1849 unterdrückte nationalistische Kurs gewann nun die Oberhand. In der Politik sprach man von einer Trennung von Österreich. Das alte Ungarn begann, dank den eifrigen Bemühungen zahlreicher Gelehrter, wieder zu erwachen. Die Wirkung des mehr historischen als wissenschaftlichen Unterrichts machte sich bemerkbar. Die alten Dichter wurden neu herausgegeben und auch gelesen und die patriotischen Gesänge aus der Zeit Rákóczis mit Begeisterung aus der Vergessenheit hervorgeholt. Hochbegabte Talente traten auf allen Gebieten auf den Plan, überall herrschte fieberhafte Tätigkeit, die einen großen Fortschritt oder eine große Gefahr verhieß...

Ein eigentümlicher Skandal beschäftigte im Jahr 1904 die Budapester Zeitungen. Während einer Orchesterprobe weigerte sich ein österreichischer Trompeter, die Parodie der österreichischen Hymne zu spielen, wie es eine neue Partitur von ihm forderte. Die Hymne *Gott erhalte...*, komponiert von Haydn und variiert in seinem C-dur-Quartett, war in Ungarn als Symbol des österreichischen Joches verhaßt. Das neue Werk war die Programm-Symphonie *Kossuth* von Bartók, die den letzten heroischen Aufstand der Ungarn für ihre Unabhängigkeit im Jahre 1848 behandelte. Die verunstaltete Hymne sollte die wilde Flucht der geschlagenen Österreicher versinnbildlichen. Bekanntlich hat allein das Eingreifen Rußlands den Kampf zu Österreichs Gunsten entschieden. Der Komponist, der ständig in ungarischer Gewandung herumging und als hervorragender Pianist bereits bekannt war, wurde von einem Tag auf den andern berühmt. Das Werk war zu neuartig, um allgemein zu gefallen, machte aber auf die Kenner Eindruck. Es warf das vielumstrittene Problem der nationalen Musik (das damals auch Frankreich beschäftigte[2]) auf und kündigte eine baldige Lösung an.

[2] Vgl. die Rundfrage der »Revue Bleue« (1904).

Béla Bartók, geboren 1881 in Nagyszentmiklós, ließ sich nach den Jahren seiner in kleinen dörflichen Ortschaften verbrachten frühen Kindheit 1893 in der sehr musikalischen Stadt Pozsony (Preßburg, z. Z. Bratislava) nieder. Dort geriet er unter den Einfluß Ernő Dohnányis, eines anderen großen ungarischen Musikers, der zur gleichen Zeit daselbst sein Talent ausbildete. Bartók komponierte, ohne systematischen Unterricht gehabt zu haben, von seinem neunten Lebensjahr an und brachte es zur Komposition von Kammermusik in klassischem Stil, besonders im Stil von Brahms, der damals oft nach Ungarn kam, um seine neuen Werke aufführen zu lassen. Von 1899 bis 1903 war Bartók Zögling der Budapester Musikakademie, machte als Pianist rasche Fortschritte und verzichtete zwei Jahre lang auf das Komponieren. Es hatte den Anschein, als stünde ihm eine bemerkenswerte Virtuosenlaufbahn bevor. Der unterirdische Fluß indessen, den das akademische Studium und vielleicht auch die überwältigenden Eindrücke der Werke Wagners und Liszts eingedämmt hatten, wartete nur auf einen neuen Anstoß, um wieder hervorzubrechen. Diese empfing Bartók durch das erstmalige Anhören von *Zarathustra*. Unter dem Eindruck dieser neuen Technik und von den Richard Strausschen Partituren aufgerüttelt, versetzte Bartók die Wiener Musiker durch seine Klavierinterpretation der symphonischen Dichtung *Ein Heldenleben* in Staunen. Nun folgte eine Periode fruchtbarer Produktion. Es entstanden eine Sonate für Klavier und Violine, die Symphonie *Kossuth* (1903), ein Klavierquintett, eine Rhapsodie für Klavier und Orchester (1904), die erste große Orchestersuite und eine Anzahl Klavierstücke. Diese erste Schaffensperiode mit ihren ungleichen, doch lebensprühenden und besonnten Werken zeigte einen ansehnlichen Fortschritt in der Entwicklung der ungarischen Musik an.

Es ist klar, daß Erkels Kunst, obgleich sie von allen Möglichkeiten Gebrauch gemacht hatte, die die ungarische Melodik seiner Zeit bot, durch das italienische Element beherrscht war, während Liszt die ungarischen Elemente mit dem neudeutschen Stil verband. Bei Bartók war plötzlich eine hinreißende melodische und rhythmische Invention da, und obgleich sein Orchester alle Behelfe von Strauss aufbot, seine Harmonie mit einem Geschmack für das Unvorhergesehene, für überraschende Lösungen den Einfluß von Liszt erkennen ließ, spürte man in seinen Werken Elemente, die ungarischer waren als alles, was bis dahin geschrieben worden war. Vorliebe für große Formen, Gewandtheit in der ausführlichen Entfaltung der Themen — eine Eigenschaft, die schon seine Jugendversuche kennzeichnete —, ausgesprochener Sinn für Farben- und Ornamentenreichtum sind für diese Musik »mit vielen Noten« bezeichnend. Sie ist nicht konzentriert genug, nicht ohne Längen, aber frisch, jung und fröhlich. Man fand in den Adagios von Bartók die herbe Vornehmheit von gewissen der Rákóczi-Zeit zugeschriebenen Weisen wieder, in den Allegros das ganze Feuer der so berühmten ungarischen Tänze, und alles war vom Reiz der Neuheit überstrahlt...

Während aber das Publikum begann, Geschmack an seinen Werken zu finden (er wurde übrigens seit dem Fall der Kossuth-Symphonie in Ungarn wenig gespielt; Richter führte die Symphonie in Manchester auf; die Erste Suite wurde gar zum erstenmal in Wien aufgeführt), war der Schöpfer dieser Werke immer weniger zufrieden. Er begann die Grenzen dieses melodischen Stils zu fühlen, den er zwar in einer bisher unbekannten Weise ausgedehnt hatte, der aber dennoch zu sehr von dem Einfluß der europäischen Musik des 19. Jahrhunderts durchsetzt war.

Einige seltene Lieder, die von einer älteren musikalischen Überlieferung zeugten, erweckten damals seine Neugierde. Er reiste im Land umher, hörte auf den Gesang der Bauern, zeichnete noch nie zu Papier gebrachte Weisen auf und sammelte im Verlauf von Jahren ein ganzes Bündel unbekannter und wenig zugänglicher Melodien. Diese Entdeckungen, die durch die Forschungen anderer Mitarbeiter bestärkt wurden, deuteten klar an, daß eine alte, von jedem europäischen Einfluß unberührte und von den Gebildeten längst beiseite gelassene Tradition sich unter den ungarischen Bauern erhalten hatte. Von diesen alten Weisen ging eine kräftige Originalität aus, die ihren glücklichen Einfluß auf die ungarische Musik dieser Epoche, vor allem auf die Bartóks, nicht verfehlte.

Bereits die *II. Suite* und die *Zwei Bildnisse* kündigten eine Änderung an. Die *Bagatellen* (Opus 6) bringen einen fertigen neuen Stil, den das *I. Quartett* in die Höhen und in die Klarheit Beethovenscher Kammermusik emporhebt. Die *Zwei Bildnisse* (Opus 10) rüsten ihn zum erstenmal mit den Farben des Orchesters aus. Schließlich beweist *Herzog Blaubarts Burg* die besondere Eignung dieses Stils für die dramatische Kunstgattung.

Der neue Stil erweckte heftigen Widerstand. Man warf ihm

Melodienarmut, Überwucherung der Dissonanzen, Mangel an Aufbau, Unordnung und Zusammenhanglosigkeit vor, was ihn »unverständlich« mache. Schließlich stellte man sogar den ungarischen Charakter in Abrede.

Sind das nicht dieselben Klagen, die immer wiederkehren, wenn sich neue Kunst offenbart? Wie sagte der alte Griepenkerl in seiner Bach-Ausgabe? »Liegt die vorgebliche Unverständlichkeit der Kompositionen von J. S. Bach denn nur an der Beschaffenheit seiner Werke? Ist sie nicht vielmehr eine Folge der Beschränktheit, Einseitigkeit und Unempfänglichkeit eines großen Teiles der Hörer?«

»Melodie ist das Feldgeschrei der Dilettanten« (Schumann), mit dem jede neue Melodie bekämpft wurde. Gewiß konnte man in Bartóks Werken die wohlbekannten ungarischen Banalitäten nicht wiederfinden, ebensowenig die italienisch-deutschen Melodien, die seit Jahrhunderten ausschließlich als Melodie anerkannt waren. Und doch müssen wir, wenn wir das Wesen von Bartóks neuem Stil in wenigen Worten ausdrücken wollen, sagen, daß es die Renaissance von Melodie und Rhythmus ist!

Der Kampf des »vertikalen Prinzips« mit dem »horizontalen Prinzip«, der im 16. Jahrhundert begann, endete mit dem Sieg der Harmonie, die im 19. Jahrhundert in der Musik so vorherrschend wurde, daß Melodie und Rhythmus zu verkümmern begannen. Der berühmte, viel zitierte Ausspruch von Saint-Saëns ließ diese Entwicklung vorausahnen, und man sah Versuche, die, von den entgegengesetztesten Punkten ausgehend, zu den gleichen Resultaten gelangten. Was Saint-Saëns im Fernen Osten und in den Kirchen-Tonarten suchte, was Debussy in den russischen Liedern fand, entdeckte Bartók im alten ungarischen Volkslied. Seinem Grundwesen nach pentatonisch, bot es den fruchtbarsten Gegensatz zu der harmonisch vorbestimmten Melodie, zum welken Chromatismus. An Stelle von veralteten Formel-Typen bot es ein Beispiel von frischeren, kräftigeren neuen Umrissen, von einem freieren und ausdrucksvolleren Rhythmus.

Durch diese Beispiele ermutigt, bildete sich Bartók eine melodische Sprache von großem Abwechslungs- und Abstufungsreichtum, der von dem durchdringenden Rhythmus der *Burleske* bis zu Abwandlungen von äußerster Empfindsamkeit reicht. Mag sein, daß diese Melodien nicht immer den Weg gehen, den unser Ohr, Sklave der Vergangenheit, vorwegnimmt. Doch wenn wir noch nicht alle Aufnahmefähigkeit verloren haben, gelangen wir so weit, das besondere Melos dieser Weisen zu erkennen, die sich zwar vom klassischen Zuschnitt sehr unterscheiden, doch dauerhafteren Gesetzen unterworfen sind, als sie die Erfordernisse eines von einem Jahrhundert zum anderen wechselnden Stils auferlegen. Bartók »bearbeitet« die Volksmelodien nicht als Themen, sondern dringt in ihren Geist ein und bildet aus ihnen wie aus einer formlosen Materie seine eigene Musik. Ohne theoretische Voreingenommenheit läßt er sich von einem sicheren Instinkt leiten. Man hat umsonst versucht, aus seinen Werken gewisse exotische oder erkünstelte Tonleitern abzuleiten. Sogar die pentatonischen Formeln, die übrigens seit Ende des vorigen Jahrhunderts immer häufiger in der europäischen Musik auftraten, erschienen in seiner Musik lange bevor er sie als solche erkannte.

Was nun die Dissonanzen betrifft, hat Bartók, der die Entwicklung der modernen Harmonie seit Wagners *Tristan* miterlebte, seine harmonische Grundlage von Bach und hält es mit Reger, der zu bezeugen scheint, daß Bach selbst nach Wagner uns noch etwas zu sagen hat. Der veränderte Stil in der Melodik konnte keineswegs ohne Einfluß auf die Harmonie bleiben. Gewisse neue Tonverbindungen in der Aufeinanderfolge üben ihre Wirkung auch im Simultanen aus. Wir nehmen gewisse Harmonien als endgültig hin, die einst ohne Auflösung unverständlich schienen.

Die Mehrzahl der verpönten Dissonanzen aber sind melodischen Ursprungs. Die Anstößigkeiten und Rauheiten entstehen durch die Kombination von zwei oder mehreren Melodien. Man hat vom Stil Bachs gesagt: »Bei ihm gehen nicht bloß einzelne Töne, sondern ganze Melodiesätze durch; bei ihm werden nicht nur einzelne Töne und Akkorde, sondern ganze melodische Reihen von Tönen vorgehalten.«

Nun, darin liegt das Geheimnis der Dissonanzen von Bartók.

Seit Bach haben wir es uns abgewöhnt, zwei gleich wichtige Stimmen zu verfolgen. Die Unterordnung ist an die Stelle der Beiordnung getreten. Unsere Aufmerksamkeit ist auf das Vertikale gerichtet, wir suchen jenen Dreiklang, der der gleichzeitig vernommenen Tongruppe am nächsten steht. Eine Musik, die in ihrem Wesen melodisch ist, soll nicht auf diese Weise gehört werden. Wenn es uns gelingt, mit einem Blick größere Räume zu erfassen und horizontal zu hören, wird das Verletzende der Dissonanzen sofort verschwinden. Gewisse plötzlich angeschlagene Dissonanzen erwecken den Eindruck von geladenen Batterien, die, sich in Melodien aufspaltend, kraftvoll auf ihr Ziel stürzen. Der Zusammenstoß von zwei Melodien unterstreicht einen solchen melodischen Akzent, und während er die motorische Kraft verdoppelt, bringt er die eine oder die beiden zugleich besser zur Geltung. Das ist es, was dem Stil Bartóks die Prägnanz, die unwiderstehliche Logik, den Ausdruck von absoluter Zwangsläufigkeit verleiht.

Doch wäre es ein Irrtum, Bartók für einen ausschließlichen Polyphoniker zu halten. Er hat kein sogenanntes System. Neben komplizierten Seiten findet man unendlich einfache, immer der Idee entsprechend, die er ausdrücken will. Man kann sogar beobachten, daß er seinen Stil vereinfacht hat, zum Teil nach dem Vorbild der französischen Schule, die er 1907 kennenzulernen begann. Manches Mal verzichtet er gänzlich auf die Harmonie. Man findet oft Gleichklänge von der *IX. Bagatelle* an bis zur wunderbarsten Stelle im Scherzo des *II. Quartetts*, die trotz des Fehlens der Harmonie und des Orchesters in Farben strahlen.

Den Vorwurf der Unordnung und des Verworrenen ernst zu nehmen, erübrigt sich. Man findet wohl eine gewisse maßlose Fülle nach Schubertscher Art in den Werken der ersten Periode, doch wo findet man, außer bei Beethoven, eine so feste und präzise Konstruktion, wie sie das I. Quartett aufweist? Die Einheit der Sätze — die im Verlauf des 19. Jahrhunderts immer mehr durch äußerliche Mittel aufrechterhalten wurde — ist hier nach der Art der alten Meister gefügt, durch die Homogenität des musikalischen Stoffes und mehr noch durch etwas, das ich »psychologische Einheit« nennen möchte. Das I. Quartett führt ein intimes Drama auf, eine Art Rückkehr ins Leben vom Rande des Nichts. Eine Programmusik, die aber kein Programm nötig hat, so klar erklärt sie sich selbst.

Das letzte Argument der Bartók-Gegner, seine Musik sei nicht ungarisch, erinnert an einen Brief Liszts aus dem Jahr 1860, in dem er von gewissen Patrioten spricht, für die der Rákóczimarsch ungefähr dasselbe bedeutet wie der Koran für Omar, und die gerne die ganze deutsche Musik verbrennen würden mit der schönen Begründung: entweder sei sie im Rákóczimarsch enthalten oder sie sei nichts wert. Diese Patrioten, deren Koran sich übrigens seit 1860 einigermaßen erweitert hat, gibt es noch heute, und sie sagen: »Entweder erinnert es mich an die ›101 Volkslieder‹[3] oder es ist nicht ungarisch«.

Nun, die Werke der ersten Periode erinnern noch an gewisse bekannte Lieder. Die Werke im neuen Stil fußen anfänglich auf weniger bekannten, wenn nicht unbekannten Liedern[4] und stellen später eine solche Sublimierung dar, daß der Zuhörer darin Liedfragmente nicht mehr erkennen kann. An Stelle eines rein materiellen Ungartums enthüllen sie ein anderes Ungartum höheren Ranges. Diese Musik ist ungarisch, weil ihr Wesen durch das Land, durch die Erziehung, durch die Ideen und die geistigen Strömungen Ungarns bestimmt ist. Sie ist die Musik eines Menschen, der das ganze Leben seiner Nation erlebt und alle ihre Leiden erlitten hat. Und wenn er in den alten Liedern eine längst vergessene Muttersprache wiedererkannt hat, so darum, weil sie die robuste Gesundheit, den stolzen und menschlichen Adel, die Kraft und die Größe des einstigen Ungarns spiegeln.

Die *Zwei Bildnisse* stellen einen völlig veränderten Orchesterstil dar und zeugen von einer überlegenen Meisterschaft. Die etwas ungleiche und überladene Orchestrierung der ersten Werke hat einem Farbensinn und einer künstlerischen Ökonomie Platz gemacht, die hinter der französischen Schule in keiner Beziehung zurückstehen. Nun widmete Bartók sich dem Werk, das den Gipfelpunkt dieser Periode darstellt und eine neue Epoche in unserer Musik ankündigt. Es ist die einaktige Oper *Herzog Blaubarts Burg*, die uns soviel bedeutet wie *Pelléas* den Franzosen. Wenn man behaupten konnte, daß es trotz der ruhmvollen Vergangenheit des französischen musikalischen Theaters eine mit der Sprache übereinstimmende musikalische Deklamation vor Debussy nicht gegeben hat, wie sehr trifft das erst für unsere Dichtung zu. Seit den ersten in ungarischer Sprache geschriebenen Opern (1822) blieb die Zahl der Originalwerke immer beschränkt und das Repertoire von ausländischen Werken beherrscht, deren unzulängliche Übersetzungen ein fortgesetztes Attentat auf unsere Sprache bedeuteten. Die Komponisten der Originalopern vermochten sich von diesem »Operndialekt« nicht zu befreien. Als Bartók in den Rezitativen seiner Oper sich an die natürliche Musik der Spra-

[3] 101 ist die beliebte Zahl vieler Sammlungen von Volksliedern zweifelhafter Echtheit.

[4] Unbekannt bis zu dem Grade, daß man es ablehnte, sie für ungarisch zu halten. Das Zurückgreifen auf die Tradition wirkte wie eine Revolution; die autochthone Musik schien fremd in ihrer eigenen Heimat.

che hielt und in den mehr stilisierten Stellen sich die Volksliedmotivik zum Vorbild nahm, beschritt er einen neuen Weg.

Zugleich aber schuf er in *Herzog Blaubarts Burg* ein Werk von suggestiver Kraft, das vom ersten bis zum letzten Takt unwiderstehlich und das Ausdrucksvollste von allem ist, was er jemals schrieb. Das Öffnen der sieben Türen bietet Gelegenheit zu ebenso vielen musikalischen Bildern, die nicht äußerlich beschreibend, sondern alle von einer innersten Gefühlswahrheit erfüllt sind. Nur verstockte »Überkluge« können sich immer wieder fragen, ob das eine Oper ist oder nicht. Was macht es schon aus? Mag man es eine »symphonische Bilderreihe« nennen oder ein »Drama mit Symphoniebegleitung«, eines ist gewiß, daß man das eine von dem anderen nicht trennen kann und daß man es mit einem Meisterwerk zu tun hat, einem sechzig Minuten lang tätigen musikalischen Geysir von konzentrierter Tragik, das nur einen Wunsch aufkommen läßt: es noch einmal zu hören.

Es war eine Offenbarung. Man entdeckte den Menschen von tiefem und wahrem Gefühl in dem Mann, den man bis dahin als einen geistreichen Meister des Grotesken angesehen hatte. Die vom Krieg heimgesuchte, zerquälte und aufgepeitschte, doch von einem so festen und guten Willen beseelte neue Generation erkannte darin ihre eigene Seele. Es war kein Erfolg, der Geld einbrachte, es war eine moralische Bereicherung. Nach und nach verstummten die letzten Einwände: Bartók hatte sich durchgesetzt.

Der Erfolg stellte sich jedoch erst später ein. Mittlerweile hatte eine Jury das Werk zurückgewiesen und für unaufführbar erklärt, so daß es erst 1918 in Szene ging. Die dazwischenliegenden sieben Jahre waren die schwersten. Aus den Gegnern wurden Verfolger. Man sprach von »einem großen Talent auf Irrwegen, das in eine Sackgasse geraten sei«, von »krankhaften Neigungen«, kurz, man bekam den ganzen Unsinn zu hören, den sich entrüstete Philister und duckmäuserische Routiniers ausdenken können. Man ging so weit, Bartók zu einem Narren zu stempeln. Die Kritik, die bei uns in Ungarn in den Tageszeitungen einen größeren Platz einnimmt (oder mißbraucht) als in Frankreich, machte sich zum Echo dieser Meinungen, variierte sie unermüdlich und schmückte sie mit bösartigen Witzen von schlechtestem Geschmack aus.

Nichts ist selbstverständlicher, als daß eine neue, unter der Führung von Bartók gegründete Musikgesellschaft zur Pflege der modernen und der unbekannten alten Musik nach einem bis zwei Konzerten, bei denen Bartók sein seltenes pianistisches Können in den Dienst der bis dahin vollkommen außer acht gelassenen neuen französischen Musik stellte, einging. Nach solchen Enttäuschungen zog er sich vollständig aus dem öffentlichen Leben zurück und widmete sich ausschließlich seinen Musikfolklorestudien. Seit einiger Zeit hatte er sich für die Musik der anderen im Gebiet Ungarns lebenden Völker zu interessieren begonnen, sammelte slowakische und rumänische Volkslieder zu Tausenden, die außer einer kleinen, von der Bukarester Akademie herausgegebenen rumänischen Sammlung bisher unveröffentlicht blieben, einige leichte, doch sehr interessante Hefte für Klavier gar nicht zu erwähnen, und häufte auf diese Weise ein unschätzbares Material zu vergleichenden Folklorestudien auf. Nach und nach erstreckte sich sein Interesse auf die Volksmusik aller Völker. 1913 brachte er von einer Algerienreise arabische Lieder aus der Gegend von Biskra heim. 1914 begab er sich nach Paris, wo er vergebens einen Interessenten für seine Sammlung suchte. Mit Jules Ecorcheville wurden Konzertpläne besprochen — da kam der Krieg dazwischen.

Nur sehr langsam fand er zum Komponieren zurück. Der Intendant der Oper, Graf Bánffy, beauftragte ihn — unter dem Eindruck des Erfolgs, den das russische Ballett in Budapest hatte —, die Musik zu der choreographischen Dichtung von Béla Balázs, *Der holzgeschnitzte Prinz*, zu schreiben. Dies geschah 1913. Bartók vollendete das Werk erst 1916. Die Premiere fand am 12. Mai 1917 statt. Während der gleichen Zeit komponierte er zwei Serien *Lieder* mit Klavierbegleitung, die *Klaviersuite*, Opus 14 (1916) und das *II. Streichquartett*, Opus 17 (1915–1917). Alle diese Werke zeigten einen neuen Stil an. Die Isolierung und die unaufhörliche Arbeit übten auf Bartók eine ähnliche Wirkung aus wie das Taubsein auf Beethoven.

Der Außenwelt entfremdet, ganz auf sich selbst gestellt, versenkte er sich in die Tiefen der Seele. Er lernte Leiden kennen, die, während sie die Dichter zu unerhörten Schönheiten inspirieren, ihr Leben aufzehren. Damals setzte er einige Gedichte von Ady (1877–1919), des größten ungarischen Lyrikers seit Petőfi, in geistesverwandte Musik. Damals fand er für die Trostlosigkeit seines *Prinzen* Klänge, die die Zuhörer erschauern machten und einige Kritiker zu der Bemerkung veranlaßten, das Werk sei verfehlt, weil die Musik für ein

Feenmärchen zu tragisch anmute. Und es war schließlich dieselbe Zeit, in der er sein *II. Streichquartett* beendete.

Eine technische Analyse ist kein geeignetes Mittel, uns einem so esoterischen Werke näherzubringen. Man muß es hören und fühlen. Was nützt es, wenn man feststellt, daß er »Bachischer« geworden ist als je. Was nützt es, wenn man von dem Einfluß Strawinskys und Schönbergs spricht, der, wenn er überhaupt besteht, nur die äußere Form berührt, da Bartók vom ersteren nur einen Klavierauszug von der *Nachtigall* und von *Le Sacre du Printemps* kannte und vom letzteren soviel wie gar nichts. Was nützt es, wenn man die Feinheiten und die Freiheiten des Rhythmus und den Ausdruck der Melodie rühmt? »Wenn ihr's nicht fühlt, ihr werdet's nicht erjagen«, sagt Goethes Faust.

Die Premiere des *Holzgeschnitzten Prinzen* war nicht ohne Einfluß auf Bartóks Lage in der Musikwelt. Dank der unvergleichlichen Aufführung des Werkes, ein Verdienst des hingebungsvollen Dirigenten Egisto Tango, änderte die Kritik, ohne ihre Zurückhaltung aufzugeben, den Ton. Sie wagte nicht mehr anzugreifen, erkannte Bartóks Genie in den grotesken Tänzen, besonders in dem der Holzpuppe an, doch wollte sie den ausdrucksvollen Szenen keine Gerechtigkeit widerfahren lassen, erklärte sie vielmehr für kalt. Daraufhin faßte die Operndirektion Mut und brachte den *Blaubart* heraus, den das Publikum so begeistert aufnahm, daß die Kritik, diesmal in die Flucht geschlagen, nach und nach in Lobgesänge überging.

Von 1918 an wurde Bartók in seiner Arbeit durch fortgesetzte Schwierigkeiten gehemmt. Nach den *Etüden* (Opus 18) von »transzendenter Ausführung« — um das Wort von Liszt zu gebrauchen, mit dem er sein Opus I bezeichnete —, die den Abschluß einer langen Serie von Klavierstücken bildeten — sie verdienten, einer besonderen Analyse unterzogen zu werden —, vollendete er 1919 den Entwurf zu der Pantomime *Der wunderbare Mandarin* von Menyhért Lengyel. Das Werk ist der Kulminationspunkt seines letzten Stils und eröffnet bereits neue Perspektiven, besonders in gewissen von tumultarischem Leben erfüllten Szenen. Von da an gibt die innere Lage des Landes eine ausreichende Erklärung für sein Schweigen.

Das künstlerische Werk, dessen wichtigste Etappen wir aufzuzeigen versuchten, ist keineswegs eine Kombination von nationalen Elementen und auch keine Modernität von vorübergehendem Interesse. Bartók errichtete auf einer soliden nationalen Grundlage einen Bau, an dem sämtliche großen Schulen ihren Anteil hatten. Von der Musik seines Geburtslandes erfüllt, war Bartók zuerst Schüler der großen Deutschen. Er nahm von dieser Schule nur das, was förderlich für ihn war, und ließ das Schwerfällige und Pedantische, wofür er in dem lateinischen Geist ein Gegengewicht fand, beiseite. Durch Rasse und Kultur zwischen den beiden Polen, dem germanischen Norden und dem lateinischen Süden, stehend, mit höchstrangigem schöpferischem Geist begnadet, bestätigt er durch sein Werk einen so erheblichen Fortschritt der gesamten Musik, daß er von der Musikwelt nicht mehr übersehen werden kann.

Man spricht viel von seinen glücklichen stilistischen Einfällen und seinen technischen Neuerungen. Bartók hat davon so viel wie wer immer. Das Wesentliche ist, daß er all dem warmes und sprühendes Leben einhaucht; er beherrscht alle Schattierungen des Lebens vom tragischen Schauder bis zum simplen Spiel; allein das Sentimentale, die weichliche Liebkosung, das Einlullende geht ihm ab. Als ein im Grunde klassischer Geist, der mitten in die Romantik hineingeboren wurde, fand er sich hineingezogen in die revolutionäre Bewegung gegen die alte Routine, die die europäische Musik um 1900 charakterisierte — als letzte Woge des von Berlioz, Liszt und Wagner entfachten Sturmes. Aber wir sehen ihn sich von der Gruppe der ewigen Sucher absondern und zu einem immer klareren und plastischeren Stil kommen, in dem impressionistische Aufrichtigkeit von eisernem Willen in Zucht gehalten wird. Er eignete sich die Vorzüge aller großen Schulen an und erreichte eine Universalität wie wenige seit den großen Wiener Meistern, ein glückliches Produkt wunderbaren Gleichgewichtes zwischen den Kulturen der germanischen und lateinischen Rasse. Auch die Musik der Wiener Meister verrät dieses vollkommene Gleichgewicht der Elemente, die nach ihnen Veränderungen erfuhren, entwickelt und bereichert wurden, doch fast immer eines zum Schaden des andern. Wir stehen noch in der Epoche der Klangfarbe, doch verschiedene Symptome deuten darauf hin, daß die Zeit des wiederhergestellten Gleichgewichtes im Anzuge ist, und die Musik Bartóks ist ein solches Symptom.[5] (1921)

[5] Während ich diese Zeilen korrigiere, kommt mir ein Artikel von Mr. Cecil Gray über Bartók (The Sackbut, November 1920, Band I. Nr. 7) in die Hand. Es erfüllt mich mit lebhafter Genugtuung, daß jemand, von einem gänzlich anderen Ausgangspunkt ausgehend, zu den gleichen Schlüssen gelangt.

Béla Bartóks Oper[1]

von Zoltán Kodály

Die Musik Bartóks ist heute nicht mehr, wie noch vor zehn Jahren, für Publikum und Kritik ein Buch mit sieben Siegeln, aber noch immer vermögen nur wenige ihm auf dem Wege zu folgen, den er vom Suchen auf alter Grundlage bis zum Sichfinden zurückgelegt hat. Selbst seine früheren Gegner sind gezwungen, den Reichtum seiner Erfindungsgabe, die individuelle Farbe seines Orchesters, die ursprüngliche Verbundenheit seiner Farben mit den Gedanken und dem streng organischen Zusammenhang seiner Gedankenwelt anzuerkennen. In keinen Zweig der »modernen Musik« gelang es ihn einzureihen, weder in den bunten Mischstil von Alt und Neu noch in die chaotische Anarchie der Halb- und Pseudotalente.

Bartóks Musikerpersönlichkeit wird durch die ganz individuelle Art des Zusammenschweißens von Urprimitivem mit hochentwickelter Kultur zu einer einzig dastehenden. Seine Musik ist ein einheitlicher, in sich geschlossener Organismus, aus *einem* Stoff, der fast gar keine Spuren von Entlehnungen oder Nachahmungen aufweist. Vorfahren hat auch er, doch tritt die Beziehung nicht in Äußerlichkeiten zutage: der Geist erhabener Musik der Vergangenheit lebt in ihm, alles, was nicht zeitgebunden, was von ewigem Wert ist. Aber für die musikalische Durchschnittsbildung ist bei Bartók am schwersten verständlich, was aus seiner Verbindung mit der Volksmusik hervorgegangen ist.

Neuerdings stellt man die Volkskunst gern als den *unvollkommenen* Überrest einer älteren Kunststufe hin. Wohl gibt es in der Volksmusik viele solche Überreste, doch ist damit ihr Bereich nicht erschöpft. Ihr wahrer Wert ist all das, was sie von der Ur-Musik bewahrt hat, und alles, wofür sie zum anspornenden Vorbild wird: der aller Formeln bare, von keinem Schema beengte und darum ungeheuer intensive Gefühlsausdruck, die freie, ungehemmte Sprache der Seele. Wer diese Volksmusik nicht kennt (und wie wenige kennen sie!), kann sie auch bei Bartók nicht erkennen und fühlt nur etwas sehr

[1] Zur Erstaufführung von *Herzog Blaubarts Burg*, 1918.

Fremdes, wofür es keine Analogien gibt, weder in der universalen Kunstmusik noch in der bisherigen ungarischen Musik.

Die Wegsucher der ungarischen Musik in den vierziger Jahren des vorigen Jahrhunderts fanden als ihre unmittelbaren Vorläufer, denen sie sich anschlossen, die blutlose Liedliteratur vom Anfang des Jahrhunderts und die Tanzmusik der Zigeuner. Was in diese Entwicklung hie und da von unten, aus der älteren Schicht, verstreuten Felsen im Moore gleich, hineingelangte, *das* führte zu der neuauflebenden ungarischen Musik, die den abgerissenen Faden der Tradition an einem älteren, ursprünglicheren Punkt wieder aufnahm.

Es ist begreiflich, daß diejenigen, die den Stil einiger hundert um 1850 entstandener Lieder als den einzig ungarischen betrachten, diese neue Musik nicht als ungarisch empfinden. Jene Lieder sind halbdilettantische Literatur, als solche allerdings nicht ganz wertlos, aber das Ungarische in ihnen ist so oberflächlich und mit so viel weinseliger Zigeunermusikstimmung und Schankstubengeruch behaftet, daß ihnen das Tor zur höheren Kunst verschlossen bleiben muß.
Der neuen ungarischen Musik entströmt eine andere, jungfräulich reine Atmosphäre eines tiefer wurzelnden, unverbrauchten Ungartums; wie der Duft der Szekler Fichtenwälder, in denen etwas von dem ungeheuer starken Lebensstrom erhalten geblieben ist, der einst das ganze Land durchflutete. Diesem Strom ist auch Bartóks Musik entwachsen, und durch die vulkanische Arbeit einer außergewöhnlich schöpferischen Kraft hat sie sich zu einer unendlich ausdruckskräftigen und dabei fest konstruierten Seelensprache entfaltet, desgleichen wir heute überall vergebens suchen. Dies ist nicht mehr die sentimentale Zechkumpanenstimmung der ungarischen Gentry zur Zeit der Unterdrückung, nicht der Alarmruf Kossuths, nicht das wehmütige Klagen der *Kurutzen*, es ist kein Teilungartum, sondern alles zusammen: ein vielschichtiges, tieftragisches Weltungartum, mit dem Selbstbewußtsein der einstigen Landeseroberer und einer wilden, dem gegenwärtigen Elend trotzenden Lebensenergie. Eine solche Musik ist in ihrem wahren Element, wenn sie sich mit dem Drama verbindet. Sie stand dazu bereit, nur mußte zur Gestaltung des Vokalen ein noch ungebahnter Weg gegangen werden.

Die Operntradition in Ungarn hatte, da der Spielplan zum überwiegenden Teil aus übersetzten Werken bestand, eine eigentümliche musikalische Deklamation herausgebildet, von der sich dann auch die Verfasser von Originalopern nicht freimachen konnten. In dieser Deklamation war es geradezu eine Regel, daß Sprachakzent und Musikakzent dauernd im Kampf miteinander standen. Meistens siegte die Musik, und die Zuhörer, größtenteils Aristokraten und deutschsprechende Bürger, duldeten zwei Menschenalter hindurch das Radebrechen der ungarischen Sprache, ihr Sprachgefühl lehnte sich nicht dagegen auf. In den letzten Jahren brachten einige neue, künstlerische Übersetzungen eine wesentliche Besserung. Aber selbst die beste Übersetzung bleibt noch Übersetzung: sie kann der einer fremden Sprache angepaßten Melodienlinie nur unvollkommen folgen, und vielleicht weiß es sogar das heutige Opernpublikum noch nicht recht zu schätzen, wenn sich die ungarische Sprache einmal auf die eigenen Beine stellt, selbständig zu schreiten, ja zu fliegen versucht.

Diesen Weg zur Befreiung der Sprache, zur Steigerung ihres natürlichen Tonfalls ins Musikalische betrat Bartók und brachte damit die Entwicklung des ungarischen Rezitativstils um ein großes Stück vorwärts. *Herzog Blaubarts Burg* ist das erste Werk auf der ungarischen Opernbühne, worin der Gesang von Anfang bis Ende in einheitlich fließendem Ungarisch zu uns spricht.

Diese Vertonung, in der jedes Wort, jede Phrase scharfe Plastik gewinnt, beleuchtet selbst die kleinsten sprachlichen Unebenheiten. Daß es solche in Balázs' Text gibt, könnte ein ernster Einwand sein, obwohl seine strengen Kritiker es nicht erwähnen. Ihr fast einstimmiges — allerdings unmotiviertes — abfälliges Urteil erweckt den Anschein, als ob bei uns zulande sehr hohe Ansprüche an Operntexte gestellt würden. Dabei halten unsere Schriftsteller das Libretto nicht für eine ernst zu nehmende Kunstgattung, sie vergessen, daß jeweils zur Blütezeit der Oper auch der Text von Berufenen geschaffen wurde. Daher ist es bei uns eine auffallende Erscheinung, wenn ein Operntext von einem Dichter oder gar Dramatiker geschrieben ist. Und darum ist es ein besonderes Verdienst Béla Balázs', daß ihm eine seiner schönsten, dichterischsten Konzeptionen nicht zu gut für einen Operntext war und daß er damit zur Entstehung eines großartigen Werkes beigetragen hat. Seinem »ereignislosen« Text fehlt es allerdings an jeder gewohnten Opernschablone. Aber wie er die Schale des alten Märchens aufbricht und die ewige Unlösbarkeit des Mann-und-Frau-Problems zeigt, erfüllt den Zuschauer mit tragischer Spannung und fesselt ihn vom ersten bis zum letzten Wort. Die skizzenhafte Art, wie er es der Musik überläßt, die Konturen mit Leben zu füllen, macht die engste organische Verschmelzung des Textes mit der Musik möglich. Weder das Drama noch die Musik sind gezwungen, ihr gesondertes Dasein zu verleugnen, dennoch verbinden sie sich zu einer höheren Einheit. Diese Einheit wird durch den symphonischen Aufbau der Musik nicht nur nicht gestört, vielmehr noch gehoben: der Bogen des Dramas und der parallele Bogen der Musik stärken und gestalten sich gegenseitig zu einem gewaltigen doppelten Regenbogen.

Die konstruktive Kraft dieser Musik kommt noch mehr zur Geltung, wenn wir nachher den *Holzgeschnitzten Prinzen* hören. Das Ballett gleicht mit seinem spielerischen, beweglichen Allegrokontrast das trostlose Adagio der Oper aus. Die beiden Werke fügen sich wie zwei Sätze einer riesigen Symphonie ineinander. Und wer das Atonale für Bartóks Hauptterrungenschaft hält, möge doch endlich merken, daß beide Werke wiederkehrende Grundtonarten aufweisen, genau wie irgendeine Mozart-Opcr.

Die Aufführung war eine der schönsten des ganzen Jahres. Dirigent Tango hatte bereits im vorigen Jahr bewiesen, daß man nicht unbedingt zwanzig Jahre alt und Ungar sein müsse, um die neue ungarische Musik zu verstehen. Es gibt Schlüssel zu jeder neuen Kunst, sie sind: Talent, bereitwillige Aufnahmefähigkeit, technisches Können. Es geschah voriges Jahr bei der Aufführung des Tanzspieles vielleicht zum erstenmal, daß ein ehrlicher Künstler ohne die bei Dirigenten übliche »schulterklopfende« Attitüde an ein ehrliches Werk heranging: und Bartóks Musik erklang vielleicht zum erstenmal so, wie sie erdacht worden war. Jetzt hat sich dieses »Wunder« wiederholt, und sicherlich werden bei jeder weiteren Wiederholung immer mehr Menschen entdecken, daß diese Musik gar nicht so unverständlich ist. *(1918)*

Bartók als Folklorist

Von Zoltán Kodály

»Ich für meine Person werde mein Leben lang auf jedem Gebiet, zu jeder Zeit und auf jede Weise einem Ziel dienen: dem Wohle der ungarischen Nation und des ungarischen Vaterlandes.«

Bartók, 1903[1]

Er hätte zu Beginn seiner Laufbahn nicht einmal im Traum daran gedacht, daß er einmal ein Folklorist sein würde. Bis zu seinem 24. Lebensjahr legte er den allgemein üblichen Weg eines Fachmusikers zurück, der zwei Ziele verfolgt: als erstes und wichtigstes das Studium des Klavierspieles und daneben das der Komposition.

Seinen ersten Kompositionsversuchen ist noch nicht im geringsten das Streben nach dem ungarischen Stil anzumerken. Er hielt sich an die Art der Wiener Klassiker und Brahms'. Selbst später war es nicht das Problem des Ungartums, das ihn beunruhigte, sondern die ihn zutiefst berührenden neuen westlichen Eindrücke. Seiner Autobiographie ist klar zu entnehmen, daß ihn nach längerem Schweigen Richard Strauss' *Zarathustra* zu neuen Kompositionsversuchen inspirierte. Der eine Grund für sein langes Schweigen dürfte wohl nicht so sehr in den Klavierstudien als in dem Verhalten seines Lehrers Koessler zu suchen sein, der ihm riet, für einige Zeit vom Komponieren abzulassen. Koessler hatte es offenbar nicht verstanden, sein Studium zu leiten. Auch später verstanden sie sich nicht besonders. Von Bartóks im Jahre 1902 komponierter Symphonie, die, anstatt korrigiert zu werden, verlorenging, blieb uns nur das Scherzo erhalten.[2] Mag sein, daß dieses Unternehmen seine damaligen kompositionstechnischen Fähigkeiten noch überstieg, doch eins steht fest: auf diesem Weg kam er nicht vorwärts, und Koessler eignete sich nicht für ihn als Lehrer.

Auch später bestand zwischen ihnen eine etwas kleinliche, einseitige Meinungsverschiedenheit, worüber sich Bartók 1907 in seiner Anmerkung zu der II. B-dur-Fuge des *Wohltemperierten Klaviers* folgendermaßen äußerte:

[1] Briefe I. S. 43.
[2] Briefe I. S. 22, 26.

»Das Thema der Fuge ist gerade als ein Beweis dafür anzusehen, daß ein Fugenthema auch mit dem höchsten Ton beginnen kann« — (laut seiner eigenen Übersetzung ins Deutsche) »im Gegensatz zu einer gewissen conservativen Schulweisheit.«

Ich schlug ihm vor, er solle diesen Satz auslassen, da ich noch in keinem ernsten Lehrbuch eine derartige Regel vorgefunden habe. Doch er bestand darauf: »Koessler hat das so gelehrt.« In diesem Satz faßte er seine Meinung über Koesslers Unterrichtsweise zusammen. Das Wörtchen »gerade« jedoch bezeugt, wie gereizt er sich gegen diese Lehre auflehnte.

Merkwürdigerweise führte ihn diese Abneigung nicht schon früher auf die Suche nach dem ungarischen Stil. Koessler war nämlich der Ansicht, daß der ungarische Charakter in der ernsten Musik höchstens einen hie und da auftauchenden Farbfleck bedeuten dürfe, wie z. B. im letzten Satz des g-moll-Klavierquartetts von Brahms. Später äußerte er sich über Debussys *Pelléas* folgendermaßen: »Man kann nicht einen ganzen Abend im Dialekt sprechen.«

Doch die Schaffensfreude, die der *Zarathustra* in Bartók erweckte, sollte ihn gar bald mit dem Problem der ungarischen Musik bekannt machen.

Damals erreichte das Verlangen nach Unabhängigkeit, das sich nach der Jahrtausendfeier[3] aller Gemüter bemächtigt hatte, seinen Höhepunkt. Es wurde zum allgemeinen Wunsch, auf jedem Gebiet den ungarischen Charakter zu betonen: man forderte in der Armee das ungarische Kommando, das ungarische Wappen und statt des *Gott erhalte*[4] die ungarische Nationalhymne. Das ganze Land widerhallte von deutschfeindlichen, durch Káldy[5] verbreiteten Kurutzenliedern[6] usw. Auch Bartók trachtete danach, angefangen von der Kleidung bis zur Sprache, sein Ungartum zu betonen und trug Jahre hindurch, selbst auf dem Podium des Konzertsaales, das damals in Mode gekommene ungarische Gewand. In seinen Briefen bestürmte er seine Mutter, zu Hause statt deutsch ungarisch zu sprechen,[7] und wollte seine Schwester Elza künftig Böske nennen. Selbstverständlich wollte er auch in seiner Musik Ungar sein.

[3] 1896.
[4] Österreichische Hymne von Haydn.
[5] Gyula Káldy, ungarischer Musiker, Professor an der Musikakademie Budapest (1838–1901).
[6] Soldaten des Fürsten Ferenc Rákóczi II. im Freiheitskrieg 1703–1711.
[7] Briefe I. S. 43.

Er komponierte noch im romantisch-nationalen Geist eines Erkel und Liszt die *Kossuth-Symphonie*, der dann Opus 1 und Opus 3 folgen. Doch wohin weiter? Es zeigte sich kein neuer Weg und auch kein Wegweiser. So wandte er sein Interesse dem Volkslied zu.

In der damaligen musikalischen Atmosphäre Ungarns war es keineswegs leicht, den Weg zum Volkslied zu finden, da die Luft mit dem Liederrepertoire der fünfziger und neunziger Jahre überfüllt war. Diese Lieder bedeuteten für die gebildeteren Kreise das Volkslied, doch wurde ein großer Teil derselben auch vom Volk übernommen, und man konnte leicht der optischen Täuschung zum Opfer fallen, daß *diese* Liedart das Volkslied sei.

Der am 1. April 1903 an seine Schwester gerichtete Brief,[8] in dem er sie um den Text eines Volksliedes bat, läßt uns erkennen, wie es noch um diese Zeit um seine Kenntnis des Volksliedes bestellt war. Es war das damals überaus beliebte Kunstlied »Az egri ménes mind sárga« (Alle Pferde des Egerer Gestüts sind gelb), das ihn beschäftigte und von dem uns mehrere seiner Studien, besonders Versuche, die Melodie als Kanon aufzuarbeiten, in Form von Manuskripten erhalten geblieben sind.

Als er jedoch die Unzulänglichkeit dieses Stils für die höheren Musikgattungen entdeckte, war er leidenschaftlich bemüht, sich davon loszureißen, was aber nicht so einfach war, da er in ihm weiterlebte. Noch lange begleiteten ihn die Spuren, die sich in seinen *Vier Liedern* (Négy dal), im Andante seiner *II. Suite* und in noch vielen anderen seiner Werke bemerkbar machten. Unserer 1906 erschienenen ersten Volksliedersammlung reihte er — in Unkenntnis des Verfassers — ein der Phonogrammsammlung Béla Vikárs angehörendes Lied Elemér Szentirmays ein (Lied Nr. 5, das er aus der späteren Ausgabe ausließ). Doch das Grundmotiv dieses Liedes, der wiederholte Terzensprung, taucht auch noch in seinen späteren Werken *(II. Streichquartett*, *Tanzsuite*, *II. Klavierkonzert)* auf.

Seine frühesten sporadischen Aufzeichnungen von Volksliedern stammen aus dem Jahr 1904. Die von seinem aus dem Szeklerland stammenden Dienstmädchen, Lidi Dósa, gesungene Halbmelodie lenkte sein Interesse der eigenartigen Szekler Musik zu (Heft 1906, Nr. 7). Dagegen veröffentlichte er unter

[8] Briefe I. S. 31.

dem Titel *Szekler Volkslied* (Székely népdal) ein im ganzen Land bekanntes Liedfragment (Magyar Lant, 1905), da er es von demselben Mädchen vernommen hatte (»A magyar népdal« — *Das ungarische Volkslied* — Nr. 313).

Sorgfältig prüfte er meine 1905 in der Zeitschrift *Ethnographia* erschienene erste Volksliedersammlung und dann meine 1906 herausgegebene Arbeit *(Der Strophenbau des ungarischen Volksliedes)* und befragte mich eingehend über die Art des Sammelns von Liedern und über die Fühlungnahme mit dem Volk. Auch mit dem Phonographen machte er sich vertraut.

1906 begann er mit dem regelrechten Sammeln von Volksliedern in der Umgebung von Vésztő, wo er bei seinem Schwager, einem Gutsverwalter der Familie Wenckheim, seine Ferien zu verbringen pflegte.

Doch geriet er immer mehr in den Bann der Siebenbürger Musik, was ihn dazu bewegte, um ein Stipendium »zum Studium der Szekler Volksmusik« anzusuchen, das ihm auch bewilligt wurde (1600 Kronen). So fuhr er im Sommer 1907 ins Komitat Csík.

Er kehrte mit einer solchen Menge pentatonischer Melodien zurück, daß diese, im Verein mit meinem zu gleicher Zeit in Nordungarn gesammelten Material, die grundlegende Bedeutung der bis dahin unbeachtet gebliebenen Tonleiter klar erkennen ließen. Doch erst nach zehnjähriger Arbeit, nachdem wir die gesammelten Daten einer gründlichen Untersuchung unterzogen hatten, hielten wir es für an der Zeit, das Ergebnis unseres Studiums öffentlich bekanntzugeben (1917).

Bartók war sich von Anfang an darüber klar, daß wir nur dann die ungarische Musik ergründen können, wenn uns auch die Musik der Nachbarvölker bekannt ist. Und da diese nur wenige oder gar keine Sammlungen aufzuweisen hatten, wartete die Aufgabe auf uns, das Versäumte nachzuholen. So legte er sein ungarisches Gewand ab, und aus dem der damaligen Atmosphäre entsprechenden Nationalisten wurde ein weitblickender Internationalist, der jedoch nie aufhörte, ein wahrer Ungar zu sein. Anläßlich der Errichtung einer Gedenktafel der rumänischen Komponisten an seinem Vaterhause ließ er es z. B. nicht zu, daß sie ihn als den ihren betrachteten, wie ja auch Liszt trotz seiner Spanischen Rhapsodie nicht zum Spanier wurde.

1906 begann er bereits mit dem Sammeln von slowakischen

Liedern.[9] Dazu mußte er natürlich die slowakische Sprache erlernen, wie überhaupt das Erlernen von Sprachen ihn lebenslang fesselte. Schon als Schüler der Musikakademie befaßte er sich mit der englischen, 1905[10] in Paris mit der französischen und 1906 mit der spanischen Sprache, als er als Vecseys[11] Begleiter die Iberische Halbinsel bereiste.

Das erste von ihm aufgezeichnete rumänische Volkslied stammt aus dem Jahr 1908. Er begann sich dermaßen dafür zu interessieren, daß er sich mit Hilfe der Toussaint-Langenscheidtschen Briefe daran machte, rumänisch zu lernen. 1913 gab die Rumänische Akademie bereits seine Volksliedersammlung aus Bihar heraus.

Er ließ seine Publikationen zwar immer von geborenen Rumänen — Dr. György Alexits senior und nach dessen Tod (1936) von seinem Sohn — überprüfen, doch hatten diese eher die speziellen Eigentümlichkeiten der Sprache, über die man sich als Ausländer nie so recht im klaren ist, als ausgesprochen grammatische Fehler auszubessern. Auch halfen sie ihm bei der Lösung rätselhaft klingender Dialektformen. (Nach der persönlichen Mitteilung von Dr. György Alexits.) Wenn er auch nicht fließend rumänisch sprach, beherrschte Bartók die geschriebene und gesprochene Sprache sehr gut.

Die Angriffe, die er wegen der rumänischen Volkslieder von beiden Seiten zu erdulden hatte, sind hinlänglich bekannt. Es stimmt zwar, daß seine Sammlungen rumänischer und anderer ausländischer Volsklieder die ungarischen an Zahl übertreffen, doch benötigte er, um Vergleiche anstellen zu können, eine Fülle von Material, das ihm die damaligen spärlichen Sammlungen nicht zu bieten vermochten. Außerdem war es für ihn von aufreizendem Interesse, neues und unbekanntes Material zu ergründen. Wie in allem, war er auch hierin ein wahrer »novarum rerum cupidus«.

Hierzu kamen noch zwei Umstände, die ihm in nicht geringem Maße zur Bereicherung seines fremdsprachigen Liederschatzes verhalfen. Einerseits die Tatsache, daß alle diese fremden Volksstämme viel zugänglicher waren als die Ungarn, und andererseits war es der Mühe wert, das nahezu unbekannte Material aufzuarbeiten. Seine erste Reise nach Siebenbürgen faßte er in einem an Stefi Geyer (S. 234) gerichteten humorvol-

[9] Briefe I. S. 79.
[10] Briefe I. S. 64.
[11] Ferenc Vecsey, berühmter ungarischer Violinvirtuose (1893–1935). (Anm. d. Hg.)

len Bericht zusammen, der den Eindruck macht, als habe er den Dialog zwischen dem Sammler und einer Bäuerin — wobei er die Eigenarten des Szekler Dialekts ausgezeichnet beobachtete — stenographisch notiert. Man entnimmt daraus, daß nach langem Hin und Her die Frau schließlich mit einigen landläufigen Liedern von der Art »Kerek ez a zsemle« (Rund ist diese Semmel) herausrückte. Damals konnte ihn die Freude über seinen unmittelbaren Verkehr mit dem Volk noch nicht für seine vergeblichen Bemühungen entschädigen. Erst viel später entringt sich ihm die Feststellung, daß er die glücklichsten Stunden seines Lebens auf dem Land, unter den Dorfleuten verbracht habe. Aber in der ersten Zeit langweilte und ermüdete ihn das zeitraubende Suchen nach Material und bereitete ihm viele unnütze Ausgaben. Er notierte seine Spesen pünktlich. Als er einmal aus der Umgebung von Pécs zurückkehrte, war er sehr verstimmt, da er wenig Material gefunden und ihm ein Lied mehr als 3 Kronen (damals ca. 3 Schw . Fr.) gekostet hatte. So kam er schließlich zu der Überzeugung, daß es sich nicht mehr lohne, ungarische Volkslieder zu sammeln.

Noch ein Umstand erleichterte ihm das Sammeln des Liedmaterials fremder Volksstämme. Es fühlte sich nämlich die Dorfintelligenz der Nachbarländer viel mehr dem Volk verbunden und unterstützte den Sammler viel bereitwilliger und intensiver als die Ungarn. Im Vorwort der Volksmusiksammlung von Maramureş[12] (Máramaros) lesen wir, daß ihn anläßlich einer seiner Studienreisen ein rumänischer Priester begleitet und alle Mühen mit ihm geteilt, ja ihm sogar beim Notieren der Texte geholfen habe. So konnte Bartók im Laufe von 12 Tagen Material für einen ganzen Band zusammenbringen.

Ein anderes Mal nahm er die Einladung eines slowakischen evangelischen Pastors nach dem Komitat Hont an, wo er einige Wochen in seinem Zimmer neben dem Phonographen verbringen und von Morgen bis Abend den Liedern der Bauern lauschen konnte, die ihm der Pastor sandte. (In einem Brief erwähnt er die Hilfe der Pastoren von Zólyom.)[13]

Suchte er jedoch ein rumänisches Dorf auf, konnte er dort, nachdem er sich in seinem Zimmer entsprechend eingerichtet hatte, wen immer er wollte, zu sich rufen lassen, da ihm damals fast jeder der Dorfleute entsprechendes folkloristisches Material liefern konnte.

[12] Volksmusik der Rumänen von Maramureş. München, Drei-Masken-Verlag 1923.
[13] Briefe I. S. 86.

So war es ihm möglich, mit wenig Mühe viele Volkslieder zu sammeln. Auf ungarischem Gebiet hingegen wurde ihm nur wenig Unterstützung bei seiner Arbeit zuteil, und er stieß auch seltener auf neues Material.

1912 plante er eine Studienreise nach Rußland, in das Gebiet der Tschuwaschen und Tataren, und begann, ebenfalls mit Hilfe der Toussaint-Langenscheidtschen Briefe, die russische Sprache zu erlernen. Leider unterblieb diese Reise wegen der damals drohenden Kriegsgefahr. Es ist kaum vorstellbar, wie weit mehr wir von der Musik der uns verwandten Völker des Ostens wüßten, wenn es ihm gelungen wäre, seine Reisepläne zu verwirklichen.

1913 lernte er Arabisch, da er auch auf diesem Gebiet Studien zu betreiben beabsichtigte. 1936, als er die Einladung der türkischen Regierung zu einer Studienreise annahm, eignete er sich so viel von der türkischen Sprache an, daß er seine Aufnahmen allein notieren konnte. Bei einem derartigen Sprachgefühl und den ganz außergewöhnlichen Musikkenntnissen bedurfte es nur noch der Sammlerleidenschaft, um ihn zu einem bedeutenden Folkloristen werden zu lassen. Doch auch dies war ihm gegeben: Bartók sammelte von früher Kindheit an Käfer und Schmetterlinge (später brachte er aus Afrika wundervolle Exemplare mit). In den Schweizer Alpen, wo er häufig den Sommer verbrachte, legte er eine Sammlung der Hochgebirgsflora an und studierte botanische Werke. Außerdem befaßte er sich noch mit dem Sammeln von volkskundlichen Stickereien, Schnitzereien, Krügen, Schüsseln und vertiefte sich in das Studium ihrer Literatur. Dieser vielseitige Wissensdrang hätte sicherlich die Energie eines anderen Menschen zersplittert, doch bei ihm kamen diese verschiedenen Betätigungen nur seiner wissenschaftlichen Arbeit zugute.

Bartók übte seine schöpferische und vortragskünstlerische Tätigkeit mit der Präzision und Sorgfalt des Wissenschaftlers aus, dessen hauptsächlich auf Genauigkeit und Gründlichkeit beruhende Arbeit wiederum vom Künstler inspiriert wurde. Der Folklorist Bartók erschloß dem Künstler eine außerhalb des Bereiches der Kunstmusik liegende reiche Musikwelt, wogegen der Künstler dem Folkloristen überlegene Musikkenntnis und Einfühlungsvermögen verlieh. Obwohl in Bartók Künstler und Folklorist ein untrennbares Ganzes bildeten, wußte er sie doch bei seiner Arbeit streng zu unterscheiden, im Gegensatz zu den meisten den Künstler spielenden Folkloristen oder den sich nur oberflächlich mit Ethnographie befassenden Künstlern, da er als Künstler und Folklorist gleicherweise das Vollkommene erstrebte.

Wissenschaft und Kunst entspringen ja im Grunde genommen demselben Boden. Sie spiegeln die Welt wider, jede auf ihre eigene Art. Ihre Grundbedingungen sind: Schärfe der Beobachtung und die Fähigkeit, das belauschte Leben in einer höheren Synthese wahrheitsgetreu abzubilden. Auch die Grundlage des großen Gelehrten und des großen Künstlers ist ein und dieselbe: ein wahrer Mensch, *vir justus*. Bartók folgte, als er Europa wegen seiner vielen, ihm bereits unerträglichen Ungerechtigkeiten verließ, der Parole Rousseaus: »Vitam impendere vero«.

So konnte aus dem großen Künstler auch ein großer Wissenschaftler werden, ohne daß er die Universität, die Hochschule der Wissenschaften, besucht hätte.

Es ist ein außergewöhnlich großes Verantwortungsgefühl, das Leben und Arbeit des wahren Menschen charakterisiert. Das war auch von Anfang an bei Bartók der Fall, und dieses Gefühl entfaltete sich im Laufe seiner Entwicklung immer mehr.

In seinen Jugendwerken spiegelt sich das Auf und Ab des Lebens noch in vieltönigen, weitschweifigen und ruhigen, ein wenig locker gefügten Formen wider. Doch später macht sich mehr und mehr die intensive Konzentration des Komponisten bemerkbar, der aus seiner Musik alles Überflüssige und Unwesentliche auszumerzen bemüht ist.

Er beobachtete und studierte unablässig: es gibt wohl kaum einen Komponisten, der den Werken seiner Zeitgenossen eine derartige Aufmerksamkeit entgegengebracht hätte wie er. Doch genau so intensiv beschäftigt er sich mit der Musik der alten Komponisten. In jedem ihrer Werke forscht er nach seinen Vorläufern, den ihm Geistesverwandten.

Das Bewußtsein des lückenhaften, romantisch ungenügenden Kompositionsstudiums seiner Jugend ließ ihn nicht ruhen. Er vertiefte sich einen ganzen Sommer lang in Jeppesens Buch über den Kontrapunkt, das er sich ausgeliehen hatte, und kaufte es schließlich 1938. Auch beschäftigte er sich eingehend mit Palestrina, dessen Werke ab und zu auf seinem mit Noten beladenen Klavier auftauchten. Er gelangte zu der Überzeugung, daß wir bei Palestrina den höchsten Grad der Verantwortlichkeit bewundern können. Wer weiß, was er noch alles unter der Einwirkung dieser späten Studien geschrieben hätte, wenn ihm das grausame Schicksal nicht so früh die Feder entrissen hätte.

Auch seine Volksliederaufzeichnungen zeugen von einem stets wachsenden Verantwortungsgefühl.

Wir können sie in drei verschiedene Phasen einteilen. In der ersten Zeit sind seine Aufzeichnungen oberflächlich, skizzenhaft, enthalten nicht einmal die genauen Umrisse der phonographierten Lieder (so seine Veröffentlichungen in der Zeitschrift *Ethnographia*, 1908). Als er sie jedoch später am Phonographen überprüfte, ging er auf die kleinsten Ornamentaltöne ein.

In den Jahren 1934–1940, als er, einem offiziellen Auftrag Folge leistend, statt zu unterrichten, dreimal wöchentlich an der Vorbereitung der großen Volksliedersammlung der Akademie der Wissenschaften arbeitete, unterzog er sein ganzes Material einer erneuten Revision. Da enthüllten sich ihm einerseits auf Grund seiner Kenntnis der vielen komplizierten rumänischen, arabischen und anderen Melodien, andererseits durch die Anwendung des Kopfhörers viele ungeahnte Feinheiten.[14]

Seine Aufzeichnungen stellen die äußerste Grenze dar, die ein menschliches Ohr ohne Hilfe von Apparaten erreichen kann; darüberhinaus gibt es nur noch die Tonaufnahme.

Mit Phonometrie und Centberechnungen befaßte er sich nicht. Es ist die Aufgabe des kommenden Zeitalters, anhand von Apparaten die bloß nach Gehör erreichten Resultate einer Kontrolle zu unterwerfen. Dann wird es sich herausstellen, ob es wohl in der lebenden Musik Elemente gibt, die auf dem Weg von der Tonquelle bis zum Ohr dem Gehör entgehen oder ins Ohr nur unbewußt eindringen. Zweifellos werden die Apparate des Phonomikroskops noch auf viele Phänomene Licht werfen, doch ist schwerlich anzunehmen, daß sie die Grundzüge unserer gehörmäßigen Eindrücke wesentlich zu ändern vermögen.

So ist also Bartóks Werk zum größten Teil von bleibendem Wert. Es ist das Los der Wissenschaft, daß jede neue Epoche neue Ergebnisse zeitigt und die meisten Resultate des vorangehenden Zeitalters modifiziert oder gar für nichtig erklärt. Bartók konnte sich dank seines realen Sinnes jedweder aben-

14 Siehe den Artikel György Kerényi, Bartók als Aufzeichner von Volksliedern, in: Ethnographia, 1948, S. 31.

teuerlichen Theorie fernhalten. Sein Hauptziel war, das Material so exakt wie möglich aufzuzeichnen und zu interpretieren. Das ist jedoch keine Theorie, sondern das Leben selbst und eine Garantie des bleibenden Wertes seines Schaffens, selbst wenn die zeitweilig auf ihr errichteten Theorien wie Kartenhäuser zusammenstürzen.

Auch er hatte gewisse Vorstellungen über die »übernationalen« Zusammenhänge der Volksmusik der verschiedenen Nationen, doch äußerte er sich nur sehr zurückhaltend darüber, womit er ebenfalls darauf hinweist, daß man nur auf Grund unbestreitbarer Tatsachen zur Wahrheit gelangen kann, und wer nicht in diesem Sinne vorgeht, sich unrettbar im Nebel der Illusionen verirrt.

Der volle Wert der Tätigkeit Bartóks als Folklorist läßt sich heute noch nicht ermessen. Außer seinem *Das ungarische Volkslied* (A magyar népdal) betitelten Buch erschienen nur seine Sammlungen rumänischer Volkslieder aus Maramureș und Bihar in Druck. Seine übrigen in Rumänien, ferner in der Slowakei und Jugoslawien vorgenommenen Aufzeichnungen wurden bis heute noch nicht herausgegeben. Erstere hat er nach Amerika mitgenommen, weil er im chauvinistischen Europa keinen Verleger finden konnte. Letztere, an denen er jahrelang im Auftrag der Columbia-Universität gearbeitet hat, blieben, obwohl sie 1944 bereits druckreif waren und es »geradezu verblüffend war, wieviel Mühe sich die Angestellten der Columbia-Press mit ihrer Durchsicht machten« — wie er sich in einem seiner Briefe äußerte —, bis zum heutigen Tage unveröffentlicht.[15]

Wenn sein gesamtes Schaffen einmal vor die Öffentlichkeit gelangt, wird es sich herausstellen, daß er, der in seinen jungen Jahren nur dem Wohl seines kleinen Vaterlandes zu dienen glaubte, mit dieser seiner nebenbei betriebenen Arbeit auch der ganzen Welt einen Markstein gelegt hat. *(1950)*

[15] Seitdem sind die »Serbokroatischen Volkslieder usw.« New York 1951, erschienen, die aber nur einen Teil des von Bartók aufgezeichneten Materials enthalten.

Bartók und die Volksmusik

Von Bence Szabolcsi

Was Béla Bartók und seine künstlerische Entwicklung so sehr von den meisten seiner europäischen Zeitgenossen unterscheidet, ist die Stetigkeit seiner Verbindung mit der Volksmusik. Es ist eine vielfältige und vieldeutige Verbindung, welche im Entwicklungsgang des Komponisten die verschiedensten Formen annimmt: In dem Zeitabschnitt zum Beispiel, da Bartók sich unmittelbar an die Überlieferungen der nationalen Romantik hält (1901–1907), steht sie dem stilisierten ungarischen Volkslied näher; die Entdeckung der ungarischen, rumänischen und slowakischen Volksmusik verknüpft sie dann auf das engste mit der osteuropäischen Bauernmusik (1908–1919). Es folgen die Erweiterung, die Sprengung und die Umdeutung der Volksmusikelemente (1919–1930, 1931–1938), und zur Zeit der Abklärung seines letzten Stils (1939–1945) steht schließlich die Vereinigung der Volksüberlieferung mit klassischen — Bachschen und Beethovenschen — Überlieferungen im Vordergrund. Die Art und Weise der Deutung also wechselt; aber die Verbindung selbst ist einer der stärksten zentralen Faktoren, die Bartóks unruhige, nach vielen Richtungen, manchmal im Zickzack gehende Entwicklung in einer ununterbrochenen Einheit zusammenfassen.

Auch die volkstümlich-nationale Musiküberlieferung bestand ja zu seiner Zeit aus zwei verschiedenen Kategorien: vom *Volkstümlichen* war das *Historische* abgegrenzt, von der nicht niedergeschriebenen und noch der Entdeckung harrenden *Bauernmusik* die schriftlich aufbewahrte, volkstümliche oder auch weniger volkstümliche, jedenfalls aber im allgemeinen Bewußtsein um 1900 alleinig anerkannte *nationale Musik*. Ein ungarischer Künstler, der, wie Bartók, zu dieser Zeit seinen Weg antrat, mußte beiden Kategorien Rechnung tragen. Ebendarum scheint es angebracht, daß wir in dieser Skizze außer Bartóks Verhältnis zur ungarischen Volksüberlieferung auch sein Verhältnis zu den Überlieferungen der ungarischen Vergangenheit im allgemeinen berühren.

An erster Stelle steht natürlich seine Verbindung mit der Volksüberlieferung, denn diese ist es ja, die bei ihrem Zustandekommen (um 1906) Bartóks Stil, seine ganze künstlerische Haltung schlagartig und von Grund aus erneuert hat. Die Wendung, die Entdeckung — zu der es ohne eine ganze Reihe äußerer und innerer vorbereitender Momente selbstverständlich nicht und vor allem nicht *so* gekommen wäre — beschreibt Bartók selber in seiner Autobiographie, wo er darlegt, wie er sich der Volksmusik aus rein künstlerischen Beweggründen genähert hat, von dem Wunsche getrieben, aus der Atmosphäre der erschlafften westlichen Spätromantik herauszukommen: »Ich begann die Forschung vom rein musikalischen Standpunkt ausgehend ... Das Studium der Bauernmusik war deshalb von entscheidender Bedeutung für mich, weil sie mich auf die Möglichkeit einer vollständigen Emanzipation von der Alleinherrschaft des bisherigen Dur- und Moll-Systems brachte.« Die Schönheit der unbekannten Melodienwelt, die sich da vor ihm auftut, zwingt ihn sofort in ihren Bann: »Unsere Volksmelodien sind samt und sonders wahre Musterbilder höchster künstlerischer Vollkommenheit. Ich betrachte sie im kleinen als ebensolche Meisterwerke wie im Reich der großen Formen eine Fuge von Bach oder eine Sonate von Mozart. Solche Melodien sind klassische Beispiele dafür, wie ein musikalischer Gedanke bündig, gedrängt, unter Vermeidung alles Überflüssigen ausgedrückt werden kann ... Von dieser Musik können wir die unvergleichliche Gedrängtheit des Ausdrucks, die strengste Ausmerzung alles Unwesentlichen lernen — und gerade das war es, wonach wir uns nach der Weitschweifigkeit der Romantik vor allem sehnten.« Er sieht, daß die Frage auch wissenschaftliche Behandlung erfordert, also wird der Künstler zum Wissenschaftler — aber er bleibt dennoch Künstler: »Wer das pulsierende Leben dieser Musik wirklich fühlen will, der muß es ... erleben, und das kann er nur durch unmittelbaren Umgang mit den Bauern erreichen. Von dieser Musik mit ihrer ganzen Macht ergriffen zu werden ..., dazu genügt es nicht, die Melodien zu erlernen. Ebenso wichtig ist es, auch die Umgebung zu sehen und zu kennen, wo diese Melodien leben ... In unserem Falle ging es nicht nur darum, uns einzelne Melodien zu verschaffen und sie als Ganzes oder in Teilen in unsere Werke einzubauen und nach einem herkömmlichen Verfahren zu bearbeiten. Das wäre Handwerkerarbeit gewesen und hätte nicht zur Schaffung eines neuen, einheitlichen Stils geführt. Unsere Sache war es, den Geist dieser bisher unbekannten Musik zu erfassen und ... davon ausgehend, einen Musikstil zu schaffen.« Es ist nun bereits klar, daß dieses Ziel nur dann erreicht werden kann, wenn »der Komponist die Musiksprache der Bauern erlernt hat und sie so vollkommen beherrscht wie ein Dichter seine Muttersprache.« Wie wenigen ist das bisher gelungen! »Unter den Tondichtern der zweiten Hälfte des vorigen Jahrhunderts war Mussorgski der einzige, der sich vollkommen und ausschließlich von der Bauernmusik beeinflussen ließ und somit ... seinem Zeitalter voraus war.« Mussorgskis Name erscheint hier nicht zufällig; wir wissen, daß der große russische Tondichter — genau wie die ungarischen Dichter Petőfi und Arany — unerschütterlich daran glaubte, daß ein Volk, das in der Musik zur Geltung gelangt, nicht weit davon entfernt ist, auch in der Politik durchzudringen. Die eigentümliche und gesetzmäßige Entwicklung der Ästhetik Bartóks könnte am authentischsten in einer wissenschaftsgeschichtlichen Studie veranschaulicht werden. Daraus würde deutlich hervorgehen, wie der Anspruch wissenschaftlicher Klärung das »rein künstlerische Interesse« ablöst, wie dieses von Anfang an durch die politische Stellungnahme geschürt wird, die noch stärker hervortritt von dem Augenblick an, da Bartók — fast unmittelbar nach dem Beginn der Volksliedersammlung — sich dem offiziellen Ungarn von 1908 mit seinen nationalistischen Parolen entgegenstellt und nun anfängt, auch rumänische, slowakische und ukrainische Volkslieder zu sammeln. Aus der Studie würde hervorgehen, wie er, über wissenschaftliche Probleme hinaus, schließlich historische, moralische und soziale Lehren aus der Volksmusik schöpft: wie er in ihr zuerst die Probleme der Nation und des Landes, später des Erdteils und schließlich der Menschheit erblickt. »Es waren die glücklichsten Tage meines Lebens, die ich in Dörfern, unter Bauern verbracht habe.« Denn, so schreibt er in einem anderen Aufsatz, »unter den Bauern herrscht Frieden ...« ... »von grimmigem Haß gegen andere Völker gibt es bei ihnen keine Spur«... »Gehässigkeit ... wird nur von höheren Kreisen verbreitet.« In diesem Ton, in dieser romantischen Verklärung des Dorflebens liegt bereits Kritik; auch Trotz und Herausforderung sind darin, der Haß gegen eine scheinheilige Pseudozivilisation.

Bartók hat, wie wir schon sagten, in seinen Werken die Volksmusik auf viele Arten, in vielen Richtungen verwendet, man kann ganze Typen unterscheiden. Ihre innere Ordnung sehen wir am deutlichsten, wenn wir sie — einen Vortrag

Bartóks als Richtlinie nehmend — nach dem Maß, wie sie sich stufenweise von der authentischen »körperlichen Wirklichkeit« des Volksliedes entfernen, nebeneinanderstellen.

Der erste in dieser Reihe wäre der Typus, dessen Prinzip *das Volkslied als zentraler Inhalt* ist; wo also das »Originalexemplar«, die authentische Wirklichkeit, gezeigt und in einen stilgemäßen, unpersönlichen Rahmen gefaßt wird. Seine Form ist die einfache Volksliedtranskription. »Wir versehen die Bauernmelodie ohne jedwede Veränderung oder nur wenig variiert mit einer Begleitung und fassen sie eventuell noch mit einem Vor- und einem Nachspiel ein. Solche Arbeiten weisen einige Ähnlichkeit mit Bachs Choralbearbeitungen auf.« Der ganze Instrumentalkommentar ist »nichts anderes als der Rahmen, in den wir die Hauptsache, die Bauernmelodie, einfügen wie einen Edelstein in seine Fassung«. Von hier führt nur ein Schritt zur einfachen Volksliedbearbeitung. (Dieser Schritt trennt zum Beispiel die ersten zehn der 1906 erschienenen *Zwanzig ungarischen Volkslieder* von den 1922 herausgegebenen *Acht ungarischen Volksliedern.)* Ein weiterer Schritt führt zur komplizierten Volksliedbearbeitung als drittem Typus. Wir denken hier nicht nur an Stücke wie die meisten der *Zwanzig ungarischen Volkslieder* vom Jahre 1933, sondern auch an Klavierstücke wie die *Improvisationen*. In ihnen liegt klar das neue Grundprinzip vor uns: *das Volkslied als Rohmaterial*. Bartók definiert auch hier genau: »Die Bauernmelodie spielt nur die Rolle des *Mottos*, und was darum und darunter gesetzt wird, ist die Hauptsache.« Doch bedeutet dies nicht unverantwortliche Eigenmächtigkeit: »Immer ist es sehr wichtig, daß das Musikgewand, in welches wir die Melodie kleiden, sich vom Charakter der Melodie, von den in der Melodie offen oder verhüllt enthaltenen musikalischen Eigentümlichkeiten *ableiten* läßt, beziehungsweise daß die Melodie und alles *Hinzugefügte* den Eindruck einer untrennbaren Einheit erwecken.« Ein weiteres Freiwerden vom »authentischen Material« des Volksliedes zeigt der vierte Typus: die freie Verwendung der rhythmischen und der melodischen Elemente der Volksmusik. Hierauf brauchen wir kaum näher hinzuweisen, da ja sozusagen jede Bartóksche Komposition reichlich Beispiele liefert. Dieser Typus stellt die Stufe dar, auf der die Volksmusik zur »musikalischen Muttersprache« des Komponisten geworden ist, die er »ebenso frei zu gebrauchen vermag wie der Dichter seine Muttersprache«. Parallel mit diesem treten noch zwei weitere Typen auf, die ebenfalls auf der höchsten Stufe die Einwirkung der Volksmusik repräsentieren und auf die wir hier noch eingehen müssen. Beide bedeuten die freie Verwendung der Elemente der Volksmusik; der eine (dieser wäre der fünfte Typus) ist die im völkischen Stil verarbeitete individuelle Invention, deren Prinzip demnach *das Volkslied als stilistisches Musterbild* ist; der andere (der sechste Typus) ist der im Geiste der Volksmusik zum Ausdruck gebrachte persönliche Gedanke, der die Volksverbundenheit in möglichst weitem Sinne deutet und dessen Prinzip demnach *das Volkslied als prinzipielles, geistiges Musterbild* ist. (Dieser Typus gelangt naturgemäß in Bartóks beiden letzten Schaffensperioden zur größten Bedeutung.)

Übergänge sind — das versteht sich von selbst — zwischen allen diesen Typen reichlich vorhanden; die »objektive« Volksliedtranskription und Volksliedbearbeitung der Serien *Für Kinder* und der Violinduos wird über unmerkliche Stufen weiterentwickelt zu dem persönlichen Formengebilde der *Ungarischen Bauernlieder*, der Volksliederchöre, der *Violinrhapsodien*, der *Improvisationen;* die *Kleinen rumänischen Tänze* und die *Colinda*-Übertragungen haben bereits bewußt die *Großen rumänischen Tänze* als Vorgänger und künden bereits den vierten Satz der *Tanzsuite* an, sie leiten also hier wie dort von der Volksliedbearbeitung zur Volksliednachahmung über. Und geradezu unabsehbar ist die Skala dieser Volksliednachahmungen von der kleinen Idylle *Ein Abend bei den Szeklern* bis zu der in der Motivik völlig balladenhaften Oper *Herzog Blaubarts Burg* und einigen besonders schönen lyrischen Höhepunkten des Balletts *Der holzgeschnitzte Prinz* oder von der *Tanzsuite* (in der gleichfalls keine wirkliche Volksmelodie vorhanden ist) und vom *All'ungherese* bis zum Finale des *Divertimento*, des *II. Klavierkonzerts* und des *Bratschenkonzerts*. Hier müssen wir uns ständig vor Augen halten, daß Bartók nicht nur vom ungarischen Volkslied, sondern auch von der rumänischen, slowakischen, ukrainischen, bulgarischen, russischen, südslawischen, arabischen, türkischen, javanischen, chinesischen und der Volksmusik der amerikanischen Neger inspiriert worden ist. (Für die weniger bekannten finden wir Beispiele: für die arabische Volksmusik in der *Klaviersuite* op. 14, für die chinesische in der großen Tanzszene des *Wunderbaren Mandarin*, für die amerikanische Negermusik im letzten Satz des *Orchester-Concerto*, für die javanische Volksmusik in einem Stück des *Mikrokosmos* und im ersten Satz des *Bratschenkonzerts; Mikrokosmos* ist

Der holzgeschnitzte Prinz

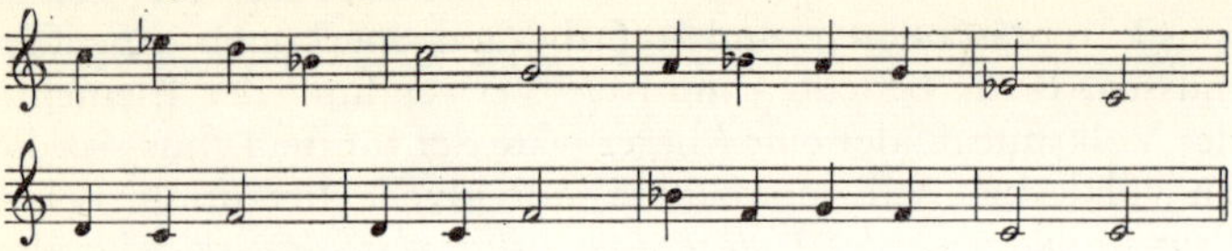

Der holzgeschnitzte Prinz

Konzert für Orchester

Konzert No. 3. für Klavier und Orchester

übrigens auch in dieser Hinsicht eine ganze Heerschau der Bartókschen Welt.)

Besonders beachtenswert sind die Melodie-, Harmonie-, Rhythmus- und Konstruktions-Gedanken, die wir oben als »im Geiste der Volksmusik empfangen« bezeichnet haben. Die Spuren dieser »gesiebten« und »transponierten« Einwirkung der Volksmusik können wir in Bartóks ganzer Sprache, in jedem Teil seines musikalischen Materials verfolgen. Sie ist in Melodie und Rhythmik gleichsam fortwährend gegenwärtig — manchmal macht er selbst darauf aufmerksam (zum Beispiel in den *Volksliedartig* und *Ländlicher Spaß* betitelten Stücken des *Mikrokosmos)*, sonst aber, im Großteil der Streichquartette und der Orchesterwerke, muß der Zuhörer herausfinden, um was es eigentlich geht. Wir zitieren hier als charakteristisches Beispiel das Hauptthema des zweiten Satzes von *Musik für Saiteninstrumente*, *Schlagzeug und Celesta*, das ebenso wie sein Verwandter aus *Mikrokosmos* (Nr. 130) ein ungarisches Volkslied neuen Typs »umschreibt«; wir stellen hier die beiden Melodien nebeneinander und führen auch einen Repräsentanten jenes Volksliedtypus an, der ihnen als Muster diente.

Ländlicher Spass (Mikrokosmos No. 130.)

Musik für Saiteninstrumente, Schlagzeug und Celesta (II. Satz)

Ungarische Volksweise (aus der Sammlung von L. Lajtha)

Die Rhythmik brauchen wir hier vielleicht nicht besonders zu erwähnen, da ja die Beziehungen der Bartókschen Musik zu den Volksrhythmen Osteuropas und auch des Orients allgemein bekannt sind. Die nachgerade zum Gemeinplatz gewordene »rhythmische Besessenheit« dieser Musik repräsentiert sicherlich die größte rhythmische Energie, die in der Geschichte der Musik seit Beethoven zutage trat; und es ist gewiß kein Zufall, daß gerade der osteuropäische Komponist dieses uralte *Gemeinschafts*-Element in der Musik des zwanzigsten Jahrhunderts zu seinen Rechten gelangen ließ. Weniger bekannt sind gewisse Elemente der Harmonie, ja auch der kontrapunktischen Mehrstimmigkeit, die Bartók ebenfalls aus der Volksmusik, sogar aus der lebenden völkischen Musikübung geschöpft haben dürfte. Wir wissen, wie stark er sich bei der Wahl seiner Tonarten auf die Volksmusik Osteuropas gestützt hat; und das gilt nicht nur für die Pentatonik, sondern auch für die Kombination der lydischen und mixolydischen Tonleiter, diese »natürliche« akustische Tonfolge (c-d-e-fis-g-a-b), die geradezu als Bartóks Grundtonart angesehen werden kann (so hat sie auch ein ungarischer Forscher genannt) und die allem Anschein nach seit *Herzog Blaubarts Burg* eine so große Rolle in dieser Musik spielt. Die Bauelemente der Tonfolgen sind für Bartók stets zugleich auch Bausteine des Harmoniegebäudes: »Nichts ist natürlicher, als daß wir das, was wir so oft im Nacheinander als gleichwertig vernommen haben, auch in der Gleichzeitigkeit als gleichwertig empfinden zu lassen versuchten.« So erscheint, auf die Einwirkung der fünfstufigen Volksmelodien hin, die Septime als konsonantes Intervall; so entstehen aus den Quartschritten alter Melodien Quartakkorde. »Das Fehlen der Schranken ... bietet größere Freiheit dem, der die Freiheit zu nutzen versteht.« Ebenso können bestimmte völkische Begleitungsarten, wie sie vor allem bei den Rumänen, den Bulgaren, den Arabern zu finden sind, Anregung zu neuartigen Harmonien geben. Das Gebäude der Musiksprache bleibt indessen durchwegs tonal, denn die Volksmusik duldet keine Atonalität: »Atonale Volksmusik ist völlig unvorstellbar.« Deshalb ist »in der Reihe der Momente, die das Vordringen der atonalen Richtung hemmen, der Umstand, daß ein Teil der Komponisten des zwanzigsten Jahrhunderts auf alte Volksmusik zurückgegriffen hat, zweifellos von nicht geringer Bedeutung«. Zurückgegriffen? Eher vorgegriffen; das fühlt Bartók selbst am genauesten. »Allerdings gab es eine Zeit, da ich mich einer Art der ›Zwölftonmusik‹ näherte. Doch ist der unverkennbare Wesenszug auch meiner aus dieser Zeit stammenden Werke, daß sie auf entschieden tonaler Basis beruhen.« Bartók, der fieberhaft das Neue sucht, hört an diesem Punkt auf, einsamer Sucher zu sein; er fühlt eine verpflichtende Tradition hinter sich: die Überlieferung der Volksmusik; und sie ist für ihn keine zurückhaltende Bremse, sondern ein Signal, das in die Zukunft weist.

Bemerkenswert ist die Anregung, die die ungarischen Werke Bartóks in ihrem *konstitutionellen Aufbau* von der Volksmusik erhalten haben. An erster Stelle sei hier des Variationsprinzips gedacht, jenes Gesetzes der stetigen Veränderung, des »Nie-zweimal-dasselbe«, welches Bartók — in einem bedeutsamen Gespräch mit D. Dille (1937) — als gemeinsamen Grundzug der Volksmusik und seiner persönlichen Veranlagung erkannte und betonte. In dieser Hinsicht fand er — von der scharfen Konzentrierung des Materials abgesehen — selbst zwischen seinen Streichquartetten und der Volksmusik keine große Distanz. Dieser Kontakt ist auch in Bartóks Bühnenwerken und deren verspäteter Gefährtin, der *Cantata profana*, zu finden. Sie sind nämlich wie riesige dramatische Volksballaden um große, sich unaufhörlich steigernde dramatische Kontraste aufgebaut: *Herzog Blaubarts Burg* und *Der wunderbare Mandarin* in der Form von Rondos mit Variationen, *Der holzgeschnitzte Prinz* in Sonaten-, die *Cantata* in Liedform; zugleich sind sie Bogen- oder Brückenformen, die in Kulminationen gipfeln (wie auch die *Musik* oder das *IV.* und *V. Streichquartett)*. Die sich bald lichtende, bald verdunkelnde, sich öffnende und wieder schließende Welt von *Herzog Blaubart*, der Kampf des *Prinzen* mit der Nacht, mit den Elementen, im *Mandarin* der Kampf der Lebenskraft mit der meuchelmörderischen Gemeinheit, der Kampf der ungezähmten Leidenschaft mit einer »entmenschten«, verzerrten Menschheit: das sind lauter balladenartige Konflikte und Steigerungen — und die rhythmische Konstitution der Volksballade, das Formprinzip der periodisch-dialektischen Entwicklung erklären sie sämtlich besser als die klassischen Begriffe »Lied«, »Rondo« und »Sonate«. Dieses immer entschiedenere Vordringen der Balladenform hängt offenbar eng damit zusammen, daß nach Bartóks Gefühl alle diese Sujets in scharfem Kontrast zu den konventionellen musikalischen Formgattungen standen. Erinnern wir uns nur daran, wie er von dem Erlebnis berichtet, das für ihn zum Beispiel die Entdeckung des alten rumänischen Textes war, der als Grundlage zur *Cantata* diente: ». . .die Kategorie der (rumänischen) Weihnachtslieder *(Colinde)* . . . bietet . . . auch in ihren Texten folkloristisch, ja kulturhistorisch höchst wertvolles und interessantes Material. Nun soll man sich aber ja nicht unter diesen ›Weihnachtsliedern‹ irgend etwas vorstellen, das dem frommen westeuropäischen Weihnachtslied entspricht. Schon der wichtigste Teil — vielleicht ein Drittel der Texte — hat mit der christlichen Weihnachtsfeier überhaupt nichts zu tun: statt der Geschichte von Bethlehem finden wir darin die Beschreibung wunderbarer siegreicher Kämpfe mit dem noch nie besiegten Löwen (oder Hirsch): die Legende von den neun Menschensöhnen, die so lange in den Hochwäldern jagten, bis sie sich in Hirsche verwandelten; die wunderbare Erzählung, wie die Sonne um ihre Schwester, den Mond, freite (in den lateinischen Tochtersprachen ist ja Sonne masc. und Mond fem.!) usw. Also lauter noch aus den heidnischen Zeiten herübergerettete Texte!«

Dadurch, daß Bartók die Volksüberlieferung in immer tieferem Sinne entdeckt, wird ihm nach und nach auch etwas wichtig, worum er sich vorher absichtlich nicht viel kümmerte: die geschichtliche Überlieferung, die historische Kultur. Hieraus ergibt sich von selbst, daß wir uns zum Schluß mit dem Verhältnis befassen, in dem Bartók zu den historisch festgelegten Musiküberlieferungen der Vergangenheit und namentlich der ungarischen Vergangenheit stand.

Alle diese Überlieferungen wurden für ihn in erster Linie durch die Romantik des neunzehnten Jahrhunderts, durch den Stil des »späten« *Verbunkos* (des nationalen Werbungstanzes) repräsentiert. Diese Musik, genauer gesagt: diesen Stil der achtziger Jahre übernahm er in seiner Jugend fertig und als natürliche »Muttersprache«, als er begann, »ungarische Musik« zu schreiben; vor allem war es Franz Liszt, der ihn begeisterte und bis zum Schluß auch Vorbild und Meister für ihn blieb. Liszts Vorläufer, die *Verbunkos*-Komponisten, interessierten ihn weniger, und es gab eine Zeit — um 1908 bis 1910 —, da er sie, durch die Übertreibungen einiger musikästhetischer Werke verstimmt, sogar als halbgebildete Dilettanten bekämpfte. Aber die eigentliche Ursache dieser Haltung waren offenbar nicht jene übertreibender Ästhetiker, sondern die Tatsache, daß Bartók inzwischen den Weg zur Volksmusik, zur primären Quelle, gefunden hatte und sich vom romantischen *Verbunkos*-Stil, also der sekundären Quelle, lossagte.

Um so eher konnte Liszt auch in dieser Zeit sein Vorbild bleiben. Und wir haben hier nicht nur die moderne Harmoniewelt des großen romantischen Komponisten, nicht nur seine formalen Neuerungen, das monothematische Prinzip, also den Aufbau des Werkes um einen einzigen musikalischen Gedanken, vor Augen (dieses Prinzip begleitet Bartók von den *Zwei Porträts* bis zur *Musik*, bis zum *Violinkonzert* und zum *VI. Streichquartett*); und nicht nur so unmittelbar motivische Anregungen wie das Liszt entlehnte »Motto« der *Sonate für zwei Klaviere* schweben uns vor. Liszts ganzer Geist mit seiner herben und rauhen Kühnheit, mit der kampfansagenden, schonungslosen, revolutionären Unbändigkeit seiner Zeit dürfte, über Sprache und Form hinaus, ständiges Vorbild für Bartók gewesen sein. Sicher ist, daß Bartók viele »Verbündete« hatte, daß aber — außer seinem Bund mit Kodály — das mit Liszt geschlossene Bündnis sich als das dauerhafteste erwies. Bezeichnenderweise muß Bartók, als er 1936 in seinem akademischen Antrittsvortrag auch literarisch für Liszts künstlerische Größe eine Lanze bricht, gleich in zwei Richtungen gegen die heuchlerische offizielle Welt zu Felde ziehen: einerseits gegen diejenigen, die mit pietätvoller Miene Liszts Irrtümer in bezug auf die ungarische Musik bedauern, wobei sie vergessen, daß der Künstler in diesem Punkt seinen vornehmen Freunden ausgeliefert war (»...ich kann getrost sagen, daß ich von seiten der vornehmen Klasse — mit Ausnahme der Szekler Komitate — nirgends solche Gleichgültigkeit, ja Verachtung für die Musik der Bauernschaft gesehen habe wie in der ungarischen Provinz«); und andererseits muß Bartók sich gegen diejenigen wenden, die »ihr ganzes Leben lang Liszts künstlerische Prinzipien verspottet haben«, jetzt aber »nach der Art der Pharisäer dem Andenken eines Künstlers huldigen, dessen ganzer Lebenslauf, dessen ganzes Wirken und Tun in schnurgeradem Gegensatz zu dem ihrigen steht«. Was er hier als Fackel in die Höhe hebt, ist der echte Geist von Liszts Kunst; mit ihr leuchtet er schonungslos denen ins Gesicht, die einen der größten Musiker-Revolutionäre des neunzehnten Jahrhunderts zu einem glatten und ungefährlichen Akademiker verfälschten.

In Bartóks späteren Jahren lebte jedoch auch neben Liszt die romantische *Verbunkos*-Überlieferung wieder auf *(Violinrhapsodien, Contrast-Trio, Divertimento* und *III. Klavierkonzert)*. Dieses Wiederaufleben ist aber keine »Bekehrung«; Bartók ging auf dem Wege seiner eigenen revolutionären Entwicklung immer weiter, und so gelangte er auch zu der vielseitigen, radikalen Neuwertung der Vergangenheit. Die bei ihm wiedererscheinende *Verbunkos*-Romantik ist keine Reminiszenz der um die Jahrhundertwende bereits versumpften, aber noch immer als »national« verkündeten Pseudoüberlieferung, sondern ungarisch-volkstümliche Instrumentalmusik, die Heraufbeschwörung des unverdorbenen, revolutionären Tones des *ursprünglichen Verbunkos*-Stils — also immer die primäre Quelle, nie die sekundäre. Nein: Bartóks Œuvre wurde niemals zu feigem, vorsichtigem Kompromiß, zu dem gewisse Anhänger Schönbergs es eine Zeitlang gern gestempelt hätten. Der Angriff war hier gegen eine Kunst gerichtet, die samt ihren Widersprüchen tiefer in der Wirklichkeit des menschlichen Lebens wurzelt als die Ästhetik der Angreifer.

Einem Künstler, der im Zeitalter der Lügen und Fälschungen die Wahrheit, im Zeitalter der Unmenschlichkeit die Menschlichkeit verkündete, blieb in jener Zeit nichts anderes übrig als die Flucht oder die Hoffnung und Vorbereitung: es kommt die Zeit, welche die volle Wahrheit wissen will und zu ertragen vermag. Bartóks Werk war indessen mehr als Flucht, mehr als Krisensymptom, Hoffnung und Vorbereitung: es war ein *Kampf* um die Wahrheit, in dem auch schon die Wahrheit selbst »ihr leuchtendes Antlitz zeigte«. Diese grundlegende Wahrheit bestimmt Bartóks Verhältnis zur Volksmusik und damit zugleich zur weitesten, lebendigsten Gemeinschaft. Deshalb konnte er auf der Höhe seines Lebens sagen, die Leitidee seines Wirkens sei »die Verbrüderung der Völker ... trotz allem Krieg und Hader«. Für ihn ist der Mann aus dem Volk nicht nur der reinere und einfachere, an Kraft und Aufrichtigkeit vollkommenere Mensch, nicht nur der Träger der Natur und der Tradition, sondern auch der Träger der Zukunft; und weil Natur, Wahrheit und Zukunft in Béla Bartóks Glaubensbekenntnis untrennbar zusammengehören, kann ihr Träger gar nichts anderes sein als das, worin die drei am reinsten vereinigt sind: das Volk. Das Volk, das die Träume des Dichters weiterträgt und verwirklicht; das Volk, in dem, nach Bartóks Überzeugung, stets das höchste Ziel und die höchste Gerechtigkeit leben, das Zeuge, Richter und Vollender all unseres Kämpfens in *einem* ist: die künftige Menschheit selbst. *(1950)*

Einführung in die Formen- und Harmonienwelt Bartóks

Von Ernő Lendvai

Das Achsensystem

Im folgenden wollen wir das Bartóksche Tonsystem vom Gesichtspunkt der klassischen Harmonielehre, der Zwölftonmusik, der Akustik, der historischen Entwicklung, ferner vom Gesichtspunkt der Proportionen aus untersuchen. Stimmten die Ergebnisse der Deduktionen in jedem Fall überein, so ist das ein Beweis dafür, daß Bartók — bei der Schaffung seines Materials — bis zu den Wurzeln der Musik, bis zu den elementarsten Zusammenhängen vorgedrungen ist.

Vor allem versuchen wir, das Bartóksche Tonsystem in den Quintenzirkel einzufügen. Der Einfachheit halber betrachten wir das *c* als Tonika. In diesem Falle erfüllt das *f* (als IV. Stufe) Subdominanten-, das *g* (als V. Stufe) Dominanten-, das *a* (als Tonika-Parallele, VI. Stufe) Tonika-, das *d* (als Subdominanten-Parallele, II. Stufe) Subdominanten-, das *e* (als Dominanten-Parallele, III. Stufe) Dominanten-Funktion:

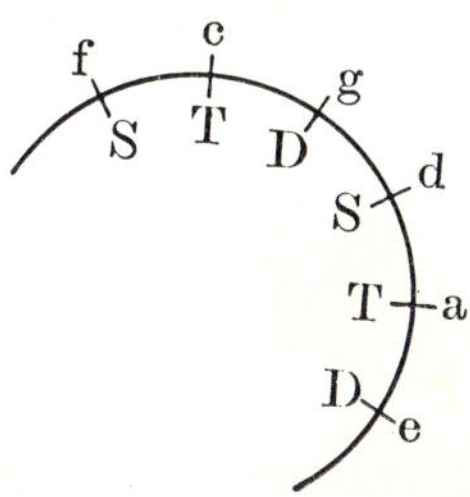

Abb. 1.

In diesen Beziehungen ist eine gewisse Regelmäßigkeit zu beobachten, und zwar wiederholen sich S-T-D periodisch: S-T-D-S-T-D. Breiten wir diese Relationen auf den *ganzen Quintenzirkel* aus, so verfügen wir bereits über den Schlüssel zum Bartókschen Tonsystem:

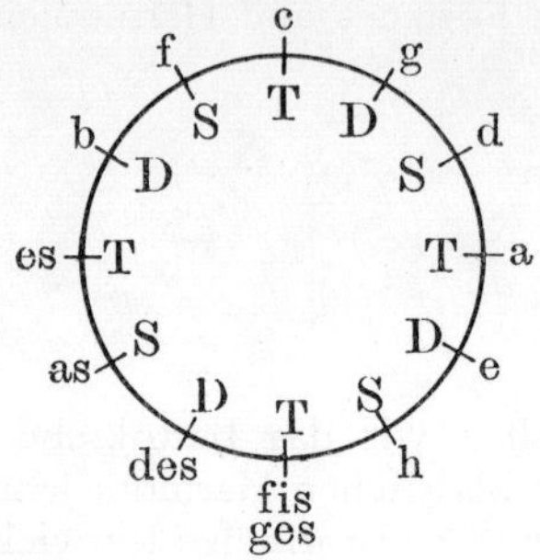

Abb. 2.

Isolieren wir die drei Funktionen voneinander und nennen wir sie einzeln — in Ermangelung eines passenderen Terminus technicus — Tonika-, Subdominanten- bzw. Dominanten-*Achse:*

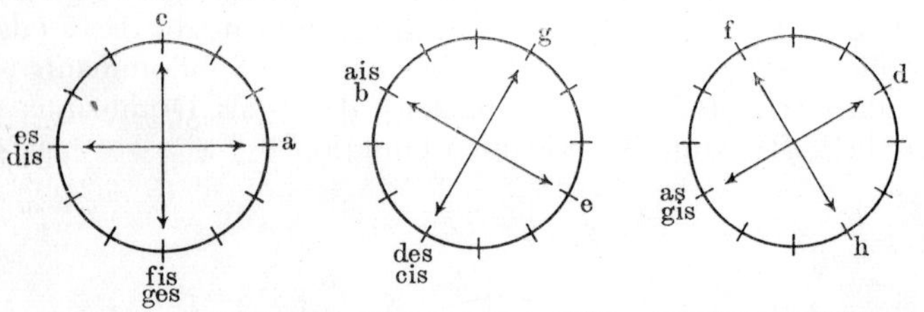

TONIKA-ACHSE DOMINANTEN-ACHSE SUBDOMINANTEN-ACHSE

Abb. 3.

Wichtig ist, die einzelnen Achsen nicht als verminderte Vierklänge zu betrachten, sondern als die Funktionsverwandtschaft von 4 verschiedenen, auf dem Grundriß des verminderten Vierklangs beruhenden Tonalitäten, was am ehesten mit dem Dur-Moll-Verhältnis der klassischen Musik verglichen werden kann. (S. Abb. 4.)

Es kann aber beobachtet werden, daß die auf der Achse einander *gegenüberliegenden Seiten*, »Gegenpole« (z.B. *c* und *fis)* viel empfindlicher aufeinander reagieren als die benachbarten (z. B. *c* und *a*). Ein Pol kann immer mit seinem Gegenpol vertauscht werden, ohne daß die Funktion eine Veränderung

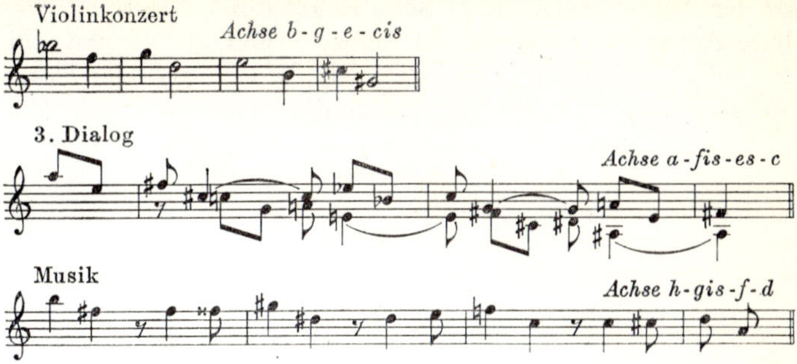

Abb. 4.

erführe. Eine kadenziale Harmonienfolge: *E-A-D-G-C-F* ist im Bartókschen System z. B. auch so vorstellbar: *E-A-As-Des-C-F*, wo das vorige *D* und *G* vom Gegenpol *As* und *Des* vertreten wird. Das Pol-Gegenpol-Verhältnis ist das grundlegendste strukturelle und formative Prinzip der Bartókschen Musik sowohl in den kleinen als auch in den großen Formen. Bereits *Herzog Blaubarts Burg* entwickelt sich in den spannungserfüllten Beziehungen von Pol und Gegenpol: das Werk hebt sich aus dem finsteren *fis*-Pol empor, kulminiert im strahlenden *C*-dur-Akkord (Blaubarts Reich), schließlich versinkt es wieder in das nächtliche *fis*. Der Weg der *Sonate für zwei Klaviere und Schlaginstrumente* führt aus der Tiefe in die Höhe: aus dem *fis* zum *c*. Auf unserer Abb. 16 vertreten in den Takten 2–5 die Einsätze *fis—c* die Tonika, in den Takten 8–9 die Einsätze *g—des* die Dominante, vom 12. Takt an die Einsätze *as—d* die Subdominante. Die *H*-dur-Tonika des *Violinkonzerts* wird in der Durchführung vom *F*-dur-Gegenpol abgelöst. Ebenso folgt der *F*-dur-Tonika des *Divertimentos* in der Durchführung der *H*-Dur-Gegenpol. Der Satzbau der *Musik für Saiteninstrumente, Schlagzeug und Celesta* ist wie folgt:

I. Satz Anfang und Schluß: *a*,	formaler Mittelpunkt: *es* (56. T.)
II. Satz Anfang und Schluß: *c*,	formaler Mittelpunkt: *fis* (263. T.)
III. Satz Anfang und Schluß: *fis*,	formaler Mittelpunkt: *c* (46. T.)
IV. Satz Anfang und Schluß: *a*,	formaler Mittelpunkt: *es* (83. T.)

Aus diesem Beispiel kann eine weitere Folgerung gezogen werden. Die vier Sätze ruhen gemeinsam auf den vier Pfeilern der Tonika-Achse. Die Außensätze stützen sich auf den *Haupt-*

ast der Achse *(a-es)*, die Mittelsätze auf ihren *Nebenast (c-fis)*. Jede Achse birgt also in sich selbst zwei Dimensionen, eine doppelte Anziehung, je nachdem wir *Pol-Gegenpol* oder *Haupt-* und *Nebenast* einander gegenüberstellen:

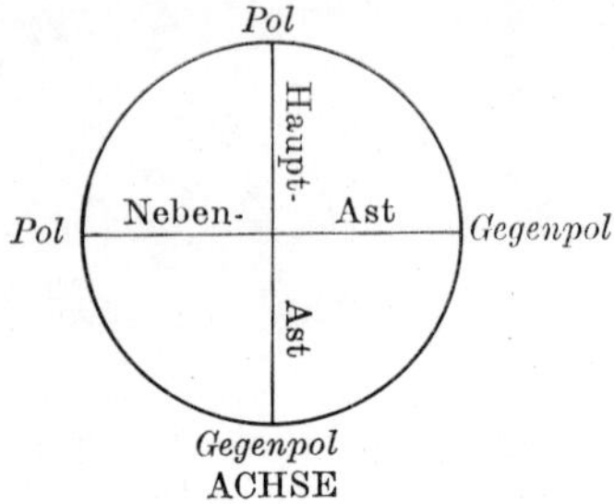

Abb. 5.

Der langsame Satz der *Sonate für zwei Klaviere und Schlaginstrumente* beruht auf der Subdominanten-Achse *h-d-f-as*. Die tonale Anordnung des Hauptthemas ist symmetrisch: Anfang und Schluß ruhen auf den Gegenpolen *h-f* bzw. auf dem Hauptast der Achse, der II. und der analoge IV. Halbsatz auf den Gegenpolen *d-as* bzw. auf dem Nebenast der Achse, im Mittelpunkt ist die Quint-Antwort *e* (s. Abb. 6):

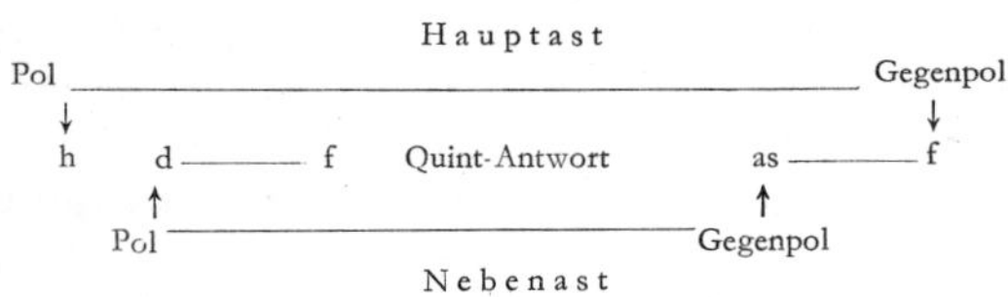

Ebenso schlingt sich die Melodie (s. Abb. 7), die den Kern des Mittelteils des Satzes bildet, um die Subdominanten-Achse: das Anfangs- und End-*gis* wird in der Mitte des Themas vom Gegenpol *d* abgelöst, im übrigen dreht sich jeder metrische und motivische Schwerpunkt um die Subdominanten-Achse *(gis-f-h-d)*.

Abb. 6.

Abb. 7.

Die zwei erwähnten Melodien spiegeln auch das Satzgerüst getreu wider: die eine ist an den Ast *h-f* der Subdominanten-Achse, die andere an den Ast *gis-d* der Subdominanten-Achse gebunden.

Und sind wir gerade bei der *Sonate für zwei Klaviere*, so ist es der Mühe wert, einige charakteristische Punkte des I. Satzes näher zu betrachten. Z. B. die Takte 235–247 veranschaulichen von neuem die zweifache Dimension der Achse: einerseits finden wir die Gegenüberstellung des *gis*-Ostinatos und des *d*-Gegenpols, andererseits die Gegenüberstellung der Trichtergänge, die erst im Hauptast *d-gis*, dann im Nebenast *f-h* eingekeilt sind:

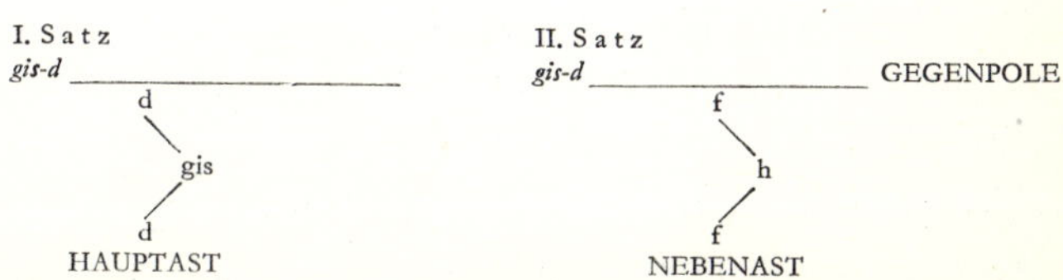

Die vier Glieder des Seitenthemas der Reprise bauen sich auf den vier Polen der Tonika-Achse auf, und zwar in der Weise, daß die Außen- bzw. Mittelglieder in der Pol-Gegenpol-Beziehung aufeinander reimen: *A-Fis-C-Es*. In ähnlich eindeutiger Weise stellt sich die Achsenstruktur der Coda dar (T. 417–432). Über der Begleitung im zerlegten Dur-Moll *es*, *ges*, *a*, *c* tritt das augmentierte Hauptthema polar in *a*, dann in *es*, schließlich in *a*+*es* auf usw.

Eine mustergültige Achsenkonstruktion zeigt der Durchführungsteil des II. Satzes der *Musik*. Die Melodie schreitet in der Dursexten-Parallele; das begleitende Ostinato betont durchwegs die Tonalitäten *a* bezw. *es*.

Das Erscheinen der Pole *es-fis-a-c* wird auch immer durch den Schlag der großen Trommel (in unserer Skizze +) unterstrichen. Begleitung und Formgebung lassen gleicherweise erkennen, daß das Rückgrat der Struktur durch die Gegenpole *se-a* gebildet wird.

Abb. 8.

Als verwickelteres Beispiel erscheint das Seitenthema des *Violinkonzerts*, die bekannte »Reihe«:

Abb. 9.

Obzwar die 12 Töne der Melodie die ganze Chromatik umfassen, bleiben wir über ihre Tonalität keinen Augenblick im Zweifel: in ihrer Achse stehen die Gegenpole *a-dis* (ihr Anfang, Halbierungspunkt, Schluß) bzw. die zerlegten *Fis-dur-* und *C-dur-moll*-Gegenpole.

Das Gemeinsame der bisher vorgeführten Beispiele besteht darin, daß sich die Funktion innerhalb eines Teiles nicht ändert und der Vorgang immer im Kreise einer einzigen Achse verläuft. Wenn wir nun die Logik der funktionalen Anziehung, der Verbindung der drei Funktionen, ins Auge fassen, bietet sich uns Gelegenheit zu neuen interessanten Beobachtungen. Die einzelnen Funktionen (also Tonika, Subdominante bzw. Dominante) werden nämlich nicht von den Stufen I, IV bzw. V am kraftvollsten vertreten, sondern — die Tonalität *c* angenommen — die Subdominante von *as* und dessen Gegenpol, die Dominante von *e* und dessen Gegenpol. Damit sagten wir eigentlich nichts Neues, ist doch z. B. das in der *Dominante* befindliche Seitenthema der *C-dur-Sonate* (Waldstein) von Beethoven in *E*, der *subdominante* langsame Satz der *c-moll-Sonate* (Pathétique) in *As* verfaßt; die einzelnen Sätze der *I. Symphonie* von Brahms folgen einander in der Anordnung *C-E-As-C* im Sinne von Tonika-Dominante-Subdominante-Tonika usw. Trotz allem bietet die eben erfolgte Ableitung des Achsensystems keine befriedigende Erklärung dafür, warum Bartók eben diese Beziehungen der Verbindung I–IV–V–I vorzieht. An diesem Punkte erweist sich eine neuerliche Ableitung des Achsensystems als notwendig.

Wie bekannt, neigt die Zwölftonmusik sehr stark zu tonal indifferenten, intertonalen Relationen. Am geeignetsten hierfür scheinen die gleichstufig distanzierten Aufteilungen der Oktave (oder auch des Quintenzirkels). Teilen wir die Oktave in 12 gleiche Teile, so ergibt sich Chromatik, bei 6 gleichen Teilen eine Ganztonskala; teilen wir sie in 4 gleiche Teile, so erhalten wir einen verminderten Vierklang, bei 3 gleichen Teilen einen übermäßigen Dreiklang; schließlich erhalten wir bei der Teilung in 2 gleiche Teile einen Tritonus. Der Quinten- bzw. Quartenzirkel ist nichts weiter als eine andere Gruppierung der Chromatik. Aus obiger Aufzählung kann vorläufig die Ganztonskala ausgeschaltet werden, denn sie besitzt sehr begrenzte Möglichkeiten (zwei Ganztonskalen ergänzen einander zur Chromatik). Lediglich der Quinten-Quartenzirkel erstreckt sich auf die ganze Chromatik: dieser sei der Grundriß des Systems. Jede Art tonaler Ordnung setzt einen Mittelpunkt und dementsprechend Verhältnisse der Abhängigkeit bzw. der Unterordnung voraus.

Die drei Funktionen werden am eindringlichsten eben durch jene Stufen vertreten, die den Quintenzirkel auf gleicher Stufe dreifach teilen, d. h. ein übermäßiges Dreiklangverhältnis bilden: *C-E-As*. (Daß der *C*-Tonika gegenüber gerade das *E* die Bedeutung der Dominanten und das *As* die der Subdominanten erhalten, beruht offensichtlich auf klassischen Harmonieprinzipien.) Jeder der funktionellen Haupttöne kann durch seinen *Tritonus* (Gegenpol) ersetzt werden, d.h. *C* durch *Fis*, *E* durch *B*, *As* durch *D*. Teilen wir die Zwölftonchromatik proportional unter den drei Funktionen auf, werden zu jeder der Funktionen je vier Pole gehören und diese werden sich — sofern wir auch weiterhin an dem Distanzprinzip festhalten — in *verminderte Vierklangrelationen* ordnen (anders gesagt: sie vierteilen das System). In den Bereich des Tonika-Hauptons *C* werden demnach die Pole *C-Es-Fis-A*, in den Bereich des Dominanten-Hauptons *E* die Pole *E-G-B-Cis*, in den des Subdominanten-Hauptons *As* die Pole *As-H-D-F* gehören. Das durch die gleichstufige Teilung entstehende Tonsystem entspricht also vollkommen dem früheren Schema des Achsensystems:

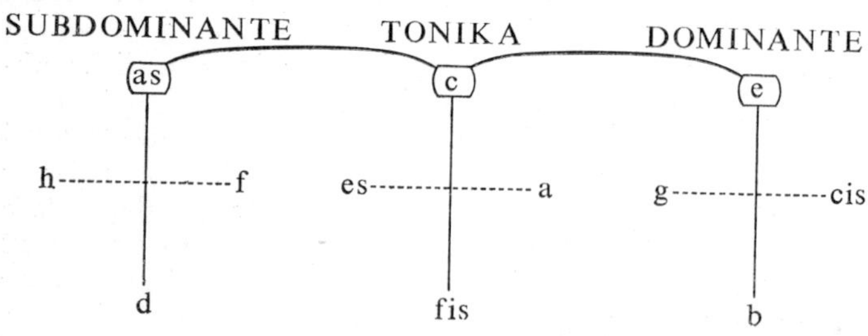

Abb. 10.

Noch kürzer zusammengefaßt: Im Zwölftonsystem ist bei den gegebenen drei Funktionen und der Distanzteilung dies das einzig herstellbare Tonsystem.

Die Anordnung der Tonarten im *I. Rondo* ist folgende: Tonika *C*, Dominante *E*, Subdominante *As*, Tonika *C*. Der I. Satz des *Concerto für Orchester* wird durch das fünfmalige Erscheinen des Hauptthemas wie folgt gegliedert: *F* Tonika (Exposition), *Des* Subdominante (I. Hälfte der Durchführung), *A* Dominante (II. Hälfte der Durchführung), *F* Tonika (Reprise, Coda). Der I. Satz der *Sonate für zwei Klaviere* zeigt eine ähnliche Anordnung: *C* Tonika (Exposition), *E* Dominante (die ganze I. Hälfte der Durchführung), *Gis* Subdominante (die ganze II. Hälfte der Durchführung), *C* Tonika (Reprise). Am Anfang des *Violinkonzerts* wechselt die *H*-dur-Tonika mit ihrer Dominante A^7 (Abb. 11), im Seitenthema der Reprise des II. Satzes der *Musik* die *C*-dur-Tonika mit ihrer Dominante *B*-moll; das Hauptthema der *Sonate für zwei Klaviere* wird über 14 Takte durch die Dominante *B* vorbereitet, was wiederum mit den oben angeführten Gesetzmäßigkeiten zu erklären ist.

Abb. 11.

Besonders überzeugend ist das Hauptthema des II. Satzes der *Musik*, weil es den Kuppelbau und die Struktur Tonika-Tonika-Dominante-Tonika des ungarischen Volksliedes neuen Typs aufweist (s. Abb. 12). Die Tonika wird durch die Gegenpole *c-fis*, die Dominante durch die Gegenpole *e-b* (und nicht durch *g*) vertreten. Der zweite Tonika-Eintritt bringt die genaue »tonale Antwort« der *c-fis*-Achse (!), die Quarten *g-c* und *cis-fis (des-fis)* werden zu Quinten *c-g* und *fis-cis (ges-des)* umgedeutet.
Eine ähnliche Verbindung Dominante-Tonika vollzieht sich in den Takten 171–178 des I. Satzes des *Divertimento*: den dominanten Gegenpolen *Es-A* entsprechen die Tonika-Gegenpole *H-F* usw.

Abb. 12.

Innerhalb des Achsensystems kann sich also eine Verbindung *Dominante-Tonika* — die Tonalität *c* vorausgesetzt — folgendermaßen gestalten: *G* → *C*, *E* → *C*, *B* → *C* und schließlich als vierte Möglichkeit: *Cis* → *C*, da ja im Achsensystem auch *Cis* Dominante von *C* ist. Die Lösung hält Bartók für Fälle bereit, wo eine unerwartete Wendung, eine Szenenveränderung eintritt. Die Erklärung dafür ist, daß nach *Cis* in der Kadenz *Fis* folgen müßte, dieses aber überraschenderweise mit dem *Gegenpol C* vertauscht wird: so löst sich der Vorgang, anstatt im erwarteten *Cis* → *Fis*, im Bartókschen »Trugschluß« mit der Wendung *Cis* → *C* auf. (Vgl. *Musik IV.* Satz, T. 73–74, 98–99, 113–114, 243–244.)

Abb. 13.

In der einfachsten Kadenz — in der Anziehung der V. Septime und der I. Stufe — spielen die »note sensible« die Hauptrolle: Der Leitton *h* strebt zum *c* und die *f* Septime zum *e* hin (vgl. Abbildung 13). Die zwei charakteristischen empfindlichen Töne *h* und *f* stehen im Tritonusverhältnis zueinander, und eine Eigenschaft des Tritonusintervalls ist, daß der Tritonus bestehen bleibt, auch wenn die Töne miteinander vertauscht werden. Ändert sich also das *h-f*-Verhältnis in *f-h*-Verhältnis (wie es bei Bartók oft vorkommt), dann lösen sich diese statt im erwarteten *C*-dur im Gegenpol *Fis*-dur (oder -moll) auf.

Vollziehen wir vom Tonikazentrum *C* ausgehend, nach unten und oben die gleichen Schwingungen, so entspricht dem Ausschlag nach der Dominante in der einen Richtung, der Ausschlag nach der Subdominante in der andern und umgekehrt; z.B. berühren wir mit einem Quintschritt nach oben die Dominante *G*, nach unten die Subdominante *F*, wodurch wir in Richtung der Obertonverhältnisse zur Dominante *(G, E, B)* gelangen, mit der Schwingung in der entgegengesetzten Richtung zur Subdominante *(F, As, D)*. Was geschieht indessen, wenn das Ausmaß der Pendelschwingung ein Tritonus ist? In diesem Fall begegnen sich die Ausschläge nach oben und unten *(Fis = Ges)*, und wenn eine derselben zufällig Dominantenbedeutung hätte, bekäme die andere zwangsläufig Subdominanten-Sinn; doch durch das Zusammentreffen und die Vereinigung der beiden neutralisiert die Dominante die Subdominante, eine hebt die Wirkung der anderen auf: Die Zunge der Waage bleibt im Gleichgewicht, und demgemäß wird die Funktion unverändert die *Tonika* sein. Der Gegenpol ist da!

Ähnlich liegt zwischen den Toniken *C* und *Fis* auf der einen Seite *A*, auf der anderen *Es (Dis)* auf dem Halbierungspunkt, spannungsmäßig also auf einer neutralen Linie. So fordern *A* bzw. *Es* gleichfalls als Tonika gedeutet zu werden (mehr als vier Tonika-Pole sind unvorstellbar, da die Intervalle *C-Es*, *Es-Fis*, *Fis-A* und *A-C* schon nicht weiter halbiert werden können).

Die Theorie des Achsensystems wird auch von seiten der *Akustik* bestätigt. Voraussetzung für den Schritt von der Dominante zur Tonika ist die *Bewegung von einem Oberton zum Grundton*. Demnach hat das *c* nicht nur *g* als Dominante, sondern auch *e* und *b*. Und da die Beziehung T-D mit der Beziehung S-T und D-S übereinstimmt, erhält der Tonika-Hauptton *c* das *e* und *b* zur Dominante, die Dominante *e* oder *b* das *as* (gis) und *d* zur Subdominante, die Subdominante *as* oder *d* das *c* und *fis* (ges) zur Tonika. Ziehen wir dabei noch die Rolle des nächsten Obertons, der Quinte, in Betracht, so kann aus diesen Beziehungen das ganze Achsensystem abgeleitet werden.

Auf die Vergangenheit und Entwicklung des harmonischen Denkens zurückblickend, können wir behaupten, daß die Geburt des Achsensystems eine *historische Notwendigkeit* war, und die logische Weiterentwicklung der europäischen Musik in gewissem Sinne die Vollendung dieser Entwicklung bedeutet. Das funktionale Gefühl begann mit der Erkenntnis der Beziehungen I–IV–V–I (in der modalen Musik vorläufig nur in kadenzialer Form), Tonika *c* vorausgesetzt, also:

Subdominante	Tonika	Dominante
f	*c*	*g*

Die klassische Harmonielehre spricht bereits von Haupt- und Nebendreiklängen, insofern das *c* durch das parallele *a*, das *f* durch das parallele *d*, das *g* durch das parallele *e* vertreten werden können:

Subdominante	Tonika	Dominante
f	*c*	*g*
d	*a*	*e*

Die romantische Harmonielehre geht noch weiter, indem sie auch die oberen Parallelen in extremer Weise anwendet:[1]

Subdominante		Tonika		Dominante	
f		*c*		*g*	
d	*as*	*a*	*es*	*e*	*b*

Von hier ist nur noch ein Schritt zu tun, und das System wird zu einem geschlossenen Ganzen: die *Achse* erstreckt die Anwendung der Parallelen auf das ganze System; das Achsensystem ist die Erkenntnis dessen, daß *es* und *a* nicht nur *c* als gemeinsame Parallele besitzen (s. obiges Schema), sondern auch *fis (ges)*, daß *as* und *d* nicht nur *f* als gemeinsame Parallele haben, sondern auch *h*, die gemeinsame Parallele von *e* und *b* nicht nur *g*, sondern auch *cis (des)* ist:

Subdominante		Tonika		Dominante	
f		*c*		*g*	
d	*as*	*a*	*es*	*e*	*b*
h		*fis*		*cis*	

1 Als Parallelen können nur Stufen angesehen werden, auf die dur- und moll-Tonarten mit gleichem Vorzeichen aufgebaut werden können (z. B. C-dur und a-moll, c-moll und Es-dur).

Das funktionale Prinzip behält bei all dem unverändert seine Geltung, nur wuchsen — dank des Zwölfstufensystems — die Zahl der sich gegenüberstehenden Schichten und ihre Vielfältigkeit. Das harmonische System Bartóks ist also kein Neubeginnen, sondern *Zusammenfassung* und *Erfüllung*. Hier muß auch die Grenze gezogen werden zwischen dem Bartókschen Zwölfstufensystem und der Schönbergschen Zwölftonmusik. Schönberg löst die Tonalität auf und vernichtet sie, Bartók aber faßt die Prinzipien des harmonischen Denkens in eine Synthese.

Bevor an eine neuerliche Ableitung des Achsensystems herangegangen wird, sollen noch einige Fragen der Bartókschen Form- und Proportionsbildung behandelt werden.

Der goldene Schnitt

Die Fragen der Bartókschen Form- und Proportionsbildung stehen in enger Verbindung mit den Gesetzmäßigkeiten des *Goldenen Schnitts*. In der Musik Bartóks ist dies ein zumindest ebenso wichtiges Formelement, wie es der in 8–8 bzw. 4–4 Takten periodisierte Satzbau im Wiener Klassizismus war. Der Goldene Schnitt *(sectio aurea)* ist nichts anderes als die Teilung einer Distanz solcherweise, daß die Proportion zwischen der ganzen Distanz und dem größeren Schnitt geometrisch der Proportion zwischen dem größeren und dem kleineren Schnitt entspricht. (Oder: der größere Schnitt ist die geometrische mittlere Proportionale der ganzen Distanz und des kleineren Schnitts.) Die Rechnungen ergeben folgendes: Nehmen wir die ganze Distanz als Einheit an, so ist der Wert des größeren Schnitts gleich 0,618 . . ., der Wert des kleineren Schnitts gleich 0,382 . . . Demnach kann der größere Schnitt jeder mittels Goldenen Schnitts geteilten Distanz durch das Produkt der die Distanz bezeichnenden Zahl und des Proportionsfaktors 0,618 ausgedrückt werden. Ähnlich wird der kleinere Schnitt durch das Produkt der die Distanz bezeichnenden Zahl und des Proportionsfaktors 0,382 ausgedrückt.

Als Beispiel diene der I. Satz der *Sonate für zwei Klaviere und Schlaginstrumente*. Der Satz umfaßt 443 Takte. Nach der obigen Formel ist sein Goldener Schnitt 443 mal 0,618 = 274. Der 274. Takt fällt mit dem Schwerpunkt des Satzes, mit dem Eintritt der Reprise zusammen. Der I. Satz des *Divertimento* besteht aus 563 Triolen-Einheiten (der wechselnden Taktordnung wegen ist die Taktzahl nicht maßgebend). Der Goldene Schnitt von 563 (563 mal 0,618 = 348) deckt sich geometrisch wieder mit dem Eintritt der Reprise. Der I. Satz des *Contrasts-Trios* besteht aus 93 Takten, der Goldene Schnitt (93 mal 0,618) in der Mitte des 57. Taktes deutet die Reprise an. Im VI. Band des *Mikrokosmos* fällt der Goldene Schnitt der *Freien Variationen* mit dem *Molto più calmo* zusammen (denn: 82 mal 0,618 = 51), der Goldene Schnitt des *Märchens von der kleinen Fliege* deutet den Höhepunkt des Stückes, das zweifache *Sforzato* an (bei der Berechnung muß das 3/4 als anderthalb Takte gezählt werden), im Goldenen Schnitt der *Gebrochenen Klänge* steht die Reprise (denn: 80 mal 0,618 = 49) usw. Uns allen, die wir das *Allegro barbaro* gespielt haben, verursachte seinerzeit das Rattern in *fis-moll*, das sich bald auf 8, bald auf 5 oder 3, ja auf 13 Takte erstreckt, gewisse Schwierigkeiten. Nun, die Proportion 3 : 5 : 8 : 13 enthält die *einfachste*, durch ganze Zahlen ausdrückbare Reihe des Goldenen Schnitts *(Fibonaccische Zahlen)*. Bezeichnend für diese Reihe ist, daß jede Zahl der Summe der vorangehenden zwei Zahlen gleich ist — die Reihe kann also fortgesetzt werden:

$$2 : 3 : 5 : 8 : 13 : 21 : 34 : 55 : 89 \ldots$$

und daß das Quadrat einer jeden Zahl dem Produkt der vorangehenden und der folgenden — plus oder minus 1 — gleich ist.[2]

Vergleichen wir diese Zahlenreihe mit den Proportionen des Fugensatzes der *Musik*. Der Satz erreicht durch allmähliche Steigerung aus dem Pianissimo den Siedepunkt *(forte-fortissimo)* und fällt dann stufenweise in das *piano-pianissimo* zurück. Die 89 Takte des Satzes werden durch die Kulmination in 55 + 34taktige Glieder geteilt (vgl. obige Zahlenreihe; die 88 Takte der Partitur müssen wir nach dem Muster der Bülow-

[2] Der Zusammenhang zwischen Goldenem Schnitt und Fibonacci-Reihe läßt sich durch folgende Formel veranschaulichen:

$$\frac{5}{8}\left\{\frac{3}{5}\left\{\frac{2}{3}\left\{\cfrac{1}{1+\cfrac{}{1+\cfrac{}{1+\cfrac{}{1+1}}}}\right.\right.\right. \ldots \text{ad inf.} = 0{,}618\ldots$$

schen Beethoven-Analysen um einen pausierten Takt ergänzen). Der Satz wird innerhalb dieser Einheiten, hinsichtlich des Kolorits und des dynamischen Aufbaus, durch Aufheben des Sordinos (im 34. Takt) bzw. durch neuerliche Vorschreibung desselben (im 69. Takt) gegliedert, und zwar der sich bis zur Kulmination erstreckende Teil im Verhältnis 34+21, der sich von der Kulmination entfernende Teil dagegen im Verhältnis 13+21. (Es ist auch kein Zufall, daß die Exposition im 21. Takt zu Ende ist und daß sich die 21 Schlußtakte des Satzes im Verhältnis 13+8 teilen.) Beachtenswert ist hier nicht nur, daß sich die Verhältnisse nach der obigen Zahlenreihe richten, sondern daß im ansteigenden Glied der *längere* Schnitt voraussteht (34+21), während im absteigenden Glied der *kürzere* Schnitt dem längeren vorangeht (13+21), so daß die Knotenpunkte gegen die Kulmination gerichtet sind:

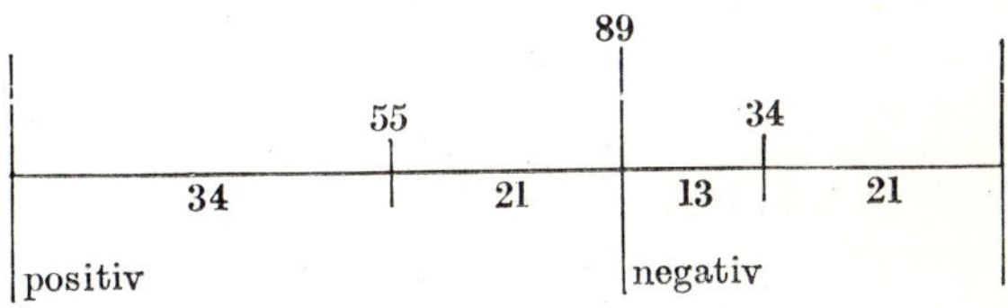

Abb. 14.

Benennen wir die eine Möglichkeit des Schnitts *positiv* (langer+kurzer Schnitt), die andere *negativ* (kurzer+langer Schnitt). Aus unseren Analysen ergibt sich eindeutig, daß der *positive* Schnitt mit einer Steigerung, mit einer Erhöhung der Dynamik oder einer Verdichtung des Stoffes, der *negative* Schnitt mit einer Senkung, einem Versiegen, einem Herabneigen Hand in Hand geht. Die Schnitte folgen genau dem formalen und tonalen Plan des Werkes. In unserem obigen Beispiel berühren sich positiver und negativer Schnitt wie die auf- und absteigende Linie einer einzigen Welle.

Auch die Proportionen des III. Satzes der *Musik* folgen der obigen Zahlenreihe (wenn wir einheitlich mit 4/4-Takten rechnen und den mitunter auftretenden 3/2-Takt als anderthalb Takte betrachten). Abb. 15 veranschaulicht den formalen und den übereinstimmenden geometrischen Aufbau.

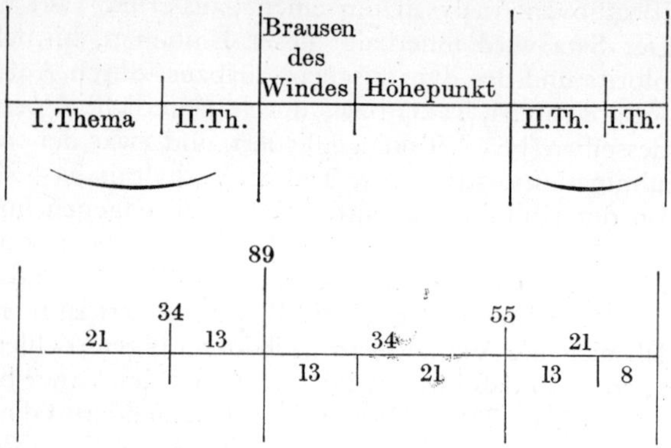

Abb. 15.

Im übrigen führt uns die obige Zahlenreihe später auf das Geheimnis des Intervallgebrauchs bei Bartók.

Zu den schönsten Beispielen der Formbildung mittels Goldenen Schnitts gehören die 16 Einleitungstakte der *Sonate für zwei Klaviere* (Abb. 16; genauer: die Takte 2–17, da das organische Leben des Werkes erst hier beginnt).

Das erste Glied untersteht dem Wirkungskreis der Tonika-Gegenpole *fis-c* (T. 2–5), das zweite Glied dem Wirkungskreis der Dominanten-Gegenpole *des-g* (T. 8–9), das dritte Glied gehört zum Wirkungskreis der Subdominanten-Gegenpole *as-d* (vom 12. Takt an). Das dritte Glied ist thematisch die Umkehrung der beiden ersten:

Thema { in der Grundlage (Tonika)
(Dominante)
in der Umkehrung (Subdominante)

Der wechselnden Taktordnung wegen müssen wir in Triolen-Einheiten (3/8) rechnen. Das volle Glied erstreckt sich auf 46 Triolen. Sein Goldener Schnitt ist also (46 mal 0,618) = 28, und das deckt sich genau mit dem Umfang des bis zur Umkehrung des Themas verlaufenden Teiles (»Hauptschnitt« von Abb. 16/b). Es kann beobachtet werden, daß der Goldene Schnitt immer die *wesentlichsten* formalen Wendepunkte berührt. Isolieren wir jetzt von der ganzen Form die Glieder der Grundlage (28 Einheiten). 28 mal 0,618 = 17,3, das Tonika-Glied ist eben hier zu Ende (beim Drittel der 18. Einheit). — Sowohl im Aufbau des Tonika- als auch des Dominanten-Gliedes entsteht durch den Beckenschlag ein scharfer Dualismus. Die Stelle der Beckenschläge wird in beiden Fällen durch den Goldenen Schnitt geometrisch bestimmt. Während aber die Tonika-Einheit durch *positiven* Schnitt gegliedert wird (17,3 mal 0,618=11), wird die Dominante durch *negativen* Schnitt ge-

Abb. 16/a

gliedert (denn das Dominanten-Glied besteht aus 10 Triolen, und der negative Schnitt von 10 ist 4; s. die *Becken*-Zeichen auf Abb. 16/b). So ergänzen sich positiver und negativer Schnitt spiegelig, der Berührungspunkt beider (Dominanten-Eintritt) trägt aber *positives* Vorzeichen. Man könnte auch sagen, daß durch die Verdichtung und Verdünnung der Knotenpunkte eine longitudinale Wellung entsteht und daß die Wellenspitzen sich im positiven Schnitt berühren. Wir finden das *negative* Ergänzungspaar dieses positiven Schnitts im Tamtam-Einsatz des »Umkehrungsgliedes«, infolgedessen umschlingen sich positiver bzw. negativer Schnitt des Grund- und Umkehrungsgliedes wiederum symmetrisch.

Nicht nur der ganze Formbogen, auch die kleinsten Formzellen entsprechen den strengsten geometrischen Anforderungen. Im *Dominanten-Glied* zählt z.B. der sich bis zum Beckenschlag erstreckende Teil 11 Achteltöne, sein *positiver* Schnitt wird daher durch den infolge der Dehnung an Schwere gewinnenden *es*-Ton angezeigt (Proportion 7 : 4), im symmetrisch *negativen* Schnitt des vom Beckenschlag fortschreitenden Teiles

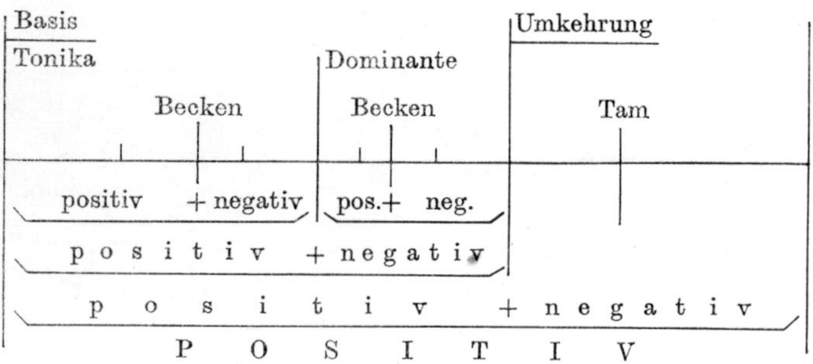

Abb. 16/b

steht der Schlag der kleinen Trommel. In ähnlicher Weise ist der *positive* Schnitt des bis zum Beckenschlag verlaufenden Teiles des *Tonika-Gliedes* der dritte Timpani-Einsatz[3] in *cis* (der Form entsprechend, da hier die thematische Verdichtung beginnt), der symmetrische *negative* Schnitt des vom Beckenschlag fortschreitenden Teiles nochmals der Schlag der kleinen Trommel usw.

[3] 33 × 0,618 = 20.

Zusammenfassend: Positiver und negativer Schnitt vereinigen sich symmetrisch, sowohl in den niederen als auch in den höheren Formteilen (s. Abb. 16/b). Aus diesen Verbindungen entsteht eine einzige große »potentiale« Form, in der sich die kleineren Teile schließlich im *positiven* Schnitt summieren; deshalb ist der Vorgang von einer kraftvollen dynamischen Steigerung begleitet.

Neben zahlreichen anderen Werken von Bartók zeugen alle Teile der *Sonate für zwei Klaviere* von ähnlicher Durchorganisiertheit. Geradezu unheimlich sind die Dimensionen des *ganzen* Werkes: der metrische Zeitwert der drei Sätze sind 6432 Achteltöne. Der Goldene Schnitt — 3976 Achtel — steht im Einklang mit der Struktur des Werkes (langsam-schnell + langsam-schnell) und fällt, bis auf die Achtel genau, auf die Grenzlinie zwischen I. und II. Satz.[4]

Akkordik und Intervallengebrauch

a) Chromatik

Die Untersuchung der Proportionen führt uns unmittelbar zu den Fragen der Anwendung der Intervalle. Vor allem müssen wir eine scharfe Grenze zwischen Bartókscher Chromatik und Diatonik ziehen. Die Chromatik Bartóks folgt den Gesetzen des Goldenen Schnitts (GSch), genauer, der vorher besprochenen Fibonaccischen Zahlenreihe: 2, 3, 5, 8, 13, 21 usw. In Halbtonschritten gerechnet, bedeutet die Zahl 2 eine große Sekunde, die 3 eine kleine Terz, die 5 eine Quarte, die 8 eine kleine Sexte, die 13 eine übermäßige Oktave usw. Wir stellen uns dies vorläufig so vor, als ob sich das musikalische Gewebe ausschließlich aus 2er-, 3er-, 5er-, 8er- oder 13er-Zellen zusammenstellte und auch die Zellenspaltung gemäß den Proportionen der obigen Zahlenreihe vor sich ginge. Die 8 z. B. kann nur im Verhältnis 5+3 auseinanderfallen, eine Spaltungsmöglichkeit nach 4+4 oder 7+1 ist im System ausgeschlossen.

Im III. Satz des *Divertimento* ist diese GSch-Zellenbildung gut merkbar. Im Laufe des Satzes erscheint das Hauptthema in sechs Variationen:

[4] Die letzte Taktzahlbezeichnung in der Partitur ist irrig!

Abb. 17.

Auf Abb. 17 sind diese den Größenordnungen nach gruppiert, neben jeder Variation sind der Ambitus und die charakteristische Spaltung vermerkt.

Abb. 18 führt der Reihe nach die Themen der *Sonate für zwei Klaviere* vor:

Abb. 18.

Der Ambitus der einzelnen Melodien steigt der GSch-Ordnung gemäß an:

Leitmotiv	3+5= 8
Hauptthema	5+8=13
Seitenthema	13, 21

Die Exposition desselben Satzes zeigt hinsichtlich *harmonischer* Struktur eine ähnliche Planmäßigkeit:

Abb. 19.

Der Klangcharakter des Hauptthemas ist durch eine pentatonische Harmonie gegeben (Skizze a, 35. Takt; erscheint auch in der Melodie: 37., 39. T.) und entspricht folgender Formel: 2+3+2, d. i. große Sekunde+kleine Terz+große Sekunde. Im Mittelteil des Hauptthemas ist durchgehend folgender Formelaufbau zu beobachten: 3+5+3, d.i. kleine Terz+Quarte+kleine Terz (Skizze b, die Quarte *es-as* wird durch das *fis* weiter im Verhältnis 3+2 geteilt). An das Seitenthema knüpft sich eine Mixtur von Quarte und kleiner Sexte: 5+8 (Skizze c), schließlich geht durch das ganze Schlußthema eine Mixtur der kleinen Sexte: 8 (Skizze d). Wenn wir nun die obigen Formeln zu einer gemeinsamen zusammenfassen, finden wir eine GSch-Beziehung:

Hauptthema	2–3–2
Mittelteil des Hauptthemas	3–5–3
Seitenthema	5–8
Schlußthema	8

Die thematische Entwicklung der *Tanzsuite* enthüllt uns gleichsam die Genesis des Systems. Der erste Satz entsteht aus lauter großen Sekunden (2), der zweite aus kleinen Terzen (3). Im dritten Satz summieren sich die beiden Elemente: Es entsteht die *Pentatonik* (2+3+2+3+2), und die Harmoniewelt dieses Satzes basiert auf Quartakkorden (5+5). Das

Thema des vierten Satzes ist schließlich nichts anderes als die melodische Ausfüllung der Formel 8=5+3, (5=3+2).

Abb. 20.

Jede neue Harmonie steigt also um eine GSch-Stufe höher.

Interessant ist, daß in der Musik Bartóks trotz des häufigen Vorkommens der »*Mixturen*« solche von großen Terzen und großen Sexten kaum auftreten, weil sie in das auf obiger Zahlenreihe beruhende System nicht eingefügt werden können. Es ließe sich ebenso von einem Verbot dieser Mixturen sprechen wie in der klassischen Harmonielehre vom Verbot der Quinten- und Oktaven-Parallelen. Dagegen finden wir immer wieder Mixturen der kleinen Terz (3), der Quarte (5) und der kleinen Sexte (8), ja sogar der großen Sekunde (2). Die große Terz verfügt über keine erwähnenswerte melodienbildende Funktion. Natürlich, fast selbstverständlich ist dagegen die motivische Bedeutung der kleinen Terz (vgl. *Tanzsuite* II. Satz, *II. Streichquartett* II. Satz, *II. Klavierkonzert* III. Satz, *Der wunderbare Mandarin* usw.).

Daher kommt es, daß, wenn Bartók innerhalb eines chromatischen Satzes einen *Dreiklang* verwendet (z. B. im I. Satz der *Musik* oder der *Sonate für zwei Klaviere)*, dieser über dem

Grundton eine *Mollterz*, unter dem Grundton eine *Durterz* hat, so daß der Akkord auf die Proportion 8–5–3 gestimmt ist:

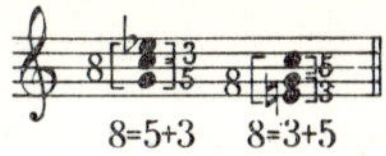

Abb. 21.

Aus der Synthese dieser zwei entstand der charakteristische Bartók-Akkord: wohlbekannt ist uns diese auf kleiner Terz-Quarte-kleiner Terz (3+5+3) aufgebaute »dur-moll«-Gestalt:

Abb. 22.

Dieser dur-moll-Klang wird häufig mit einer Septime ausgefüllt (z. B. der Akkord *e-g-c-es* mit dem *b*). Er kommt in einigen verwandt klingenden Gestalten vor, die wir, in Ermangelung einer entsprechenden Nomenklatur, mit einem zusammenfassenden Namen als Typ α bezeichnen werden. Die einzelnen Ausschnitte des α-Akkords nennen wir β, γ, bzw. δ (s. Abb. 23). Die vorige Gestalt ist also mit γ identisch.

Abb. 23.

Der α-Typ kann leicht auf die Verhältnisse des *Achsensystems* zurückgeführt werden. Im *einfachsten* Fall ist zur Stützung der Tonalität die Quinte — als der nächste natürliche Oberton — am geeignetsten, z. B. zur Stützung der *c* Tonalität das *g* (oder die große Terz *e*). In Anpassung an das System des GSch schreiben wir dies so wie zu Beginn von Abb. 24 nieder. Der Theorie des Achsensystems gemäß kann das *g* durch jeden anderen Ton der entsprechenden Achse *(g-e-b-cis)* vertreten werden, ohne daß dadurch die Tonalität *c* verändert würde; das *g* kann also durch *e*, *b*, ja sogar durch *cis* ersetzt werden:

Abb. 24.

Zusammen ergeben die vier Möglichkeiten *β*. (Es muß bemerkt werden, daß uns die drei ersten Möglichkeiten nichts Neues bedeuten, denn sie stimmen mit der Dur-Septime überein.) — In Verbindung mit dem Ton *c* können auch ähnliche achsenartige Vertretungen durchgeführt werden, ohne dadurch die Funktion zu verändern. An die Stelle des *c* kann hier das die gleiche Achse vertretende *es*, *fis* oder *a* gesetzt werden.

Abb. 25.

(Die Gestalt *δ* ist die Summe der ersten drei Möglichkeiten von Abb. 25.)

Der Akkord α ist also nichts anderes als die achsenartige Anwendung der einfachen *c-g*-Beziehung. Vorbedingung ist bloß, daß sich der Klang immer aus *zwei Schichten* (Achsen) zusammensetzt: aus der Tonika-Schicht und aus der sie deutenden Dominanten-Schicht. An Stelle des *c* tritt hier die Tonika-Achse, an Stelle des *g* die Dominanten-Achse:

Abb. 26.

Nach dem Muster der Schichtung des α-Akkords können noch umfangreichere α geschaffen werden.

Abb. 27.

Die Anwendung der α-Akkorde ist in der Musik Bartóks ebenso allgemein, wie es z. B. die Anwendung des Septimakkords im klassischen Stil gewesen ist. Sie sind aus lauter Fibonacci-Zellen aufgebaut:

Abb. 28.

Auf Abb. 29 haben wir das Tenorsolo der *Cantata profana* analysiert (die 5 Anfangstakte beruhen auf dem später zu besprechenden Modell 1:3 *h-d-dis-fis-g-b*).

Abb. 29.

Daß der GSch eines der innersten Gesetze der Musik und nicht eine äußerliche Bindung darstellt, wird durch das vielleicht urälteste Tonsystem der Menschheit, durch die *Pentatonik*, die wir als eine reine musikalische Fassung des GSch-Gesetzes betrachten müssen, bewiesen. Die Pentatonik, besonders die ältere moll-Pentatonik (*la* und *re*), ruht nämlich auf einem Gerüst, das vor allem durch die Melodienschritte große Sekunde (2), kleine Terz (3) und Quarte (5) bestimmt werden kann:

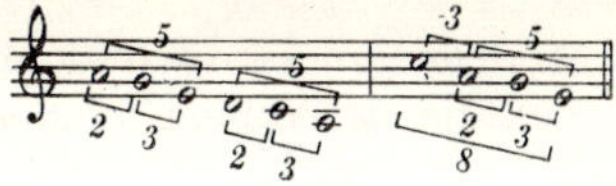

Abb. 30.

In dieser Weise also verwandelt sich die Pentatonik bei Bartók in einen α-Akkord:

Abb. 31.

Eine andere, häufig vorkommende Gruppe der Akkorde des GSch-Typs werden wir auf Grund ihres Aufbaus als *Modelle 1 : 5*, *1 : 3* und *1 : 2* erwähnen. Die GSch-Beziehung zwischen den drei Formeln wird durch die Proportion 5–3–2 geschaffen. Für alle drei Modelle ist es charakteristisch, daß sie durch periodische Wiederholungen der Proportionen 1 : 5 bzw. 1 : 3 bzw. 1 : 2 entstehen, also

das Modell 1 : 5 abwechselnd aus kleinen Sekunden und Quarten, z. B. *c-cis-fis-g-c* . . .

das Modell 1 : 3 abwechselnd aus kleinen Sekunden und kleinen Terzen, z. B. *c-cis-e-f-gis-a-c* . . .

das Modell 1:2 abwechselnd aus kleinen und großen Sekunden, z. B. *c-cis-es-e-fis-g-a-b-c* . . .

Auf diese Weise wiederholt sich die Tonreihe in jeder Oktave, d. h. bildet ein *geschlossenes* System:

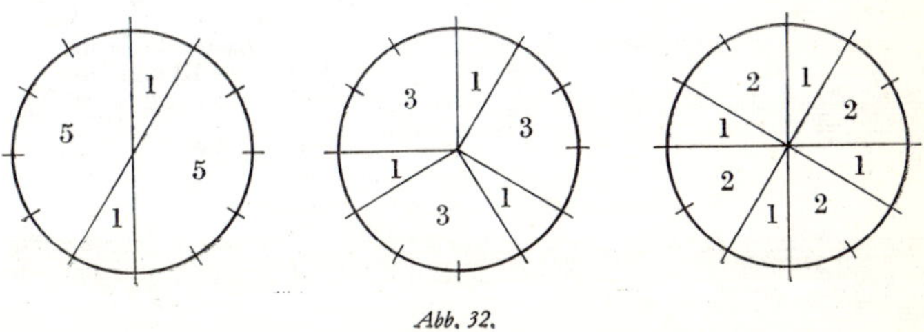

Abb. 32.

Unter den drei Modellen messen wir dem Modell 1:2 die größte Bedeutung bei. Es ist nämlich nichts anderes als die

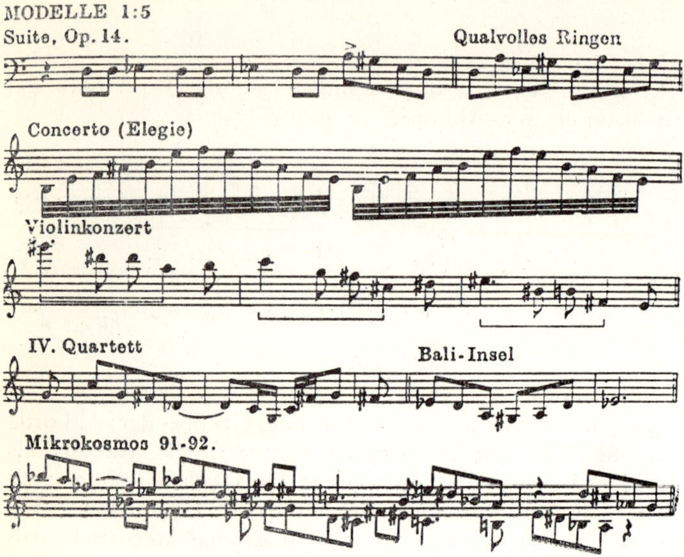

Abb. 32/a

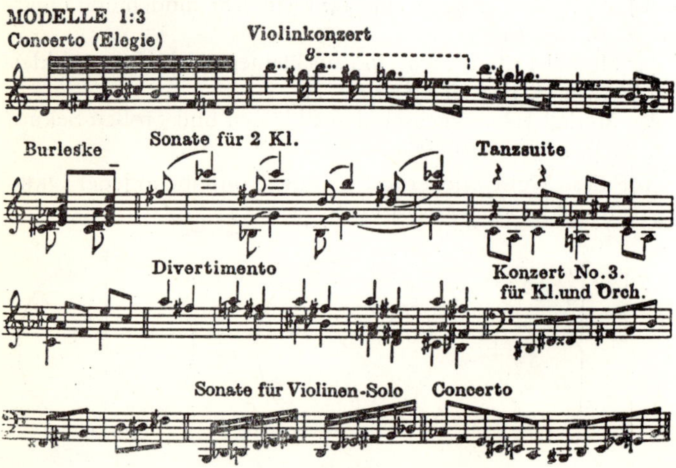

Abb. 32/b

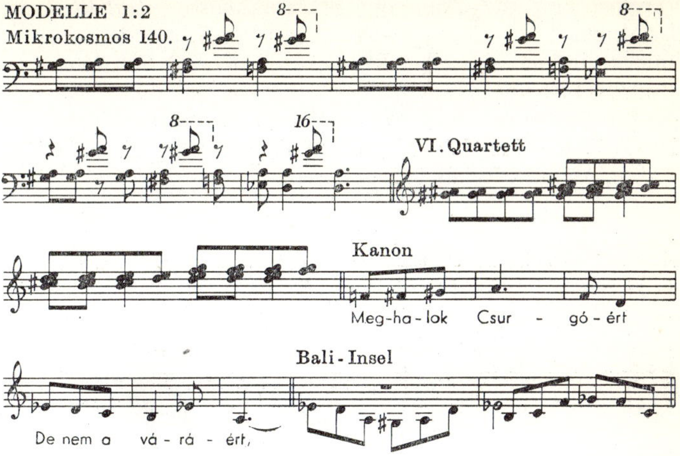

Abb. 32/c

Skalengruppierung der auf Abb. 33 dargestellten *Achse c-cis-es-e-fis-g-a-b*, und kann als solche als die »Tonika-Skala«

Abb. 33.

der Bartókschen Chromatik angesehen werden. Mit ihrer Hilfe kann oft die Tonalität auch der kompliziertesten chromatischen Melodien gelöst werden. Hieraus ist sofort ersichtlich, daß zwischen dem Achsensystem, den α-Akkorden und den Modellen 1 : 2 und 1 : 5 ein organischer Zusammenhang besteht. Trennen wir die obere *(c-a-fis-es)* und die untere Schicht *(b-g-e-cis)* der eben besprochenen Achse (s. Abb. 33) ab und bauen wir sie übereinander auf, so erhalten wir den α-Akkord (vgl. Abb. 26). Heben wir die Beziehungen Pol-Gegenpol der obigen Achse *(c-fis* bzw. *a-es)* hervor, so erhalten wir das Modell 1 : 5.

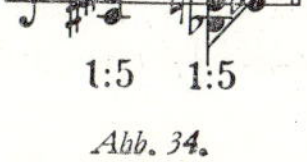

Abb. 34.

Vereinen wir die Töne der obigen Achse, so erhalten wir das Modell 1 : 2 *c-cis-es-e-fis-g-a-b*. Diese Formeln bedeuten tonal immer ein und dasselbe. Den grundlegenden Charakter des Modells 1 : 2 unterstreicht noch der Umstand, daß es sowohl alle Möglichkeiten der dur-, moll- und der Septimen-Akkorde der Tonika *(C-Es-Fis-A)* enthält als auch die, die zum Typ α, β, γ, δ, und Modell 1 : 5 gehören:

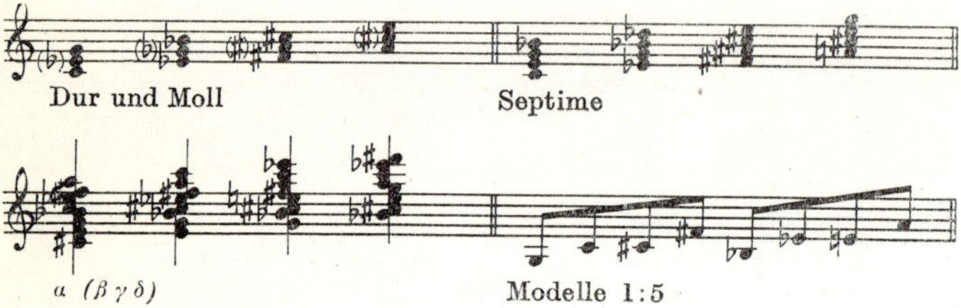

Abb. 35.

Ein frappantes Beispiel hierfür bietet uns das Reprisen-Hauptthema (III. Satz) des *Violinkonzerts*. Seine Tonreihe ist das Modell 1 : 2 *(e-f-g-gis-ais-h-cis-d)*, Takt 2–3 stützt sich auf die *cis-e-* und *g-* (Melodie und Begleitungsharmonie) Achse, der 7. Takt auf den *e-γ*-Akkord *(gis-h-e-g)*, die Melodie in den Takten 6–14 auf das Modell 1 : 5 *h-e-f-ais:*

Abb. 36.

Ebenso ist das Seitenthema des II. Satzes der *Musik* eine »Achsenmelodie« *(C-Es-Fis-A)*, seine Tonreihe ist das Modell 1 : 2 *(c-des-es-e-fis-g-a-b)*, das auch in der begleitenden Klavierstimme erklingt:

Abb. 37.

Im Zwölfstufensystem können drei verschiedene 1:2–Modelle aufgebaut werden: eines mit *Tonika*-Funktion *(c-cis-es-e-fis-g-a-b)*, eines mit *Dominanten*-Funktion *(cis-d-e-f-g-gis-b-h)* und eines mit *Subdominanten*-Funktion *(d-es-f-fis-as-a-h-c)*. Jede weitere Gestalt stimmt mit irgendeiner der obigen überein.

Wir müssen noch einen dritten Typ der chromatischen Akkorde, die *gleichstufigen Klänge* erwähnen. Innerhalb des GSch-Systems sind folgende Gestalten gebräuchlich: die Ganzton-Skala, der verminderte Vierklang, der Quartakkord und der übermäßige Dreiklang. Letzterer gehört aber nur in seiner auf kleinen Sexten aufgebauten Form (8+8+8) hierher:

Ganzton-Skala:	2+2+2+2+2+2
Verminderter Vierklang:	3+3+3+3
Quartakkord:	5+5+5+5...
Übermäßiger Dreiklang:	8+8+8

Unserem Tonsystem können zwei *Ganzton-Skalen* entnommen werden. Die eine ist die »geometrische Dominante«, das ergänzende Modell der anderen und umgekehrt *(c-d-e-fis-as-b* und *cis-es-f-g-a-h)*:

Musik

Mikrokosmos 145.

Abb. 38.

Die Anwendung des *verminderten Vierklangs* entspricht vollends der Theorie des Achsensystems. Auffallend häufig ist die Harmonisierung und Themenbildung mit dem *Quartakkord* (als Beispiel könnte die *Tanzsuite* angeführt werden: Schluß des III. Satzes, V. Satz, Anfang des VI. Satzes). Im allgemeinen lassen die Quartakkorde zweierlei Kombinationen zu: nach dem 2 : 3-Prinzip der Pentatonik und nach dem Prinzip des Modells 1 : 5. Von zwei Quartakkorden, die nach dem 2 : 3-Prinzip der Pentatonik nebeneinandergestellt sind, ist immer derjenige der Tonika zugehörend, der um eine große Sekunde höher bzw. um eine kleine Terz tiefer als der andere Quartakkord liegt, was auf die Schlußformel *do-so–la* der Volksmusik zurückzuführen ist:

Abb. 39.

Für die Assoziierung gemäß 1 : 5 bietet das Schlußthema des II. Satzes der *Musik* ein gutes Beispiel:

Abb. 40.

In ihrer Tonreihe vereinigen sich zwei Quartakkorde: *eses-g-c-f* und *as-des-ges-ces-fes*, deren Kern aber von 1 : 5-Modellen gebildet wird: *as-des-eses-g*, *des-ges-g-c* und *ges-ces-c-f*.

Die Anwendung der gleichstufigen Klänge und überhaupt der Akkorde des GSch-Typs fließt häufig ineinander. Abb. 41 führt das eine Ostinato der *Sonate für zwei Klaviere* vor:

Abb. 41.

Die 12 Töne des Ostinatos erschöpfen die ganze Chromatik. Die Oberstimme baut sich auf der Ganzton-Skala *a-h-des-es-f-g* auf, die Unterstimme auf der diese ergänzenden Ganzton-Skala *fis-gis-b-c-d-e* (2+2+2+2+2+2). Motivisch wird jede aus kleinen Sexten (8) gebildet, die Oberstimme aus den übermäßigen Dreiklängen *a-f-des* und *h-g-es*, die Unterstimme aus den übermäßigen Dreiklängen *fis-d-b* und *gis-e-c* (8+8+8). Die beiden Stimmen verlaufen parallel in kleinen Terzen (3). Der Klang des Ostinato wird durch das Modell 1 : 3 bzw. durch die Zerlegung der Harmonie $\gamma+\gamma$ charakterisiert:

γ	γ
fis-a-d-f-b-des	gis-h-e-g-c-es
γ	γ
Modell 1 : 3	Modell 1 : 3

Alle Aufbauelemente sind also GSch-Formeln! Zwischen dem Anfangs- und dem Schlußton des Ostinatos *(a-es* bzw. *fis-c)* besteht ein Verhältnis von Pol-Gegenpol, d. h. ein Achsenverhältnis.

Ganz allgemein zusammenfassend kann gesagt werden, daß die Gesetzmäßigkeiten der Bartókschen Chromatik den tonartlichen Gesetzen des GSch gehorchen.

b) Diatonik

Dagegen ist die Bartóksche Diatonik nichts anderes als die *genaue systematische Umkehrung* der Gesetze der Chromatik, der GSch-Regeln.

Die bezeichnendste Erscheinungsform der Diatonik bei Bartók ist die *akustische* Tonreihe *(c-d-e-fis-g-a-b-c)* bzw. der *akustische* Akkord (C-dur-Septime mit *fis*), akustisch genannt, weil ihre Töne der *natürlichen Obertonreihe* entstammen:

Abb. 42.

Abb. 43 veranschaulicht die systematische Verbindung der Chromatik und der Diatonik und ihren dialektischen Zusammenhang: Vergleichen wir die Hauptthemen des chromatischen

I. Satzes und des diatonischen III. Satzes der *Sonate für zwei Klaviere* miteinander:

Abb. 43.

Das Hauptthema des I. Satzes ist aus GSch-Zellen gebildet, die chromatische Melodie wendet sich auf den Intervallen: kleine Terz-Quarte-kleine Sexte (3–5–8, *c-es-f-as*). Das Hauptthema des III. Satzes ist eine *akustische* Tonreihe. Stellen wir die beiden Tonreihen eng nebeneinander:

			3		5		8	
GSch-Reihe	C		es		f		as	
Akustische Tonreihe	C	d		e	fis	g	a	b
		2		4	6	7	9	10

so stellt es sich heraus, daß im akustischen System anstatt der kleinen Terz (3) eine große Terz, anstatt der Quarte (5) eine übermäßige Quarte, anstatt der kleinen Sexte (8) eine große Sexte fungieren. Die beiden Systeme ergänzen einander derart, daß die chromatische Skala in eine GSch-Reihe und eine akustische Tonreihe geteilt werden kann (das *cis* und das *h* verlangen als chromatische Intervalle eine chromatische Deutung). Die Harmonie, die unter der erwähnten akustischen Melodie erklingt (Abb. 43, *c-e-g*), ist in ihrer Wirkung vielleicht die größte Überraschung des Werkes. Sie baut sich auf den nächstliegenden natürlichen Obertonbeziehungen, auf der *Quinte* und der *großen Terz* auf und ist deshalb von so explosiver Wirkung, weil sie von der Bindung des GSch-Systems vollkommen befreit ist. Im chromatischen I. Satz erklingt der dur-Dreiklang immer in GSch-Gestalt (s. Abb. 44, »a«). Die charakteristische Quarte (5) bzw. kleine Sexte (8) dieses GSch-Akkords wird mittels *Intervallumkehrung* zur Quinte bzw. großen Terz des akustischen Akkords konvertiert (s. Abb. 44, »b«).

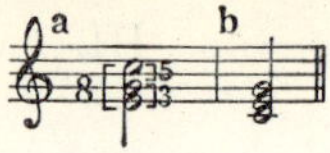

Abb. 44.

Schreiben wir nun diese beiden Formeln als Septimenakkord nieder:

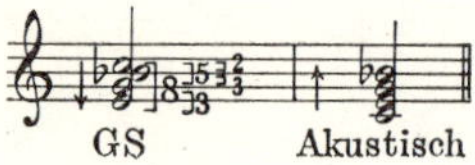

Abb. 45.

Was im GSch-System auf den Grundton *c* bezogen, *von oben nach unten* gilt, gilt im akustischen System *von unten nach oben*: deshalb »Ober«-ton-Akkord. (Vielleicht steht die Tatsache, daß für unsere alten pentatonischen Melodien die abwärtsschreitende Linie charakteristisch ist, damit im Zusammenhang, daß die Pentatonik eine GSch-Reihe ist.)

Noch ein schönes Beispiel sollte hier nicht fehlen; Anfang und Schluß der *Cantata profana:*

Abb. 46.

Die beiden Tonreihen sind von Ton zu Ton die Spiegelbilder (Umkehrungen) voneinander. Die eine ist eine GSch-Tonreihe (mit Intervallen 2, 3, 5, 8 und verminderter Quinte), die andere eine reine akustische Tonreihe.

Wir haben früher die zwei Systeme unabhängig voneinander geprüft: das GSch- und das akustische System, und es hat sich schließlich herausgestellt, daß beide ein zusammenhängendes Ganzes bilden und die zwei Seiten, das Doppelgesicht, ein und derselben Sache darstellen. Das eine System ist die Negierung des anderen, zugleich aber dessen ergänzendes Paar. Sie bedingen und schließen einander aus, bilden eine Einheit und einen Gegensatz.

In der Diatonik bezieht sich alles auf *einen* Ton, auf die natürliche Obertonreihe eines einzigen Grundtones. Die Chromatik hingegen muß immer in ihrem Verhältnis zum *ganzen System* untersucht werden, sie bedingt immer die virtuelle Gegenwärtigkeit des ganzen Systems, in ihr wird gleichsam die Kraftfeldveränderung des ganzen Tonsystems verwirklicht (es ist kein Zufall, daß wir die Formationen der Chromatik immer im Quintenzirkel darstellen).

Daher kommt es, daß die Chromatik Bartóks in ständig *erweiternder-verengender* Bewegung ist, und das so sehr, daß dieses konzentrische Intervallwachstum bzw. Zusammenschrumpfen von der chromatischen Technik fast untrennbar ist. Die aus der *Sonate für zwei Klaviere* angeführten Themen (s. Abb. 18) sind z. B. in stetem Wachsen. Das Hauptthema erweitert sich von Takt zu Takt im Umfang einer kleinen Terz, einer Quarte, Sexte, Septime. Die diatonische Tonreihe des Seitenthemas breitet sich von Stufe zu Stufe aus: biegt in pentatonische Wendungen, dann in eine Quart- und Quint-Thematik ein und löst sich schließlich in Sextenbewegungen auf. Die sich verengenden »Trichter-Gänge« der Takte 239–247 wurden bereits im Abschnitt über das Achsensystem erwähnt. Häufig ist die scherenartige Bewegung der Stimmen (z. B. in den Takten 256–263), die auf den erweiterten Stufen auftretende Sequenz (z. B. vom 208. Takt an) usw. In diesen Prozessen tritt ebenfalls eine Planmäßigkeit zutage, indem sich jeder Satzteil bis zum geometrischen Mittelpunkt des Stückes erweitert und vom Mittelpunkt an verengt. Dagegen sind im *diatonischen* III. Satz (und überhaupt in der diatonischen Setzart Bartóks) derartige Prozesse geradezu *unvorstellbar*. Die Harmonien der Diatonik strahlen eine *Dauerhaftigkeit* aus. Der eine oder andere Akkord (z. B. die erwähnte *C*-dur-Harmonie) zieht sich zumeist für längere Zeit in unveränderter Form durch den entsprechenden Teil hin. Und da sich die Chromatik immer auf das *ganze* System bezieht, die Diatonik hingegen auf *einen* Ton, ist das eine ein *geschlossenes*, das andere ein *offenes* System (wir erwähnten, daß alle Formeln der Chromatik, im Gegensatz zum Obertonsystem, in einem »Kreis« darstellbar sind).

Wie sehr diese Geschlossenheit bezw. Offenheit ein tiefes Geheimnis der Musik Bartóks ist, wird am greifbarsten durch die *Thematik* bewiesen: die Chromatik paart sich am natürlichsten mit der »*kreisförmigen*«, die Diatonik hingegen mit der »*geraden*« Melodienlinie (mit Skalenmotivik):

»Kreis« (Anfang) *»Gerade« (Schluß)*

Abb. 47.

Wie in dem Kosmos Dantes der *Kreis*, der Ring, das Rad, Sinnbilder des Infernos sind, so sind die *Gerade*, der Pfeil, der Strahl, Sinnbilder des Paradieses. Die Kreise des Infernos verengern sich konzentrisch bis zum Kozytus, die des Paradiso hingegen erweitern sich bis zum endlosen Empyreum. Zu den Bewohnern des Purgatoriums spricht der Dichter:

> . . . Von dort stieg ich empor,
> Den Berg umkreisend, welcher, was die Welt
> An euch verbogen, wieder grade richtet.
>
> (Purg. XXIII)

Es wirkt fast wie ein dichterisches Symbol, daß die harmonischen Partialtöne im chromatischen System *unter* dem Grundton, im diatonischen System *über* dem Grundton auftreten. Interessant ist der Vergleich mit der Auffassung Riemanns, der den Ursprung des moll-Dreiklangs in den *Unter*tönen, den Ursprung des Dur-Dreiklangs in den *Ober*tönen annimmt. Bei den Akkorden des GSch-Typs (α) gilt all dies umgekehrt: die Mollterz befindet sich über dem Grundton, die Durterz unter dem Grundton.

Auch das Verhältnis von *Konsonanz* und *Dissonanz* ist in der Chromatik bzw. in der Diatonik ein umgekehrtes. Die Reinheit der diatonischen Konsonanzen steht im direkten Verhältnis zu dem Zusammenklingen der Obertöne. Dagegen kommen im System des GSch gerade jene Intervalle vor, die die Musiktheorie seit Palestrina als gespannte, dissonante Intervalle bezeichnet. Die Chromatik erreicht ihre vollste Konsonanz, wenn alle 12 Halbtöne zusammenklingen, wie das — nach einem Wort Bartóks — »Meeresbrausen«.

Die Diatonik besitzt einen *Grundton*, die Chromatik einen *Zentralton*. Im chromatischen System kann alles umgekehrt werden ohne jedwede Umdeutung des Zentraltons. Das Hauptthema in der Reprise des *Violinkonzerts* hat die Tonalität *H*, obwohl die *H*-dur-Tonika durch die *Themenumkehrung* »auf dem Kopf« steht und unser Ohr, das nur zur Wahrnehmung von Obertonrelationen eingerichtet ist, *e*-moll empfindet (das Zentrum *h* ist auch durch Orgelpunkt hervorgehoben):

Abb. 48.

Gerade der Bartóksche »Spiegel« beweist, daß die Chromatik die Anforderungen des Obertonsystems nicht kennt; Begriffe wie »oben« oder »unten« verlieren für sie ganz ihre Bedeutung. Die hier unter dem Zentrum *h* erklingende Harmonie und mit ihr die Negierung des Obertonsystems wirkt, als ob die Gegenstände in der physikalischen Welt plötzlich ihre Schwerkraft verloren hätten und gewichtlos geworden wären (vgl. Partitur T. 194).

Auch in mathematischer Hinsicht weisen die beiden Systeme einen eigenartigen Gegensatz auf. Die Schlüsselzahlen des Obertonsystems sind nämlich *ganze Zahlen*, die des GSch-Systems aber eine *irrationale Zahl* (0,6180340...; mathematisch ist die charakteristische Proportion 3 : 5 : 8 auch nur durch irrationale Zahlen ausdrückbar, z. B. 5 : 8,09061...).

Die Diatonik Bartóks ist immer von Optimismus und Heiterkeit erfüllt, an seiner Chromatik haften jedoch dunkle, dämonische, irrationale Erlebnisse. Und darin erinnert er unwillkürlich an die chromatischen Versuche *Liszts* und *Mussorgskis*, in denen ausnahmslos die negative, dunkle Seite des Lebens erschlossen wird. Denken wir an die späten Klavierstücke von Liszt: an *Trübe Wolken*, *Unstern*, *Preludio funèbre* und an die Todesmusik des *R. Wagner*, *Venezia*, an die gespenstischen *Trauergondeln*, an diese *vollkommen gleichstufigen* (!) Werke, oder an die Wahnsinnsszene aus *Boris Godunow*, wo Mussorgski ein »Achsensystem« anwendet und wo Intervall-Erweiterungen-Verengungen bereits die Bartóksche Technik antizipieren.

»Wir schaffen nach dem Vorbild der Natur«, schrieb Bartók, und tatsächlich führten ihn Naturerscheinungen zur Erkenntnis dieser Gesetzmäßigkeit. (Wir wissen, daß er ein leidenschaftlicher Naturforscher war, systematisch Pflanzen, Schmetterlinge, Käfer, und Kristalle sammelte.) Drei kurze Beispiele dürften dafür aufschlußreich sein.

An der Oberfläche des Tannenzapfens (der Ananas, des Löwenzahns, der Sonnenblume, Kamille, Margerite, der Hörner gewisser Wiederkäuer usw.) laufen, von der Mitte ausgehend, nach rechts und links logarithmische Spiralen, die ein geschlossenes System bilden, in welchem die Anzahl der Spiralen *stets* die Werte der Fibonacci-Zahlenreihe ergibt.

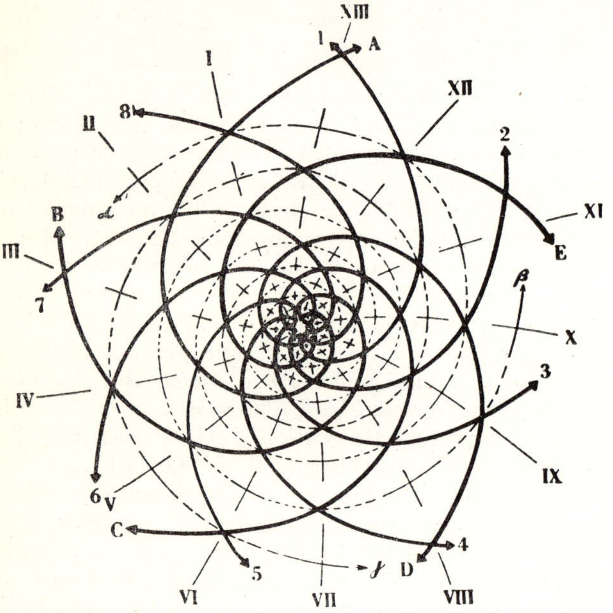

Abb. 49.

I–XIII = 13 Spiralen 1–8 = 8 Spiralen A–E = 5 Spiralen α–γ = 3 Spiralen

Die Sonnenblume war Bartóks Lieblingsblume. Die Zahl der in der tellerförmigen Blüte enthaltenen Spiralen beträgt 13, 21, 34, 55 und 89; die Anzahl der Blütenblätter 34.

An einem großen Teil der Pflanzen kann man beobachten (z. B. an Palme, Ulme, Pappel, an Tannennadeln usw.), daß jeder neue Zweig, jede neue Knospe, jedes neue Blatt oder jeder neue Trieb den Kreis um die Achse der Pflanze herum im Sinne des GSch aufteilt (360° = 222,5° + 137,5°). Hier z. B die Palme von oben gesehen:

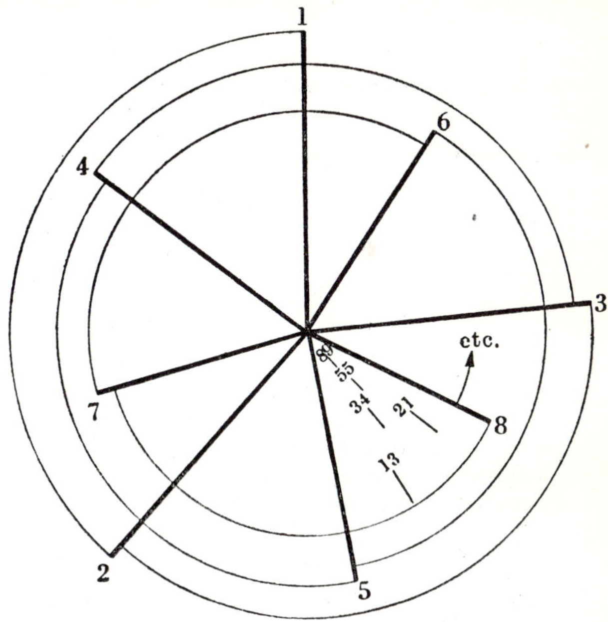

Abb. 50.

Überdies teilt jeder neue Zweig auch den *Raum* der früheren Teilungen dem GSch entsprechend: also der Zweig 3 den Raum rechts zwischen den Zweigen 1 und 2, der Zweig 4 den Raum links zwischen den Zweigen 1 und 2, der Zweig 5 den Raum zwischen 2 und 3, usw. (Dabei spielt auch die Fibonacci-Reihe eine Rolle, denn der Raum von 2 und 3 wird durch den Fünfer, der von 3 und 5 durch den Achter, der von 5 und 8 durch den Dreizehner usw. geteilt.)

Unser drittes Beispiel ist das Seetier Nautilus, das bereits die Phantasie Jules Vernes angeregt hat. In welcher Richtung immer man eine Gerade durch das Zentrum des Schneckenganges zieht, der Mittelpunkt wird stets im positiven oder negativen GSch der Strecken A–B, B–C, C–D, D–E, E–F, F–G stehen.

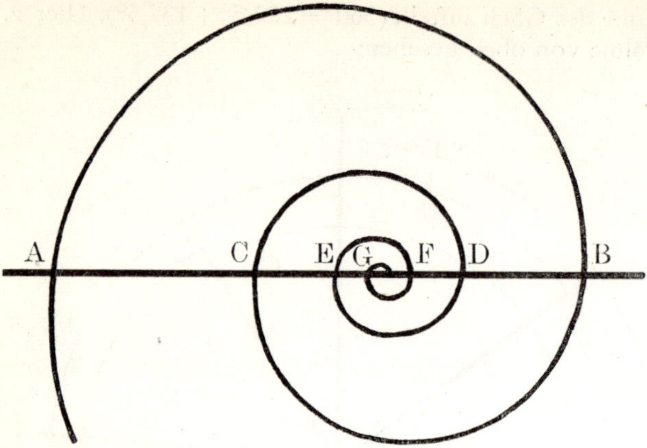

Abb. 51.

(Dieses Resultat stimmt nun mit dem Bartókschen Formprinzip überein, vgl. Abb. 14 und 16 b.)

Eine besondere Bedeutung messen wir dem Umstand bei, daß die charakteristische Gestalt der Bartókschen »Chromatik« (GSch-System) die *Pentatonik*, die der Bartókschen »Diatonik« hingegen der *Oberton-Akkord* ist. Es scheint nämlich, daß sich in diesem Dualismus zwei der vielleicht ältesten Bestrebungen der Musik offenbaren. Die physiologische Anlage unseres Ohrs läßt auf primitiver Stufe am leichtesten die Melodienschritte der großen Sekunde, der kleinen Terz und der Quarte (2, 3, 5) wahrnehmen. Das beweist die Urschicht der Volksmusik: unsere ältesten Melodien beruhen auf der pentatonischen Tonreihe *la-so-mi-re* bzw. *re-do-la-so*. (Wenn das Kind die einfachsten Wendungen, etwa *so-la-so-mi* singt, fügen sich die Töne unwillkürlich zu den Proportionen des GSch.) In diesen alten Melodienkulturen sind dur-Empfinden und funktionale Anziehung noch unbekannt. Das *harmonische* Denken entsproß einem ganz anderen, einem gegensätzlichen Nährboden: dem Obertonsystem, das sich erst auf der Stufe der Instrumentalmusik vollends einbürgern konnte. Die Pentatonik ist in der Ableitung des *pythagoräischen* Tonsystems (Gruppierung von nächstliegenden Quinten und Quarten) zu finden, die harmonische Musik aber in der Ableitung des *Obertonsystems*. — Ob es wohl zu gewagt wäre, vorauszusetzen, daß das GSch- (pentatonische) und das akustische (harmonische) System die beiden Ausgangspunkte und Wurzeln allen Musizierens waren? Wenn dem so ist, so hat Bartók die Musik an ihrer Wurzel erfaßt. Demnach ist das GSch-System eine Folge des *inneren* Hörens, das akustische System eine Folge des *äußeren* Gehörs. Das eine ist durch die Anlage des Ohrs, das andere durch die Berücksichtigung des physikalischen Zusammenklanges sanktioniert. Deshalb ist das erste gespannt, glühend und expressiv, das letztere dagegen leuchtend, impressiv und farbenreich.

Interessant ist, daß der Goldene Schnitt in der Natur nur in Verbindung mit *organischen* Stoffen vorkommt. Das akustische System kennt diese Forderung nicht und kann auch aus der Bewegung eines *anorganischen* Stoffes entstehen (z. B. einer metallenen Saite oder einer Luftsäule).

Aus den erwähnten Grundprinzipien erklärt sich jede weitere Form der Diatonik von selbst. Die grundlegenden Intervalle der Diatonik, die *Quinte* und die *große Terz*, werden von jenem *dur*-klingenden, auf Terzen aufgebauten Akkordtyp betont, dessen jede zweite Stufe in *Quinten* gereimt ist:

Abb. 52.

(Siehe die Fanfarenstelle im I. Satz des *Violinkonzerts*, 233. Takt.) Daher stammt auch das bekannte *»Bartók-Namenszeichen«: d-fis-a-cis*.

Da das akustische System nichts als die Umkehrung des GSch-Systems darstellt, kann durch *Vertauschen* der Schichten des α-Akkords (vgl. Abb. 26) ein »diatonischer« Akkord gebildet werden:

Abb. 53.

Durch den Austausch kommen nämlich die *großen Terzen* und die *Quinten* zur Geltung (die in der α-Harmonie von vornherein ausgeschlossen sind). Im Akkord hören wir jetzt die großen Terzen *c-e*, *es-g*, *fis-b*, *a-cis* bzw. Quintenrelationen *c-g*, *es-b*, *fis-cis*, *a-e*. Es klingt paradox, aber in der Musik Bartóks ist der häufigste diatonische Akkord derjenige, der über dem Grundton eine *Dur*terz, unter dem Grundton eine *Moll*terz hat (*c*-Tonalität vorausgesetzt: *es-g-c-e;* z. B. im Schlußteil des *Violinkonzerts* bei den sordinierten Trompeteneinsätzen).

Und, um die Zusammenhänge vollends klarzustellen: die α-»Umkehrung« birgt auch den Kern des akustischen Akkords in sich:

Abb. 54.

Ein häufiger Fall ist, daß zweideutig bald das *C*, bald das *Fis* im Grunde steht:

Abb. 55.

Diese Möglichkeit wird in der Achsen-Melodie des Hauptthemas des III. Satzes der *Musik* verwirklicht:

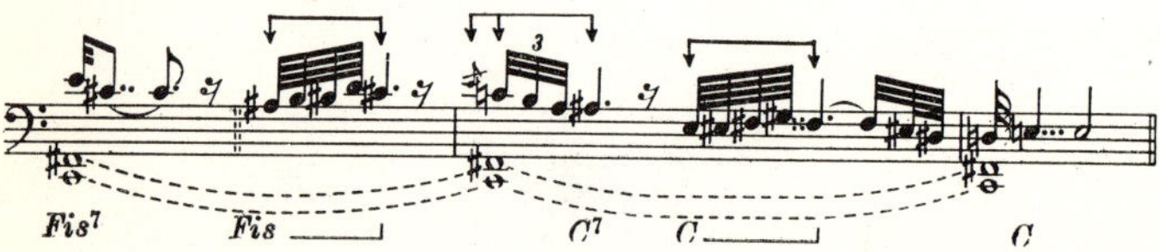

Abb. 56.

Wir fassen also zusammen:

Die für das GSch-System bezeichnenden Typen	*Die für das akustische System bezeichnenden Typen*
(Bartóksche Chromatik)	(Bartóksche Diatonik)
Pentatonik	Oberton-Akkord bzw. Tonreihe
Akkord α (β, γ, δ)	α-»Umkehrung«
Modelle 1 : 2, 1 : 3, 1 : 5	Dur-klingender Terzakkord mit Quintergerüst
Gleichstufige Gestalten: Ganzton-Skala, verminderter Vierklang, Quartakkord, übermäßiger Dreiklang (aus kleinen Sexten)	Quintakkord, übermäßiger Dreiklang (aus großen Terzen)

Sich dem materialschaffenden Genius Bartóks zu nähern, bedeutet, die der Materie selbsttätig innewohnenden Möglichkeiten und natürlichen Anziehungskräfte zu erkennen.

(1953)

Aus den Schriften
Béla Bartóks

Geboren am 25. März 1881 in Nagyszentmiklós (einem Orte im Torontáler Komitat in Ungarn, jetzt Rumänien), erhielt ich im sechsten Lebensjahr den Klavierunterricht von meiner Mutter. Mein Vater, Direktor einer landwirtschaftlichen Schule, zeigte ziemlich hohe musikalische Anlagen; er spielte Klavier, organisierte ein Dilettantenorchester, lernte Cello, um darin als Cellist mitwirken zu können, und versuchte sich sogar in der Komposition von Tanzstücken. Ich verlor ihn in meinem achten Lebensjahre. Nach seinem Tode mußte meine Mutter als Volksschullehrerin für das tägliche Brot sorgen: Wir kamen nach Nagyszőllős (jetzt in der Tschechoslowakei), dann nach Bistriţa (in Siebenbürgen, jetzt Rumänien) und schließlich im Jahre 1893 nach Preßburg (jetzt in der Tschechoslowakei). Da ich schon als neunjähriger Knabe kleine Klavierstücke zu komponieren begann und im Jahre 1891 in Nagyszőllős als »Komponist« und »Pianist« sogar öffentlich debütierte, schien es für uns besonders wichtig, endlich in eine größere Stadt ziehen zu können. Preßburg hatte zu jener Zeit unter den Provinzstädten Ungarns jedenfalls das regste Musikleben, so daß es mir möglich wurde, einerseits bei László Erkel (Sohn unseres bekannten Opernkomponisten Ferenc Erkel[1]) bis zu meinem 15. Jahre Unterricht in Klavier und Harmonielehre zu genießen, andererseits manchen — allerdings weniger guten — Orchesterkonzerten und Opernvorstellungen beizuwohnen. Auch an Gelegenheit zur Ausübung von Kammermusik fehlte es nicht, und so lernte ich bis zu meinem 18. Jahre die Musikliteratur von Bach bis Brahms — Wagner jedoch nur bis zum *Tannhäuser* — verhältnismäßig gut kennen. Inzwischen komponierte ich fleißig unter dem starken Einflusse von Brahms und den Jugendwerken des um vier Jahre älteren Dohnányi, namentlich seines Opus 1.

Nachdem ich das Gymnasium absolviert hatte, drängte sich die große Frage auf, welche Musikschule ich besuchen sollte. Damals galt das Wiener Konservatorium allgemein als einzige Stätte gediegenen Musikstudiums. Trotzdem folgte ich schließ-

[1] Berühmter ungarischer Komponist des 19. Jahrhunderts. Besonders bekannt sind seine Opern. (Anm. d. Hg.)

lich dem Rate Dohnányis und kam nach Budapest, wo ich in der Königlich Ungarischen Musikakademie Schüler Prof. István Thománs (Klavier) und János Koesslers (Komposition) wurde. Hier blieb ich von 1899 bis 1903. Gleich nach meiner Ankunft machte ich mich mit großem Eifer an das Studium der mir noch unbekannten Werke Richard Wagners (*Tetralogie*, *Tristan*, *Meistersinger)* sowie der Orchesterwerke Liszts. Mein eigenes Schaffen jedoch lag in dieser Periode völlig brach. Nunmehr losgelöst vom Brahmsschen Stil, konnte ich auch über Wagner und Liszt den ersehnten neuen Weg nicht finden. (Liszts Bedeutung für die Weiterentwicklung der Tonkunst erfaßte ich damals noch nicht; ich sah in seinen Werken nur die Äußerlichkeiten.) Infolgedessen arbeitete ich etwa zwei Jahre hindurch beinahe gar nichts und galt eigentlich in der Musikakademie nur als brillanter Klavierspieler.

Aus dieser Stagnation riß mich wie ein Blitzschlag die erste Aufführung von *Also sprach Zarathustra* in Budapest (1902); das von den meisten dortigen Musikern mit Entsetzen aufgenommene Werk erfüllte mich mit dem größten Enthusiasmus: endlich erblickte ich eine Richtung, einen neuen Weg. Ich stürzte mich auf das Studium der Strausschen Partituren und begann wieder zu komponieren. Noch ein anderer Umstand war von entscheidender Bedeutung für meine Entwicklung. Zu jener Zeit entstand in Ungarn jene bekannte nationale politische Strömung, die sich auch auf dem künstlerischen Gebiete fühlbar machte. Es galt, in der Musik etwas spezifisch Ungarisches zu schaffen. Diese Gedankenrichtung erfaßte auch mich und lenkte meine Aufmerksamkeit auf das Studium unserer Volksmusik, das heißt dessen, was man damals für ungarische Volksmusik hielt.

Unter diesen Einflüssen komponierte ich im Jahre 1903 eine symphonische Dichtung, betitelt: *Kossuth*, die Hans Richter sofort zur Aufführung in Manchester annahm (Februar 1904). In dieser Zeit entstand ferner auch eine *Violinsonate* und ein *Klavierquintett*, erstere durch Rudolf Fitzner in Wien, letzteres durch das Prill-Quartett aufgeführt. Diese drei Werke blieben unveröffentlicht. Es gehören dieser Epoche noch an: die im Jahre 1904 komponierte *Rhapsodie für Klavier und Orchester*, op. 1, mit der ich mich im Jahre 1905 in Paris ohne Erfolg um den Rubinstein-Preis bewarb; ferner die *I. Suite für großes Orchester* aus dem Jahre 1905.

Indessen währte es nicht lange, daß mich Richard Strauss

faszinierte. Das erneute Studium von Liszt — namentlich in seinen weniger populären Schöpfungen, wie zum Beispiel in den *Années de pélerinage*, *Harmonies poétiques et religieuses*, in der *Faustsymphonie*, im *Totentanz* usw. — führte mich über manche mir weniger sympathische Äußerlichkeiten zum Kern der Sache: es erschloß sich mir die wahre Bedeutung dieses Künstlers; für die Weiterentwicklung der Musik entdeckte ich in ihm einen viel größeren Genius als bei Wagner und Strauss.

Ferner erkannte ich, daß die irrtümlicherweise als Volkslieder bekannten ungarischen Weisen — die in Wirklichkeit mehr oder minder triviale volkstümliche Kunstlieder sind — wenig Interesse bieten, so daß ich mich im Jahre 1905 der Erforschung der bis dahin schlechtweg unbekannten ungarischen Bauernmusik zuwandte. Hierbei fand ich zu meinem großen Glück einen ausgezeichneten Musiker als Mitarbeiter, Zoltán Kodály, der mir mit Scharfsinn und Urteilskraft auf jedem Gebiete der Musik manchen unschätzbaren Wink und Ratschlag erteilte.

Diese Forschung begann ich vom rein musikalischen Standpunkte ausgehend, und zwar nur auf magyarischem Sprachgebiete; später jedoch gesellte sich die nicht minder wichtige wissenschaftliche Behandlung des Materials dazu sowie die Erstreckung der Forschung auf die Sprachgebiete der Slowaken und Rumänen.

Das Studium all dieser Bauernmusik war deshalb von entscheidender Bedeutung für mich, weil sie mich auf die Möglichkeit einer vollständigen Emanzipation von der Alleinherrschaft des bisherigen dur- und moll-Systems brachte. Denn der weitaus überwiegende und gerade wertvollere Teil des Melodienschatzes ist in den alten Kirchentonarten bzw. in altgriechischen und gewissen noch primitiveren (namentlich pentatonischen) Tonarten gehalten und zeigt außerdem mannigfaltigste und freieste rhythmische Gebilde und Taktwechsel, sowohl im *Rubato*- als auch im *Tempo giusto*-Vortrag. Es erwies sich, daß die alten, in unserer Kunstmusik nicht mehr gebrauchten Tonleitern ihre Lebensfähigkeit durchaus nicht verloren haben. Die Anwendung derselben ermöglichte auch neuartige harmonische Kombinationen. Diese Behandlung der diatonischen Tonreihe führte zur Befreiung von der erstarrten Dur-moll-Skala und, als letzte Konsequenz, zur vollkommen freien Verfügung über jeden einzelnen Ton unseres chromatischen Zwölftonsystems. — Meine im Jahre 1907 erfolgte

Ernennung zum Professor für Klavier an der Königlich Ungarischen Musikakademie in Budapest war mir willkommen, weil sie mir die Niederlassung in Ungarn ermöglichte und ich meine folkloristischen Ziele weiterhin verfolgen konnte. Als ich noch im selben Jahre auf Anregung Kodálys die Werke Debussys kennenlernte und studierte, nahm ich mit Erstaunen wahr, daß auch in dessen Melodik gewisse, unserer Volksmusik ganz analoge pentatonische Wendungen eine große Rolle spielen. Zweifellos sind dieselben ebenfalls dem Einfluß einer osteuropäischen Volksmusik — wahrscheinlich der russischen — zuzuschreiben. Gleiche Bestrebungen findet man in den Werken Igor Strawinskys; unser Zeitalter weist also in den voneinander entferntesten geographischen Gebieten dieselbe Bestrebung auf: die Kunstmusik mit Elementen einer frischen, durch das Schaffen der letzten Jahrhunderte nicht beeinflußten Bauernmusik zu beleben.

Meine von Opus 4 an geschriebenen Werke, die die eben geschilderte Anschauung auszudrücken beabsichtigen, erweckten in Budapest selbstverständlich großen Widerspruch. Grund des Nichtverstehens war unter anderem auch, daß unsere neuen Orchesterwerke fast durchwegs nur in ziemlich unvollkommener Weise zur Aufführung gelangten, denn es war weder ein verständnisvoller Dirigent noch ein geeignetes Konzertorchester vorhanden. Als sich der Kampf besonders zuspitzte, versuchten 1911 einige junge Musiker, in deren Reihen auch Kodály und ich uns befanden, eine »Neue Ungarische Musikgesellschaft« zu gründen. Der eigentliche Zweck dieser Unternehmung war die Organisation eines selbständigen Konzertorchesters, das sowohl ältere als auch neuere und neueste Musik in anständiger Weise aufführen sollte. Alle Bemühungen, dieses Ziel zu erreichen, blieben indessen fruchtlos. Diesen und verschiedenen anderen mißglückten persönlicheren Versuchen zufolge zog ich mich gegen 1912 vom öffentlichen Musikleben gänzlich zurück, wandte mich aber um so eifriger den Musikfolklore-Studien zu. Ich hegte manche, für unsere Verhältnisse ziemlich kühne Reisepläne, von denen ich im Jahre 1913 einen, als bescheidenen Anfang, auch verwirklichen konnte: Ich reiste nach Biskra und Umgebung, um die dortige arabische Bauernmusik zu studieren. Der Ausbruch des Krieges berührte mich — abgesehen von allgemein menschlichen Gründen — schon deshalb so schmerzlich, weil er fast alle derartigen Forschungen jäh unterbrach; es blieben mir für meine Studien nurmehr gewisse Gebiete Ungarns übrig, wo ich denn auch noch bis 1918 in etwas beschränkterem Maße weiterarbeiten konnte.

Das Jahr 1917 brachte einen entschiedenen Umschwung in der Haltung des Budapester Publikums meinen Werken gegenüber; ich hatte das Glück, ein größeres Werk, das Tanzspiel *Der holzgeschnitzte Prinz*, durch die Fürsorge des Kapellmeisters Egisto Tango endlich musikalisch tadellos aufgeführt zu hören. Im Jahre 1918 brachte er mein älteres Bühnenwerk, den 1911 geschriebenen Einakter *Herzog Blaubarts Burg* zur Uraufführung.

Leider folgte dieser günstigen Wendung der politische und wirtschaftliche Zusammenbruch im Herbst 1918. Die damit verbundenen, etwa anderthalb Jahre währenden Wirren waren durchaus nicht geeignet, irgendwelche ernsteren Arbeiten ruhig vollbringen zu können.

Auch die heutige Lage läßt nicht einmal den Gedanken an eine Möglichkeit der Fortsetzung musikfolkloristischer Arbeiten zu. Aus eigenen Kräften können wir uns diesen »Luxus« nunmehr nicht leisten; außerdem ist die wissenschaftliche Erforschung der vom ehemaligen Ungarn losgelösten Teile aus politischen Gründen und wegen der wechselseitigen Feindseligkeit fast unmöglich. Entlegenere Länder zu bereisen aber ist überhaupt hoffnungslos...

Übrigens findet sich nirgends in der Welt wahres Interesse für diesen Zweig der Musikwissenschaft — möglicherweise hat er auch gar nicht jene Wichtigkeit, die ihm von einigen seiner Fanatiker beigemessen wird!

(1921)

Ungarische Volksmusik und neue ungarische Musik[1]

Die »Pro Musica Society« beehrte mich mit der Aufforderung, ihren Mitgliedern über die modernen Musikbestrebungen und Musikrichtungen des heutigen Ungarns einen Überblick zu geben. Diese Frage werde ich nun von zwei Richtungen aus beleuchten:

1. Ich versuche festzustellen, ob die heutige Musik Ungarns mit der anderer Länder gemeinsame Züge aufzuweisen hat.
2. Ich werde festzustellen versuchen, ob sich die heutige Musik Ungarns von der anderer Länder unterscheidet.

Meiner Ansicht nach stoßen wir in jeder modernen Musik unseres Zeitalters auf zwei gemeinsame Charakterzüge, die miteinander in engem Zusammenhang stehen, fast möchte ich sagen, ebenso wie Ursache und Wirkung. Die eine ist die mehr oder weniger radikale Entfernung von der Musik des Gestern, besonders von der der Romantiker. Die andere hingegen ist die Bestrebung, sich dem Musikstil älterer Epochen zu nähern. Mit anderen Worten, man wurde der Werke des romantischen Zeitalters überdrüssig und begann daher Ausgangspunkte zu suchen, die in denkbar größtem Kontrast zu der Ausdrucksweise der Romantiker steht. Die Komponisten wandten sich — halb bewußt, halb unbewußt — den Musikwerken vergangener Zeiten zu, die in der Tat diesem völligen Gegensatz entsprechen.

Wir können bei den Annäherungsversuchen, die in der Richtung des Musikstils längst vergangener Zeiten unternommen wurden, zwei verschiedene Arten des Verfahrens unterscheiden: entweder die Rückkehr zur alten Volksmusik, wie z. B. in den Werken meiner ungarischen Zeitgenossen und der Strawinskyschen Musik der sogenannten russischen Periode, oder die Rückkehr zu der alten Kunstmusik, besonders zu der des 17. und 18. Jahrhunderts. Bekanntlich ist diese Richtung vor allem der Musik der Neoklassizisten, hauptsächlich den späteren Werken Strawinskys anzumerken.

Der ungarische Bauer und auch die übrigen Bauernstämme Ungarns vor dem Weltkrieg, wie z. B. die rumänischen und

[1] Vortrag, gehalten auf der amerikanischen Konzertreise des Verfassers im Jahre 1927.

slowakischen Bauern, besitzen in ihren Volksmelodien einen unglaublich reichhaltigen Musikschatz. Es stand uns daher ein großartiges und reiches Material zur Verfügung; wir brauchten sozusagen nur die Hand auszustrecken, um es aufzuheben. Wir konnten dieses Material einerseits zu kurzen Kompositionen verwenden, und zwar auf solche Weise, daß wir die Melodien mit einer Begleitung versahen, andererseits konnten wir aus der gleichen Quelle originale Anregungen gewinnen.

Ganz so einfach, wie man sich das im ersten Augenblick vorstellt, war dieses »Handausstrecken« und »Aufheben« ja nun doch nicht. Bedenken wir nur einmal, daß der sogenannten städtischen Intelligenz dieser unerhört reiche Schatz der Volksmusik vollkommen unbekannt war; sie ahnte nicht einmal, daß es eine solche Art Musik überhaupt gibt.

Vor etwa fünfundzwanzig Jahren wandten einige junge Musiker — unter ihnen Kodály und ich — ihre Aufmerksamkeit der ungarischen Bauernklasse zu. Es war so eine Art Sehnsucht nach dem Unbekannten, ein undefinierbares Vorgefühl dessen, daß wir die wahre Volksmusik nur unter den Bauern auffinden könnten, die uns zu unseren ersten Schritten auf diesem Gebiet bewogen. Diese unsere ersten Versuche zeitigten als Ergebnis ein reiches, bis dahin unbekanntes Material. Der Erfolg wirkte ermutigend auf uns, und so machten wir uns mit voller Kraft und mit bereits vervollkommneter systematischer Methode an das Sammeln.

Man kann sich kaum vorstellen, wieviel Arbeit und Anstrengung mit diesem Sammeln verbunden waren. Wir mußten, um ein von der Zivilisation unberührt gebliebenes Musikmaterial aufzufinden, Dörfer aufsuchen, die von den Zentren der Zivilisation und den Verkehrslinien so entfernt wie möglich lagen. Damals gab es noch viele solche Dörfer in Ungarn. Wollten wir ältere Lieder auffinden, eventuell mehrere Jahrhunderte alte Melodien, so mußten wir uns an alte Leute, insbesondere an alte Frauen wenden, die sich jedoch schwer zum Singen überreden ließen. Sie schämten sich, vor fremden Herren zu singen, und befürchteten, von den übrigen Dorfleuten verspottet und ausgelacht zu werden, auch hatten sie Angst vor dem Phonographen (wir arbeiteten fast immer mit einem Phonographen). Kurz und gut, wir mußten in den elendsten Dörfern und unter den primitivsten Verhältnissen leben und uns bemühen, die Freundschaft und das Vertrauen der Bauern zu gewinnen. Letzteres war besonders schwer, da früher die Bauern vom Adel derart ausgenutzt wurden, daß sie jedem, der aus der Herrenklasse zu stammen schien, Mißtrauen entgegenbrachten. Und doch kann ich nur sagen, daß mir unsere auf diesem Gebiet verrichtete mühevolle Arbeit größte Freude bereitet hat. Es waren die glücklichsten Tage meines Lebens, die ich in Dörfern, unter Bauern verbracht habe.

Im Zusammenhang hiermit muß ich noch der ausschlaggebenden Wichtigkeit eines Umstandes Erwähnung tun: die Tatsache, daß wir das Sammeln eigenhändig verrichten mußten und daß wir das Melodienmaterial nicht in Abschriften oder gedruckten Sammlungen kennenlernten, wurde für uns entscheidend. Die Melodien in Handschriften oder gedruckten Sammlungen sind im allgemeinen totes Material. Wir können durch sie — vorausgesetzt, daß sie zuverlässig sind — zwar Melodien kennenlernen, doch ist es unmöglich, auf Grund dieser Sammlungen in das wirkliche, leibhafte Leben der Volksmusik einzudringen. Wer das pulsierende Leben dieser Musik wirklich fühlen will, der muß es sozusagen erleben, und das kann er nur durch unmittelbaren Umgang mit den Bauern erreichen. Von dieser Musik mit ihrer ganzen Macht ergriffen zu werden — was unumgänglich notwendig ist, wenn sie schöpferisch auf uns einwirken soll —, dazu genügt es nicht, die Melodien zu erlernen. Ebenso wichtig ist es, auch die Umgebung zu sehen und zu kennen, wo diese Melodien leben. Wir müssen das Mienenspiel des singenden Bauern sehen, wir müssen an seinen Tanzvergnügungen, Hochzeitsfesten, Weihnachtsfeierlichkeiten und Beerdigungen teilnehmen (zu jeder Gelegenheit gibt es nämlich ganz spezielle, häufig außerordentlich charakteristische Melodien). Ich muß hier betonen, daß es in unserem Falle nicht nur darum ging, uns einzelne Melodien zu verschaffen und sie als Ganzes oder in Teilen in unsere Werke einzubauen und nach einem herkömmlichen Verfahren zu bearbeiten. Das wäre Handwerkerarbeit gewesen und hätte nicht zur Schaffung eines neuen, einheitlichen Stils geführt. Unsere Sache war es, den Geist dieser bisher unbekannten Musik zu erfassen, und von dem mit Worten so schwer zu definierenden Geist ausgehend, einen Musikstil zu schaffen. Und eben um den Geist dieser Musik richtig zu erfassen, war es für uns von so großer Wichtigkeit, das Sammeln persönlich an Ort und Stelle vorzunehmen.

Es ist, wie ich bereits erwähnte, ein Ding der Unmöglichkeit, den Geist der Volksmusik, den wir in unseren Werken wirklichen wollen, in Worten auszudrücken. Doch könn wir vielleicht etwas konkreter über die objektiven, spezielle Wirkungen reden, die wir ihr beimessen.

Bevor ich darauf zu sprechen komme, möchte ich etwas feststellen. Meiner Überzeugung nach sind unsere echten, in engerem Sinne genommenen Volksmelodien samt und sonders wahre Musterbilder höchster künstlerischer Vollkommenheit. Ich betrachte sie im kleinen als ebensolche Meisterwerke wie im Reich der großen Formen eine Fuge von Bach oder eine Sonate von Mozart. Solche Melodien sind klassische Beispiele dafür, wie ein musikalischer Gedanke bündig, gedrängt, unter Vermeidung alles Überflüssigen ausgedrückt werden kann. Es sind aber gerade diese Wortkargheit und ungewohnte Ausdrucksform der Melodien, die bei Durchschnittsmusikern oder Musikfreunden nicht viel Verständnis finden. Dem Durchschnittsmusiker sind in jedem Werk die schablonenmäßigen, ihm bereits wohlbekannten Formeln die wichtigsten. Nur an diesen ihm vertrauten Schablonen kann er sich erfreuen, und er ist außerstande, den Kern des Ganzen zu erfassen. Also überrascht es uns durchaus nicht, daß zwischen einem Durchschnittsmusiker und dieser Art Musik kein inniges Verhältnis zustande kommen kann.

So können wir — abgesehen von allem übrigen — von dieser Musik die unvergleichliche Gedrängtheit des Ausdrucks, die strengste Ausmerzung alles Unwesentlichen lernen — und gerade das war es, wonach wir uns nach der Weitschweifigkeit der Romantik vor allem sehnten.

Bei der Prüfung der Melodien können wir feststellen, wie unerhört mannigfaltig die osteuropäische Musik in ihrer Melodienführung und in ihren Tonarten ist. Die verschiedensten Tonfolgen, wie die dorische, phrygische, mixolydische und äolische, stehen hier noch in voller Blüte. Doch finden wir auch Tonleitern orientalischer Färbung (mit übermäßiger Sekunde), ja sogar eine gewisse Art der Pentatonik.

In den meisten dieser Tonarten spielt die Quinte eine bescheidenere Rolle als in den dur- und moll-Skalen. Diese Tatsache hatte eine ungemein große Wirkung auf unsere Harmonisierungsmethode. Die in der alten Musik nur allzu bekannte Wechselwirkung von Tonika und Dominante büßt hier viel von ihrer Souveränität ein. Ich könnte auch andere Momente, die auf unsere Harmonisierungsart eingewirkt haben, erwähnen, doch möchte ich hier nur auf einen Umstand hinweisen.

Die kleine Septime der Tonleiter hat, besonders in den pentatonischen Melodien, einen konsonanten Charakter. Unter dem Einfluß dieser Erscheinung habe ich bereits 1905 eines meiner in fis-moll geschriebenen Werke mit folgendem Akkord abgeschlossen: fis-a-cis-e. In diesem Schlußakkord wirkt die Septime konsonant. Zu jener Zeit war ein derartiger Abschluß ungewohnt: bloß in Debussys ungefähr aus der gleichen Zeit stammenden Werken finden wir eine Analogie in folgendem Schlußakkord: a-cis-e-fis. Diese Kompositionen Debussys kannte ich aber damals noch nicht.[2] Noch viele ähnliche Anregungen im Harmonisieren haben wir den in diesen Volksliedern verborgen liegenden Harmonien zu verdanken.

Ich könnte noch die geradezu beispiellose Mannigfaltigkeit des Rhythmus dieser Volkslieder erwähnen. In den *Parlando-Rubato*-Melodien ist eine höchst überraschende rhythmische Freiheit wahrzunehmen. Wir finden sogar in den Melodien des gebundenen Tanzrhythmus die eigentümlichsten Kombinationen vor. Selbstverständlich haben uns diese Umstände den Weg neuer rhythmischer Möglichkeiten gewiesen.

Für die Kontrapunktik erhielten wir jedoch keine Anregung aus unserer Volksmusik, was wohl der Grund für den allgemein homophonen Charakter unserer Werke ist.

Wenn Sie mich nun fragen, in welchen Werken der ungarische Geist am vollkommensten zum Ausdruck gebracht wurde, kann ich Ihnen darauf nur die Antwort geben: in den Werken Kodálys. Diese Werke sind das Glaubensbekenntnis der ungarischen Seele. Äußerlich gesehen dient als Erklärung hierfür, daß Kodálys Tätigkeit als Komponist ausschließlich im Boden der ungarischen Volksmusik wurzelt. Die seelische Ursache ist jedoch Kodálys unerschütterlicher Glaube und sein Vertrauen in die Schaffenskraft und Zukunft seines Volkes. Was mich selbst betrifft, so habe ich nicht nur ungarische, sondern auch slowakische und rumänische Volksmusik gesammelt und sie

[2] Als dieser Artikel Bartóks in Amerika erschien, erklärte der australische Komponist Percy Grainger (Pro Musica, Dezember, 1928) daß er selbst und unter seinem Einfluß Cyrill Scott bereits um 1900–1904 solche Schlußakkorde angewendet hätten. »Ein Franzose, ein Ungar und ein Australier schaffen zur gleichen Zeit und voneinander unabhängig die dissonante Kadenz«, was die historische Notwendigkeit der Neuerung beweist. Die ältesten Beispiele solcher Finales stammen — soweit wir wissen — von Liszt, in den Liedern »J'ai perdu ma force et ma vie« (1872) und »Verlassen« (1880) sowie in Nr. 6 des Klavierzyklus »Der Weihnachtsbaum« (1876) und im Klavierstück »Trübe Wolken« (1881). (Anm. d. Hg.)

mir zum Vorbild genommen. Ich reiste sogar vor dem Weltkrieg nach Nordafrika, um die arabische Volksmusik der Sahara zu sammeln und zu studieren. Ihrem Einfluß habe ich mich auch nicht entzogen: so entstand unter der Wirkung der arabischen Volksmusik der dritte Satz meiner *Suite für Klavier* (Opus 14).

Die ungarische Volksmusik, die uns als Grundlage dient, unterscheidet sich in ihrer äußeren Form und in ihrem inneren Inhalt vollkommen von der Musik anderer Völker. Daher kommt es, daß auch die ungarische Kunstmusik ihre Kennzeichen hat, die sie scharf von der heutigen Kunstmusik anderer Länder unterscheidet.

Ein Moment muß ich hier von neuem hervorheben. Unsere Volksmusik ist selbstverständlich ausschließlich tonal, wenn auch nicht im Sinne der reinen dur- und moll-Tonalität. (Eine atonale Volksmusik ist meiner Ansicht nach ganz unvorstellbar.) Da unsere schöpferische Arbeit auf einer solchen Basis ruht, sind natürlicherweise auch unsere Werke ausgesprochen tonalen Charakters. Allerdings gab es eine Zeit, da ich mich einer Art der »Zwölftonmusik« näherte. Doch ist der unverkennbare Wesenszug auch meiner aus dieser Zeit stammenden Werke, daß sie auf entschieden tonaler Basis beruhen.

(1928)

Vom Einfluß der Bauernmusik auf die Musik unserer Zeit[1]

I. Was verstehen wir unter Volksmusik?

Über den Begriff Volksmusik und Volkslied ist man sich durchaus noch nicht im klaren. Im allgemeinen stellt sich das große Publikum die Volksmusik eines Landes homogen vor, was jedoch überhaupt nicht zutrifft, da die Volksmusik in zwei Bestandteile zerfällt. Eine ihrer schöpferischen Elemente ist die volkstümliche Kunstmusik bzw. Volksmusik der Stadt, während das andere die Volksmusik des Dorfes bzw. die Bauernmusik ist. Dies ist jedenfalls in Osteuropa der Fall, in dem Gebiet, das uns in erster Linie interessiert.

Untersuchen wir nun, was wir eigentlich unter Volksmusik der Stadt und Volksmusik des Dorfes verstehen.

Volksmusik der Stadt bzw. volkstümliche Kunstmusik können wir jene Melodien einfacheren Aufbaues nennen, die wir den dem Herrenstand angehörigen Musikdilettanten zu verdanken haben und die hauptsächlich in diesen Kreisen in Mode kamen, jedoch der Bauernklasse entweder überhaupt nicht oder erst viel später durch Übermittlung des Herrenstandes bekannt wurden. Diese Art Lieder sind bei uns unter dem Namen »magyar nóta« bekannt. Kodály schreibt folgendes darüber:

»Die volkstümlichen Kunstlieder kamen in Ungarn besonders in der zweiten Hälfte des 19. Jahrhunderts in Mode. Ihre vorherrschende Form ist das einstimmige Strophenlied, das hauptsächlich durch Hören und Nachsingen verbreitet wird; jedermann kennt viele solche Lieder, die er jedoch noch nie in geschriebener oder gedruckter Form zu sehen bekam. Die meisten dieser Lieder wurden zwar herausgegeben, doch pflegt man sie nicht nach Noten zu singen. Um den Namen ihres Verfassers kümmerte man sich nicht, auch wenn man ihn kannte, vergaß man ihn. Die Melodien wurden einstimmig konzipiert, da ihr Komponist meist außerstande war, die Begleitung selbst zu verfassen, und ein anderer damit beauftragt wurde, oder sie wird nach Belieben improvisiert. Die Melodie

[1] Die hier folgenden drei Aufsätze bilden den Text eines Vortrags, den Bartók im Jahre 1931 in Budapest hielt. (Anm. d. Hg.)

selbst ändert sich im Laufe der Zeit, da eine Nachkontrolle in Ermangelung von Noten unmöglich ist.«[2]

Zu dieser Art unserer Liederkomponisten zählen wir Szentirmay, Simonffy, Dankó, Fráter und noch andere.

Für die Volksmusik des Dorfes bzw. Bauernmusik dürfte folgende allgemeine Definition die treffendste sein:

Bauernmusik in weiterem Sinne nennen wir jene Melodien, die der Bauernklasse eines Volkes bekannt sind oder es einmal waren und in denen das musikalische Gefühl des Bauernstandes instinktiv zum Ausdruck kommt.

Wir müssen dabei auch feststellen, was wir eigentlich unter Bauernklasse verstehen. Vom Standpunkt der Folklore aus betrachten wir als Bauernklasse die sich mit der Landwirtschaft befassenden Mitglieder eines Volkes, die die Befriedigung ihrer körperlichen und seelischen Bedürfnisse in solchen Formen suchen, die ihren Traditionen entsprechen, oder aber auch in fremden Formen, die sie instinktiv ihrer eigenen seelischen Verfassung anzupassen trachten.

Das Wichtigste ist jedoch folgendes: Aus der Bauernmusik tritt, wenigstens bei uns in Osteuropa, wiederum eine besondere Gruppe hervor, und zwar die in engerem Sinne verstandene Bauernmusik. Sie läßt sich bereits viel klarer definieren.

Unter der in engerem Sinne gemeinten Bauernmusik verstehen wir jene Melodien, die einer oder mehreren einheitlichen Stilarten angehören, mit anderen Worten: eine Menge von Melodien gleichen Charakters und Aufbaus ergibt die in engerem Sinne verstandene Bauernmusik.

Dies ist der wichtigste Teil der ganzen Bauernmusik; und diese Art der Bauernmusik unterscheidet sich am schärfsten von den Produkten der volkstümlichen Kunstmusik. Sie ist von unvergleichlich höherem Wert als jene. Das ist die Ursache des großen Einflusses, den die in engerem Sinne gemeinte Bauernmusik neuerlich auf die höhere Kunstmusik einiger Länder ausübt.

Ich kann mich im Rahmen dieser Vorlesung nicht mit der Erklärung des Unterschiedes zwischen der in engerem Sinne genommenen Bauernmusik und der volkstümlichen Kunstmusik befassen, auch darüber kann ich nicht eingehender sprechen, warum die in engerem Sinne gemeinte Bauernmusik so viel wertvoller ist. Es genügt, darauf hinzuweisen, daß diese

[2] Aus dem Artikel »Ungarische Volksmusik« von Zoltán Kodály, erschienen im ungarischen Musiklexikon (Zenei Lexikon, 1930). (Anm. d. Hg.)

Musikart eigentlich nichts anderes ist als das Ergebnis einer Naturkraft, die in den von der städtischen Zivilisation unberührt gebliebenen Menschen instinktiv wirkt.

Daher sind diese Melodien die Verkörperung der höchsten künstlerischen Vollendung, die zum Vorbild dafür dienen, wie man in der einfachsten Form und mit den bescheidensten Mitteln einen musikalischen Gedanken am vollkommensten ausdrücken kann.

Ich darf natürlich nicht verschweigen, daß es verhältnismäßig wenig Menschen gibt, die diese Melodien zu schätzen wissen. Es ist gerade ein großer Teil der gebildeten Musiker — gestehen wir es ruhig, die konservativ eingestellten —, die diese Musik geradezu geringschätzen, anstatt sie für wertvoll zu halten; was ja auch allzu begreiflich ist. Wer nämlich Sklave der üblichen Schablone ist, wird selbstverständlich alles, was nur um Haaresbreite davon abweicht, für unverständlich und sinnlos halten und nicht einmal die einfachste, klare und unmittelbare Melodie verstehen, wenn sie seiner Vorstellung nicht entspricht. Wie könnte sich auch ein Musiker oder Amateur, dessen musikalische Anschauung einzig und allein auf dem Wechsel der Tonika und des Dominantenakkordes beruht, in diesen primitiven Melodien, denen z. B. im Sinne der Harmonielehre die Dominante gänzlich fehlt, auskennen. Seiner Denkart entspricht viel mehr die volkstümliche Kunstmusik, da ihre Komponisten sich niemals Trivialitäten und abgegriffenen Schablonen gegenüber abgeneigt zeigen.

Ich habe diese beiden Attribute: bäuerlich und primitiv bis jetzt mehrmals benutzt. Doch bitte, mißverstehen Sie mich nicht, ich tat es durchaus nicht in einem geringschätzigen Sinne. Ganz im Gegenteil: ich will gerade mit diesen beiden Worten auf eine schlackenlose, uralte, ideale Einfachheit hinweisen.

In der höheren Kunstmusik machte sich sozusagen immer der Einfluß der Bauernmusik geltend. Um nicht auf allzu ferne und fast unbekannte Zeitalter zurückzugreifen, genügt es, an die Rolle der Choralmelodien in der Bachschen Musik zu denken.

Die Pastoralen und Musetten des 17. und 18. Jahrhunderts sind im Grunde genommen nichts anderes als Nachahmungen der einst auf Sackpfeifen oder Drehleiern vorgetragenen Volksmusik.

Wie sehr sich die Wiener Klassiker von der Volksmusik

beeinflussen ließen, ist allgemein bekannt. So ist z. B. in Beethovens *Pastoral-Symphonie* das Hauptthema des ersten Satzes eine südslawische Tanzweise. Beethoven hat dieses Motiv offenbar von Dudelsackpfeifern gehört, vielleicht gerade in Westungarn. Auf jeden Fall deutet die achtmalige, *ostinato*artige Wiederholung eines Taktes gleich zu Anfang des Satzes auf Dudelsackmusik.

Doch erst im 19. Jahrhundert geben sich einige, sogenannte »nationale« Komponisten bewußt und planmäßig den Einwirkungen der Volksmusik hin. Den Anfang machten Liszt mit seinen *Ungarischen Rhapsodien* und Chopin mit seinen *Polonaisen* und übrigen Werken polnischen Charakters. Ihnen folgten Grieg, Smetana, Dvořák und die damaligen russischen Komponisten, die in ihren Werken den nationalen Charakter noch entschiedener hervorhoben.

Doch in jener Zeit machte man noch überhaupt keinen Unterschied zwischen volkstümlicher Kunstmusik und in engerem Sinne genommener Bauernmusik. Jeder schöpfte das Seine aus der Quelle, die ihm am nächsten war.

Ich brauche wohl kaum zu betonen, daß damals die volkstümliche Kunstmusik den Menschen viel näher stand, da die Ethnographie und die Folklore sich erst in ihrem Anfangsstadium befanden und da man der Kultur der Bauern noch kaum ein nennenswertes Interesse entgegenbrachte.

Ein anderer Unterschied zwischen heute und dem 19. Jahrhundert macht sich darin bemerkbar, daß sich damals der Einfluß der Volksmusik größtenteils bloß in Äußerlichkeiten bekundete: er wirkte sich eher in der Übernahme von Motiven, Rhythmen und Verzierungen aus.

Die bewußte und ausschließliche Vertiefung in die Bauernmusik blieb dem Beginn des 20. Jahrhunderts vorbehalten.

Unter den Tondichtern der zweiten Hälfte des vorigen Jahrhunderts war Mussorgski der einzige, der sich vollkommen und ausschließlich von der Bauernmusik beeinflussen ließ und somit — wie man zu sagen pflegt — seinem Zeitalter voraus war. Den übrigen auf ihre Volkstümlichkeit sich berufenden Komponisten des 19. Jahrhunderts genügte, wie es scheint, mit geringer Ausnahme als Anregung die volkstümliche Kunstmusik der östlichen und nördlichen Länder. Sicher gab es auch in ihr viele, in der bisherigen höheren westlichen Kunstmusik fehlende Eigenschaften, die sich aber, wie ich bereits erwähnte, mit den Schablonen und der romantischen Sentimentalität des

Westens vermischten. Es mangelte ihr jedoch an der unberührten Frische, der Ursprünglichkeit, es fehlte ihr das, was man heute unter »Objektivität« versteht und was ich eher den Mangel an Sentimentalität nennen würde.

II. Vom Einfluß der Bauernmusik auf die Musik unserer Zeit

Zu Anfang des 20. Jahrhunderts trat ein Wendepunkt in der Geschichte der modernen Musik ein.

Die Übertreibungen der Spätromantik begannen unerträglich zu werden, und es gab Komponisten, die das Gefühl hatten, dieser Weg führe ins Uferlose und es gäbe keinen anderen Ausweg als den vollständigen Bruch mit dem 19. Jahrhundert.

Unschätzbar waren der Antrieb und die Hilfe, die dieser Wandel oder richtiger: diese »Renaissance« von der bislang völlig unbekannten Bauernmusik bzw. von der im engeren Sinne als solche bezeichneten erhielt.

Diese Bauernmusik weist in der Form höchste Vollendung und Mannigfaltigkeit auf. Erstaunlich ist ihre große Ausdruckskraft, die dabei völlig frei von Sentimentalität und überflüssigem Geschnörkel ist. Manchmal einfach bis zur Primitivität, aber niemals einfältig, bildet sie den idealen Ausgangspunkt für eine musikalische Wiedergeburt und ist dem Komponisten der vorzüglichste Lehrmeister.

Worin liegt wohl eine der Vorbedingungen für eine intensive Wirkung der Bauernmusik? Darin, daß der Komponist das Wesen der Bauernmusik seines Landes so gründlich kennenlernt wie seine eigene Muttersprache.

Um das zu erreichen, zogen ungarische Komponisten durchs Land und sammelten Material. Möglich, daß der Russe Strawinsky und der Spanier de Falla nicht selbst systematisch sammelten, ihr Material zum Großteil fremden Sammlungen entnahmen, aber aller Wahrscheinlichkeit nach lernten sie die Bauernmusik ihres Landes nicht nur aus Büchern und Museen kennen, sondern studierten auch die lebendige Musik.

Im übrigen bin ich der Meinung, daß die Bauernmusik nur dann eine tiefe und anhaltende Wirkung ausübt, wenn sie auf dem Lande, unter den Bauern selbst gesammelt wird. Mit anderen Worten: ich bin überzeugt, daß es nicht genügt, sich lediglich mit der in den Museen aufbewahrten Bauernmusik zu befassen. Denn das Wesentliche ist, ihren mit Worten nicht ausdrückbaren inneren Charakter auf unsere Kunstmusik zu übertragen und letztere ganz mit dieser Atmosphäre auszufüllen. Es genügt nicht, lediglich Motive der Bauernmusik oder Nachahmungen solcher Motive der Kunstmusik einzuverleiben — das würde nur einen äußerlichen Aufputz bedeuten.

Vor etwa 20 bis 25 Jahren waren uns wohlgesinnte Leute oft von Staunen erfüllt: wie es denn möglich sei, daß geschulte, gebildete, ja konzertierende Musiker sich einer solchen — wie sie dachten — »untergeordneten« Aufgabe unterziehen könnten wie dem Studium und Sammeln der Dorfmusik an Ort und Stelle. Es sei schade, sagten sie, daß diese Arbeit nicht von anderen verrichtet werde, z. B. von Leuten, die für sonstige musikalische Aufgaben nicht geeignet sind. Viele betrachteten unsere zähe Ausdauer geradezu als eine fixe Idee verrückter Menschen.

Die Armen, sie hatten keine Ahnung, wie viel uns gerade die Möglichkeit bedeutete, selbst in den Dörfern, an der Quelle eine Musik zu erleben, die uns ganz neue Perspektiven eröffnete.

Die Frage ist nun die: Wie kann der Einfluß der Bauernmusik in der höheren Kunstmusik in Erscheinung treten?

1

Vor allem in der Weise, daß wir die Bauernmelodie ohne jedwede Veränderung oder nur wenig variiert mit einer Begleitung versehen und eventuell noch mit einem Vor- und Nachspiel einfassen. Solche Arbeiten weisen einige Ähnlichkeit mit Bachs Choralbearbeitungen auf.

Bei derartigen Volksliedbearbeitungen sind zweierlei Typen, die ohne Grenzlinie ineinander übergehen, zu unterscheiden.

Manchmal haben Begleitung, Vor-, Nach- oder Zwischenspiel nur sekundäre Bedeutung, sind nichts anderes als der Rahmen, in den wir die Hauptsache, die Bauernmelodie, einfügen wie einen Edelstein in seine Fassung.

In anderen Fällen verhält es sich gerade umgekehrt: die Bauernmelodie spielt nur die Rolle des Mottos, und was darum und darunter gesetzt wird, ist die Hauptsache. Diese zwei Typen sind durch unzählige Übergangsstufen miteinander verbunden, manchmal kann nicht einmal entschieden werden, welches Element in der Bearbeitung vorherrscht. Immer ist es aber sehr wichtig, daß das Musikgewand, in welches wir die Melodie kleiden, sich vom Charakter der Melodie, von den in der Melodie offen oder verhüllt enthaltenen musikalischen Eigentümlichkeiten ableiten läßt, bzw. daß die Melodie und alles Hinzugefügte den Eindruck einer untrennbaren Einheit erwecken.

Hier muß ich, gleichsam in Klammern, einen vor 30 bis 40 Jahren weit verbreiteten eigenartigen Irrtum erwähnen. Die überwiegende Mehrheit der geschulten Musiker glaubte damals, Volksweisen vertrügen nur ganz einfache Harmonien. Schlimmer war, daß sie unter »einfachen Harmonien« Dreiklangsfolgen von Tonika, Dominante, eventuell noch Subdominante verstanden.

Das Entstehen dieser merkwürdigen Auffassung ist vielleicht folgendermaßen zu erklären: Welche Arten von Volksliedern waren diesen Musikern zu jener Zeit eigentlich bekannt? Wohl kaum andere als neuere deutsche oder diesen ähnliche westliche Volkslieder bzw. volkstümliche Kunstlieder, vielleicht auch Kunstlieder des eigenen Landes. Die Melodik dieser Lieder weist fast immer auf den Tonika- und Dominantendreiklang hin, da ja die Haupttöne der Melodie gewöhnlich nichts anderes als die Zerlegung dieser Dreiklänge darstellen. (Als Beispiel genüge die besonders charakteristische Melodie des allgemein bekannten Liedes *O du lieber Augustin.*)

Es ist klar, daß Melodien dieser Art eine komplexere Harmonisierung allerdings schwer vertragen. Die oben erwähnten Schablonenmusiker wollten aber diese des *O du lieber Augustin* würdige Theorie ohne weiteres auch den auf pentatonischer Leiterbildung beruhenden ungarischen Volksliedern aufzwingen, wo doch in diesen keine Spur eines Hinweises auf den sogenannten authentischen Schluß vorhanden ist.

Wie merkwürdig es auch klingen mag, so scheue ich mich nicht, zu betonen: je primitiver eine Melodie, desto eigenartiger kann die Harmonisierung bzw. die Begleitung sein. Nehmen wir z. B. eine Melodie, die sich ausschließlich auf zwei benachbarten Stufen bewegt (wie es deren viele in der arabischen Bauernmusik gibt). Es wird einleuchten, daß diese beiden Tonstufen eine viel geringere Gebundenheit beim Erfinden einer Begleitung bedeuten als eine Melodie, die sich gegebenenfalls auf vier oder noch mehr Tonstufen bewegt.

Zudem findet sich in den primitiven Melodien keinerlei Hinweis auf eine stereotype Verbindung von Dreiklängen. Dieses Negativum bedeutet nichts weiter als das Fehlen gewisser Schranken. Das Fehlen der Schranken bietet aber größere Freiheit — dem, der die Freiheit zu nutzen versteht. Das Fehlen dieser Schranken ermöglicht es, die Melodien in mannigfaltigster Weise durch tonartlich verschieden gerichtete Akkorde hervortreten zu lassen. Fast wage ich zu behaupten, daß das Erscheinen der sogenannten Polytonalität in der ungarischen Musik und in der Musik Strawinskys zum Teil durch diese Möglichkeit erklärbar scheint.

Die osteuropäische Bauernmusik barg aber noch andere Möglichkeiten in sich: ihre eigenartigen melodischen Wendungen führten zu neuen harmonischen Kombinationen. So ist z. B. die Erhebung der Septime zur Konsonanz darauf zurückzuführen, daß die Septime in unseren pentatonischen Volksliedern als Intervall von gleicher Bedeutung wie die Terz und die Quinte auftritt.

Nichts ist natürlicher, als daß wir das, was wir so oft im Nacheinander als gleichwertig vernommen haben, auch in der Gleichzeitigkeit als gleichwertig empfinden zu lassen versuchten. Wir faßten z. B. in der Harmonisierung eines Liedes, in welchem Septime, Quinte, Terz und Tonika unmittelbar nacheinander auftreten, diese vier Töne zusammen und ließen sie gleichzeitig erklingen, und zwar in der Weise, daß bei keinem der vier Töne das Bedürfnis nach einer Auflösung empfunden werde, mit anderen Worten: wir faßten diese vier Töne zu einem konsonanten Akkord zusammen.

Die eigenartige Anhäufung von Quartschritten in unseren alten Weisen regte zur Bildung von Quartakkorden an: so wurde auch hier das horizontale Nacheinander in eine vertikale Gleichzeitigkeit projiziert.

2

Eine andere Erscheinungsart des Einflusses der Bauernmusik ist folgende: Der Komponist verwendet keine echte Bauernmelodie, erfindet anstatt dessen selbst irgendeine Bauernmelodien-Imitation. Zwischen dieser und der oben beschriebenen Methode besteht im Grunde kein wesentlicher Unterschied.

Strawinsky erwähnt niemals die Quellen seiner Themen. Weder aus den Titeln seiner Werke noch aus etwaigen Anmerkungen ist jemals ersichtlich, ob die Themen seine eigene Erfindung oder der Volksmusik entnommen sind. Dieses Verfahren erinnert an die früheren Komponisten, die solche Angaben gewöhnlich verschwiegen haben. Denken wir nur an den Anfang der *Pastoral-Symphonie*.

Strawinsky handelt offensichtlich aus Überzeugung: er will damit jene Auffassung dokumentieren, daß es völlig nebensächlich sei, ob der Komponist selbsterfundene oder fremde Themen in seinen Werken verwendet. Einer authentischen Aussage nach ist Strawinsky der Ansicht, er sei berechtigt, sein musikalisches Material allen verfügbaren Quellen zu entnehmen; was er zur Verwendung als geeignet findet, wird eben infolge dieser Verwendung gleichsam zu seinem geistigen Besitz. In gleichem Sinne soll Molière auf die Anklage des Plagiats geantwortet haben: »Je prends mon bien où je le trouve« (Ich nehme mein Gut, wo ich es finde). Und Strawinsky hat unbedingt recht, wenn er behauptet, daß der Ursprung eines Themas vom künstlerischen Standpunkt aus völlig belanglos sei. Der Ursprung ist lediglich für die musikwissenschaftliche Dokumentation von Interesse.

Mangels aller Angaben wüßte ich nicht zu sagen, welche Themen Strawinskys in seiner »russischen« Periode eigene Erfindungen und welche der Volksmusik entliehen sind. Eines ist aber sicher: wenn es im thematischen Material Strawinskys eigene Erfindungen gibt — und wer wollte das bezweifeln —, so haben wir es hier mit der geschicktesten und getreuesten Volkslied-Imitation zu tun. Auffallend ist, daß Strawinsky während seiner »russischen« Periode, angefangen vom *Sacre du Printemps*, selten in der Form geschlossene — auf 3, 4 oder mehr Zeilen gegliederte — Melodien verwendet, wohl aber Zwei- oder Dreitaktmotive, die er *ostinato*mäßig fortwährend wiederholt. Solche kurzen, sich andauernd wiederholenden primitiven Motive sind übrigens sehr bezeichnend für eine bestimmte Kategorie der russischen Musik. Dem gleichen Bautyp gehört manches aus unserer alten Dudelsackmusik an, bekannt ist er auch aus den arabischen Volkstänzen. Dieses primitive Gefüge des thematischen Materials kann bis zu einem gewissen Grad als Erklärung für die eigenartige mosaikhafte Struktur der Strawinskyschen Kompositionen jener Frühperiode gelten.

Andererseits verursacht die ständige Wiederholung von primitiven Motiven ein Gefühl seltsam fieberhafter Erregung, auch schon in dieser Art Volksmusik selbst. Diese Wirkung wird noch ins Hundertfache gesteigert, wenn ein Tausendkünstler wie Strawinsky diese schon selbst einander jagenden motivischen Komplexe durch präziseste Abwägung der Gewichtsverhältnisse ineinanderstaut.

3

Schließlich kann sich die Einwirkung der Bauernmusik in den Werken des Komponisten noch auf eine dritte Weise bemerkbar machen: wenn er zwar weder Bauernmelodien noch ihre Imitationen verarbeitet, seiner Musik jedoch dieselbe Atmosphäre entströmt wie der Bauernmusik. In diesem Fall kann gesagt werden, daß der Komponist die Musiksprache der Bauern erlernt hat und sie so vollkommen beherrscht wie ein Dichter seine Muttersprache. Das bedeutet: diese bäuerliche musikalische Ausdrucksweise ist zu seiner musikalischen Muttersprache geworden, er vermag sie so frei zu gebrauchen — und gebraucht sie auch — wie der Dichter seine Muttersprache. In der ungarischen Musik sind die schönsten Beispiele hierfür in den Werken Kodálys zu finden. Es genügt, den *Psalmus Hungaricus* anzuführen, der niemals ohne ungarische Bauernmusik (aber natürlich auch nicht ohne Kodály!) entstanden wäre.

III. Über die Bedeutung der Volksmusik

Viele glauben, das Harmonisieren von Volksmelodien sei eine verhältnismäßig leichte Aufgabe, jedenfalls weniger schwierig als das Komponieren mit »originaler« Thematik. Der Komponist ist ja — so denken sie — schon im voraus eines Teils seiner Arbeit: der Erfindung von Themen, enthoben.

Diese Anschauung ist völlig falsch.

Mit Volksliedern umzugehen ist eine der schwierigsten Aufgaben. Ich wage zu behaupten: ebenso schwierig, wenn nicht noch schwieriger, als die Komposition eines großangelegten Originalwerkes. Wenn wir uns im klaren darüber sind, daß eine bereits vorliegende fremde Melodie eine starke Gebundenheit bedeutet, so begreifen wir die eine Ursache der Schwierigkeit. Eine weitere Schwierigkeit ergibt sich aus dem besonderen Charakter des Volksliedes. Dieser muß zuerst erkannt, empfunden, in der Bearbeitung wie ein Relief plastisch hervorgehoben und nicht etwa verschleiert werden.

Auf jeden Fall ist für die Volksliedbearbeitung, wie man zu sagen pflegt, »entsprechende Inspiration« genauso erforderlich wie für irgendein anderes Werk.

Manche halten die Anlehnung an die Volksmusik für unzeitgemäß und sogar schädlich.

Bevor wir uns mit dieser Meinung in eine Diskussion einlassen, wollen wir untersuchen, auf welche Weise die heutige, auf der Volksmusik fußende Richtung mit der sogenannten atonalen Richtung, der Zwölftonmusik, in Übereinstimmung gebracht werden könnte.

Wir müssen gestehen: auf gar keine Weise.

Warum? Weil Volksmusik immer tonal und eine atonale Volksmusik völlig unvorstellbar ist. Also kann auch atonale Zwölftonmusik nicht auf tonaler Volksmusik basieren. Das wäre vollkommen widersinnig. Zweifelsohne ist in der Reihe der Momente, die das Vordringen der atonalen Richtung hemmen, der Umstand, daß ein Teil der Komponisten des 20. Jahrhunderts auf alte Volksmusik zurückgegriffen hat, von nicht geringer Bedeutung.

Ich bin weit davon entfernt, zu behaupten, daß die alleinseligmachende Kunstmusik unserer Tage nur auf Volksmusik beruhen kann. Weniger liberal zeigt sich aber die Auffassung mancher unserer Gegner über die Rolle und Bedeutung der Volksmusik. Erst kürzlich äußerte sich einer unserer namhaften Musiker wie folgt: »Der uneingestandene Beweggrund für das in aller Welt in so großem Ausmaß betriebene Sammeln von Volksliedern ist auf innere Bequemlichkeitsliebe zurückzuführen, auf die Sehnsucht, sich an dem noch unerschöpften Quell zu laben, das unfruchtbare Hirn neu zu beleben. Dieser Wunsch soll die innere Unfähigkeit verbergen und mit geisttötender Bequemlichkeit das wahre innere Ringen umgehen.«

Diese bedauerliche Äußerung zeugt von einer völlig irrigen Anschauung.

Welche Vorstellung mögen wohl solche Menschen über die Sache haben? Sie scheinen zu glauben, der Komponist, der ein Freund des Volksliedes ist, setze sich eines Tages mit der Absicht, irgend etwas zu komponieren, an seinen Schreibtisch. Er zermartert sein Hirn, ohne daß ihm eine einzige Melodie einfällt. Da ermannt er sich, schlägt die nächstliegende Volksliedersammlung auf, entnimmt ihr ein, zwei Volksmelodien und — sogleich entsteht seine Symphonie ohne jegliche Geburtswehen.

Nein! So einfach ist die Sache nun doch nicht. Der verhängnisvolle Irrtum liegt darin, daß man dem *Sujet*, dem Thema eine viel zu große Wichtigkeit beimißt, und das ist ein ganz unrichtiger Standpunkt. Diese Leute vergessen, daß z. B. Shakespeare in keinem seiner Schauspiele die Fabel, das Thema selbst erfunden hat. Soll das vielleicht bedeuten, daß auch Shakespeares Hirn ausgedörrt war, daß er beim zweiten, dritten und zehnten Nachbarn um Themen für seine Stücke betteln mußte? Wollte also auch Shakespeare damit seine »innere Unfähigkeit« verbergen? Und erst Molière, der nicht nur das Thema, sondern mitunter auch einiges aus der Struktur des Originaltextes übernahm, Ausdrücke und sogar einzelne Zeilen in unveränderter Form beließ. Wir wissen, daß eines der Händelschen Oratorien nichts anders als eine Umarbeitung eines Werkes von Stradella ist, und das so meisterhaft, so sehr das Original an Schönheit übertreffend, daß man überhaupt nicht mehr an Stradella denkt. Kann hier von einem Plagiat, von Unfruchtbarkeit oder Unvermögen gesprochen werden? Ebensowenig wie bei Shakespeare, wenn er die Handlung einer Marlow-Tragödie entlehnt, oder wie bei Molière, wenn er aus spanischen Quellen schöpft, oder wie bei Strawinsky, wenn er in vielen seiner Werke Volksmotive oder anderweitig entlehnte Themen verwendet.

Der Handlung, dem Thema eines literarischen Werkes entspricht in der Musik das Themenmaterial. Aber auch hier, wie in der Literatur oder in den bildenden Künsten ist es ganz bedeutungslos, welchen Ursprungs das verarbeitete Thema ist, wichtig aber ist die Art, wie wir es verarbeiten. In diesem »Wie« offenbaren sich das Können, die Gestaltungs- und Ausdruckskraft, die Persönlichkeit des Künstlers.

Man könnte diese Frage auch noch von einer anderen Seite beleuchten.

Johann Sebastian Bach ist wohl als das große zusammenfassende Genie des Musikschaffens der ihm vorangehenden hundert Jahre (und mehr) anzusehen. Der Stoff seiner Musik setzt sich aus Motiven, Themen und Formeln zusammen, die größtenteils zu seiner Zeit, oder richtiger gesagt: zur Zeit seiner Vorgänger allgemein bekannt waren. Wir finden in Bachs Musik eine Unmenge von Formeln, die bei Frescobaldi und vielen anderen Komponisten vor Bach ebenso aufweisbar sind. Ist das nun Plagiat? Ganz und gar nicht! Jeder Künstler hat das Recht, seine Kunst in einer anderen, in einer Kunst früherer Zeiten zu verwurzeln. Und das ist nicht nur sein Recht, sondern ein Gebot für ihn. Warum sollten wir also nicht das Recht besitzen, auch die Volkskunst als einen solchen Wurzelboden zu betrachten?

Die Anschauung, die dem Erfinden von Themen eine derartige Bedeutung beimißt, entstand eigentlich im 19. Jahrhundert. Es ist dies eine spezifisch romantische Anschauung — die Sucht nach Individualität.

Aus all dem geht klar hervor, daß es durchaus kein Zeichen von »Unvermögen« und »Phantasielosigkeit« sein muß, wenn der Komponist, anstatt auf Brahms und Schumann zu fußen, die Wurzeln seiner Kunst in den Boden der Volksmusik seines Landes schlägt.

Es gibt noch eine Auffassung, die dem völlig widerspricht: viele glauben, es genüge für das Aufblühen einer nationalen Musikkunst, sich mit der Volkskunst zu befassen und deren Formeln den westlichen Musikformeln einzupflanzen.

Diese Auffassung zeigt die gleichen Schwächen wie die vorher erwähnte.

Ihre Vertreter stellen ebenfalls die Bedeutung der Thematik in den Vordergrund und denken gar nicht an die Wichtigkeit der Formgebung — der eigentlichen schöpferischen Arbeit. Die Kraftprobe des wahren Talents ist aber die Gestaltung.

So können wir also sagen: nur dann wird die Volksmusik für die Kunst von Bedeutung, wenn sie durch ein gestaltendes Genie die höhere Kunstmusik durchdringen und beeinflussen kann.

In unfähigen Händen kann weder Volksmusik noch irgendein anderes Musikmaterial jemals Bedeutung erlangen. Der Talentlosigkeit hilft weder die Berufung auf die Volksmusik noch auf sonstiges, das Ergebnis bleibt immer Null.

Besonders in Ländern, die über keine andere oder über eine nur geringe, unbedeutende Musiktradition verfügen, ist die Volksmusik von unersetzlichem, unermeßlichem Wert. In dieser Lage befinden sich die meisten Länder Ost- und Südeuropas, also auch Ungarn.

Abschließend möchte ich Kodály zitieren, der in diesem Zusammenhang über die Bedeutung der Volksmusik folgendes sagt:

»Es ist so wenig an alter ungarischer Musik schriftlich überliefert, daß zu einer ungarischen musikgeschichtlichen Konzeption die Volksmusik unentbehrlich ist. Wie es in der Sprache des Volkes vieles gibt, das mit der alten Sprache identisch ist, so ist es die Volksmusik, die uns notgedrungen die fehlenden schriftlichen Überlieferungen ersetzen muß. Vom künstlerischen Standpunkt bedeutet sie uns mehr als jenen Völkern, die schon seit Jahrhunderten einen selbständigen Musikstil entwickelt haben. Dort verschmolz die Volksmusik ganz mit der Kunstmusik, so daß ein deutscher Musiker bei Bach und Beethoven findet, was wir in unseren Dörfern erst suchen müssen: das organische Leben einer nationalen Tradition.«[3]

(1931)

[3] Kodály: Die ungarische Volksmusik (im ungarischen Musiklexikon, 1930).

Warum und wie sollen wir Volksmusik sammeln?

»La mélodie populaire ... n'existe réellement qu'au moment où on la chante ou la joue et ne vit que par la volonté de son interprète et de la manière voulue par lui. Création et interprétation se confondent ici ... dans une mesure que la pratique musicale fondée sur l'écrit ou l'imprimé ignore absolument ...«

(Brăiloiu: Esquisse d'une méthode de folklore musical)

Vor ungefähr anderthalb Jahrhunderten, als in ganz Europa das Interesse für die Kunst des Dorfes erwachte und das Sammeln der Volkslieder begann, konnten kaum andere als ästhetische Gesichtspunkte die Sammler leiten. Das ästhetische Ziel gab ihnen Feder und Papier in die Hand, und sie gingen und beschafften sich möglichst schöne, künstlerisch möglichst wertvolle Texte und Melodien. Sie waren auch bemüht, möglichst »ursprüngliche«, »unverdorbene« Formen der Volkslieder zu finden; wenn dies nicht gelang, versuchten sie, aus mehreren Varianten die — ihrer Ansicht nach — richtige Form zu rekonstruieren. Das so »zurechtgestutzte«, »richtiggestellte« Material ließen sie zum Ergötzen des Publikums und zur Belehrung der Künstler drucken. Die Dichter und Komponisten ließen sich denn auch belehren: sie fingen an, die Volksliedertexte, die alten Melodien mit mehr oder weniger Glück nachzuahmen; die Melodien versahen sie mit Instrumental- oder Vokalbegleitung, weil das Publikum sie in solchen Gewändern lieber aufnahm als nackt und bloß; Fantasien, Rhapsodien und sonstige Kompositionen wurden nach Volksmelodien geschrieben. Das war der praktische und zugleich der einzige Zweck des damaligen Sammelns.

Mit der Zeit aber nahmen die Sammler während der Arbeit eigentümliche Erscheinungen wahr. Sie bemerkten, daß sich in den Abweichungen der Volksliedervarianten sehr häufig eine *bestimmte Gesetzmäßigkeit* zeigte! Wenn dem nun so war, dann durfte man die Abweichungen einzelner Varianten von anderen nicht einfach einesteils als Fehler, als Verfall, andernteils hingegen als echte Originalform bezeichnen. Man verglich das Liedermaterial verschiedensprachiger Völker und entdeckte überrascht gemeinsame Melodien, gemeinsame Texte, ähnliche Melodiestile; oder aber man sah im Gegenteil, daß gewisse Melodien oder Melodiestile nur in einem streng abgegrenzten Gebiet vorkamen. Erstaunt nahm man wahr, daß bestimmte

— sich in Tongebung, Klangfarbe, Tempo und vielen anderen Kleinigkeiten zeigende — Vortragsweisen bei den einzelnen Völkern oder in den einzelnen Gebieten charakteristische Attribute der Volksmusik waren; nicht nur die aufschreibbaren Töne der Melodie waren also wichtig, sondern auch viele andere, mit dem Vortrag der Melodie verbundene Eigenschaften als Vergegenwärtigungsmittel der Melodie. Man bemerkte allmählich auch, daß die Ursache der kleinen Änderungen von Strophe zu Strophe — besonders in den Verzierungstönen der Melodie — nicht darin liegt, daß der Sänger seiner Sache nicht sicher ist beziehungsweise die Melodie nicht richtig kennt, daß vielmehr gerade diese Veränderlichkeit zu den charakteristischen Eigentümlichkeiten der Volksmelodien gehört und von ihnen gar nicht abtrennbar ist; die Volksmelodie ist wie ein Lebewesen: sie verändert sich von Minute zu Minute, von Augenblick zu Augenblick. Ich kann also nicht sagen: diese oder jene Melodie ist so, wie ich sie mir da oder dort notiert habe; ich kann nur sagen: *in dem Augenblick, als ich sie notierte, war sie so*, vorausgesetzt natürlich, daß ich sie richtig aufgeschrieben habe. (Nebenbei bemerkt ist diese Vortragsweise der Volksmusik der Vortragsweise der großen Künstler sehr ähnlich: sie ist keine einstudierte Gleichförmigkeit, sondern wechselnde Vielfalt.) Und schließlich fiel den Sammlern auf, eine wie wenig individuelle Kunst die Volksmusik ist, wie sehr es zu ihrem Wesen gehört, in der Äußerungsart kollektiv zu sein. Im Zusammenhang damit wurden die Sammler auf die Erscheinung aufmerksam, daß die Volksmusik eigentlich organisch zu allen wichtigeren Momenten des Dorflebens gehört: daß offenbar jede Art Volksmusik ursprünglich an eine kollektive Äußerung des Dorflebens gebunden war.

Durch alle diese Erkenntnisse wurden nach und nach die Art und Weise und die Ziele des Sammelns von Volksliedern völlig verändert. An die Stelle der früheren Liebhabersammelarbeit trat wissenschaftliche Forschung. Die ersten Sammler konnten, selbst wenn sie gewollt hätten, kein wissenschaftlich befriedigendes Ergebnis erzielen, da ihnen das wichtigste Instrument, der Phonograph, noch nicht zur Verfügung stand. Die heutigen Sammler gehen schon mit den verschiedensten Meß- und Fixiergeräten an die Arbeit, um von den »Momentaufnahmen« der einzelnen Melodien möglichst genau aufgezeichnete Bilder geben zu können. Doch die vollkommene dingliche Ausrüstung genügt noch nicht; ebenso wichtig ist die möglichst vollkommene *geistige* Ausrüstung. Der ideale Volksmusiksammler muß nämlich geradezu ein Polyhistor sein. Er braucht sprachliches und phonetisches Wissen, um die kleinsten Nuancen in Aussprache und Mundart wahrnehmen zu können; auch Choreograph muß er sein, um die Beziehungen zwischen Volksmusik und Volkstanz genau beschreiben zu können. Nur allgemeine Folklorekenntnisse ermöglichen es dem Sammler, den Zusammenhang zwischen der Volksmusik und den Volksgebräuchen bis in die kleinsten Einzelheiten festzustellen; und er muß Soziologe sein, damit er kontrollieren kann, welche Wirkung die Veränderungen, die das kollektive Leben des Dorfes zu stören pflegen, auf die Volksmusik ausüben. Wenn er letzte Folgerungen ziehen will, muß er geschichtliche, vor allem siedlungsgeschichtliche Kenntnisse haben: wenn er das Volksmusikmaterial fremdsprachiger Völker mit dem seines Heimatlandes vergleichen will, muß er die Sprache anderer Völker lernen. Und außer alledem ist es eine unerläßliche Forderung, daß er Musiker mit gutem Gehör und guter Beobachtungsgabe sei. Einen Sammler mit so vielen Fähigkeiten, so viel Wissen und Erfahrung hat es — soviel ich weiß — noch nicht gegeben und wird es — glaube ich — auch nie geben, so daß, unserer jetzigen Auffassung entsprechend, völlig befriedigende Volksmusikforschungsarbeit *ein* Mensch allein gar nicht leisten kann.

Annähernd vollkommene Resultate könnten vielleicht durch Arbeitsteilung erreicht werden, wenn — sagen wir — zwei Forscher, zum Beispiel ein Philologe und ein Musiker, zusammen arbeiteten. Aber diese Lösung läßt sich im allgemeinen — aus finanziellen und sonstigen Gründen — schwer verwirklichen.

Wenn wir als Ergebnis einer nach den neuesten Methoden durchgeführten Forschung je ein geschlossenes Gebiet in bezug auf die Volksmusik mehr oder weniger gut kennengelernt haben, folgt der zweite Teil der Forschung. Das Material der einzelnen Gebiete muß verglichen und es muß festgestellt werden, was darin gemeinsam und was abweichend ist. Mit anderen Worten: in die Fußtapfen der aufzeichnenden Musikfolklore muß die vergleichende Musikfolklore treten. Bei dieser vergleichenden Forschung begegnen wir — genau wie bei ihrer Schwester, der vergleichenden Sprachwissenschaft — den überraschendsten Erscheinungen. Ich führe nur zwei Beispiele an. Im Jahre 1912 entdeckte ich bei den Rumänen von Maramureş eine bestimmte, in der Färbung orientalische, stark verzierte und improvisationsmäßig vorgetragene Melodieart. 1913 fand ich in Mittelalgerien, in einem Dorf an der Sahara, einen ganz ähnlichen Melodiestil. Obwohl mir die Ähnlichkeit gleich beim ersten Hören auffiel, wagte ich nichts anderes als zufälliges Übereinstimmen in ihr zu sehen. Wer hätte denn daran gedacht, daß die Entfernung von mehr als zweitausend Kilometern zwischen den beiden Dörfern durch einen Kausalzusammenhang überbrückbar sei! Später stellte sich dann — nacheinander — heraus, daß die gleiche Melodieart auch in der Ukraine, im Irak, in Persien und im alten Rumänien allbekannt ist. Da war es bereits klar, daß von zufälliger Übereinstimmung keine Rede sein konnte: jener Melodiestil, der zweifellos persisch-arabischen Ursprungs ist, war auf vorläufig nicht feststellbaren Wegen (wir wissen noch nicht, ob er bei den Osmanli-Türken und den Bulgaren vorhanden ist oder vorhanden war) bis zur Ukraine vorgedrungen.

Das andere Beispiel ist für uns noch interessanter. Schon seit gut fünfundzwanzig Jahren wissen wir, daß die Haupteigentümlichkeiten der ältesten ungarischen Volksmelodien ein bestimmtes pentatonisches System und eine bestimmte, sogenannte absteigende (fallende) Melodiestruktur sind. Obwohl das pentatonische System der damals bekannten chinesischen Musik mit dem unsrigen nicht ganz übereinstimmte und ihre Melodiestruktur ganz und gar abweichend war, ahnten wir dennoch — schon damals — in unserer Pentatonik die Spuren einer asiatischen Musikkultur. Und siehe da, ein großer Teil der uns kürzlich bekannt gewordenen Tscheremissen-Melodien der Wolgagegend bestätigt unsere damalige Ahnung: wir finden in ihnen das gleiche pentatonische System, die gleiche absteigende Melodiestruktur, ja sogar Varianten ungarischer Melodien.

Wie und womit sind nun diese Übereinstimmungen zu erklären? Auf welche Weise konnte ein und dieselbe Musikkultur viele Jahrhunderte lang bei mehrere tausend Kilometer weit auseinandergeworfenen Völkern erhalten bleiben? Mit diesen Fragen sind wir zum aufregendsten Kapitel der Volksliederforschung gelangt, zu dem Kapitel, das ich »pragmatische Musikfolklore« nennen möchte.

Dieses aufregendste Kapitel ist aber zugleich das betrüblichste. Denn was vor allen Dingen haben wir nötig, um Ursachen und Zusammenhänge zu entwirren? Daten, Daten und wiederum Daten, Hunderttausende von Daten! Was aber hat uns die Erfahrung gelehrt? Daß es kaum ein paar Länder gibt, wo systematische Forschungen durchgeführt werden; daß Veröffentlichungen auf dem Gebiete der Volksmusik nur um den Preis größter Schwierigkeiten das Tageslicht erblicken; daß wichtige Gebiete — wie Griechenland, die Türkei, ganz Mittelasien —, was die Volksmusik angeht, sozusagen völlig unbekannt sind. Wenn »geistige Zusammenarbeit«, die die Nationen wechselseitig anspornt, irgendwo brennend nötig ist, so ist es hier. Aber die nachgerade berüchtigt gewordene »Zusammenarbeit« hat hier, wie auf allen anderen Gebieten, fast völlig versagt. Gesprochen wird zwar viel von ihr, doch in der Praxis sehen wir kaum je Früchte des vielen Redens. Und wie unzählig viele Fragen gibt es in der Volksmusikforschung, die auf Antwort warten! Man könnte und müßte die uralten Kulturbeziehungen weit auseinandergeratener Völker aufzeigen; Siedlungs- und historische Fragen könnte man beleuchten; auf die Umgangsform, auf die Verwandtschaft oder die Gegensätzlichkeit in der Gemütsart benachbarter Völker könnte man hinweisen.

Die Untersuchung solcher Fragen wäre der Endzweck der Volksliederforschung: wenn dieser junge Zweig der Wissenschaft dereinst diesem Zweck — den wir fast schon einen praktischen nennen könnten — gewissenhaft dient, dann wird er würdig sein, sich neben seine älteren Gefährten zu reihen. Und es kann ihm außerdem auch der Nutzen verbleiben, der beim Beginn der Forschungen als der alleinige angesehen wurde: allen, die noch Sinn für die Schönheit haben, ästhetische Freude bereiten zu können. Ich brauche wohl nicht zu sagen, daß auch diesem Zweck durch wissenschaftlichen Ansprüchen genügende authentische Veröffentlichungen besser gedient wird als durch die Herausgabe hübsch zurechtgestutzten, »verbesserten« Volksmusikmaterials.

Bisher sprachen wir davon, was Ziel und Zweck des Sammelns von Volksmusik sein solle. Im folgenden möchten wir einiges darüber sagen, *wie* wir Volksmusik sammeln sollen.

Das erste, was wir zu tun haben, ist, uns auf die Sammelarbeit vorzubereiten, und zwar dadurch, daß wir das bereits gesammelte Material im großen und ganzen durchstudieren. Dies ist nötig, damit wir sehen, wo in den früheren Sammlungen

Lücken sind und uns bei unserer Arbeit danach richten. Wenn wir zum Beispiel sehen, daß das Material früherer Sammler bestimmte Arten von Liedern kaum oder gar nicht enthält, so werden wir mit besonderem Eifer nach diesen Arten forschen. Sehen wir, daß in bestimmten Gebieten noch nicht gesammelt worden ist, werden wir vor allem diese Gebiete aufsuchen. Wir können jedoch auch ganz entgegengesetzte Richtlinien aus den bereits vorhandenen Sammlungen gewinnen: wenn das in ihnen enthaltene und aus einem bestimmten Gebiet stammende reiche Material darauf hindeutet, daß in diesem Gebiet noch sehr viele unbekannte Melodien verborgen sein dürften, werden wir natürlich dieses reich und noch nicht erschöpft scheinende Gebiet nicht umgehen. Möglichst gründliche Kenntnis des schon gesammelten Materials ist auch deshalb nützlich, weil sie uns hilft, die wichtigeren Variantengruppen gut zu erkennen; so können wir dann in unserem eigenen Sammelgebiet planmäßig nach vielleicht auch dort vorhandenen Varianten forschen. Daß die geistige Ausrüstung, von der ich oben sprach, möglichst vollkommen zu sein hat, versteht sich von selbst. Bei der Wahl des Sammelgebietes sind auch historische, geographische und sonstige Gründe richtunggebend. Mehr Erfolg versprechen Dörfer, wo die fremde Einwirkung, der städtische Einfluß geringer ist. Bergbaugegenden zum Beispiel sind kein sehr gutes Gebiet, weil dort — wenn ich so sagen darf — der »Fremdenverkehr« zu groß ist. Allzuviel kommendes und gehendes, hausierendes Dorfvolk ist ebenfalls weniger zu empfehlen. Am geeignetsten sind vor möglichst langer Zeit angesiedelte Dörfer, wo das Dorfleben Jahrhunderte hindurch nach den ungeschriebenen Gesetzen des Dorfes vor sich ging und geht. Ebendarum bekommen wir zum Beispiel in den Knechtsgehöften großer Güter im allgemeinen kein sehr gutes Material, weil deren Bewohner sich aus verschiedenen Gegenden zusammenfinden und weil bei ihnen die zusammenfassenden, geschlossenen Schranken des Dorflebens fehlen.

Besonders betonen muß ich, daß man möglichst nur an Ort und Stelle, das heißt in den Dörfern selbst, sammeln soll. Nicht ratsam ist es, bei Dörflern zu sammeln, die in die Fremde verschlagen worden sind, zum Beispiel bei Dienstboten, Hausierern, in die Hauptstadt gekommenen Kriegsgefangenen. Von der Heimat getrennte Menschen können aus der heimatlichen Musikgemeinschaft so sehr herausfallen, daß sich sogar ihre Vortragsweise ändert. Doch selbst wenn sie sich nicht geändert haben sollten und wir von ihnen gute Lieder gut vorgetragen bekommen können, werden solche Sammlungen dennoch einen großen Mangel haben: die wechselseitige Reaktion zwischen dem Sänger und seinen Dorfgenossen wird fehlen; es wird der Sammlung die Lebendigkeit fehlen, die sich nur entfalten kann, wenn das Sammeln in Anwesenheit *vieler* Einwohner eines Dorfes vor sich geht. Denn dann reagieren auf die Produktion des einen die übrigen berichtigend, dem Gedächtnis nachhelfend; beim Wort des einen fällt dem anderen ein anderes, vielleicht sehr wichtiges ergänzendes Wort, beziehungsweise eine Melodie ein. Ganz zu schweigen davon, daß wir das echte Leben, die wirkliche Funktion der Lieder nur in einer Gemeinschaft beobachten können.

Alle diese Einschränkungen sind natürlich nicht unbedingt Verbote. Sie bedeuten nicht, daß man in Knechtsgehöften oder bei einzelnen in die Stadt gekommenen Menschen nicht sammeln solle. Sie bedeuten nur, daß wir uns das Bessere nicht um des Weniger-Guten willen entgehen lassen und daß wir das von einem nicht ganz einwandfreien Ort stammende Material kritischer, ja mißtrauisch aufnehmen sollen.

Unbedingtes Verbot ist indessen folgendes: Bei vornehmen Leuten soll man nirgends und nie Volksmusik sammeln, weil man es dort nicht kann. Dies zu verkünden, würde heutzutage, da jeder, der sich mit Volksmusik befaßt, wenigstens in großen Zügen ihre Beschaffenheit kennt, geradezu überflüssig scheinen. Es würde überflüssig scheinen, wenn ... wenn es nicht vor kurzem erst, vor anderthalb Jahren, vorgekommen wäre, daß ein älterer ungarischer Folkloreforscher, selbst auch Volksliedersammler, allen Ernstes der Volkswissenschaftlichen Kommission der Akademie einen Herrn in der Provinz empfohlen hätte, der »förmlich ein Lagerhaus von Volksliedern« sei.

Die heutige Volksmusikforschung hält das Sammeln mit dem Phonographen oder Grammophon bereits für eine unentbehrliche Bedingung. Vom wissenschaftlichen Standpunkt aus ist wirklich authentisches Material eigentlich nur das, wovon auch Aufnahmen gemacht worden sind. Es mag einer noch so geschickt im Niederschreiben sein, gewisse kleine Feinheiten (flüchtig dahinschwebende Töne, *Gleitungen*, die Wertverhältnisse bis in die kleinsten Details) kann er trotzdem nicht genau notieren, schon allein darum nicht, weil diese — im ersten Augenblick wie Imponderabilien scheinenden — Kleinigkeiten von Vortrag zu Vortrag wechseln. Sooft wir auch die Melodie wiederholen lassen: jedesmal sind, wenn auch nicht die Haupttöne, so doch diese kleinen Zierelemente anders. Es läßt sich also bestenfalls eine ziemlich gute Durchschnittsaufzeichnung erzielen, die aber letzten Endes die Melodie in einer Form zeigt, in der sie eigentlich nie existiert hat. — Doch selbst wenn es einem Sammler mit übernatürlichen Fähigkeiten gelänge, Melodien nach einmaligem Hören mit allen ihren feinen Nuancen niederzuschreiben, bliebe noch immer etwas, das sich überhaupt nicht niederschreiben läßt, weil wir für diesen Zweck kein Zeichensystem besitzen: dieses Etwas ist die Tongebung des Volksgesanges, die *Klangfarbe*. Diese könnte man höchstens umständlich erklären, doch wären solche Erklärungen zu nichts nütze, weil sich nach ihnen sowieso niemand die Klangfarbe vorstellen könnte. *Deshalb* ist es so wichtig, mit dem Phonographen zu sammeln! — Der Phonograph hat auch noch einen anderen — wenngleich nicht so erstrangigen — Nutzen: er schont Sänger, Spieler, Sammler gleichermaßen, da man ja nicht zehn- oder zwanzigmal, sondern nur einmal das Lied in den Apparat singen oder vielleicht zwei- oder dreimal die Melodie hineinspielen zu lassen braucht. Es ist leicht vorstellbar, wieviel Zeit der Sammler auf diese Weise spart. Ferner: bei der phonographischen Wiedergabe kann die Umdrehungsgeschwindigkeit auf langsam eingestellt werden (am zweckmäßigsten ist es, sie auf die Hälfte der Aufnahmegeschwindigkeit einzustellen, wodurch allerdings die Tonhöhe der Aufnahme eine Oktave tiefer wird); mit Hilfe dieses Kniffs kann man sehr komplizierte oder kaum hörbare Verzierungen, Rhythmusunterschiede so genau festhalten, wie es durch noch so häufiges Anhören natürlichen Gesangs niemals möglich ist. Und schließlich: der Phonograph ist eines der besten Hilfsmittel zur Erreichung des idealen Zweckes, bei der Sammel- und Studienarbeit das subjektive Element nach Möglichkeit auszuschalten. Allerdings nur ein Hilfsmittel, aber kein Mittel zur Verwirklichung. Denn dieses ideale Ziel ist unerreichbar, solange wir nicht alle Arbeit Maschinen anvertrauen können (und das wird wohl kaum jemals möglich sein): solange auch menschliche Arbeit in das Verfahren eingeschaltet werden muß, werden in der Niederschrift, in der Klassifizierung usw. immer bald mehr, bald weniger subjektive Elemente vorhanden sein. Der Mensch kann sich ja nicht in eine Maschine verwandeln!

Nach den nötigen Vorbereitungen folgt der Aufbruch zu dem Schauplatz. Auch der Zeitpunkt des Aufbruchs ist nicht gleichgültig: ratsam ist, sich auf die Sammelreise zu begeben, wenn die Dorfbewohner am meisten freie Zeit haben; wollen wir mit irgendwelchen Gebräuchen verbundenes Musizieren und den Volksgebrauch zugleich beobachten, so müssen wir uns freilich nach dem Datum des Volksgebrauchs richten.

Die folgende Frage ist: *Was* sollen wir sammeln?

Dem idealen allgemeinen Postulat gemäß soll alles gesammelt werden, was unter den Begriff Volksmusik fällt, also in jedem Gebiet alle Melodien, von denen angenommen werden kann, daß sie eine gewisse Zeit lang ohne äußeren Zwang bei den Dorfbewohnern allgemein verbreitet waren. Sammeln wir also keine Melodien, die nur ein einziger Einwohner des Dorfes kennt, sofern sich herausstellt oder anzunehmen ist, daß er sie irgendwoher aus der Fremde, vor allem aus einer Stadt, nach Hause mitgebracht hat. In der Schule oder aus dem Radio gelernte Lieder werden wir natürlich nicht sammeln, denn sie sind dem Dorfvolk durch äußeres Eingreifen eingeimpft worden. *Alles* übrige müßte in *jedem* einzelnen Dorf — prinzipiell wenigstens — gesammelt werden. Diese Forderung ist aber in Ermangelung von Geld, Zeit und Arbeitskraft praktisch nicht erfüllbar. Und in vielen Fällen ist es auch gar nicht nötig, sie zu erfüllen. Zum Beispiel kennt man noch heute in unseren Dörfern allenthalben Hunderte von allgemein bekannten Melodien (ich denke an Lieder wie *Szeretnék szántani* [Pflügen möcht' ich], *Debrecenbe kéne menni* [Nach Debrecen müßt' man gehn], *Kerek ez a zsemle* [Rund ist diese Semmel] usw.). Diese werden überall so gleichmäßig gesungen, daß es wirklich überflüssig wäre, mit hundertmaligem Niederschreiben die Zeit zu vergeuden. Unsere bisherigen Aufzeichnungen deuten darauf hin, daß diese Melodien im gesamten von Ungarn bewohnten Gebiet im großen und ganzen gleicherweise allgemein bekannt sind. Diese annehmbar scheinende Feststellung durch weitere Aufzeichnungen und mit Zeitverschwendung zu bestätigen, wäre nur schädlich, denn wir würden dadurch die Möglichkeit versäumen, uns andere, wichtigere Daten zu verschaffen. Wenn jedoch zufällig eine Variante einer solchen bis zur Abgedroschenheit bekannten Melodie auftauchte, in der eine interessante, bisher unbekannte Wendung vorkommt, so wäre diese Variante natürlich als zu sammelndes Material zu betrachten.

Schon diese erste Orientierung zeigt, daß wir mit einer bestimmten Auswahl arbeiten müssen. Die weitere Auswahl nun ginge dahin, in erster Linie nur Material zu sammeln, das für einen bestimmten, bekannten oder vorausgesetzten altertümlichen Zustand besonders charakteristisch ist. Dies bezieht sich nicht allein auf die Melodien an sich, sondern auch darauf, wie sie vorgetragen werden. Diese Auswahl zu treffen, ist für den Sammler schon eine schwerere Aufgabe, besonders im ungarischen Sprachgebiet. Und zwar hauptsächlich darum, weil wir Ungarn von solch altertümlichem Zustand schon betrüblich weit abgerückt sind. Was ist in der Volksmusik das Hauptmerkmal des altertümlichen Zustandes? In erster Linie dies: die Musik eines Dorfes ist altertümlich, wenn sie in all ihren einzelnen Verzweigungen einem bestimmten Zweck dient, und zwar nach den ungeschriebenen Gesetzen des Dorfes. Früher hat man in den Dörfern nicht musiziert und gesungen, weil man zufällig Lust dazu bekam, sondern weil die Sitte beziehungsweise die Tradition, dieses mächtige, das Dorfleben regelnde Gesetz, es so befahl. Dies scheint zu der so oft betonten Instinktmäßigkeit einigermaßen im Widerspruch zu stehen, doch es scheint nur so; das Dorfvolk unterwirft sich den Geboten der Tradition *instinktiv*, aus unausweichlichem Bedürfnis. Daß Weihnachten mit *Regös*-Liedern gefeiert werden *mußte*, daß Hochzeiten nur mit bestimmten Zeremonien gehalten werden durften, daß es sich ziemte, beim Erntefest Erntelieder und *nur solche* zu singen, hielt man offenbar für ebenso selbstverständlich wie alle anderen unbedingt nötigen Lebensäußerungen. Dagegen hat es sicherlich für ganz unschicklich gegolten, *Regös*-Weisen, Hochzeits- oder Erntelieder nicht zu Weihnachten beziehungsweise nicht bei Hochzeiten oder beim Erntefest zu singen, sondern bloß aus purer Singlust irgendwann an anderen Tagen. Bei uns in Ungarn sind wir schon zu Beginn des wissenschaftlichen Sammelns, Anfang des zwanzigsten Jahrhunderts, mit dem Beobachten solcher altertümlichen Zustände zu spät gekommen: die streng zeremonielle Gebundenheit war im größten Teil des ungarischen Gebietes wahrscheinlich schon viel früher im Dorfleben nicht mehr vorhanden, sie war ausgestorben.

Wir fanden vor fünfundzwanzig, dreißig Jahren nur noch verstreut da und dort eine an derartige Zeremonien gebundene Melodie, doch in versteckten uralten Dörfern längs der Sprachgrenze waren ihrer um so mehr (oder *Regös*-Lieder z. B. in Transdanubien). Aber in der Großen Tiefebene (Alföld) ist keine Spur davon geblieben. Hingegen haben zum Beispiel die Slowaken noch heute in jedem einzelnen Dorf eine ganze Reihe von Hochzeitsliedern: zu jeder Phase des Hochzeitsfestes und der Hochzeitsvorbereitungen gibt es ein besonderes Lied; und sie haben noch die Johannisnachts-, die Ernte-, die Heumacher-, die Oster-, die Wiegenlieder und so weiter. Daß es auch bei uns in Ungarn einmal Wiegenlieder gegeben haben mag, können wir nur aus einem speziell »kinderwiegenden« Wort schließen, das in den Anfangszeilen eines siebenbürgischen Balladentextes erhalten geblieben ist: »Beli fiam, beli, nem apádtól lettél...« (Beli, Kindchen, beli, nicht von deinem Vater wurdest du...)[1]

Was also ist nun noch aus den alten Zeiten erhalten geblieben? Diejenigen Lieder, die ich weiter oben als »an keine Gelegenheit gebunden« bezeichnet habe. Es wird jedoch mehr und mehr wahrscheinlich, daß auch diese früher an Gelegenheiten gebunden waren, zum Beispiel an das Zusammensein in Spinnstuben, an *kaláka*[2] oder andere, jetzt gar nicht mehr ausforschbare Gelegenheiten; erhalten geblieben sind ferner zum Teil unsere alten Tanz- und Spiellieder. Schließlich sind noch unsere sogenannten neueren Melodien erhalten geblieben, denn diese haben sich ja vor noch gar nicht langer Zeit herausgestaltet. Der Sammler von heute kann also seine Aufmerksamkeit nur auf die soeben aufgezählten Arten lenken. Eine große Schwierigkeit liegt darin, daß die zuletzt erwähnten neueren Melodien fast 90 Prozent des auffindbaren Materials ausmachen. Und von dieser Art besitzen wir schon an die Zehntausende von Aufzeichnungen und Aufnahmen. Wir kennen sie bereits allzu gut. Daher müßte der Sammler sich hauptsächlich den 10 Prozent Melodien widmen, die es sonst noch gibt. Aber gerade diese sind am schwersten zu bekommen, weil fast nur alte Leute noch etwas von ihnen wissen. Und es ist auch anfangs schwer,

[1] Die älteste Angabe ist meines Wissens in der »Sammlung Ungarischer Volksdichtung« Band III (Budapest 1882), S. 17, zu finden: Mit dem Fuß wiegt sie ihr schon laufendes Söhnchen: »Beli fiam, beli, Mónusi Samuka.« Ob das Wort »beli, beli« tatsächlich ein Terminus technicus des Kinderwiegens ist, dafür haben wir außer den Balladentexten keine gedruckten Daten; im »Ungarischen Etymologischen Wörterbuch« fehlt das Wort leider. Daten, aus denen seine Bedeutung erhellt, sind handschriftlich vorhanden: in meiner handschriftlichen Volksliedersammlung kommen in fast sämtlichen Wiegenliedern des Komitats Zólyom diese beiden Zeilen (meist als Anfangszeilen) vor: »*Beli* že mi *beli* Moj andelik biely!« (Beli, beli, mein weißes Engelchen!) Das Wort »beli« ist ausschließlich in Wiegenliedern zu finden, und zwar immer in Zeilen ähnlichen Inhalts; daraus gehen Rolle und Bedeutung des Wortes hervor. Ob es aus dem Ungarischen ins Slowakische gelangt ist oder umgekehrt, weiß ich freilich nicht. (Anm. d. Verf.)

[2] *Kaláka* nennt man die gemeinsame Arbeit, die Nachbarn, gute Freunde usw. aus Gefälligkeit für jemanden verrichten; der Betreffende revanchiert sich dafür auf die Weise, daß er bei anderen Gelegenheiten am *kaláka* für andere teilnimmt. (Anm. d. Verf.)

den alten Leuten begreiflich zu machen, was wir eigentlich von ihnen wollen. Wenn wir sie um alte Lieder bitten, kommen sie uns mit etwas sehr Bekanntem, oft sogar mit den sogenannten neueren Melodien, da diese ja in der Kindheit der alten Leute schon in Mode waren, ihrer Meinung nach also »sehr alt« sind. Am besten ist es, ihnen einige wirklich alte Melodien vorzusingen, dadurch kann man ihnen am leichtesten klarmachen, was das Wesentliche ist. So können wir vielleicht, wenn nichts anderes, wenigstens ein paar wertvolle Varianten bekommen; die Aussichten, noch völlig unbekannte Typen zu entdecken, sind ja ohnehin recht gering, wenn nicht überhaupt gleich Null. Hingegen gibt es in unseren bisherigen Sammlungen »Unikum«-Melodien, sogar eine ganze Anzahl, Melodien also, die nur in *einem* Exemplar existieren, oder aber Variantengruppen, die nur durch zwei oder drei Varianten vertreten sind. Zu diesen noch weitere Varianten zu finden, wäre sehr wichtig und nützlich.

Ebenso nötig wäre es, möglichst viele Volksvarianten alter Kunstlieder zu entdecken. Wir kennen zum Beispiel sehr viele und stark voneinander abweichende Volksvarianten des Liedes *Jenseits der Theiß, jenseits der Donau* ... (»Tiszántúl, Dunántúl ... «). Dieses Lied stammt zweifellos von einem mehrere Jahrhunderte alten Kunstlied (den Text dieses Liedes haben Thaly im II. Band der *Heldenlieder*, S. 308–310, und János Erdélyi in kürzerer Variante im I. Band der *Volkslieder und Sagen*, S. 266, als Nr. 306 veröffentlicht). Sehr wichtig wäre es, zu dieser Melodie *noch mehr* Varianten zu bekommen, denn es könnten einige darunter sein, die gleichsam Übergänge von der — bisher leider unbekannten — Kunstmelodie zu den Volksmelodien sind. Überhaupt müßten die neueren Sammler auf Grund solcher alten Kunstliedertexte erforschen, was von diesen alten Liedern noch auf dem Dorfe erhalten geblieben ist und in welcher Form.

Vielleicht finden sich auch noch ziemlich viele wertvolle Lieder aus der Gruppe der — zum »Besingen« der neuen Paare gebrauchten — sogenannten *párosító* oder *kidanoló* Lieder. Diese gehören zwar nicht zum ältesten, jahrtausendealten Material, aber sie sind doch in vieler Hinsicht interessant und wertvoll. Wir müßten versuchen, von ihnen solche zu verschaffen, die nicht nach den sogenannten »neuen« Melodien gesungen werden.

Wie man das Vertrauen der Sänger, besonders der alten, gewinnen kann, dafür lassen sich schwerlich genaue und systematische Ratschläge geben. Eines jedoch steht fest — und ich glaube, davon ist jeder sich an die Arbeit begebende Sammler überzeugt —, daß nämlich mit Befehlen nichts erreicht werden kann. Wohl nur auf dem Lande lebende und ans Befehlen gewöhnte Herren denken sich, daß so etwas möglich ist.— Das Verhalten der alten Leute macht oft eine Behandlungsweise notwendig, bei der wir darauf verzichten müssen, innerhalb einer Gruppe von Dorfleuten zu sammeln. Und zwar immer dann, wenn wir sehen, daß das Medium sich schämt. Dann ist es besser, mit ihm allein zu sein.

Seinerzeit hat der Phonograph viel zur Belebung der Singlust beigetragen, hauptsächlich dadurch, daß man die Aufnahme sofort abspielen lassen konnte. Das Erklingen der Aufnahme hat gewöhnlich große Freude ausgelöst; angespornt wurden die Sänger auch, wenn sie ihre Namen in den Apparat sagen durften (»ich, N. N., habe das da und da, dann und dann hineingedudelt«) oder wenn sie von Zeit zu Zeit nach einem Lied einen scherzhaften Ausspruch in den Phonographen schmuggeln konnten. Der Ruf des Spaßvogels — nämlich des Sammlers — ging mit Blitzesschnelle durchs ganze Dorf, und allmählich füllte sich die Bauernstube derart, daß man kaum mehr atmen konnte. Da wurde denn auch meistens die Ernte reicher, denn sämtliche Zuschauer zerbrachen sich den Kopf, wie es anzustellen sei, daß auch sie in den Apparat singen und nachher ihre Stimme wiederhören könnten.

Im allgemeinen wissen Frauen mehr Lieder und singen auch zuverlässiger als die Männer. Das kann mehrerlei Gründe haben. Die Männer kommen und gehen, die Natur ihrer Arbeit regt sie wohl auch nicht so zum Singen an, und sie schätzen auch derartige — ihrer Meinung nach — Nichtigkeiten wie Gesang geringer. Und daß sie eher die Möglichkeit haben, im Wirtshaus zu sitzen, macht sie nicht — wie man es allgemein fälschlich annimmt — geeigneter, einen größeren Liederschatz aufzubewahren. Dazu kam früher noch, daß bestimmte, mit Volksgebräuchen verbundene Lieder (z. B. Hochzeits- und Beerdigungslieder) nur von Frauen oder Mädchen gesungen wurden, weil es sich so schickte. Wenn wir also sogenannte »Liederbäume« (d. h. Bauern, die nach dem allgemeinen Wissen des Dorfes sehr viele Lieder im Gedächtnis haben) suchen, sehen wir uns besser nach weiblichen »Liederbäumen«

um. Mit den männlichen kann es uns oft schlecht ergehen: sie singen uns Lieder vor, die sie wer weiß wo aufgelesen haben und die mit dem betreffenden Dorf in gar keinem Zusammenhang stehen.

Wenn ein Sänger auf langes Zureden hin endlich ein Lied anstimmt, beginnt er häufig mit einem nicht entsprechenden Lied. In solchen Fällen ist es ratsam, das Aufnotieren vorzutäuschen, damit der Sänger die Lust nicht verliert, es besteht ja die Hoffnung, daß er später auch ein entsprechendes Lied singt. Solche oder ähnliche kleine Kniffe können dem Sammler oft viel helfen.

Doch wie geschickt und eifrig wir auch das Sammeln betreiben, es hängt dennoch oft nur vom glücklichen Zufall ab — genau wie bei der Jagd —, ob wir etwas Geeignetes erbeuten oder nicht. Denn die wertvolleren altungarischen Lieder sind schon allzusehr im Aussterben begriffen.

Manchmal ist die Melodie *gut*, aber der Vortrag ist es nicht: er ist gekünstelt. Da nicht nur für die Wahl der Melodie, sondern auch für die des Vortrages eine rekonstruierende Rückschau in die Vergangenheit richtunggebend ist, sollen wir Sänger mit ungeeigneter Vortragsweise möglichst meiden. Schon vor Jahrzehnten wurde es Mode — besonders bei Männern, bei Burschen —, keck und übermütig, mit einem prahlerischen Hin- und Hergleiten und mit sentimentalem Dehnen des Tanzrhythmus vorzutragen, was meiner Ansicht nach auf einen bedauerlichen Einfluß der städtischen »Zigeunermusik«, beziehungsweise des Mitsingens der Stadtleute zurückzuführen war. Vom wissenschaftlichen Standpunkt aus müssen wir allerdings auch solche entarteten Vortragsweisen studieren, so sehr wir sie auch ästhetisch als Schund empfinden. Da wir aber diese Vortragsweise von älteren und neueren Aufnahmen her schon bis zum Überdruß kennen, ist es ratsam, bei Personen, die so vortragen, nach Möglichkeit nicht zu sammeln.

Beim Aufzeichnen von Melodien müssen wir deren Tempo möglichst genau — mit dem Metronom — bestimmen; sammeln wir mit einem Phonographen, so können wir unter Umständen mit der Stoppuhr auch die Dauer der Strophen messen. Die genaue Tonhöhe des Vortrages müssen wir ebenfalls feststellen.

Wenn wir mit dem Phonographen sammeln, so gilt die Frage, was und wie wir aufnehmen sollen. Prinzipiell das ganze gesammelte Material. Da jedoch die Walzen teuer sind, müssen wir uns in den meisten Fällen darauf beschränken — zumindest wo es sich um ungarisches und ähnliches Material handelt —, vornehmlich diejenigen Melodien aufzunehmen, in denen die früher erwähnten, sich von Vortrag zu Vortrag ändernden Zierelemente in größerer Anzahl vorkommen, ferner Instrumentalmusik. In zweiter Linie werden wir die einfacheren (also auch nach dem Gehör leichter notierbaren) Melodien aufnehmen. Von jeder Melodie sollen *mindestens zwei Strophen*, von sehr reich verzierten oder in anderer Hinsicht merkwürdigen Melodien mehrere (evtl. alle) Strophen aufgenommen werden. Wenn das Lied nur aus einer Strophe besteht, so nehmen wir diese eine Strophe mindestens zweimal auf.

Vor Beginn jeder Aufnahmenserie muß die Umdrehungsgeschwindigkeit des Phonographen kontrolliert werden; am zweckmäßigsten ist eine Geschwindigkeit von 160 Umdrehungen in der Minute. Es empfiehlt sich, auf jede Walze an einer geeigneten Stelle (am besten am Anfang oder ganz am Ende der Walze) auch den Diapason-Ton des normalen Tones *a* aufzunehmen, und zwar mit einer Dauer von 6 bis 8 Sekunden: dadurch erleichtern wir es, Apparate mit anderer Geschwindigkeit auf die Normalgeschwindigkeit von minütlich 160 Umdrehungen einzustellen. Die Anwendung des Phonographen befreit indessen den Sammler nicht von der Pflicht des Aufzeichnens an Ort und Stelle, jedenfalls nicht beim Sammeln ungarischen und ähnlichen Materials. Es kann nämlich vorkommen, daß der Sänger, weil er in den Apparat singt, irgend etwas entstellt oder verzerrt; in solchen Fällen müssen wir auf dem endgültigen Aufzeichnungsblatt der Aufnahme auf die richtigere (bzw. richtiger scheinende) Form des an Ort und Stelle Aufgenommenen hinweisen. Ferner: nur die Aufnahme an Ort und Stelle, so mangelhaft sie auch sein mag, kann ein mehr oder weniger übersichtliches Bild von dem Material der bereits durchgeführten Sammlung geben. Und Übersichtlichkeit ist ein sehr wichtiges Moment; mit ihrer Hilfe können wir im späteren Verlauf des Sammelns nach Varianten der vorher gesammelten Melodien forschen, und mit ihrer Hilfe können wir kontrollieren, ob die später auftauchenden Varianten so viel Abweichung zeigen, daß es sich lohnt, sie phonographisch aufzunehmen. Beim Sammeln von Instrumentalmusik sehen wir von der Aufnahme an Ort und Stelle eher ab; erstens weil in diesem Falle die Musikanten — meist »Professionisten« —

im allgemeinen ihrer Sache viel sicherer sind, also selten Fehler machen; zweitens weil bei den Instrumentalstücken kaum so viele abweichende Varianten vorkommen, daß es sich lohnte, sie aufzunehmen. — Sämtliche Strophen der Texte müssen ebenfalls an Ort und Stelle möglichst getreu, mit genauester Bezeichnung der einzelnen Strophen niedergeschrieben werden. Wenn zu einer späteren Strophe (infolge von Abweichungen in der Zahl der Silben oder Zeilen oder auch aus anderen Gründen) die Melodie konsequent anders gesungen wird als zu den vorhergehenden Strophen, so ist auch diese Abweichung genau zu notieren (besonders, wenn es sich um phonographisch nicht aufgenommene Strophen handelt). Hier haben wir also noch einen Grund mehr, die Melodien auch an Ort und Stelle aufzuschreiben. — Die phonographisch aufgenommenen Strophentexte müssen wir gleich nach der Aufnahme, noch in Anwesenheit des Sängers, genau daraufhin prüfen, ob der Sänger nicht da und dort einen von der Aufzeichnung abweichenden Text in den Apparat gesungen hat. Wenn wir das nämlich versäumen, kann es vorkommen, daß wir uns nachher zu Hause umsonst plagen: aus dem Phonographen allein können wir solche textliche Abweichungen einfach nicht verstehen.

Bisher war nur vom Sammeln der Lieder als selbständigen Objekten die Rede. Das ist indessen nicht genug. Denn es wäre ungefähr das gleiche, wie wenn ein Käfer- oder Schmetterlingssammler sich damit begnügte, Käfer- und Schmetterlingsarten zusammenzuklauben und die Tiere zu präparieren. Begnügt er sich damit, so wird seine Sammlung nur totes, dem Leben entrissenes Material enthalten. Darum sammelt und präpariert der echte Naturwissenschaftler nicht nur die Tiere, sondern studiert und beschreibt, soweit das möglich ist, auch die verborgensten Momente des Lebens der Tiere. Allerdings wird selbst die genaueste Beschreibung Totes nicht wieder lebendig machen, aber etwas vom Geruch und Geschmack des Lebens geht durch sie doch in die tote Sammlung ein. Ebensolche Gründe diktieren auch dem Volksmusiksammler, die *wirklichen* Lebensumstände der einzelnen Melodien auf das eingehendste zu untersuchen.

Zuallererst muß er von den Sängern und Sängerinnen einige biographische Angaben notieren: wie alt sie sind, was ihr Beruf, ihr Handwerk ist, welche Schulbildung sie besitzen, ob sie sich anderswo aufgehalten haben, wenn ja, wo und wie lange; die Männer werden gefragt, ob, wo und wie lange sie

Soldaten gewesen sind. Auch über die wirtschaftliche Lage der Sänger muß der Sammler einiges erfahren, also ob sie zu den Vermögenderen oder zu den ganz Armen zählen; und er muß feststellen, welchen Ruf als Sänger sie im Dorf genießen. Schließlich sind noch einige Bemerkungen über ihr Talent zum Singen und ihr Können nötig. Dann haben ein paar Angaben über das Verhältnis zwischen Lied und Sänger zu folgen: wann, wo und von wem der Sänger das Lied gelernt hat. Ferner: ob außer dem Befragten auch andere das Lied kennen, wenige, viele oder alle Einwohner des Dorfes. Welches Lied er am meisten, welches er am wenigsten liebt, und warum. Ob der Sänger sonstige notierenswerte Bemerkungen im Zusammenhang mit dem von ihm vorgetragenen Lied zu machen hat. Endlich ist eine Notiz darüber nötig, welche Rolle das Lied im Leben des Dorfes spielt: wann man es zu singen *pflegt*, wann man es singen *muß*, warum man es singen muß und im Zusammenhang mit welchen Volksgebräuchen oder Spielen es gesungen wird (hier hat die genaue Beschreibung der Volkssitte beziehungsweise der Verlauf des Spieles zu folgen). Handelt es sich um Tanzmusik, müssen der Name des Tanzes und die Tanzbewegungen möglichst genau aufgeschrieben werden, ferner, wann dieser Tanz getanzt wird und von wem, wer die Musik dazu liefert, ob man beim Tanzen die Melodie mitsingt, wer mitsingt, nur die Tanzenden oder nur die Zuschauer oder alle zusammen.

Wenn die Musik des Musikers sich als wertvoll genug erweist, muß sie ebenfalls in die Sammlung aufgenommen werden. In diesem Falle benötigen wir, sofern ländliche Instrumente (Dudelsack, Flöte, Zither usw.) verwendet werden, eine genaue, mit Maßangaben versehene Beschreibung des Instruments: außerdem müssen wir uns die Terminologie aller einzelnen Teile des Instruments verschaffen. Im übrigen müssen wir auch die allgemeine Musikterminologie beachten: wie die Leute im Dorf das Lied, die Melodie, das Singen oder Spielen des Liedes usw. benennen. Diese Bezeichnungen können nämlich von Gegend zu Gegend wechseln.

Mit welch peinlicher Sorgfalt die Sammler anderer Länder arbeiten, will ich an Hand der beiden folgenden Zitate aus den Studien Constantin Brăiloius zu zeigen versuchen.

Brăiloiu ist nicht nur der hervorragendste Musikfolkloreforscher der Rumänen, er zählt auch zu den besten Forschern Europas. In einer 85 Seiten umfassenden Studie veröffentlicht er die Klagelieder eines einzigen Dorfes im Bezirk Făgăraş, beziehungsweise er beschreibt die dort übliche Totenbeweinung als Volkssitte geradezu bis zum äußersten minuziös.[3] Seine Beobachtungen hat er auf die Weise angestellt, daß er an die Klageweiber Fragen in bezug auf die Beweinung richtete und die Antworten der Klageweiber stenographisch aufzeichnen ließ.

Hier also eine kleine Kostprobe vom Ergebnis seines Verfahrens (S. 9–10 seiner Studie)[4]:

»Die Totenbeweinung ist eine traditionelle und auch aus Schicklichkeit verpflichtende Zeremonie. Traditionell ist sie, denn:

...das ist bei uns Gesetz... Auch unsere Urgroßväter und Ururgroßväter haben das so gemacht, nicht nur wir. (Dies sagt S. Racu.)

Verpflichtend ist sie, denn:

Man muß sie beweinen... Denn wenn jemand es nicht täte, so wäre das eine große Schande. Die Leute würden sagen, man mache sich gar nichts draus, daß einem jemand gestorben ist... sie würden sagen, man habe sich vielleicht gar über dessen Tod gefreut (sagt S. Racu).

Die Beweinung lindert auch den Schmerz:

Wenn jemand traurig ist, wird ihm von der Beweinung leichter ums Herz (sagt R. Buneriu).

Wem vor Schmerz das Herz brechen will, der soll nur immerzu seinen Toten beweinen (sagt M. Lutian).

Darum ist ein Trauerfall ohne Totenbeweinung nicht vorstellbar:

Nie bleibt ein Toter unbeweint, jeder wird beweint (sagt S. Racu).

Die Beweinung beginnt sofort, wenn der Sterbende ausgelitten hat, und endet beim Verlassen des Grabes.

Sowie jemand stirbt, beginnt man ihn zu beweinen. Im Hause wird er beweint und auch noch, wenn er zum Friedhof getragen wird... und während man die Erde auf den Sarg schaufelt (sagt R. Buneriu).

Die Beweinung findet im Leichenhaus wann immer statt; oder sie schließt sich an bestimmte Phasen der Trauerzeremonie an:

3 Archiva pentru Ştiinţa şi reforma socială, Jg. X. Nr. 1—4; Despre bocetul dela Drăguş (jud. Făgăraş), Bucureşti 1932.

4 Die Sätze in Kursivschrift sind die Aussagen der Bäuerinnen, die übrigen die aus diesen Aussagen gezogenen Folgerungen.

Wir beweinen den Toten, wenn es uns danach verlangt... Zu Hause beweinen wir ihn, sooft wir wollen und sooft es geht (sagt S. Racu).

(Aber nach einer anderen Aussage:)

Wenn er angezogen wird, wenn er in den Sarg gelegt wird, beweint man ihn sehr, sehr. — Wenn die Glocke zu läuten anfängt, dann muß man den Toten beweinen... (usw.).

Nur Frauen können die Klagelieder singen:

Männer, nein, die singen keine Klagelieder, Gott bewahre! Die weinen bloß (sagt S. Racu).

Frauen jedoch singen schon von Kindheit an Klagelieder:

Als meine Mutter starb, war ich erst neun Jahre alt; als so winzig kleines Kind hab ich sie beweint (sagt dieselbe).

Die Kinder lernen die Beweinung von anderen:

Ich hab's gelernt, als ich die Frauen Klagelieder singen hörte... Ich stand bloß da und hörte ihnen zu; das ging mir so in den Kopf, daß es nicht mehr raus konnte (sagt Z. Dobrota).«

(Hiernach folgen noch sich auf ungefähr 30 Feststellungen beziehende verschiedenerlei Aussagen.)

Aus dem oben Zitierten ist klar ersichtlich, mit welch äußerster, selbst die Gründlichkeit des gründlichsten deutschen Gelehrten beschämender Genauigkeit die Beschreibung eines Volksgebrauchs durchgeführt werden kann. Theoretisch müßte natürlich in jedem Dorf jede mit einer Volkssitte zusammenhängende Melodie so genau beschrieben werden. Aber in der Praxis ist das nicht durchführbar; denn dazu müßten ja Hunderte von Forschern bis zur völligen Erschöpfung arbeiten; Tausende von Schränken würden mit Schriften angefüllt werden, und in einem solchen Labyrinth würde man sich kaum mehr zurechtfinden können. Aber da und dort ein Dorf auswählen und dessen ganzes Musikmaterial nach einer ähnlichen Methode erforschen und beschreiben: das wäre äußerst wünschenswert.

Aus einer anderen Studie Brăiloius[5] teile ich einen auf eine mit dem Dudelsack vorgetragene Tanzmelodie bezogenen (ausgefüllten) Fragebogen mit, der der Phonogrammsammlung der *Societatea Compozitorilor Români* zu Bukarest entnommen ist:

»Nummer des Phonogramms: *Rc. 234.*

Zeit und Ort der Aufnahme: *Runc (Judetz Gorj), 14. IV. 1931.*

[5] Constantin Brailoiu, Esquisse d'une méthode de folklore musical. In: Revue de Musicologie No. 40. Paris 1932. S. 14.

Titel der aufgenommenen Nummer: *Marionettentanz, auf dem Dudelsack vorgetragen.*

Name des Aussagenden: *Dumitru D. Vulpe.*

Wohnhaft in: *Valea Mare (Gorj).*

Alter: *43 Jahre.*

Beruf: —

Des Lesens und Schreibens kundig? *Nein.*

Hat der Aussagende jemals sein Heimatsdorf verlassen? Wenn ja, wie oft? Wohin ist er gegangen? *1. Er war einmal zum Heusammeln im Bezirk Hunedoară, 2. hat am Krieg teilgenommen, 3. ist mit seiner Herde in der Nachbarschaft des Dorfes umhergezogen.*

Wo, wann und von wem hat er das Lied (die Melodie) gelernt? *Zu Hause, vor langer Zeit, von seinem Vater.*

Bemerkungen: *Der Aussagende pflegt den Marionettentanz bei Vergnügungen oder guten Bekannten vorzuspielen. Er glaubt, es (das Tanzlied) bringe ihm Glück. Das ihm vom Vater hinterlassene Puppenspiel ist gestohlen worden, da hat er sich selbst ein neues verfertigt. Auch bei Tanzvergnügungen pflegt er zu spielen, wenn die Dorfmusikanten gerade keine Zeit haben. Für eine Tanzweise bekommt er 8 bis 10 Lei (die ganze Tanzunterhaltung kann ihm wohl bis an die 60 Lei einbringen). Er besitzt auch ein Stückchen Land. Er sagt, nicht jede Tanzmelodie könne man auf dem Dudelsack spielen. Er kann auch Flöte und Okarina blasen. Er behauptet, wer Flöte spielen könne, könne auch Dudelsack spielen. Seinen Dudelsack hat er selbst »verfertigt« (d. h. er hat die vom Vater geerbten Pfeifen an einem Schlauch angebracht). Auch sein Vater war Dudelsackpfeifer: er hatte diese Kunstfertigkeit von den anderen Dudelsackpfeifern gelernt. — Von dem Aussagenden wurden auch Lichtbild und Tonfilm aufgenommen. — Die Beschreibung des Marionettentanzes siehe: (es folgt Hinweis auf einen anderen Fragebogen).*«

Bemerkung: Auf dem Fragebogen sind, mit Ausnahme der Beschreibung des Dudelsacks, alle wichtigeren Angaben vorhanden; diese wurde offenbar bei einer anderen Gelegenheit notiert.[6]

Es ist wünschenswert, außer den bisher erwähnten auch noch folgende Untersuchungen vorzunehmen:

Die einzelnen Melodien nehme man nicht nur von *einem* Sänger (oder einer Sängergruppe) auf, sondern auch noch von

[6] Constantin Brăiloiu, a. a. O. S. 31.

einem zweiten, eventuell dritten Sänger (bzw. einer zweiten und dritten Sängergruppe), um sehen zu können, ob und in welchem Maße Tempo, Tonhöhe usw. des Vortrags wechseln; man nehme jede Melodie von Sängern verschiedenen Alters gesondert auf. Nach Ablauf einer gewissen Zeit, etwa nach fünfzehn bis zwanzig Jahren, sollen dieselben Melodien in demselben Dorf erstens, soweit möglich, von demselben Sänger, zweitens von Sängern der jüngeren Generation aufgenommen werden. — Finden sich in dem in einem Dorf gesammelten Material Melodien mit verschiedenen Tonfolgen (z. B. mit authentischer Dur- oder Molltonleiter, mit phrygischem Schluß, mit sogenanntem Halbschluß, mit der Oberterz als Finalton usw.), so versuchen wir, derartige Melodien von ein und demselben Sänger in einer bestimmten Reihenfolge nacheinander ohne Unterbrechung singen zu lassen, wobei die Wahl der Tonhöhe dem Sänger zu überlassen ist (dies ist übrigens auch sonst nach Möglichkeit zu tun). So können wir feststellen, ob die Sänger instinktiv eine gewisse Verbindung zwischen den einzelnen Tonfolgen fühlen. Wenn einer zum Beispiel eine Dur-Melodie mit dem Schlußton *c'* gesungen hat und danach eine Halbschluß-Melodie mit dem Schlußton *d'* singt, so geht daraus hervor, daß er den Schlußton der zweiten Melodie unbewußt als die zweite Stufe der Tonfolge der ersten Melodie empfunden hat. Auf das Herausfühlen des Zusammenhanges zwischen *Authentisch* und *Plagal* deutet hin, wenn ein Sänger eine Melodie von authentischer Tonfolge zuerst mit dem Schlußton *c'*, danach eine Melodie von plagaler Tonfolge mit dem Schlußton *g* singt und so weiter.

Zu beachten ist folgendes: Das Volksliedermaterial verschiedensprachiger Völker — das im Gepräge gewöhnlich mehr oder weniger voneinander abweicht — erfordert unter Umständen verschiedenartige, auch in kleineren Details abweichende Sammelverfahren. Auch die Behandlungsweise kann bei verschiedensprachigen Völkern nicht immer die gleiche sein. Diesbezüglich auf Einzelheiten einzugehen ist nicht gut möglich. Ein erfahrener Sammler wird, wenn er neues Material und neue Völker kennenlernt, ohnehin sehr bald merken, in welcher Richtung er seine Sammelmethode zu ändern hat. Hier möchte ich von einer merkwürdigen Beobachtung berichten, die ich selbst gemacht habe; sie ist nicht »wissenschaftlich«, sondern bezieht sich nur auf äußere technische Dinge beim Methodenwechsel. Nie ist es vorgekommen, daß ungarische Bauern für ihren Gesang Geld von mir gefordert hätten. Wohl machten Männer hie und da Anspielungen auf »einen kleinen Trunk« zum Auffrischen des Gedächtnisses und zum Erheitern der Stimmung; und diesen Wunsch erfüllte ich denn auch meistens, wenngleich ungern (ungern, weil ich auf Grund meiner Erfahrungen keineswegs von einer solchen Zauberkraft der alkoholischen Getränke überzeugt war, eher gerade vom Gegenteil). Aber abgesehen davon hat nie jemand eine Gegenleistung von mir verlangt oder erwartet, Frauen nicht einmal »was zu trinken«. Demgegenüber konnte man sich bei anderssprachigen Völkern mit ganz wenigen Ausnahmen kaum rühren, ohne regelrecht Geld zu verteilen. Kaum hatte die Sammelarbeit begonnen, wurden auch schon Bemerkungen laut wie: »...ich werde wirklich meine Kehle nicht umsonst anstrengen«, »... der Herr wird genug damit verdienen, also soll er uns auch ein bißchen Nutzen haben lassen«, und so weiter. Später wartete ich die freundlichen Anspielungen gar nicht erst ab, sondern trat mit einem festen Tarif vor die Sängerkandidaten hin: jeder bekommt für jedes (noch nicht gehörte) Lied soundso viel. Wurden wir handelseinig, flossen auch die Lieder, und es floß die festgesetzte Gebühr in die Hand der Sänger. — Ich habe den Eindruck, daß der ungarische Bauer viel zu stolz ist, als daß er für eine Gefälligkeit trinkgeldartigen Lohn annähme. Aber es kann sein, daß ich mich irre: vielleicht haben die Anderssprachigen in mir nur den Anderssprachigen, den Fremden, gesehen und das instinktiv ausnutzen wollen.

Zum Schluß möchte ich die Sammler noch darauf aufmerksam machen, daß — wenn nun einmal keine Tonfilmaufnahmen gemacht werden können — wenigstens photographische Aufnahmen von den aussagenden Personen und den Sängern, von den Spiel- und Tanzszenen, den Instrumenten oder sonstigen Gegenständen, die im Leben der Volksmusik eine Rolle spielen, gemacht werden sollen. Auch dadurch bringen wir unsere Sammlungen dem wirklichen Leben näher.

Aus dem oben Gesagten kann der geneigte Leser ersehen, daß ein Volksliedersammler recht viel zu tun hat. Manches Mal sogar zu viel, so daß er in das Dilemma gerät, entweder der Zahl nach weniger, jedoch mit allen dazugehörigen Bemerkungen versehene Melodien zu sammeln und dem Zubehör zuliebe sich eine Menge Melodien entgehen zu lassen oder aber mehr Melodien aufzuzeichnen, jedoch bei einem Teil von ihnen die Bemerkungen etwas zu vernachlässigen. Für welche

Lösung sich der Sammler entscheidet, hängt von den Umständen ab.

Großangelegtem systematischem Sammeln stehen allenthalben auf der Welt die Unkosten als größtes Hindernis im Wege. Hauptsächlich für Phonographen und Phonographenwalzen — von wissenschaftlichen Grammophonplattenaufnahmen ganz zu schweigen — ist nie und nirgends Geld genug da. So haben zum Beispiel die im übrigen sehr eifrigen bulgarischen Sammler, die bisher bereits mehr als zehntausend Melodien gesammelt und sie zum Teil auch veröffentlicht haben, noch keine einzige phonographische Aufnahme durchführen können: sie haben kein Geld dafür. Ich bin weder Mathematiker noch Volkswirtschaftler, aber vielleicht irre ich nicht, wenn ich sage: würde nur das Geld, das auf der ganzen Welt in einem Jahr für Kriegsvorbereitungszwecke ausgegeben wird, für Volksliedersammlungen aufgewendet, so könnte man mit diesem Geld ungefähr die gesamte Volksmusik der ganzen Welt erforschen und sammeln. *(1936)*

Es ist unleugbar, daß in den Anfängen der Ansporn zu der Volksliedforschung wie überhaupt aller Volkskunststudien im Erwachen eines gewissen nationalen Gefühls zu suchen ist. Die gefundenen Kulturwerte stachelten den nationalen Stolz auf, in Ermangelung jeder Vergleichsmöglichkeit dachten anfangs die Söhne jeder Nation, solche Volkskulturschätze zu besitzen sei ihr alleiniges und eigenstes Privileg. Kleinere, namentlich aber politisch unterdrückte Nationen fanden in diesen Schätzen gewissermaßen einen Trost, eine Erstarkung, eine Festigung ihres Selbstbewußtseins, fanden auch im Studium, in der Bekanntmachung dieser Werte in der gebildeten Klasse der Nation ein geeignetes Mittel, um das nationale Gefühl, das durch gewisse Folgen der Unterdrückung manchen Schaden erlitten hatte, zu stärken. Bald kam aber eine kleine Enttäuschung. So wenig man sich auch um derartige Werte der Nachbarnationen kümmerte, war es doch unvermeidbar, daß man hie und da einige Stücke dieser Kulturschätze der Nachbarnationen ungewollt vor die Augen bekam: und da begann das Unheil.

Das verletzte Nationalgefühl, verletzt durch die Tatsache, daß ein bisher als ureigenstes Nationalgut betrachteter Schatz bei einer Nachbarnation ebenfalls vorhanden ist, mußte sich irgendwie wehren: es wehrte sich, indem es auf die Priorität Anspruch erhob. Da aber bei der Nachbarnation dieselben Gefühle und Weltanschauungen herrschten, so ließ man auch dort von der Überzeugung der Priorität nicht ab: Hader und Zank begannen also und blühen noch in unseren Tagen.

Die Sprachforscher scheinen viel klügere Leute zu sein. Wenigstens hörte ich nicht viel über Zwistigkeiten, die zwischen Sprachforschern verschiedener Nationalitäten entstanden wären, weil der eine behauptet oder bewiesen hätte, daß gewisse Wörter und Wendungen einer Sprache aus der eines anderen (eventuell politisch nicht befreundeten) Volkes stammten. Und auch die große Öffentlichkeit ist merkwürdigerweise sprachwissenschaftlichen Fragen und Problemen gegenüber viel gleichgültiger, obzwar ja gerade die Sprache immerhin eine viel bedeutendere, oder sagen wir zeitlich und räumlich ausgedehntere Rolle im alltäglichen Leben spielt als z. B. Volksmusik und Volksdichtung.

Sobald es sich aber um Volkskunstangelegenheiten handelt, stellt sich sofort Reizbarkeit ein, und diese artet in gewissen Fällen beinahe in pathologischer Weise aus.

Wenn schon die gegenseitige Beeinflussung von Nachbarsprachen als ein höchst natürlicher Vorgang zu betrachten ist, ein Vorgang, der meistens weder dem Geist der betreffenden Sprachen einen Schaden zufügt noch Anlaß zu einem Erniedrigungsgefühl gibt, so gilt das noch viel mehr für den gegenseitigen (ja selbst einseitigen) Austausch der Folkloreprodukte. Auch müßte man bedenken, daß es geradezu eine *Unmöglichkeit* ist, daß alle, auch die kleinsten der etlichen Hunderte von Völkern, die die Erdkugel bewohnen, ein *ureigenes Volksliedmaterial* besitzen. Da müssen schon recht viele dieser Völker etwas zu kurz kommen, wenn Forscher einen bedeutenden fremden Einfluß oder fremden Ursprung in ihrer Volksmusik festzustellen gezwungen sind. Auch müßte man bedenken, daß derartige »ungünstige« Feststellungen weder Anlaß zu einem Minderwertigkeitsgefühl geben noch geeignet sind, politisch ausgebeutet zu werden. — Denn: wo noch das Volkslied im wahren Sinne des Wortes lebt und blüht, dort kann ja von einer sterilen, wort- und notengetreuen Übernahme gar nicht die Rede sein, dort wird sich das übernommene Material doch meistens durch das neue Milieu bedingt irgendwie verändern, wird doch irgendwelchen lokalen, »nationalen« Charakter erhalten, woher immer es auch stammen mag. Und was die politische Ausbeutung anbelangt —, ja, wo die Politik anfängt, dort hören Kunst und Wissenschaft, hören Recht und Einsicht auf. Also verschwenden wir kein Wort mehr auf die Schilderung einer Situation, die sowieso das Ende der Volksmusikforschung bedeuten würde.

Beispiele für solche Zwistigkeiten kann ich als Ungar freilich meistenteils nur aus meiner eigenen Heimat anführen. So gab es bei uns z. B. eine Streitigkeit in der zweiten Hälfte des vorigen Jahrhunderts, die sich auf jenen bekannten Balladentext der lebendig eingemauerten Frau bezogen hat. In den sechziger Jahren wurde dieser Text in einer Siebenbürger Szekler-ungarischen Fassung veröffentlicht. Kaum war diese Variante erschienen, ging der Radau los: rumänische Folkloristen beschuldigten den ungarischen Herausgeber bzw. Sammler sogar einer absichtlichen Fälschung. Und warum dies alles? Weil Varianten dieser Ballade bei den Rumänen allgemein bekannt und manche davon auch bereits in Druck erschienen waren. Freilich wußte der ungarische Sammler — vielleicht unkundig der rumänischen Sprache — nichts vom Vorhandensein dieser rumänischen Texte. Andererseits aber übersahen die betreffenden rumänischen Folkloristen gänzlich den von den rumänischen Varianten vollkommen abweichenden Charakter dieser angefochtenen Fassung, der die Hypothese einer Fälschung (d. h. einer von Literaten stammenden bewußten Übersetzung des rumänischen Textes) vollkommen ausschließt. Heutzutage, wo wir wissen, daß dieser Balladentext auf dem ganzen Balkan verbreitet ist, muten uns derartige Streitigkeiten als etwas ganz Lächerliches an.

Ein anderes Beispiel betrifft meine eigene Person. Ich habe schon vor längerer Zeit in meinen im Druck erschienenen Arbeiten festgestellt bzw. durch meiner Ansicht nach stichhaltige Beweise darauf hingewiesen, daß ein verhältnismäßig kleines an die Szekler-Ungarn in Siebenbürgen angrenzendes rumänisches Gebiet in seiner Volksmusik unter starken Szekler-ungarischen Einfluß geraten ist. (Dieser Einfluß betrifft etwa 25 Prozent des mir bekannten rumänischen Materials von Siebenbürgen.) Dieser Tatbestand genügte, um von gewissen rumänischen Publizisten in der schärfsten Weise angegriffen zu werden. In den Angriffen versuchte man nicht einmal, mit Gegenbeweisen zu argumentieren: offensichtlich betrachtete man die Behauptung, daß ein Viertel der rumänischen Volksmusik Siebenbürgens von ungarischer Volksmusik beeinflußt sei, als ein Attentat auf das Rumänentum. Ich wurde von den Angreifern sogar beschuldigt, dieses »Attentat« aus politischen Gründen verübt zu haben.

Zum Glück stößt man nicht überall auf diese pathologische Empfindlichkeit. Ich habe in meinen Arbeiten z. B. einen ungarischen Einfluß auf die slowakische Volksmusik festgestellt, der sich etwa auf 20 Prozent des slowakischen Materials bezieht, ferner stellte ich fest, daß etwa 40 Prozent des ungarischen Materials fremden, meistens aus dem Norden stammenden (d. h. mährisch-slowakischen) Einfluß aufweist. Soviel ich weiß, hat sich darüber weder in der Tschechoslowakei noch in Ungarn jemand aufgeregt.

Die ideologischen Spannungen unserer Zeit begünstigen leider das Umsichgreifen der krankhaftesten Einseitigkeiten anstatt des Vorherrschens einer objektiven Betrachtung. Wenn aber die oben geschilderte Voreingenommenheit sich in wissenschaftlichen Debatten immer mehr bemerkbar macht, dann ist es um die Wissenschaft geschehen.

In der Musikfolkloreforschung tauchen die verschiedensten Probleme auf. So z. B. das Problem des sogenannten »bulgarischen« Rhythmus. Diese Rhythmusart schien eine bulgarische Spezialität zu sein. Die letzten Forschungen zeigten jedoch, daß sie auch bei den Rumänen und bei den Türkenvölkern bekannt ist. — Wenn weitere Forschungen den Beweis erbringen, daß ihr Ursprung tatsächlich in Bulgarien zu suchen ist, kann der unglückliche Entdecker von der einen Seite, bei einem gegenteiligen Resultat von der anderen Seite gesteinigt werden — natürlich nur *in effigie*. Ein anderes, ebenfalls höchst interessantes Problem betrifft die Herkunft des »langen Gesanges« *(Cântec lung)*, dessen Verbreitung bisher in Persien, im Irak, in Mittelalgerien, in Altrumänien und in der Ukraine, also bei Völkern von vier verschiedenen Nationalitäten, festgestellt wurde. Es ist kaum anzunehmen, daß diese vier Völker — *ganz unabhängig voneinander* — die gleiche Melodie zustande gebracht haben (solche Zufälle gibt es denn doch nicht); einem von ihnen muß jedenfalls die Priorität zuerkannt werden. Wie soll nun ein ehrlicher Forscher es wagen, die Zuerkennung zu publizieren: wenn das oben geschilderte rumänische Beispiel Schule machte, würde er wohl niemals in seinem Leben den Boden der beleidigten drei Länder wieder betreten können.

(Nebenbei gesagt, hege ich die Vermutung, daß alle Volksmusik der Erdkugel im Grunde genommen auf eine geringe Zahl Urformen, Urtypen, Urstilarten zurückführbar ist, wenn genügendes Material und genügendes Studium desselben vorliegen wird. Dieses Endergebnis kann freilich nur dann erreicht werden, wenn wir noch vor dem Aussterben der Volksmusik etwas weniger Kriegswerkzeuge herstellen und etwas mehr dem Musikfolklorestudium zukommen lassen.)

In allen Wissenszweigen ist eine internationale Zusammenarbeit wünschenswert, sie ist aber vielleicht in keiner so dringend erforderlich wie in der Musikforschung. Wie kann aber bei den oben geschilderten Feindseligkeiten von einer Zusammenarbeit die Rede sein, wo wir überall in der Welt nicht einer Zusammen-, sondern vielmehr einer Gegeneinanderarbeit begegnen? — Die merkwürdigsten Dinge können vorkommen.

Da ist z. B. ein Sammler, sagen wir, der Nation *A*. Nachdem er das Material seiner eigenen Heimat ungefähr kennengelernt hat, faßt er den »ungeheuerlichen« Entschluß, das Material der Nachbarnation *B* zu erforschen. Weshalb? Weil — wie es jeder Wissenschaftler leicht begreift — das Wesen von Material *A* durch die Kenntnis von Material *B* (und *C* usw.) erst gehörig beleuchtet wird. Was geschieht aber nun? Seine Landsleute schreien Zetermordio, weil er seine Zeit für das Studium, für die Hebung und Rettung der Kulturschätze einer rivalisierenden Nation »vergeudet«. Nehmen wir aber nicht den schlimmsten Fall an. Stellen wir uns vor, seine Landsleute verhalten sich mäuschenstill und beschuldigen ihn nicht eines Vaterlandsverrates. In diesem besten Falle kann er die Früchte seiner auf Material *B* verwendeten Arbeit einfach in seinen Schrank sperren: veröffentlicht werden sie von keiner Seite. Seine Landsleute sagen: »Was kümmert uns dieses fremde Material? Sei froh, daß wir nicht murren und dich in Ruhe lassen.« Die Leute der rivalisierenden Nation wiederum sind einem fremden Forscher gegenüber mißtrauisch und denken: »Weiß Gott, vielleicht hat der da zugunsten seiner Nation dieses und jenes in seine Arbeit hineingefälscht.« Und wenn sie eventuell auch keine Hintergedanken haben, werden sie sicher ihre eigenen Landsleute, ihre eigenen Forscher bevorzugen, auch wenn letztere noch so Minderwertiges produzieren. So fällt also der arme Idealist zwischen zwei Stühlen auf die Erde, denn von einer dritten, sagen wir der Nation *X*, kann er noch weniger Hilfe erwarten, diese geht die Sache schon ganz und gar nichts an.

Aus dem bisher Gesagten geht hervor: Wenn auch die Musikfolklore dem Nationalismus viel zu verdanken hatte, so wird ihr jetzt vom Ultranationalismus ein Schaden zugefügt, der jenen Nutzen vielfach übertrifft.

Was ist nun zu tun und was zu fordern? Es muß von jedem Forscher, also auch vom Musikfolkloreforscher, die menschlich größtmögliche Objektivität verlangt werden. Er muß in seiner Arbeit danach trachten, sein eigenes Nationalgefühl auszuschalten, solange er sich mit der Vergleichung des Materials beschäftigt. Das Wort »trachten« gebrauche ich absichtlich und mit besonderer Betonung, denn dieses Postulat ist ja schließlich nur ein Ideal, dem man sich möglichst nähern soll, ohne daß man es ganz erreichen könnte. Denn schließlich ist doch der

Mensch ein unvollkommenes Geschöpf, das oft seinen Gefühlen ausgeliefert ist. Und gerade jene Gefühle, die die Muttersprache und Dinge der Heimat betreffen, gehören zu den instinktivsten, zu den stärksten. Ein wahrer Forscher muß jedoch soviel Geisteskraft besitzen, diese Gefühle dort, wo es nötig ist, zu zähmen und zurückzudrängen.

(1937)

»Rassenreinheit« in der Musik

Heutzutage wird — zumeist aus politischen Gründen — viel über die Reinheit und Unreinheit der menschlichen Rasse geredet, wobei gewöhnlich angenommen wird, daß die Reinheit der Rasse bewahrt werden sollte, sogar mit Hilfe gesetzlicher Verbote. Diejenigen, die sich mit der einen oder mit der anderen Seite des Problems beschäftigen, haben wahrscheinlich den Gegenstand gründlich studiert (oder sollten es wenigstens getan haben), indem sie viele Jahre damit zubrachten, das vorhandene Material zu überprüfen oder in eigenen Forschungen neue Daten zu sammeln. Da ich dies nicht getan habe, kann ich weder die eine noch die andere Seite unterstützen, ich würde dazu sogar überhaupt nicht berechtigt sein. Ich habe aber viele Jahre damit zugebracht, eine Erscheinung des menschlichen Lebens zu studieren, die von einigen Träumern, die man gewöhnlich Volksmusikforscher nennt, für mehr oder weniger lebenswichtig gehalten wird. Diese Erscheinung ist die urtümliche Musik des Volkes, besonders der Bauern. Im gegenwärtigen Stadium des Streites über Rassenfragen mag es an der Zeit sein, die Frage zu untersuchen: Ist rassische Unreinheit der Volksmusik (zum Beispiel der Bauernmusik) günstig oder nicht? (Ich wende das Wort »rassisch« hier auf die Musik selbst an und nicht auf die Menschen, die die Musik schaffen, überliefern oder aufführen.)

Meine Forschungen wurden vorwiegend in Osteuropa angestellt. Als Ungar begann ich meine Arbeit natürlich mit ungarischer Volksmusik, dehnte sie aber bald auf die benachbarten Gebiete — Slowakei, Ukraine, Rumänien — aus. Gelegentlich machte ich sogar Abstecher in entlegenere Gegenden (Nordafrika, Kleinasien), um einen weiteren Ausblick zu gewinnen. Außer dieser »aktiven« Forschungsarbeit, die die Dinge an Ort und Stelle untersuchte, leistete ich auch »passive« Arbeit, indem ich das von anderen gesammelte und veröffentlichte Material studierte.

Seit dem allerersten Anfang war ich höchst erstaunt über den ungewöhnlichen Reichtum an Melodietypen, der in den bearbeiteten osteuropäischen Gebieten vorhanden war. Als ich meine Untersuchungen fortsetzte, wuchs dieses Erstaunen. In Anbetracht der verhältnismäßig geringen Ausdehnung jener Länder mit einer Gesamtbevölkerung von 40 bis 50 Millionen

Menschen ist diese Mannigfaltigkeit der Volksmusik wahrhaft bewundernswert. Das Vergleichen der Volksmusik der einzelnen Völker ließ klar erkennen, daß da ein ständiges Geben und Nehmen von Melodien vor sich ging, ein ständiges Kreuzen und Wiederkreuzen, das seit Jahrhunderten anhält.

Ich muß nun eine sehr wichtige Tatsache hervorheben. Dieses Geben und Nehmen ist nicht so einfach, wie manche glauben könnten. Wenn eine Volksmelodie die Sprachgrenze eines Volkes überschreitet, wird sie — früher oder später — gewissen Veränderungen unterworfen werden, die durch die andere Umgebung und insbesondere durch die Sprachunterschiede bedingt sind. Je größer die Unähnlichkeit in bezug auf die Aussprache, den Tonfall, die metrischen Verhältnisse, den Silbenbau usw. zweier Sprachen ist, desto größer sind die Veränderungen, denen die »emigrierten« Melodien glücklicherweise unterworfen sein können. Ich sage »glücklicherweise«, denn diese Erscheinung selbst erzeugt und erhöht weiter die Anzahl der Typen und Untertypen. Ich habe den Ausdruck »Kreuzen und Wiederkreuzen« gebraucht. Dieses »Wiederkreuzen« vollzieht sich im allgemeinen in der folgenden Art: Eine ungarische Melodie wird zum Beispiel von den Slowaken übernommen und »slowakisiert«. Diese slowakisierte Form kann dann von den Ungarn rückübernommen und so »re-magyarisiert« werden. Aber — und wieder sage ich glücklicherweise — diese re-magyarisierte Form wird von der ursprünglichen ungarischen Form verschieden sein. Zahlreiche Faktoren erklären den fast ununterbrochenen Austausch von Melodien: soziale Bindungen, freiwillige oder zwangsweise Auswanderung und Kolonisierung von Einzelnen oder Völkern. Wie jedermann weiß, ist Osteuropa (Russen, Polen und Ukrainer ausgenommen) hauptsächlich von kleinen Völkern bewohnt, von denen jedes ungefähr 10 Millionen oder weniger Menschen zählt, ohne daß an den Grenzen unüberwindliche geographische Hindernisse bestünden. Einige Gebiete haben eine völlig gemischte Bevölkerung, Resultate von Kriegsverwüstungen, denen zur Besiedlung der unbewohnten Landstriche Kolonisation folgte. Der ständige Kontakt zwischen diesen Völkern mochte leicht gewesen sein. Auch haben Eroberungen stattgefunden (zum Beispiel die Eroberung des Balkans durch die Türken). Eroberer und Unterworfene haben sich vermischt und ihre Sprachen und ihre Volksmusik gegenseitig beeinflußt.

Kontakt zwischen fremden Völkern bewirkt nicht nur einen Austausch von Melodien, sondern — und dies ist noch wichtiger — regt auch zur Ausbildung neuer Stilarten an. Gleichzeitig werden aber auch die mehr oder weniger alten Stilarten gut am Leben erhalten, und dies zieht eine weitere Bereicherung der Volksmusik nach sich. Die Tendenz, die fremden Melodien umzuändern, verhindert die Internationalisierung der Musik jener Völker. Das Material jeder solcher Musik, wie heterogen es auch ursprünglich sein mag, erhält so eine ausgeprägte Individualität. Der Stand der Volksmusik in Osteuropa kann folgendermaßen zusammengefaßt werden: Als das Resultat einer ununterbrochenen gegenseitigen Beeinflussung zwischen der Volksmusik der verschiedenen Völker ergeben sich eine gewaltige Mannigfaltigkeit und ein riesiger Reichtum an Melodien und Melodietypen. Die »rassische Unreinheit« ist entschieden zuträglich.

Und nun sehen wir uns einmal das entgegengesetzte Bild an! Wenn man eine nordafrikanische Oase, zum Beispiel Biskra oder eines der benachbarten Dörfer besucht, hört man Volksmusik von ziemlich einheitlichem und einfachem Aufbau, die aber dennoch sehr interessant ist. Wenn man dann, sagen wir, 1500 Meilen weiter nach Osten geht und sich die Volksmusik in Kairo und seiner Umgebung anhört, trifft man auf genau dieselben Musiktypen. Ich weiß nicht sehr viel über die Wanderungen und die Geschichte der arabischsprechenden Bewohner Nordafrikas, aber ich glaube behaupten zu dürfen, eine derartige Einheitlichkeit in einem so großen Gebiet zeigt an, daß hier verhältnismäßig wenig Wanderungen und Bevölkerungsveränderungen stattgefunden haben. Auch spielt da noch ein anderer Faktor eine Rolle: die Araber mögen zahlreicher sein als jene kleinen osteuropäischen Völker, sie leben aber in einem weit größeren Gebiet und sind nicht durchsetzt mit Völkern verschiedener Rasse und Sprache. Wenn für die nähere oder fernere Zukunft ein Überleben der Volksmusik erhofft werden darf (eine ziemlich zweifelhafte Aussicht, angesichts des rapiden Eindringens höherer Kultur in die entferntesten Weltgegenden), dann ist offensichtlich die künstliche Errichtung von chinesischen Mauern zur Trennung eines Volkes vom andern für die Entwicklung der Volksmusik sehr ungünstig. Eine vollkommene Absperrung gegen fremde Einflüsse bedeutet Niedergang; gut assimilierte fremde Anregungen bieten Bereicherungsmöglichkeiten. *(1942)*

Es ist kein Zufall, daß die Volksliedforschung und die vom Volkslied befruchtete höhere Kunstmusik gerade in Ungarn zu einer so erstaunlichen Blüte gelangten. Ungarn ist geographisch ungefähr der Mittelpunkt Osteuropas und war mit seinen vielen Nationalitäten vor dem ersten Weltkrieg geradezu ein Miniaturbild der osteuropäischen Völkervielfalt. Diese Vielfalt führte durch die ständige Berührung zwischen den einzelnen Völkern zur Gestaltung der verschiedensten und mannigfaltigsten Formen in der Volksmusik. Daraus erklärt sich, warum die Volksmusik Osteuropas so ungeheuer reich an Volksliedtypen und letzten Endes an Volksliedern ist. Es kann daher nicht wundernehmen, daß gerade die Musiker des im Kreuzungspunkt gelegenen Ungarlandes sich mit so großem Interesse diesem erstaunlichen Musikschatz zugewendet haben. Ihr Interesse hat zweierlei Früchte gezeitigt. Erstens die wissenschaftliche Forschung, Beschreibung, Systematisierung und Vergleichung der osteuropäischen Volksliedtypen, durch die schließlich ein ganz neuer Zweig der Wissenschaft, die »vergleichende Volksliedforschung« (nach dem Muster der »vergleichenden Sprachwissenschaft«) entstanden ist. Das zweite bedeutende — und vom ersten völlig unabhängige — Ergebnis war die Schaffung der autochthonen ungarischen Kunstmusik unter der Einwirkung jenes unvergleichlich wertvollen Volksmusikmaterials. Die Erneuerung der Musik auf Grund eines unbekannten, unverbrauchten, ganz frischen Volksmusikschatzes wurde in Ungarn geradezu zu einer neuen Weltanschauung erhoben. Die Westeuropäer, die die Äußerungen dieser Weltanschauung in der Musik mit einer gewissen geringschätzigen Betonung als »folkloristische« Richtung bezeichnen, mißverstehen völlig, um was es sich handelt. Es handelt sich hier nicht um die Einimpfung »folkloristischer« Musikstückchen in einen fremden Stoff, sondern um viel Bedeutenderes: um das Entstehen eines neuen Geistes in der Musik — aus musikalischen Kräften, die der Erde entsprossen sind!

Ebenso sind auch diejenigen im Irrtum, die glauben, das Studium dieser erdentsprossenen Kräfte an Ort und Stelle, einfach ausgedrückt: das Volksliedsammeln, sei eine schrecklich mühsame, mit Verzicht und Opfern verbundene Arbeit gewesen. Was mich betrifft, so kann ich nur sagen, daß die Zeit, die ich mit dieser Arbeit verbracht habe, die schönste Zeit meines Lebens war, die ich um nichts in der Welt missen möchte. Die schönste im edelsten Sinne des Wortes, denn ich hatte die Möglichkeit, die künstlerischen Offenbarungen einer noch einheitlichen, aber schon im Schwinden begriffenen sozialen Einrichtung unmittelbar zu beobachten. Es war schön für das Ohr und schön für das Auge! Hier im Westen kann man sich vielleicht gar nicht vorstellen, daß es in Europa noch Gebiete gibt, wo fast jeder Gebrauchsgegenstand, vom Kleid bis zum Werkzeug, im Haus angefertigt wird, wo man fabrikmäßige, schematisch hergestellte Massenartikel überhaupt nicht zu Gesicht bekommt, wo Form und Stil der Gegenstände von Gebiet zu Gebiet, ja oft von Dorf zu Dorf sich verändern.

Eine ebenso große Mannigfaltigkeit bietet sich dem Auge wie dem Ohr dank der Vielfalt der Melodien. Das sind unvergeßliche Erlebnisse, schmerzhaft unvergeßliche, weil wir wissen, daß dieser Zustand des Dorfes dem Untergang geweiht ist. Und wenn dies einmal untergegangen ist, wird es nie wiedererstehen, nie wird etwas Ähnliches an dessen Stelle treten. Eine große Leere wird zurückbleiben: ein Sammelplatz für die Abfälle einer mißverstandenen städtischen Kultur und Pseudokultur.

Da vom Leben der Bauern die Rede ist, will ich noch berichten, was ich über das gegenseitige Verhältnis der Bauern verschiedenster Nationalitäten beobachten konnte. Jetzt, da sich diese Völker auf höheren Befehl gegenseitig morden und die dortige Welt so aussieht, als wollten die verschiedenen Nationalitäten einander in einem Löffel Wasser ersäufen — schon seit Jahrzehnten wird das behauptet —, ist es vielleicht zeitgemäß, darauf hinzuweisen, daß es bei den Bauern keine Spur von grimmigem Haß gegen andere Völker gibt und nie gegeben hat. Sie leben friedlich nebeneinander, jeder spricht seine eigene Sprache, hält sich an seine eigenen Gebräuche und findet es ganz natürlich, daß sein anderssprachiger Nachbar das gleiche tut. Ein schlagender Beweis hierfür ist der Spiegel der Volksseele: die lyrischen Volksliedtexte. In diesen findet sich kaum je eine feindliche Gesinnung gegen fremde Nationalitäten. Und selbst wenn da oder dort Zeilen vorkommen, die das Fremde bespötteln, so hat das nicht mehr zu bedeuten als Liedtexte, in denen das Volk etwa über die Unzulänglichkeiten seines Pfarrers oder über eigene Mängel herzieht. Unter den Bauern herrscht Frieden — Gehässigkeit gegen Menschen anderer Rassen wird nur von höheren Kreisen verbreitet!

(1943)

Ausgewählte Briefe Béla Bartóks

An seine Mutter[1] — Pozsony[2]

Budapest, den 22. September 1899

Liebe Mama!

Na, da hast Du's: heute um 11 Uhr war die Frau Direktor hier, und ich war nicht zu Hause. Die Stunde in der Akademie war um $^3/_4$ 11 aus, und ich hätte natürlich nach Hause kommen können, aber ich hatte Lust, ein wenig spazierenzugehen, und kam erst um $^1/_2$ 12 heim. Sie ist wahrscheinlich ganz plötzlich hierher gereist, so daß man mich nicht mehr hat benachrichtigen können. Ich hätte sie gerne gesprochen und gesehen und sie gefragt, wie es Euch geht usw.

Gestern habe ich das Gesuch wegen Erlassung der Unterrichtsgebühren eingereicht.

Ich verstehe übrigens nicht, warum die Frau Direktor sich zu nichts Endgültigem entschlossen hat, nachdem man der anderen doch schon gekündigt hat. Hat ihr vielleicht die hiesige nicht gefallen?

Herr Professor Thomán[3] war heute interessant. Nach der Stunde um $^3/_4$ 11 rief er mich zu sich und fragte mich, warum ich Halbschuhe angezogen hätte, wo es doch heute morgen so kühl war. Er glaubte nämlich, daß ich schon um 9 Uhr hätte dort sein müssen. Ich habe ihm aber gesagt, daß mir Herr Szabó[4] diese Unterrichtsstunden erlassen hat (2 Wochen lang brauch' ich nicht hinzugehen, da ich die Grundbegriffe sowieso schon kenne). Ich habe mich aber trotzdem für die Aufmerksamkeit bedankt, da es wirklich sehr nett von ihm war. (Mittwochs haben wir Partiturlesen und freitags Instrumentation.)

[1] Frau Paula *Bartók* geb. *Voit*, geboren am 16. Januar 1857 in Turócszentmárton, gestorben am 19. Dezember 1939 in Budapest. Heiratete am 5. April 1880 Béla Bartók senior (geboren am 19. November 1855 in Újvár), Direktor der Landwirtschaftsschule in Nagyszentmiklós. — Am 4. August 1888 verwitwet, arbeitete sie von da an als Lehrerin und erzog ihre beiden Kinder, Béla und Elza. Im April 1894 übersiedelte sie nach Pozsony, wo ihr Sohn Béla in die IV. Klasse eingeschult wurde und im Juni 1899 das Abitur ablegte. Sie lebte auch noch nach dem ersten Weltkrieg lange Zeit in Pozsony. Erst später zog sie nach Budapest, wo sie 1939 starb.

[2] Ungarisch geschrieben.

[3] István Thomán (1862–1940), namhafter Pianist und Klavierpädagoge, Bartóks Lehrer an der Musikakademie. (Anm. d. Hg.)

[4] Ferenc Xavér Szabó (1848–1911), Bartóks Lehrer, unterrichtete Instrumentation und Partiturspiel an der Musikakademie.

Ich habe Deinen Brief soeben erhalten. — Es wäre gut, wenn Du mir bald schreiben würdest, was mit der Haushälterin sein wird, weil der hiesigen diese Ungewißheit sehr unangenehm ist; wenn die Tante zu Hause gewesen wäre, hätte sie es ihr auch gesagt.

Was die Harmonielehre betrifft, so haben die anderen auch nicht mehr Übung, aber natürlich möchte ich es am allerbesten machen.

Beim Partiturlesen mußte jeder einen einfachen in 4 Schlüsseln geschriebenen vierstimmigen Satz spielen; so etwas muß auch zu Hause viel geübt werden, und dazu ist ein Buch um 1.80 Gulden notwendig.[5]

Milch bekomme ich regelmäßig; doch ein oder zwei »Beugel«[6] wären nicht schlecht. Aber das kann ich schließlich nicht verantworten, daß ich hier ganze Speisezettel beschreibe; gegen Abend weiß ich gewöhnlich nicht mehr, was ich mittags gegessen habe; gebt Euch damit zufrieden, wenn ich schreibe, daß die Zusammenstellung sehr abwechslungsreich ist, alles ist ganz gut und ich bekomme genug.

Jetzt werde ich deutsch schreiben. (Zur Übung.)[7]

Alles wäre ja gut, aber mit dem Klavier ist's ein Elend. Erstens: das Klavier zeigt sich schlechter, wie ich's am ersten Tag dachte; alles summt und brummt, das Pedal knarrt usw. Zweitens ist's miserabel, daß ich gar nicht ungestört bin. Gestern war ein Hauptmann dort, heut' 2 Damen; ich spiele dabei meine Scalen. Und dann wollen sie, ich soll etwas spielen; gestern tat ich's, aber heute schon nicht mehr; und nächstens werde ich ganz frei meine Übungen dahinhämmern. Meinetwegen sollen sie machen, was sie wollen; warum sitzen sie immer dort; und vorspielen werde ich schon gar nicht. Aber jedenfalls ist so etwas fatal.

Wenn ich, sobald ich freie Zeit hab', schreiben sollte, könnte ich jeden Tag eine Karte senden, und das würde doch zu viel kosten. Es wird gut sein zu beschließen, daß ich jede Woche 2 Karten sende; wenn viel Stoff ist, so 1 Karte und 1 Brief. Du siehst ja, daß, wenn was da ist, ich riesige Briefe schreibe.

5 Am Rande des Briefes folgende Bleistiftbemerkung: »Außer den 10.— Ft. habe ich von Deinem Geld noch nichts ausgegeben, doch um so mehr von meinem.«

6 Kuchen mit Nuß- oder Mohnfüllung.

7 Von hier angefangen ist der Originaltext in deutscher Sprache verfaßt.

Aber wenn sich absolute gar nichts ereignet, so könnte ich höchstens 8 Seiten hindurch lauter Speisezetteln schreiben. (Das wäre vielleicht Euch am allerinteressantesten?)

Nun schließt mit vielen Grüßen und Küssen Euer

Béla

Lernt Elza[8] viel und noch immer *laut?*

Prof. Koessler[9] brachte beim Contrapunkt einige Bachsche Beispiele und sagte dabei: »So was kann natürlich nur Bach schreiben.«

An seine Mutter — Pozsony[1]

Budapest, den 16. Januar 1900

Liebe Mama!

Ich will zu allererst Deines Geburtstags gedenken. Ich finde es ganz überflüssig, über gute Wünsche zu schreiben, wir wissen es doch beide sehr gut, was wir einander wünschen. Ich will diesmal nur das eine betonen, daß Du Dich in Zukunft nicht dermaßen um mich ängstigen sollst, besonders nicht wegen solcher Kleinigkeiten, wie zum Beispiel, wenn einer meiner Briefe nicht so rasch bei Dir ankommt, wie Du es gerne möchtest. Ich bin doch erst kaum 2 Wochen hier und schreibe bereits zum fünften Mal, ich denke, das muß doch genügen. Darüber ärgere ich mich natürlich auch, wenn ich vergessen habe, einen Brief mitzunehmen; unlängst zum Beispiel schrieb ich Dir am Montag abend und vergaß am Dienstag, den Brief mitzunehmen, ich gab ihn am Mittwoch auf, und er kam natürlich erst am Donnerstag an.

Ich war gestern im Konzert vom Kubelik[2]; er hat wahrlich eine ganz erstaunliche Technik und spielt das Flageolett wie ein anderer auf die gewöhnlichste Weise; man könnte manchmal glauben, daß man auf einmal zwei oder drei Violinen hört, die Doppelgriffe sind tadellos rein: mit einem Wort, es ist nichts Neues über ihn zu berichten. Sein Programm war aus

[8] Elza, die um fünf Jahre jüngere Schwester Bartóks, später Frau von Emil Oláh Tóth (†1955).
[9] János Koessler, Komponist und Lehrer der Komposition an der Musikakademie (1853–1926).

[1] Ungarisch geschrieben.
[2] Jan Kubelik (1880–1940), berühmter tschechischer Violinkünstler.

lauter Virtuosenstücken zusammengestellt, mit Ausnahme der Chaconne von Bach, in der man auch hauptsächlich nur seine Technik bewundern konnte. Nach Budapester Sitte drängte sich drei Viertel des Publikums nach Beendigung des Konzerts um das Podium und hatte es nach 5 Minuten frenetischen Beifalls endlich erreicht, daß der »kleine Gnom« als Draufgabe das berühmte »God save the Queen« spielte, was mich erneut verblüffte. Es ist beinahe unvorstellbar, mit welcher Ruhe und Sicherheit er jene »unspielbare« Flageolett-Variation spielte; und man konnte dabei keinen einzigen Gixer hören! Das Publikum gab sich jedoch auch damit noch nicht zufrieden; ein Viertel harrte noch weiter aus, stieg auf das Podium, klatschte und schrie so, daß Kubelik zuletzt doch noch nachgeben mußte. Er spielte den Hexentanz von Bazzini[3] (den ich schon einmal von Kopetzky[4] gehört habe), und der gefiel mir von allem am besten (dieses Stück war auch am schönsten und gehaltvollsten), und er spielte es wirklich voller Feuer. Zu diesem Zeitpunkt war er bereits ganz vom Publikum umringt, so daß er sich kaum rühren konnte. — Als Herr Thomán erfuhr, daß ich dieses Konzert besuchen wolle, meinte er, das sei nichts für einen Musiker. Ich bin anderer Meinung. Der Vortrag eines so jungen Künstlers ist ja doch schon wegen seiner Bravour hörenswert: und vorläufig kann er noch nicht mit einer so klassischen Vortragsweise spielen wie die älteren Künstler. Und es ist überdies ganz wahrscheinlich, daß er später auch selbst so vortragen wird. (Dieses Konzert kostete mich wieder 2.50 Gulden.)

Über die Hubay—Poppers[5] lohnt es sich nicht zu schreiben. Über die Tschechen[6] kann ich nur sagen, daß sie wundervoll gespielt haben. Wenn ich sie mit dem Joachim-Quartett vergleiche, so finde ich, daß die Tschechen mit größerem Elan, jene wieder mit größerer Ruhe spielen. Es war wirklich impo-

[3] Antonio Bazzini (1818–1897), italienischer Violinkünstler und Komponist.

[4] Ein weniger bekannter Violinvirtuose.

[5] Das Streichquartett Hubay—Popper war das vorzüglichste ungarische Quartett um die Jahrhundertwende. Während seiner mehrere Jahrzehnte langen Laufbahn waren weitere Mitglieder des Quartetts außer Jenő Hubay und David Popper: Bram Eldering, Wilhelm Grünfeld, Viktor Herzfeld, Joseph Waldbauer (Vater von Imre Waldbauer, dem Begründer des später zu Ruhm gelangten Waldbauer—Kerpely-Streichquartetts), Rezső Kemény und Gustav Szerémi. Sie haben u. a. sämtliche Kammermusikwerke von Brahms aufgeführt. Nach der Aufführung von Werken Bartóks und Kodálys durch das Streichquartett Waldbauer—Kerpely haben sie 1910 ihre Konzerte eingestellt.

[6] Es handelt sich um das weltberühmte »Tschechische Streichquartett«, das von Johann Wihan, dem Cellokünstler und Komponisten tschechischer Abstammung, gegründet wurde.

sant, daß nach dem zweiten Satz des Schubert-Quartetts dermaßen applaudiert wurde, daß sie sich etwa siebenmal verbeugen mußten. (So etwas kommt in Pozsony nie vor.)

Ich will mich nun mit der Schilderung des Konzerts der Carreño[7] befassen, worüber ich viel zu sagen habe.

Ihre Kraft und Technik sind großartig, direkt bewundernswert; ihre Vortragsweise aber weniger. Am meisten gefielen mir die Polonaisen von Chopin und Liszt und die Campanella; hier brachte sie die besten Seiten ihrer Kunst zur Geltung. Die Sonate von Beethoven spielte sie an vielen Stellen zu derb und die von Schumann hudelte sie einfach herunter (sie spielte noch dazu an zwei Stellen falsch). Mit diesen letzten war ich absolut nicht zufrieden.

Beim Philharmonischen Konzert war ich nicht, obgleich es interessant gewesen wäre, Sauret[8] zu hören. Buttykays[9] Komposition ist — wie ich höre — nicht viel wert.

Am Samstag nachmittag um vier, als ich zur Klavierstunde kam, sagte mir der Herr Professor: »Um fünf kommt Dohnányi[10], Sie müssen ihm etwas vorspielen.« Ich war von der Nachricht nicht besonders entzückt, da ich gerade nur Etüden mit hatte; um halb 6 kam er dann wirklich, und Fábián spielte ihm die Juan-Humoreske vor, ich das Impromptu von Schubert, ein gewisser Radó ein Impromptu von Chopin, und Eisner trug den dritten Satz des Scharwenka[11]-Konzerts vor. Dohnányi äußerte sich am Schluß des Vortrags — indem er schwieg. Auf Bitten des Professors setzte er sich ans Klavier und spielte das erwähnte Impromptu von Chopin. Mich forderte er auf, ihn zu besuchen, was ich auch morgen tun werde. Die nächste Woche gehört Dohnányi, er spielt nämlich Montag im Royal, Mittwoch mit den Philharmonikern, und Sonntag wird sein Streichquartett von der Hubay-Gesellschaft vorgetragen.

7 Terese Carreño (1853–1917), eine der gefeiertsten Pianistinnen des 19. Jahrhunderts.

8 Emil Sauret (1852–1920), Violinkünstler, der bei dem Konzert der Ungarischen Philharmoniker am 10. Januar 1900 das III. Violinkonzert von Saint-Saëns (h-moll) gespielt hat.

9 Im selben Konzert wurde die cis-moll-Symphonie des Komponisten Ákos Buttykay aufgeführt.

10 Ernő Dohnányi (1877–1960), weltberühmter ungarischer Klavierkünstler, Komponist und Dirigent, das Pianistenvorbild des jungen Bartók, der Dohnányi schon in seinen Preßburger Studentenjahren kennengelernt hat. Dohnányis Vater war nämlich Bartóks Gymnasialprofessor.

11 Xaver Scharwenka (1850–1924), deutscher Pianist, Pädagoge und Komponist.

Die junge Frau nimmt jetzt keine Stunden, da ihr Klavier repariert werden muß; sie will dann später wieder anfangen (wenn etwas daraus wird). Aber dann werde ich 1.50 Gulden verlangen und nur zwei Stunden geben. Wenn sie damit nicht einverstanden ist, soll sie machen, was sie will. Es ist aber ärgerlich, daß sie ihre Schuld noch nicht bezahlt hat. Vorigen Freitag, als ich bemerkte, daß ich nicht mehr viel Geld hatte, entschloß ich mich, nicht länger zu warten, sondern das Geld zu verlangen. Seit Samstag versuche ich immer, das Geld einzukassieren, aber — bis jetzt — ganz ohne Erfolg. Ich habe auch hier im Haus großen Krach gemacht, daß es entsetzlich sei, daß sie mir das Geld nicht schicke und daß ich schon keinen Heller mehr habe. So bekam ich heute endlich 2 Gulden und das übrige in drei Tagen — vielleicht. Diese vielen Konzerte verschlingen einfach das Geld, aber jetzt im Januar werden keine mehr sein (nur solche, wo ich Freikarten bekomme).

Der »Doktor«[12] war in Angelegenheit der Oper im Ministerium, wo ihm gesagt wurde, daß unsere Logen in einer Woche wieder für uns geöffnet werden.

Tante Emma[13] hat Dir geschrieben, also werden wahrscheinlich die übrigen Neuigkeiten in ihrem Briefe zu finden sein.

Ich werde demnächst in Musikgeschichte meine Prüfung ablegen müssen, was schlimm genug ist, da ich noch nichts gelernt und auch keine Aufzeichnungen gemacht habe und die von den anderen zugefertigten Nachschriften sehr schwer verständlich sind.

Was die Kragen betrifft, so hat sich herausgestellt, daß zwischen den meinen sich auch 2 von Lujcsi befinden.

Ich küsse Dich, Tante Irma[14] und Elza.

[12] Anspielung auf eine uns unbekannte Person. Durch seine Befürwortung wurde den Studenten der Musikakademie, die anläßlich des Abschiedsabends von Frau Ábrányi, »der Sängerin der Nation«, demonstriert hatten und denen darum der Zutritt zu den Schülerlogen der Budapester Staatsoper verwehrt wurde, wieder gestattet, den Aufführungen in der Oper beizuwohnen.

[13] Tante Emma: Mutter vom Vetter Bartóks, den er »Onkel Lujcsi« nannte.

[14] Seine Tante, Irma Voit, die seiner verwitweten Mutter treu zur Seite stand.

An seine Mutter — Pozsony[1]

Budapest, Mittwoch[2]

Liebe Mama!

Wir sind nun wiederum eine Woche älter geworden! Diese Woche war aber reich genug an Ereignissen und abwechslungsvoll! Womit soll ich nun anfangen?![3] — Sagen wir mit der Symphonie von Dohnányi. Diese spielte ich am Samstag im Salon von Frau Gruber[4], der von kunstverständigen Grazien (3 an der Zahl) wimmelte, die um mich herumstanden, um diesem gewaltigen Werk Dohnányis zuzuhören. Und diese Grazien waren: Frau Pál Sándor, die Gattin des Abgeordneten, eine Schwester der Frau Gruber; Frau Pollakovics, ihre andere Schwester, und eine gewisse Frau Széchy (eine sehr hübsche Frau), die von dem später erschienenen Prof. Thomán geduzt wurde (!). Es waren noch außerdem der Bruder und der Gatte der Frau Gruber anwesend. — Frau Gruber war ganz entzückt — nicht nur von der Komposition, sondern auch von meiner Vortragsweise. Und die anderen ebenfalls. Als ich den Vortrag schon beendet hatte, kam Thomán an. Es folgte nun der »Half past six o'clock tea«, nach dem ich noch einmal die 3 ersten Sätze der Symphonie wiederholen mußte. Das ganze Werk erfordert eine volle Stunde. Der aus Dilettanten bestehende Teil der Zuhörer war der Meinung, daß dem Publikum der zweite, eventuell der dritte Satz gefallen würde, aber der I. und der IV. nicht, weil diese sehr kompliziert sind. Schade! Mir hat das Ganze gut gefallen. Um $^1/_2$9 kam ich endlich daheim an. Zu Hause versuchte ich wieder die Symphonie zu spielen und war erstaunt, daß ich die drei ersten Sätze schon auswendig konnte. Folglich kann ich sie Dir auch vorspielen, wenn sie Dich interessieren. Ich muß bemerken, daß der zweite Teil (Adagio) ausgesprochen ungarisch (zigeunerisch!) klingt.

Freitag vormittag besuchte ich zum ersten Mal die Hotelgäste der »Königin von England« (Angol királynő), die Familie von Drakulič (-litsch), einem Advokaten und Abgeordneten von Szabadka. Obgleich es bereits 11 Uhr war, empfingen mich

[1] Ungarisch geschrieben.

[2] Das genaue Datum des Briefes ließ sich feststellen: 12. November 1902.

[3] Das ist das sogenannte kombinierte Frage- und Ausrufungszeichen. (Bemerkung von Bartók)

[4] Das ist Emma Sándor (1863—1958), nach ihrem ersten Mann Frau Gruber, später die Gattin Zoltán Kodálys.

die gnädige Frau des Herrn Abgeordneten und seine 16jährige Tochter im Morgenrock (Schlafrock). Die Kleidung der Tochter bestand aus einem roten Hänge-Kleid, das in malerischer Unordnung um sie hing und Gelegenheit bot, ihre guten Formen sehen, respektive ahnen zu lassen. Nach der Besprechung des Notwendigen habe ich ihr auch sogleich eine Stunde gegeben. Vorher fragte ich sie aber, wohin ich meinen Überzieher hängen sollte. Und sie deutete, ohne auch nur im geringsten zu erröten, auf einen Kleiderrechen, auf dem bunt durcheinander eine Menge reine und weniger reine weiße und bunte Damenwäsche und Kleidungsstücke hingen. Fürwahr, eine schöne hängende Wirtschaft!

Ich unterrichte sie in Klavier und Theorie, und wir spielen sogar vierhändig. Aber über das Honorar herrscht völliges Schweigen!

Am Sonntag speiste ich bei Gárdonys zu Mittag; ich spielte den zweiten Satz der Symphonie von Dohnányi, aber er gefiel ihnen nicht. Sie meinten, meine Symphonie sei weit schöner. Na, siehst Du! Übrigens gefiel Frau Gárdony riesig der erste Satz meiner Symphonie. (Dies wiederum macht wenig Eindruck auf mich.)

An einem Tag der vergangenen Woche forderten mich Arányis[5] freundlich auf, sie an einem Sonntagnachmittag zu besuchen, wenn dort eine kleine, aus jungen Musikern bestehende Gesellschaft zusammenkommt. Dort ist zum Beispiel Kerpely (zurzeit der beste Cellospieler der Akademie[6]), der »Violinkünstler« Sabathiel (der sein Diplom im vorigen Jahr erhielt) usw. Ich weiß noch nicht, ob ich hingehen soll oder nicht. Einerseits fürchte ich mich vor der »Gesellschaft«, andererseits habe ich schon genug trübe Sonntagnachmittage durchgemacht, die ich mutterseelenallein verbracht habe; und dann ist dies schließlich keine Jour- oder Abendgesellschaft. Drittens ist die Familie Arányi eine sehr interessante Familie: erstens ist sie eng mit Joachim verwandt (die Mutter vom Papa der Arányi-Mädels war Joachims Schwester), zweitens hört man in dieser Familie nie ein deutsches Wort, einfach deswegen, weil keines der Familienmitglieder Deutsch kann. In dieser Hinsicht sind sie einzigartig. (Statt Deutsch können sie Französisch.)

[5] Die Geschwister Arányi: Hortense (Pianistin), Adrienne und Jelly (Violinkünstlerinnen) pflegten in ihrem Heim um diese Zeit regelmäßig Hausmusik zu veranstalten.

[6] Jenő Kerpely (1885–1954), namhafter Cellokünstler.

Also! Was sagst Du zu der explosiven Äußerung Aurél Kerns[7] vom Sonntag! Zu seinem Vorschlag, die Musikakademie zu schließen!!! Einesteils hat er ja recht. Aber die Musikakademie darf er nicht anrühren! Was will er denn eigentlich?! Haben wir einen einzigen ungarischen Cellokünstler? Oder existiert ein ungarischer Komponist, der Koessler ersetzen könnte? (und der das Lehramt übernehmen würde?) Und wenn es schon mit der Zeit einen gäbe, könnte man doch auch nicht die seit vielen Jahren tätigen Lehrer entlassen. Was wollen sie eigentlich?! Sie sollten lieber gegen die Tyrannei der österreichischen Armee kämpfen. Zur Musikakademie geht nur, wer Lust dazu hat. Dagegen wird in die österreichische Armee jeder hineingezwungen und jedem die deutsche Sprache aufgezwungen.

Das ist wahrhaftig schändlich! Dem könnte und müßte man abhelfen. Aber wer zum Teufel könnte etwas daran ändern, daß wir zum Beispiel keinen ungarischen Cellokünstler haben! Es ist doch besser, mit Ausnahme einiger Lehrfächer zu Hause ungarisch Musik zu studieren, als sämtliche Lehrfächer im Ausland zu absolvieren!

Am Montag besuchte ich den Hubay—Popper-Abend. Nichts Besonderes. Heute war ich bei Herrn Professor Thomán zu einem (musikalischen) Tee. Es waren dort außer der zahlreichen Verwandtschaft Frau Gruber, Frau Széchy und noch andere. Ich spielte zwei Sätze meiner Symphonie vor. Thomán gefielen beide, hauptsächlich das Scherzo. Er umarmte mich zweimal: 1. weil die Kompositionen schön sind, 2. weil ich sie schön vorgetragen habe. (Als Pianisten interessiert ihn auch dieses letztere.) Heute habe ich das Adagio Koessler übergeben, der sagte: im Adagio müsse es sich um Liebe handeln, und in diesem Satz sei keine Rede davon, und das sei schade. Einer der Nachteile der modernen Komponisten sei aber der, daß sie keine Adagios produzieren könnten. Das sei der Grund, warum die Komponisten dem Adagio möglichst aus dem Wege gingen. Doch was von anderen nicht erwartet würde, könne er auch von mir nicht verlangen. Deshalb solle ich sie nur fortsetzen (nämlich die Symphonie). Falls mir nichts Besseres einfiele, so könne ja dieser Satz bleiben, obzwar er nicht als besonders gelungen angesehen werden könne. — Bekanntlich

[7] Aurél Kern (1871–1928), Musikkritiker, später eine zeitlang Direktor des Budapester Opernhauses.

ist Koessler sehr streng in der Beurteilung der Adagios. Er pflegt immer zu sagen: Um ein Adagio komponieren zu können, muß man es durchlebt haben (was?! wahrscheinlich Liebe und was damit zusammenhängt: Enttäuschungen, Entzücken, Leid usw.). Ich glaube an letzteres nicht, nämlich, daß Erlebnisse die Art der Kompositionen beeinflussen. Ich habe ja auch schon so manches durchlebt, habe auch Talent (man sagt das wenigstens von mir), ich müßte daher nach der obigen Regel gute Adagios komponieren. Koessler hält übrigens die Adagios von Dohnányi auch nicht für einwandfrei. (Ich auch nicht!)

Ich habe mich sehr über Deine Photographie gefreut. Ob sie gut ist? Hm! Du blicktest während der Aufnahme sehr melancholisch in die eine Zimmerecke. Wenn ein anderer die Aufnahme gemacht hätte, wäre sie besser gelungen. — Du bist ziemlich »rundlich«.

»Oh, Elza, Elza, warum willst Du mit dem Klimpern anfangen!« Sag ihr, wer so eine günstige Gelegenheit verpaßt hat wie im vorigen Jahr, als ich sie aus Gefälligkeit unterrichten wollte, verdient nicht, daß man sie unterrichtet. Und es hätte nur dann Sinn, Klavierspielen zu lernen, wenn sie täglich wenigstens eine volle Stunde ernsthaft üben, wenigstens von Hyrtl lernen und das Lernen mit der gründlichen Wiederholung der Fingerübungen beginnen würde. Das sage ich als Klavierkünstler, Komponist und privater Musiklehrer!

Huberman ist ein hervorragender, junger polnischer Violinkünstler; besucht nur sein Konzert!

Die englische Miss kann sehr viel reden, und das ist gut.

Im Dezember werde ich wahrscheinlich auf einem Konzert der Musikakademie spielen, und zwar die ... Sonate von Schumann. Samstag gehe ich mit dem »Heldenleben« zu Frau Gruber. Vielleicht habe ich schon ein Drittel der Wochenereignisse beschrieben und bin auch müde, deshalb

umarmt Euch alle

B.

1. Der junge Bartók als Abiturient

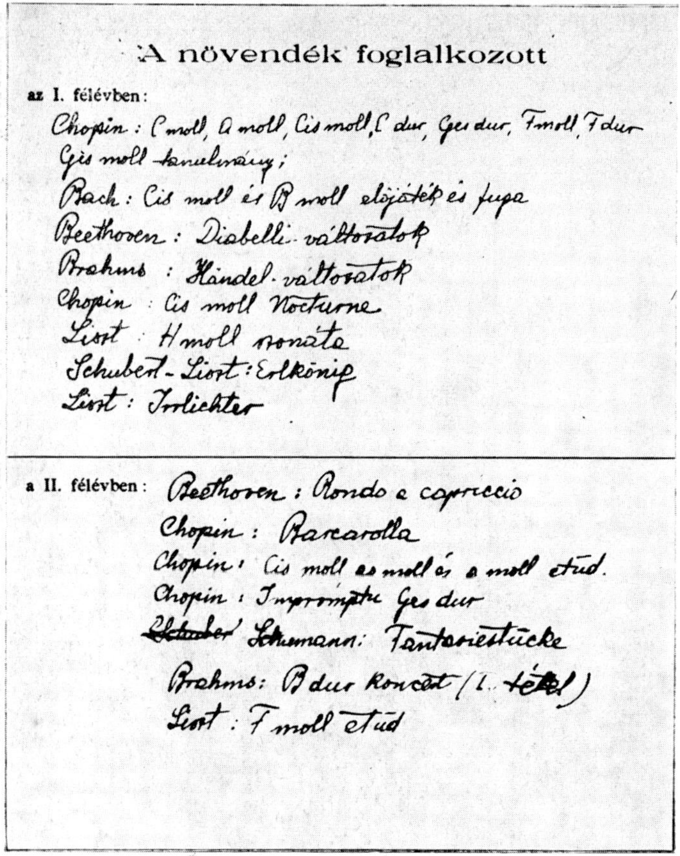

A növendék foglalkozott

az I. félévben:

Chopin: C moll, A moll, Cis moll, C dur, Ges dur, F moll, F dur
Gis moll ~~tanulmány~~;
Bach: Cis moll és B moll előjáték és fuga
Beethoven: Diabelli-változatok
Brahms: Händel-változatok
Chopin: Cis moll Nocturne
Liszt: H moll sonáta
Schubert-Liszt: Erlkönig
Liszt: Irrlichter

a II. félévben:

Beethoven: Rondo a capriccio
Chopin: Barcarolla
Chopin: Cis moll es moll és a moll etud.
Chopin: Impromptu Ges dur
~~Schuber~~ Schumann: Fantasiestücke
Brahms: B dur Koncert (I. tétel)
Liszt: F moll etud

2. Das Studienheft des jungen Bartók als Schüler von Professor Thomán 1901–1902

3. Bartók im Jahre 1902

4. »Marche funèbre«. Der einzige veröffentlichte Teil der symphonischen Dichtung »Kossuth«

5. *Die Mutter Bartóks und seine erste Frau*

6. Der dreiundzwanzigjährige Bartók mit seiner Schwester Elza

7. Bartók unter den Bauern, 1908

8. »*Siebenbürgisch-Ungarische Lieder*« (1932). Erste Seite des Manuskripts

9. Titelblatt der Erstausgabe der »Vier Stücke« (1905)

10. »*Sur le pont d'Avignon*«. *Postkarte aus dem Jahre 1908*

11. Eine Postkarte Bartóks von 1904, dem Jahr seines ersten Auftretens in England

12. Bartók im Jahre 1910

13. Titelblatt der ungarischen Erstausgabe der »Drei Burlesken« (1912)

14. Bartók im Jahre 1931

15. Bartók mit den Mitgliedern des Waldbauer–Kerpely-Quartetts (1935). Die Gründung des Quartetts (1910) war ein wichtiges Ereignis in der Geschichte der modernen ungarischen Musik

16. Bartók im Jahre 1936

17. *Das Violinkonzert. Erste Seite der Manuskript-Partitur*

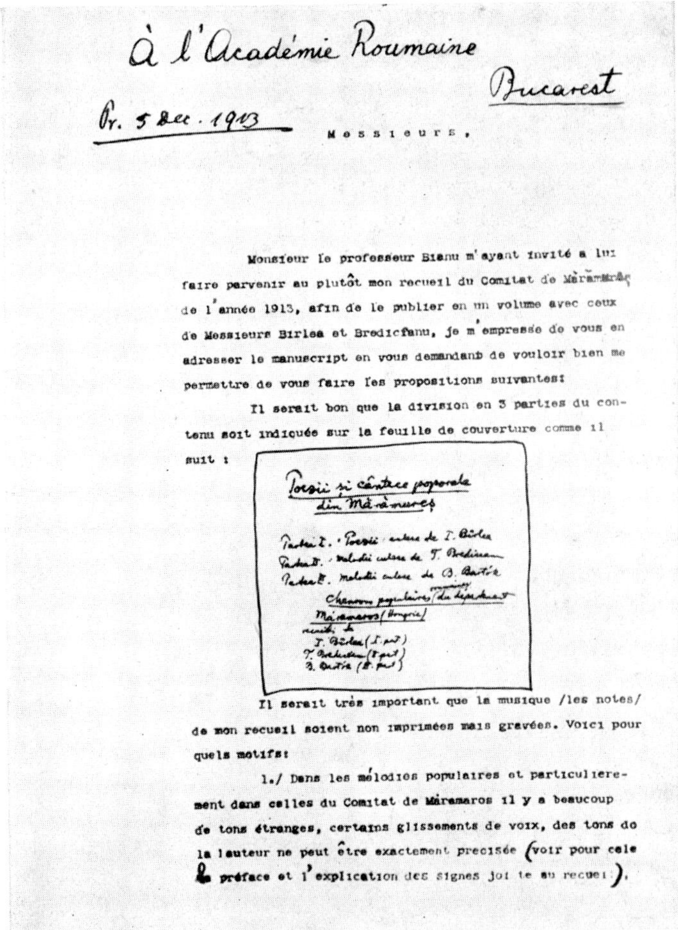

À l'Académie Roumaine

Bucarest

Pr. 5 Dec. 1913

Messieurs,

Monsieur le professeur Bianu m'ayant invité à lui faire parvenir au plutôt mon recueil du Comitat de Mărămureș de l'année 1913, afin de le publier en un volume avec ceux de Messieurs Birlea et Bredicfanu, je m'empresse de vous en adresser le manuscript en vous demandanb de vouloir bien me permettre de vous faire les propositions suivantes:

Il serait bon que la division en 3 parties du contenu soit indiquée sur la feuille de couverture comme il suit :

Poesii și cântece poporale din Mărămureș

Partea I. Poesii culese de I. Bârlea

Partea II. melodii culese de T. Brediceanu

Partea III. melodii culese de B. Bartók

Chansons populaires du département (comitat) Máramaros (Hongrie) recueillis de I. Bârlea (I. part) T. Brediceanu (II. part) B. Bartók (III. part)

Il serait très important que la musique /les notes/ de mon recueil soient non imprimées mais gravées. Voici pour quels motifs:

1./ Dans les mélodies populaires et particulièrement dans celles du Comitat de Máramaros il y a beaucoup de tons étranges, certains glissements de voix, des tons do la hauteur ne peut être exactement precisée (voir pour cela la préface et l'explication des signes jointe au recueil).

18. Aus einem Brief Bartóks an die Rumänische Akademie (1913). Vorschlag für eine gemeinsame Herausgabe von Volksliedern

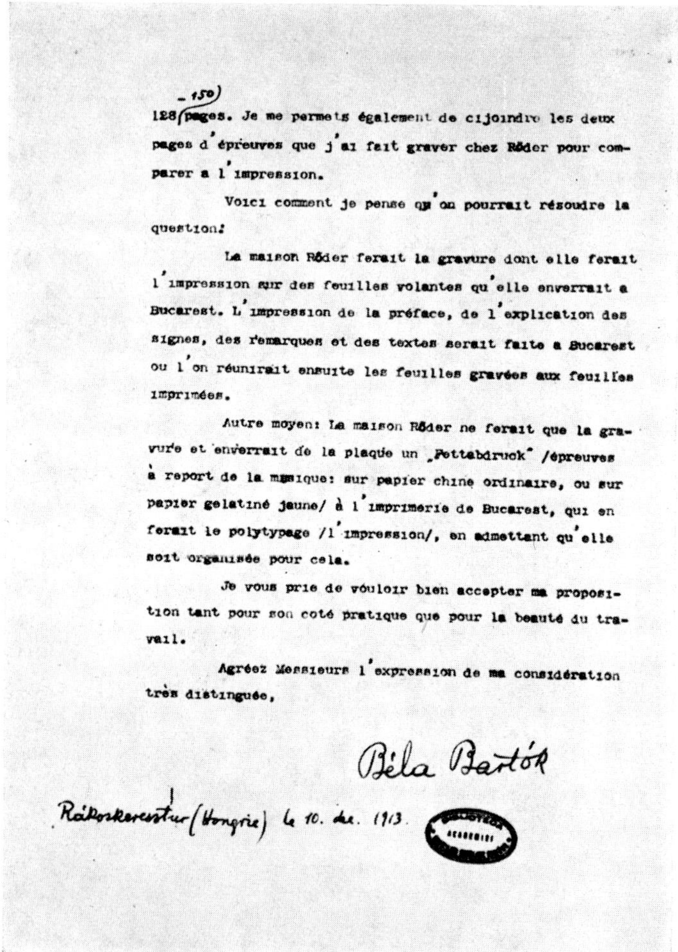

128 [– 150] pages. Je me permets également de cijoindre les deux pages d'épreuves que j'ai fait graver chez Röder pour comparer a l'impression.

Voici comment je pense qu'on pourrait résoudre la question:

La maison Röder ferait la gravure dont elle ferait l'impression sur des feuilles volantes qu'elle enverrait a Bucarest. L'impression de la préface, de l'explication des signes, des remarques et des textes serait faite a Bucarest ou l'on réunirait ensuite les feuilles gravées aux feuilles imprimées.

Autre moyen: La maison Röder ne ferait que la gravure et enverrait de la plaque un „Fettabdruck" /épreuves à report de la musique: sur papier chine ordinaire, ou sur papier gelatiné jaune/ à l'imprimerie de Bucarest, qui en ferait le polytypage /l'impression/, en admettant qu'elle soit organisée pour cela.

Je vous prie de vouloir bien accepter ma proposition tant pour son coté pratique que pour la beauté du travail.

Agréez Messieurs l'expression de ma considération très distinguée,

Béla Bartók

Rákoskeresztur (Hongrie) le 10. dec. 1913.

19. Schlußseite des umseitigen Briefes

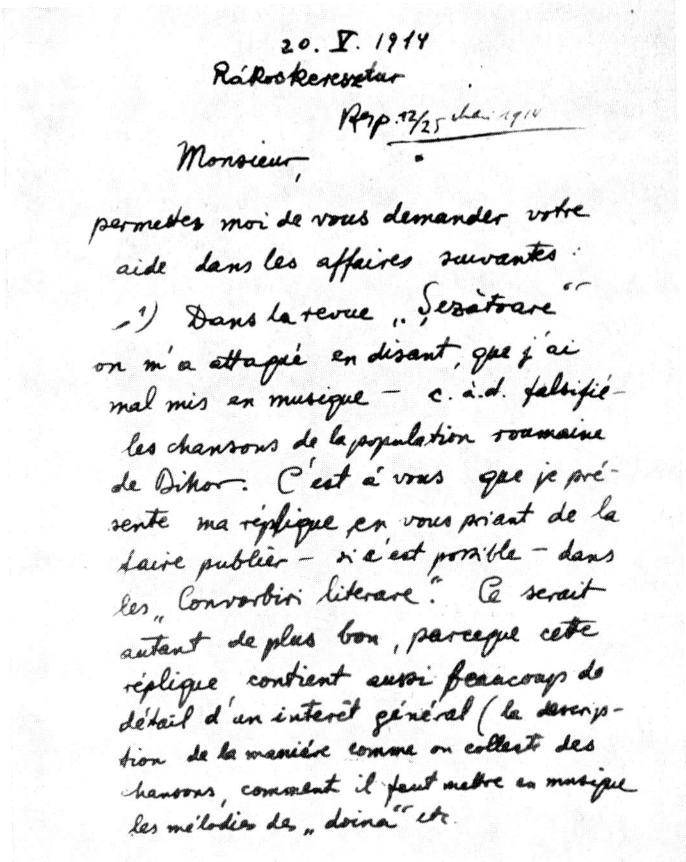

20. V. 1914
Rákoskeresztúr

Resp. 12/25 Mai 1914

Monsieur,

permettez moi de vous demander votre aide dans les affaires suivantes:

1) Dans la revue „Șezătoare" on m'a attaqué en disant, que j'ai mal mis en musique – c. à. d. falsifié – les chansons de la population roumaine de Bihor. C'est à vous que je présente ma réplique en vous priant de la faire publier – s'il est possible – dans les „Convorbiri literare". Ce serait autant de plus bon, parceque cette réplique contient aussi beaucoup de détail d'un interêt général (la description de la manière comme on collecte des chansons, comment il faut mettre en musique les mélodies de „doina" etc.

20. Brief an Ion Bianu (1914)

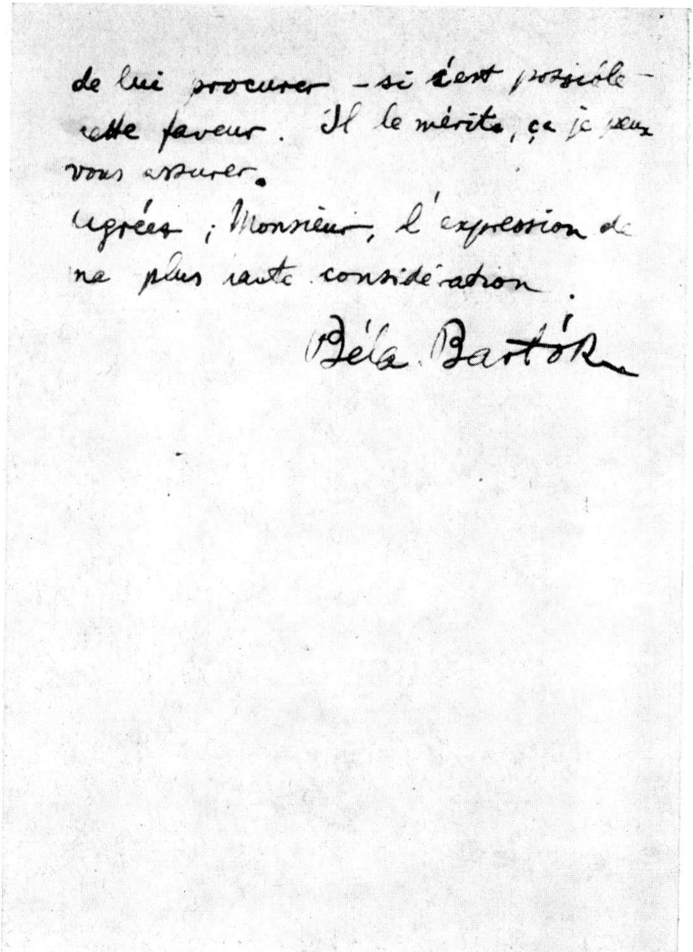
de lui procurer – si c'est possible – cette faveur. Il le mérite, ça je peux vous assurer.
Agréez, Monsieur, l'expression de ma plus haute considération.
Béla Bartók

21. Schlußseite des umseitigen Briefes

22. Bartók mit seinem jüngeren Sohn (1927)

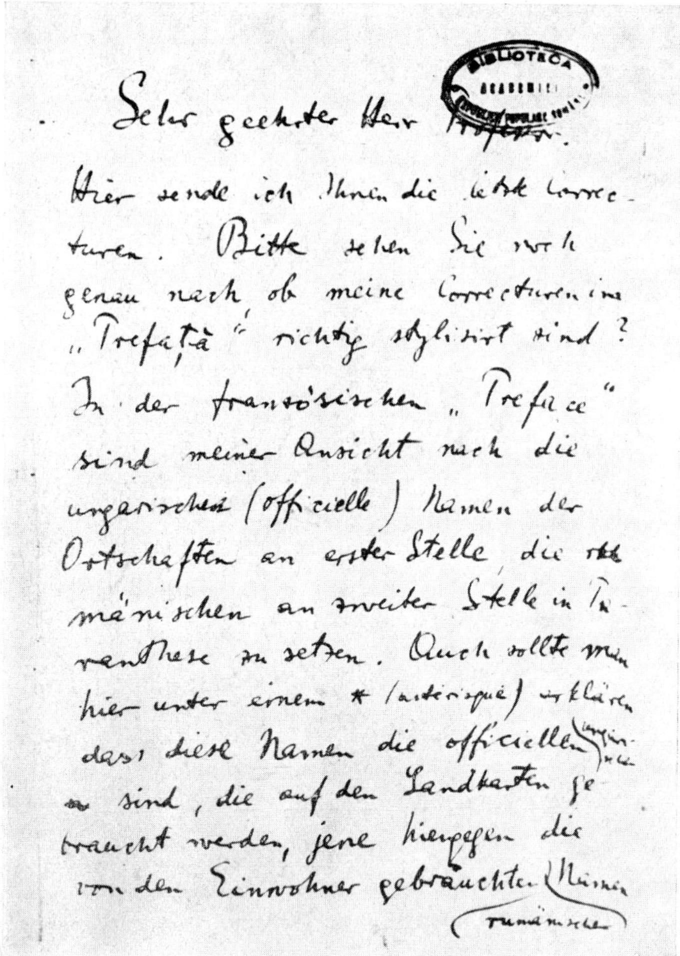

Sehr geehrter Herr Professor.

Hier sende ich Ihnen die letzte Correcturen. Bitte sehen Sie noch genau nach, ob meine Correcturen im „Prefaţă" richtig stylisirt sind? In der französischen „Preface" sind meiner Ansicht nach die ungarischen (officielle) Namen der Ortschaften an erster Stelle, die rumänischen an zweiter Stelle in Parenthese zu setzen. Auch sollte man hier unter einem * (asterisque) erklären dass diese Namen die officiellen (ungarische) sind, die auf den Landkarten gebraucht werden, jene hingegen die von den Einwohner gebrauchten Namen (rumänische

23. Brief an Ion Bianu (1913)

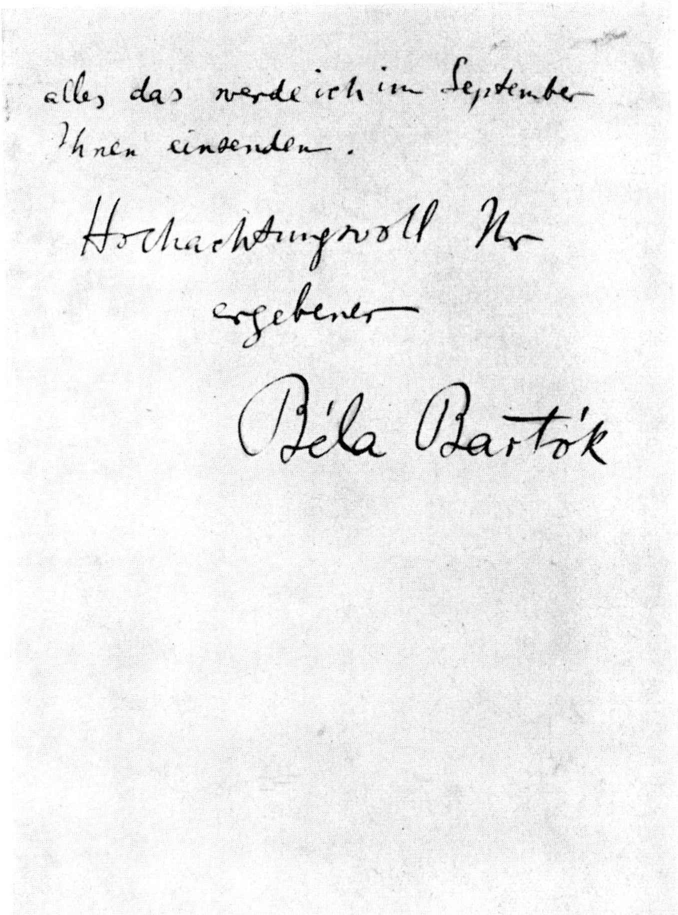

alles, das werde ich im September
Ihnen einsenden.

Hochachtungsvoll Ihr
ergebener

Béla Bartók

24. Schlußseite des nebenstehenden Briefes

25. Bartók im Institut für Folklore in Bukarest (1934)

26. Bartók um 1937

27. Ein Konzert Bartóks mit Ditta Pásztory (1939)

28. Bartók mit seiner zweiten Frau, Ditta Pásztory (1938)

29. Bartók vor seiner Abreise nach den Vereinigten Staaten

New York 19, N.Y. Dec. 17, 1944.
309 West 57th St.

Some time ago Prof. Wood wrote me a letter. I will answer him after: it is very improbable that I ever can go to Seattle!

Dear Mrs. Creel:

Is not this a most extraordinary stationary to write on? Yet, are we not supposed to regard as our patriotic duty to save paper in this acute paper shortage, are not we? Though, of course, there still appear the advertisements of Lucky Strikes, Chesterfields etc. urging people to buy them though they have no stocks to sell. But this is a different business: nothing is allowed to interfere with the high principles of advertising business, shortage of paper or no shortage; or else the world would crumble. — So, when I got this (one sided) copy made expressly for you, and saw those nice blank pages, I could not resist to fulfil my patriotic duty - - -

To be so late in answering your letters is quite inexcusable. I will not even try to find and enumerate excuses, instead I will begin to give you a description of the most essential happenings of this year in my life.

You said in one of your letters that my recovering was a miracle. This is true only with some reservations: it was only a hemisemidemi-miracle. Of course, that lung-infection disappeared as mysteriously as it came — this you know from my last letter. There are, however, — and almost continuously — some minor troubles which probably never can be completely cured and make a regular job or concertizing etc. impossible for me. So for instance, last April my spleen became rebellious. My Asheville doctor mistook it for a pleurisy. He would have me quite gallantly treated me against it, but fortunately I had to come back to New York where the mistake was at once discovered and my spleen punished by a rude X-ray treatment. Then it appeared there is a disorder

30. *Brief an Mrs. Creel (1944)*

31. »Ruthenisches Volkslied«. Erste Seite des Manuskripts (1945)

32. Bartók in seinen letzten Lebensjahren

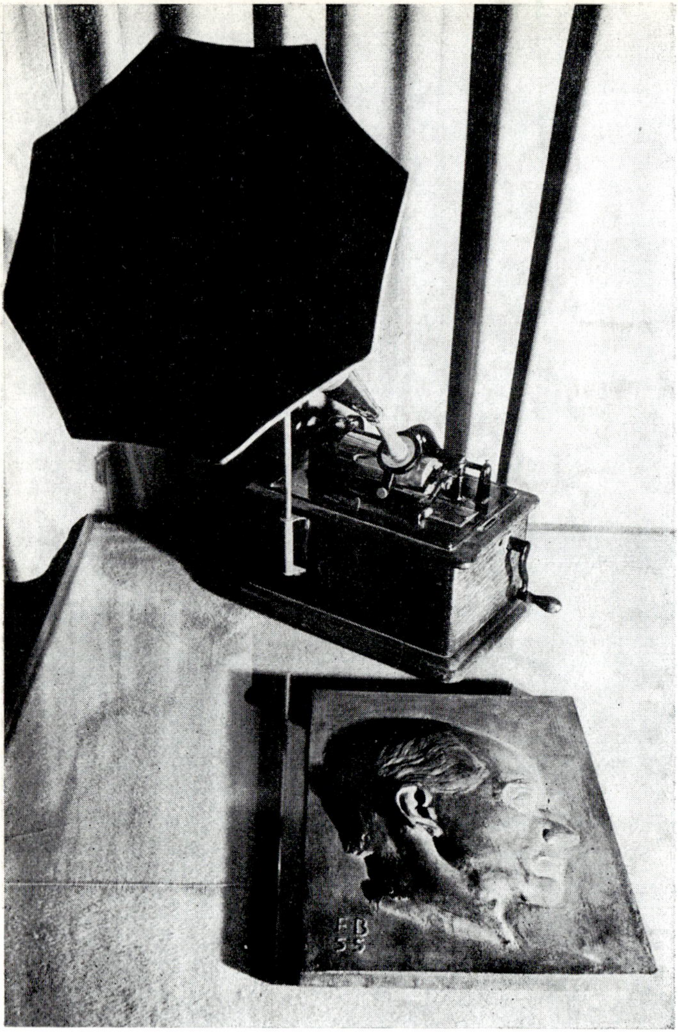

33. Das Bartók-Archiv in Budapest: der Phonograph des Komponisten und die Plakette vom Bildhauer Béni Ferenczy

An seine Mutter — Pozsony[1]

Gmunden, den 8. September 1903

Liebe Mama!

Ich bin sehr ärgerlich! Dort in Passail[2] haben so viele Leute alle möglichen Noten in mein Zimmer geschleppt und mit den meinen zusammengemischt, daß ich aus Versehen statt des Bandes der Chopin-Balladen die Chopin-Nocturnes, die jemand anderem gehören, hierher gebracht habe. Die Balladen von Chopin finde ich nämlich nicht, dagegen sind seine Nocturnes doppelt zwischen meinen Noten vorhanden. Das eine ist ein fremdes Exemplar, das andere gehört mir. Da ich das Heft mit den Balladen sehr benötige, geht doch bitte zu Biermanns und verlangt es zurück. Zweifellos wurde es dort vertauscht. Und schickt es mir dann nach. — Es ist sozusagen nichts Neues zu berichten; ich könnte höchstens eine sozialpolitische Dissertation darüber schreiben, daß der Niedergang der Ungarn nicht deswegen kommen wird, weil — wie Dohnányi behauptet — die Sprache und der Geist unserer Armee ungarisch sein werden, sondern weil ein jedes Mitglied der ungarischen Nation, mit ganz geringen Ausnahmen, eine so verletzende Gleichgültigkeit allem gegenüber, was ungarisch ist, an den Tag legt. Ich meine nicht die hohe Politik; dort können wir uns noch für nationale Ideale entflammen, aber im Alltagsleben, wo wir mit jeder belanglos scheinenden Kleinigkeit uns fortwährend gegen die ungarische Nation versündigen. Es ist uns völlig gleichgültig, *ob und wie* jemand unsere einzigartige, unvergleichliche Sprache spricht. Wir selbst sprechen statt dessen jede fremde Sprache; wer nur Ungarisch kann, wird als ungebildet verhöhnt, auch wenn er das gesamte Wissen der Universitäten im Kopfe hat; unsere Töchter, die Mütter unserer künftigen Generation, verderben wir schon in ihrer frühesten Jugendzeit mit fremder Erziehung — sagt in einer seiner schönen Reden Jenő Rákosi[3]. Er hat auch recht! So macht es der Ungar, wo er doch seine Muttersprache auf jede Art und Weise verbreiten

[1] Ungarisch geschrieben.

[2] An diesem von Graz erreichbaren Ort verbrachte Bartók eine kurze Zeit mit seiner Mutter, bevor er seine ersten Sommerstudien, vor allem die Klavierstunden bei Dohnányi, aufnahm.

[3] Schriftsteller und Journalist.

müßte, weil er nur auf diese Weise stark sein könnte, wenigstens innerhalb seiner eigenen Landesgrenzen. Uns ist es freilich völlig gleich, ob Ungarisch oder Deutsch gesprochen wird, ob ungarische oder österreichische Ware. (Wir brüsten uns sogar noch damit.) Es muß jeder Mann, wenn er die Mannesreife erreicht, sich klar werden, für welche idealen Ziele er kämpfen will, damit er sein ganzes Wirken und alle seine Taten danach gestaltet. Ich meinerseits werde auf allen Gebieten meines Lebens immer und in jeder Weise nur einem Zwecke dienen: dem Wohle der ungarischen Nation und des ungarischen Vaterlandes. Ich denke, daß ich auch bisher diese Absichten durch meine weniger bedeutenden und auch wichtigeren Taten bewiesen habe, soweit meine bescheidenen Kräfte dazu ausreichten. Leider wäre auf diesem Gebiete in meinem eigenen Heim auch so manches zu verbessern. Ich habe bei unserem letzten Zusammensein traurig feststellen müssen, daß sowohl Du als auch meine Schwester Böske entweder aus Nachlässigkeit oder aus Vergeßlichkeit in die oben genannten Fehler verfallen seid. Ich will damit nicht sagen, daß, wenn irgendwo ein *Gott erhalte*[4]-Skandal ausbricht, die Entrüstung darüber nicht sehr groß wäre. Davon hat aber das Ungartum gar keinen Nutzen; hier könnte höchstens die Gesetzgebung oder die Regierung helfen. Da es jedoch nicht jedem möglich ist, den Posten des Ministerpräsidenten zu erlangen, sollte jeder, der von diesem Glück verschont wurde, schön ruhig, ohne Aufsehen, im Alltagsleben für alles kämpfen, was ungarisch ist. Verbreitet, propagiert die ungarische Sprache *mit Wort, Tat und Rede! Sprecht Ungarisch* miteinander!!! Ich würde mich wirklich sehr schämen, wenn mich zum Beispiel in Pozsony oder vielleicht später in Budapest ein Bekannter besucht, dem meine Gesinnung bekannt ist und der zufälligerweise hört, daß Ihr miteinander Deutsch sprecht — und auch mich vielleicht so anredet. Der würde mich wahrhaftig für einen Maulhelden halten. Du führst zu Deiner Entlastung an, daß Du Dich schon daran gewöhnt hast, mit Tante Irma Deutsch zu sprechen. Das ist eine annehmbare Entschuldigung, aber zugleich das Resultat einer nicht mehr gutzumachenden Unterlassung. Warum habt Ihr Euch in Eurer Jugend nicht an das ungarische Wort gewöhnt? Tante

[4] Zur Zeit der österreichisch-ungarischen Monarchie protestierten die Ungarn unzählige Male dagegen, daß anläßlich der offiziellen Besuche des Königs nicht die ungarische Nationalhymne, sondern »Gott erhalte ...«, die österreichische Hymne, gespielt wurde.

Irma lebte doch lange Zeit im Komitat Békés; dort wird sie wohl unsere Sprache so einigermaßen erlernt haben, und das Weitere hättest Du fortsetzen müssen. Genau so, wie Du Dir später *angewöhnt hast*, mit uns Deutsch zu reden, damit wir die deutsche Sprache lernen, hättest Du Dir angewöhnen müssen, mit Tante Irma Ungarisch zu sprechen, damit sie das Ungarische erlernt.

Aber was rede ich da zusammen!! Die deutsche Sprache ist ja für jedermann in Ungarn obligatorisch und notwendig; es schadet dabei nichts, wenn man nebenbei auch noch (ein wenig) Ungarisch sprechen kann!

Hört die Regel, die für jeden Ungarn gilt:

Sprich nur dann in einer fremden Sprache, wenn es unumgänglich notwendig ist! Das will heißen, ich wünsche, daß Du — wenn Du auch mit Tante Irma eine andere Sprache sprichst — mit Böske sowohl zu Hause als auch auswärts unbedingt Ungarisch sprechen sollst. »Fällt es schwer, sich daran zu gewöhnen«, dann mußt Du Dir einfach die Mühe nehmen; die ungarische Sprache verdient es.

Na, und daß Ihr mich deutsch anredet — das mag ich nicht einmal im Scherz. Ihr kennt ja mein Verfahren in den Geschäften oder auf der Straße, wenn in fremder Sprache eine Auskunft von mir verlangt wird. Mein Wunsch ist, daß Ihr mir das nachmacht. »Es wird schwer gehen«, man muß sich aber über die ersten Schwierigkeiten hinwegsetzen, dann wird es später schon ganz leichtfallen. Ich habe es mir bereits ganz angewöhnt. Es wäre wirklich bedauerlich, wenn meine nächsten Angehörigen nicht mit mir im Interesse eines gemeinsamen Zieles zusammenwirken würden. Deinen alten Bekannten gegenüber, die nicht gut Ungarisch sprechen, kannst Du entgegenkommend sein. Aber zum Beispiel mit Biermanns oder mit F.??![5] Wie oft habe ich bemerkt: die Konversation wurde auf ungarisch geführt, und auf einmal fängst gerade Du an, Deutsch zu sprechen, bloß aus Vergeßlichkeit, weil Dir »alles eins« ist. Daß Ihr meine Schwester »Böske« oder anders nennt, ist nicht von Belang; man kann über diese Frage ohne weiteres hinwegkommen. Aber das, worüber ich Dir in meinem heutigen Briefe schreibe und um was ich Dich hiermit bitte, das mußt Du erfüllen.

Nebenbei bemerkt, was sagst Du dazu, daß der König sich nun schon zum zweiten Male dermaßen blamiert hat? Zuerst

[5] Unleserlicher Name.

mit Tisza und jetzt mit Lukács[6]. All dies wird durch seine superklugen und hochgeschätzten Ratgeber verursacht. Was für ein Skandal, daß jetzt der König sich den Mann *einfangen* muß, der es unternehmen soll, den Posten des Ministerpräsidenten anzunehmen, diesen Ehren- (Diener-) Posten!

Und all dies warum?!!

Kurznachrichten:

Emsy ist mit Irmy[7] bereits in Budapest, am neunten fängt sie schon zu unterrichten an: nichts Neues von der Musikakademie.

Dietl[8] sandte mir eine Karte aus London.

Böske erfreute mich heute mit einer sehr unschönen Karte; sie berichtete, daß Tante Irma Sonntag ihren Namenstag haben wird. Wann? Am nächsten oder am übernächsten? Sobald ich das weiß, werde ich ihr mit großer Freude gratulieren.

Dohnányi, wie ich mit großer Mühe erfahren habe, gefällt meine Symphonie doch nicht. »Der Schluß ist noch das Beste.« Zweifellos deshalb, weil man dann hoffen kann, daß es bald zu Ende geht. Und außerdem ist die Instrumentation auch nicht »fein«. Er spielt sich aber nicht als Meister auf! Die Stunden haben einen überaus gemütlichen Anstrich. Doch haben wir über enorm viele Sachen ganz entgegengesetzte Ansichten. (Zum Beispiel über Strauss.)

Das Wetter war erstaunlich günstig. 8—9 Tage konnte man kaum eine Wolke sehen, und die Sonne schien so wie in Budapest im allerheißesten Juni. Ich habe meinen Regenschirm bisher noch gar nicht benützt. Endlich, nachdem ich für morgen einen Ausflug auf den Schafberg (1780 m!) geplant habe, hat sich der Himmel bewölkt.

Bemerkung. Diesen Ausflug hatte ich ganz ernsthaft geplant. Ich wollte auf den Schafberg hinaufsteigen, dessen relative Höhe auch schon 1300 m ist, das heißt, genauer ausgedrückt, ich wollte mit der Zahnradbahn hinaufklettern.

K.[uß]
B.

6 Ungarische Staatsmänner. — In den folgenden Sätzen macht Bartók eine Anspielung auf die Regierungskrise 1903, der schließlich 1905 die willkürlich vom König gebildete »Darabont«-(Trabanten-) Regierung folgte.

7 Töchter des in Nagyszentmiklós wohnhaften Advokaten Othmar Jurkovics, beide schwärmerische Anhängerinnen Bartóks.

8 Ludwig Dietl, einer der Förderer Bartóks, der später als Jurymitglied des Pariser Rubinstein-Wettbewerbes eine wichtige Rolle spielte.

An Ludwig Dietl — Wien[1]

Berlin W, Steglitzerstr. 65. III.
Den 17. März 1904

Mein lieber Freund!

Ich bin dermaßen in das Komponieren und andere Arbeiten vertieft, daß ich mich erst jetzt für Deine freundliche Intervention bedanken kann, mit deren Hilfe es mir gelang, 4 meiner Lieder und 4 Klavierstücke um 400 Kronen loszuschlagen. Sie werden wahrscheinlich erst im Oktober erscheinen. Ich wünsche, daß mein Verleger einen möglichst großen Nutzen daraus ziehen möge!

Wie ich Dir ankündigte, wollte ich Dir einige Kritiken aus Manchester senden; ich habe sie aber leider unterwegs irgendwo liegenlassen. Schade! Denn es waren einige gute und interessante Bemerkungen darunter. In London verbrachte ich 6 Tage. Broadwoods haben mir 6 Abende für das nächste Jahr versprochen (auf Intervention von Dohnányi!); zwei davon in London. (Auch einen Kammermusik-Abend.) Inzwischen hat mein Orchester-Scherzo zu Hause einen schönen Erfolg gehabt. Ich studiere hier in völliger Zurückgezogenheit alle fünf Arten der Künste. Ich habe wundervolle Strauss-Lieder kennengelernt. Ich kann Dir hoch und heilig versichern: seit Wagner haben wir keinen so großen Meister gehabt wie Strauss. — Könntest Du mir nicht einige moderne, selten gespielte Vortragsstücke empfehlen? Ich suche mit wachsender Verbitterung in der Musikalienleihanstalt von Bote und Bock nach solchen Dingen, aber ich finde kaum etwas nach meinem Geschmack. Ende April kehre ich nach Ungarn zurück; für zwei Tage nach Pozsony, und danach gehe ich auf die Pußta — zur Sommerfrische, wo ich womöglich noch zurückgezogener leben werde als hier. Nun, was rätst Du mir? Soll ich nächstes Jahr ein Konzert in Wien veranstalten? (Ich würde es noch einmal riskieren, für ein selbstveranstaltetes Konzert Geld auszugeben.) Und wenn ja, wäre es möglich, Gutmann[2] zu umgehen

[1] Ungarisch geschrieben.
[2] Ein Veranstalter von Konzerten.

und die Sache auf irgendwelche Weise mit Bösendorfer und Kehlendorfer zu machen? Es ist übrigens noch reichlich Zeit dazu.

In Erwartung Deiner Zeilen herzlichste Grüße

B. Bartók

(Die Adresse war tatsächlich falsch auf Deinem nach England geschickten Brief: Du hast statt Bowdon etwas anderes geschrieben.)

An István Thomán — Budapest[1]

Pozsony, den 21. April 1905

Mein lieber Pista!

Ich habe mit Dr. Kohner[2] gesprochen, der mir nahelegte, mich im Falle eventueller Geldknappheit vertrauensvoll an ihn zu wenden. Er würde mir gerne von Zeit zu Zeit zur Verfügung stehen, da es ihm außerordentlich leid täte, wenn ich wegen der Ungunst der Verhältnisse in Not geriete oder meine ganze Zeit damit verbringen müßte, Geld zu beschaffen. Er legte mir nahe, die Sache niemandem zu erwähnen. Also bitte ich Dich auch darum. Es ist wirklich sehr nett von Kohner, sich um mein Schicksal zu kümmern; ich hoffe jedoch, es wird nicht dazu kommen, daß ich auf das Geld anderer Leute angewiesen sein soll. Gerade vor ein, zwei Wochen habe ich von Richter die Mitteilung erhalten: er lädt mich für nächstes Jahr wieder nach Manchester ein. Hoffentlich wird es mir beim zweiten Versuch glücken, einen bescheidenen Platz zu erobern. Die Broadwoods bindet übrigens noch ihr mir gegebenes Versprechen, das sie dieses Jahr nicht einlösen konnten oder aus gewissen Gründen nicht einlösen wollten. Das heißt: ich habe Vertrauen zu England. Auf jeden Fall ist es gut, daß ich mich an etwas klammern kann, falls mir überhaupt nichts, also ganz und gar nichts gelingen sollte. (Übrigens würde ich dann sowieso meinen Wohnsitz nach Budapest verlegen.)

[1] Ungarisch geschrieben.

[2] Baron Adolf Kohner (1865–1937) Mäzen und Musikliebhaber.

Ich wende mich mit einer Bitte an Dich: Du würdest mich sehr zu Dank verpflichten, wenn Du Dich bei jemandem in der Direktionskanzlei der Akademie erkundigen würdest, ob mein (vor ungefähr 3 Wochen) eingereichtes Gesuch in Angelegenheit der Volksliedersammlung inzwischen eingetroffen ist. Ich habe es nicht »eingeschrieben« aufgegeben und, obwohl ich mich nach seinem Eintreffen erkundigte, noch nichts darüber gehört.

In 4 Wochen werde ich wieder in Budapest sein; dann werde ich bereits mehr über die englische Angelegenheit erzählen können.

Es dankt Dir für Deine Zeilen und grüßt Dich vielmals

Béla

An seine Mutter — Pozsony[1]

Coimbra, den 11. April 1906

L[iebe] M[ama]!

Hier der versprochene Brief; die Tournee haben wir glücklich beendet. Laß mich nun von Verschiedenem berichten.

Die Tournee selbst und das Auftreten brachten zahlreiche interessante, öfters auch amüsante Erfahrungen. Eine solche musikalische Zwangsarbeit ist eine häßliche Sache. Zumindest beim kleinen Vecsey[2] war das so, infolge des vielen Übens. Und dies ist die Ursache, daß er von der Welt so gar nichts wahrzunehmen vermag. Durch das viele Üben kommt er nicht dazu. (Denn das Konzertieren ist eine recht ernsthafte Angelegenheit, da hat man fehlerloses technisches Können darzubieten.) — Publikum hatten wir wahrlich nur spärlich, so daß der spanische Impresario sicherlich draufgezahlt hat. Denn Vecsey bekam 1500 Fr., der Pariser Impresario ebenfalls 1500 Fr. pro Konzert! So mußte er hier allabendlich allein für Honorare 3000 Fr. auszahlen. Jedoch der Pariser Agent ist ein elender Gauner; er heimst 50 Prozent der Künstlerhonorare ein!

Das Publikum von Oporto war das begeistertste. Ich quäle

[1] Ungarisch geschrieben.
[2] Ferenc Vecsey (1893–1935), berühmter ungarischer Violinvirtuose.

mich mit den Portugiesen. Es ist höchst erheiternd, wie ich mit diesen Leuten verhandle. Sie verstehen immerhin Spanisch, ich aber kaum, und nur ganz selten verstehe ich, was sie sagen.

An wie viele Landessitten muß ich mich hier gewöhnen! Beispielsweise: die Hotelzimmer bleiben hier im allgemeinen sperrangelweit offen. In dem einen Hotel werden keine Schuhe geputzt, in dem anderen gibt es keine Zündhölzer. Da wird um 5 Uhr das Abendessen serviert, dort um 9 Uhr diniert. In Madrid begann das Konzert um ½6 Uhr, in Lissabon um ½9 und dauerte bis Mitternacht. In Madrid stand der Flügel schräg, in Lissabon wurde er niemals gestimmt, in Oporto wackelte der Fuß des Klaviersessels ganz gefährlich. Es gibt nur 2 Mahlzeiten, aber diese sind überreichlich, besonders das Abendessen. Ich esse alles, was nur gereicht wird. Wie viele Gerichte das sind, konnte ich noch nicht einmal zusammenzählen. Zum Schluß gibt es Gebäck, Käse, Kaffee, Nüsse, Äpfel, Orangen, kernweiche Eier, Bananen: dies alles als »Coda«. Spinat usw. wird — denk Dir nur! — in Oporto mit Öl zubereitet. Dann tischte man mir eine Menge unbekannter und undefinierbarer Gerichte auf. Ich habe sie alle gegessen! Vielleicht war es Regenwurm-Omelette oder Ratten-Pastete!

Über Vecsey[3] möchte ich noch einige gute Worte sagen. Er ist furchtbar nervös und müde vom »Konzertieren«. Dies beeinflußt jedenfalls seine Handlungen. Seine Auffassung steht derart im Gegensatz zu der meinen, daß ich — wenigstens anfangs — seinen Worten und Taten ablehnend gegenüberstand. Obzwar er wahrscheinlich — auf seine Art — das Beste seines Sohnes will! Meine Art und Weise steht aber in direktem Gegensatz zu seiner Auffassung.

Nun hänge ich ganz in der Luft; irre ziel- und planlos umher. Adresse nach wie vor Lissabon, Hotel Suisso, Rua da Princesa. Meine Briefe werden mir nachgeschickt. Aber sendet nichts Wichtiges. Ja, bitte sende Frau (Lajos) Vecsey in ungefähr 2 Wochen einen Sammelbogen (Rákoskeresztúr).

Nun kam ich für einen Tag hierher nach Coimbra (Universität, die einzige, die es hierzulande gibt), ein kleines Städtchen (13 000 Einwohner), einige interessante, alte Gebäude. Die Lage ist herrlich. Wahrhaftig, Oporto ist ganz anders als Lissabon. Hast Du die eiserne Brücke »Dom Luiz« nicht gesehen?

[3] Hier handelt es sich um den Vater des jungen Violinisten.

Heute begrüßten mich zum ersten Male portugiesische Bauern. Ich machte in der Abenddämmerung auf den Wiesen von Coimbra einen Spaziergang. Die Bauern kamen von ihrer Arbeit; sie hielten mich vielleicht für einen Priester und grüßten: »Bom noite«. Ich antwortete das gleiche, mit einem Wort, ich konversierte portugiesisch!

K. [uß]
B.

Ich verstehe die portugiesische Sprache ganz gut. Aus Oportoer Zeitungen erfuhr ich, wie der Vesuv wütet und daß die Konferenz von Algeciras sich endlich ihrem Ende nähert. Über uns schweigen sie sich weiterhin aus.[4]

An Ludwig Dietl — Wien[1]

Pozsony, den 3. November 1906

Lieber Freund!

Du glaubst wohl, daß ich mit dem Geld der Abonnenten nach Sumatra durchgegangen bin! Aber aufgeschoben ist nicht aufgehoben — die Lieder werden in einigen Wochen erscheinen.

Ich möchte gegen Mitte Dezember für einen Tag nach Wien fahren, deshalb schreibe ich jetzt nicht von meinen übrigen Angelegenheiten.

Augenblicklich werde ich durch die »Tulipán-Liga«[2] in Pozsony festgehalten. Ich muß zugunsten der Pozsonyer Schriftsteller spielen. Am Sonntag (d. h. morgen) findet das Konzert statt, an dem Apponyi[3] samt Gemahlin zugegen sein wird. Dieses Gastspiel kam sehr ungelegen. Seit einem halben Jahr habe

[4] Diese letzten Zeilen, die auf ein spanisches Programm gekritzelt wurden, gehören wahrscheinlich zum Brief.

[1] Ungarisch geschrieben.

[2] Gegründet 1905 zum Zeichen des Protestes gegen die reaktionäre Politik der leitenden Staatsmänner der österreichisch-ungarischen Monarchie. Es war das Ziel der »Tulipán-Liga«, die ungarische Sprache und besonders die nationale Industrie zu unterstützen.

[3] Graf Albert Apponyi (1846–1933), konservativer ungarischer Staatsmann, dessen Kulturpolitik Bartók ein Dorn im Auge war; auch in späteren Briefen übte Bartók scharfe Kritik an ihm. In seinem an Joan Buşiţia gerichteten Brief vom Jahre 1917 — den unsere Sammlung nicht enthält — bezieht sich die Anspielung »Alte mit langem Bart« unmißverständlich auf ihn und seinen konservativen Kreis. (János Demény, Briefe Béla Bartóks, III. Band, S. 102. Verlag Zeneműkiadó, Budapest 1955.)

ich kaum Klavier gespielt; nun muß ich mich seit zwei Wochen fest bemühen, meine Finger zum Spielen der bekannten wertlosen Stücke zu zwingen. Ich habe nach Gömör auf die bekannte »Gerlice-Pußta« ein Klavier kommen lassen. Aber das Üben sagt mir gar nicht zu. Zum Teufel damit! Ich hätte es vorgezogen, statt dessen möglichst viele Lieder zu sammeln. So konnte ich in den drei Wochen abends in den slowakischen Dörfern insgesamt bloß 150 notieren und von 80 phonographische Aufnahmen machen.

Komm doch so gegen Weihnachten für einige Tage zu uns. Ich würde Dich dann zu einem kleinen Ausflug zum Sammeln von Volksliedern in die Nachbardörfer einladen. Es ist wirklich riesig interessant, hauptsächlich die phonographischen Aufnahmen. Vielleicht könnten wir auch Deine russischen Sprachkenntnisse (!) bei den Slowaken benutzen.

Ich habe Deine Pariser Karte erhalten. Meinen Brief hättest Du mit einem Brief beantworten können.

In einigen Tagen werde ich Mahnschreiben an diejenigen nachlässigen Leute schicken, die die Sammelbögen noch immer nicht eingesandt haben. Die Dich betreffende Portion (der Mahnung) nimm mit diesem Brief zusammen gefälligst zur Kenntnis. Ich muß bemerken: sofern die Einsendung der Bögen nicht recht bald geschieht, werden wir, wegen der dem Verleger gegenüber eingegangenen Verpflichtungen, einen beträchtlichen Schaden erleiden. Meine ständige Adresse ist: Pozsony usw. Von hier gehe ich nach Békés, um dort zu sammeln.

Es grüßt Dich voller Sammelwut

Béla

An Stefi Geyer[1]

Den 16. August 1907

Dialog in Gyergyó-Kilyénfalva [Siebenbürgen][2]

Der Reisende *(tritt ein):* Grüß Gott!

Das Bauernweib: Jesus Christus behüte Sie!

[1] Stefi Geyer (1888–1956), hervorragende ungarische Violinkünstlerin. Als der sechsundzwanzigjährige Bartók den hier veröffentlichten Brief an sie richtete, war sie kaum 20 Jahre alt. Später — 1920 — heiratete sie den Schweizer Komponisten Walter Schulthess. Beide Namen kommen auch in den Briefen Bartóks aus den Jahren 1939–40 vor.

[2] Ungarisch geschrieben.

Der Reisende: Ist wohl Ihr Mann zu Hause?

Das Bauernweib: Nein, er ist nicht zu Hause, er fuhr in der Früh mit dem Wagen aufs Feld, um Heu einzufahren.

Der Reisende: Na, und wie geht es Ihnen im allgemeinen?

Das Bauernweib: Es geht ja, wie es kann; Übel gibt's genug, und plagen tun wir uns auch nicht wenig.

Der Reisende: Na-na! Irgendwie schaffen Sie's doch.

Das Bauernweib: Also, was wünscht der Herr? *(Zu ihrem Töchterchen)* Bring mal dem Herrn einen Stuhl! — Hier ist der Stuhl, setzen Sie sich. *(Zu ihrer Tochter)* Laßt doch die Schweine herein!

Der Reisende: Also sehen Sie, ich bin gekommen, um Sie um etwas zu bitten, um was man Sie, wie ich annehme, noch niemals gebeten hat.

Das Bauernweib: ?

Der Reisende: Die Nachbarin hier behauptet, Sie könnten so richtige uralte Lieder singen, die Sie noch in Ihrer Jugend von den Alten gelernt hätten.

Das Bauernweib: Ich?! Alte Lieder?! Der Herr soll mich nicht zum Narren halten! Hi-hi-hi-hi-hi!

Der Reisende: Schauen Sie mal, das ist keine Narretei. Ich spreche in vollem Ernst. Ich kam nur deshalb hierher, von weit, von sehr weit, von Budapest, um diese uralten Lieder zu suchen, die man nur hier kennt!

Das Bauernweib: Na, und was fängt man dann mit diesen Liedern an? Kommen sie in die Zeitung?

Der Reisende: Keineswegs! Diese Arbeit bezweckt, daß wir diese Lieder bewahren, daß sie notiert werden. Denn würden wir sie nicht aufschreiben, so wüßte später niemand, was hier zu dieser Zeit gesungen wurde. Denn schauen Sie, die jungen Leute kennen ganz andere Lieder, sie haben die alten Lieder nicht gern, sie lernen sie auch nicht, obwohl diese alten Lieder viel schöner sind als die jetzigen. Na, nicht wahr? In fünfzig Jahren sind sie spurlos verschollen, wenn wir sie jetzt nicht aufschreiben.

Das Bauernweib: Wirklich? *(Pause.)* Bruhahahaha! — Hihihihi! Nein, ich glaub's doch nicht!

Der Reisende *(verzweifelt)*: Schauen Sie sich doch dieses kleine Büchlein an; sehen Sie, das alles habe ich hier notiert.

(Er pfeift ein Lied.) Dieses Lied hat Frau András Gegő gesungen. *(Er pfeift ein anderes.)* Und dieses Frau Bálint Kósza. Diese kennen Sie doch auch, gelt?

Das Bauernweib: Ach, meine Zeit ist um. Eine so alte Frau wie ich ist nicht dazu da, sich mit solchen Liedern abzugeben; ich kenne nur mehr die Kirchengesänge.

Der Reisende: Nicht doch! Sie sind noch gar keine so alte Frau. Und die anderen, Frau István Csata und Frau Ignác Hunyadi, behaupten alle, Sie wüßten sehr viele Lieder.

Das Bauernweib: Ach, meine Stimme ist nicht mehr danach...

Der Reisende *(fällt ihr ins Wort):* Dazu ist gar keine so starke Stimme nötig; wenn Sie das Lied ganz leise vor sich hinsingen, so wird's auch gut sein.

Das Bauernweib: Sie müssen zu jungen Leuten und Mädchen gehen, die kennen gar viele!

Der Reisende: I wo! Die kennen nur neue Lieder, die brauch' ich aber nicht, denn die sind alle bereits vorhanden. Aber hier gibt's so alte traurige Gesänge, wie dies hier *(er pfeift):*

Sie kennen die Melodie, nicht wahr? Und wie geht der Vers dazu?

Das Bauernweib: Irgendwann habe ich das Lied gehört, aber ich habe es nicht erlernt.

Der Reisende: Wüßten Sie vielleicht nicht ein anderes, ähnliches Lied?

Das Bauernweib: Na, eins oder zwei wüßt' ich schon; aber so bald fällt es einem nicht ein. Gerade, wann's wichtig wär', weiß ich keines. Ach, einst kannt' ich so manche! Aber die viele Arbeit — der Teufel soll's holen! — nimmt einem die Lust zum Singen. Als ich noch ein Mädchen war —

Der Reisende: Ja, ja. Denken Sie nur nach! Vielleicht kommt Ihnen eines von den alten Liedern doch in den Sinn.

Das Bauernweib *(zu ihrem Sohn):* Trag das zur Frau István Ábrán, sie arbeitet drüben bei Félix Györgys in gemeinsamer Arbeit. *(Sie denkt lange nach.)* — Mir ist eins eingefallen.

Der Reisende *(mit aufblitzender Hoffnung):* Also los, los!

Das Bauernweib: Na, und wie soll ich's sagen? Nur mit Worten?

Der Reisende: Ach nein! Mit der Stimme, so wie man singt.

Das Bauernweib *(beginnt und singt es zu Ende)*[3]:

Ach, das ist ein uraltes Lied!

Der Reisende: Gewiß, gewiß, es ist sehr schön. Aber kennen Sie kein noch älteres? Denken Sie doch nach!

Das Bauernweib: Ein noch älteres? *(Sie zerbricht sich den Kopf. — Plötzlich zu ihren Töchtern.)* Donnerwetter! Warum habt ihr die Gänse herausgelassen? In der Früh, als ich die Tür schloß, habe ich euch gesagt, ihr dürft die Gänse nicht früher als zur Mittagszeit herauslassen! *(Sie sinnt weiter. Peinliche Pause.)* Na also, jetzt ist mir noch eins eingefallen.

Der Reisende: Was denn?

Das Bauernweib:[4]

Der Reisende *(sie unterbrechend):* Ach, das ist nicht gut. Dieses Lied ist nicht alt und viel zu herrschaftlich.

Das Bauernweib: Bei Gott, das ist kein nobles Lied, wir haben es hier auf dem Dorf geblasen. *(Zu ihren Kindern.)* Na, denkt auch ihr nach, vielleicht wißt auch ihr was!

[3] Rund um die-ses Wäld-chen will ich gehn ... (Eines der landläufigen, neueren Kunstlieder. Anm. d. Hg.)

[4] Ich kam in einem Rosenbusch zur ... (Gehört ebenfalls zu den neueren Kunstliedern. Anm. d. Hg.)

Der Reisende: Was die Kinder kennen, das brauch' ich nicht. Das sind lauter neue Lieder! Ich kann nur sehr, sehr alte brauchen!

Das Bauernweib: Woher stammt eigentlich der Herr?

Der Reisende: Ich habe vorhin gesagt, von Budapest.

Das Bauernweib: Gott helfe Ihnen! Und sind Sie auch verheiratet?

Der Reisende: Nein!

Das Bauernweib: So sind Sie noch ein junger Herr.

Der Reisende: Schön, aber strengen Sie sich den Kopf noch ein wenig an! Kennen Sie denn nicht das Lied vom »Großen Dieb der Berge«, von »Kata Kádár« oder »Wohin geht ihr, Waisenkinder?«

Das Bauernweib *(mit niederschmetternder Bestimmtheit)*: Nein!!!

Der Reisende: Niemals gehört?

Das Bauernweib *(wie oben)*: Nein!!!!! Aber ich will dem jungen Herrn noch eines vorsingen.

Der Reisende: Also lassen Sie hören.

Das Bauernweib: Der Gesang der Maria Magdalena...

Der Reisende: Den brauch' ich nicht! Ist er doch ein geistlicher Gesang! *(Verflucht im stillen sämtliche Kirchengesänge der Welt.)*

Das Bauernweib: Na, und haben Sie dieses?[5]

Der Reisende *(dumpf)*: Das hab' ich! *(Zähneknirschend, mit größtmöglicher Liebenswürdigkeit.)* Aber ein so richtiges Dorflied, das man in Ungarn nicht kennt.

Das Bauernweib: Also wird das gut sein? Das ist sehr alt[6]:

[5] Dich schau-end schlaf' ich ein, dich schau-end wach ich ... (Neueres Kunstlied.)
[6] Rund ist die-se Sem-mel ... (Wie die obigen.)

Der Reisende: Das kennt man auch in Ungarn. Das haben wir schon.

Das Bauernweib: Aber was ich jetzt singen werde, das hat der junge Herr noch nicht aufgeschrieben[7]:

Der Reisende: Damit hatten Sie doch begonnen! Nicht zu brauchen! *(Steckt mit endgültiger Entsagung das Notizbuch und die Feder in die Tasche.)*

Das Bauernweib: Kirchengesänge wüßt' ich viele. Das Lied der Maria Magdalena —

Der Reisende *(schweigt mit Verachtung)*.

Das Bauernweib: Etwas Schöneres hört der junge Herr nirgends.

Der Reisende: Wissen Sie nicht jemanden, der solche uralte Lieder kennt? Ist Ihre Großmutter daheim?

Das Bauernweib: Sie ist fortgegangen, um einzuräumen. — Beim Taufschmaus oder bei der gemeinsamen Arbeit könnten der junge Herr genug hören. Dort singen wir so!

Der Reisende: Schön, aber ich will diese Lieder sogleich hören! Wer kennt solche Sänger?

Das Bauernweib: Frau Gyurka Sándor wohnt hier weiter in der Gasse, an der Ecke, die kennt so viele Lieder, sie würde bis Abend nicht fertig.

Der Reisende: Wird sie zu Hause sein?

Das Bauernweib: Zu Haus, jawohl; sie arbeitet am Webstuhl. Ihr Großmütterchen spult, die kennt auch viele alte Sachen.

Der Reisende: So geh' ich zu ihr.

7 Rund um die-ses Wäld- . . . (Neueres Kunstlied.)

Das Bauernweib: Gehen Sie nur hin, junger Herr, sie weiß recht viel, wenn sie einen oder zwei Deziliter Schnaps getrunken hat.

Der Reisende: Wie komm' ich nur dorthin?

Das Bauernweib: In dieser Richtung ist der Weg am längsten. Dorthin ist er kürzer.

Der Reisende: Danke, danke, grüß Gott!

Das Bauernweib: Der Allmächtige behüte Sie!

Der Reisende *(entfernt sich gebrochen)*.

Da capo al fine, von früh bis abends, von Montag bis Sonntag!

Das ist nicht länger auszuhalten. Unmöglich!

Ausdauer, Standhaftigkeit, Geduld, zur Hölle mit euch! Ich aber gehe nach Hause.

Länger als 6 Wochen läßt sich dieses Schauspiel nicht fortsetzen. Auch in meinen Träumen höre ich noch diese Bröckel: »Jesus behüte Sie... Ob er wohl daheim ist... Er ging mähen... Kirchengesänge... Rund ist dieses Wäldchen, es geht nicht in meine Tasche...«

Ein Schauder! Leb wohl, du Hochplateau von Gyergyó, bis Ostern seh' ich dich nicht mehr!

Bis Weihnachten trag' ich keine Stiefel, seh' ich keine Konserven.

Ihre Gyergyószentmiklóser Postkarte erhielt ich in Tekerőpatak. Auf dem Rückweg werde ich auf's Postamt von Szentdomokos gehen; Ihr Brief dürfte doch wohl bereits angekommen sein.

Viele Grüße noch aus Gyergyó von

Béla Bartók

An János Bușiția[1] — Belényes[2]

Vésztő, den 14. August 1909

Sehr geehrter Herr Professor!

Erlauben Sie mir, Ihnen auch brieflich wärmstens für die liebe Gastfreundschaft und Führung zu danken, die Sie mir anläß-

[1] Joan Bușiția (1876–1953), Lehrer am Lyzeum von Beiuș, war lange Jahre hindurch der Freund Bartóks. Er war ihm beim Sammeln der rumänischen Volkslieder im Komitat Bihar behilflich.

[2] Ungarisch geschrieben

lich meines dortigen Aufenthaltes zuteil werden ließen. Es tut mir wirklich leid, daß ich wegen meiner so viele Ungelegenheiten bereitenden Krankheit meine Arbeit nicht fortsetzen konnte. Jetzt bin ich zum Glück schon so weit in Ordnung, daß ich bereits Melonen essen darf, was ich in erster Linie einer beträchtlichen Portion Rizinus zu verdanken habe. Fast hätte ich Lust, die Sammlung fortzusetzen, und es ist nicht unmöglich, daß ich noch um den letzten Sonntag des Augusts herum für etwa 2 bis 3 Tage nach Vaskóh, zu Herrn Lehrer Szála, fahre. Gerade diese Gegend fehlt mir noch aus dem Abschnitt Belényes—Vaskóh.

Ich möchte Sie bitten, Ihrer lieben Gattin zu sagen, daß ich zwei Stück von den erwähnten Torontaler Teppichen bestellen möchte, den einen in der Länge von 5 $^1/_2$, den anderen in der Länge von 2 $^1/_2$ Metern. Wäre das wohl möglich? (Es wäre gut, wenn die Breite ca. 86 cm sein könnte.)

Ich habe hier von neuem das gesammelte Material überprüft und kann nur sagen, daß ungemein interessante Sachen darunter sind (und zwar Sachen, die dem vornehmen Publikum gerade nicht gefallen) und es unglaublich ist, von welch wunderbar rhythmischer Mannigfaltigkeit die musikalische Formgebung ist, trotz des einförmigen Rhythmus des Textes (ausnahmslos Zeilen von 8 oder 7 Silben). Sie werden es mir wohl nicht verübeln, wenn ich ungefähr 20 bis 25 Melodien in der Sammlung als von den Ungarn noch in alten Zeiten übernommene und erhalten gebliebene Melodien bezeichne. Derartige übernommene Melodien und wechselseitige Einwirkung sind bei benachbarten Völkern stets vorzufinden. Selbstverständlich kann sich in diesem Chaos nur der zurechtfinden, der die Musikfolklore beider Völker gründlich studiert hat. Eben darum ist meine Ansicht noch keine endgültige, und diese Frage kann erst dann entschieden werden, wenn ich noch Material von vielen anderen Gegenden gesammelt habe.

Es versteht sich von selbst, daß ebenso, wie die bei den Ungarn vorgefundenen Melodien rumänischen Charakters nur mit dem gefundenen ungarischen Text veröffentlicht werden können, die bei den Rumänen angetroffenen Melodien fremden Charakters untrennbar sind von ihrem original rumänischen Text. Mit anderen Worten — bei anständiger wissenschaftlicher Arbeit gibt es kein Übervorteilen des andern.

Es würde mich sehr interessieren, wann Sie nach Abrudbánya fahren und ob Ihre Gattin bereits dort eingetroffen ist usw. Wenn es Ihnen keine Mühe bereitet, mir einige Zeilen zu schreiben, so bitte ich Sie, diese an mich »Budapest, Dísz tér 2, per Adresse Generalmajor Károly Ziegler« zu schicken. Ich muß jetzt plötzlich für einige Zeit nach Pest fahren, doch habe ich vorläufig noch keine feste Adresse, da meine Wohnung leer ist.

Teilen Sie mir bitte mit, ob Sie noch einige Lieder harmonisiert haben möchten. Wenn ich mich dazu inspiriert fühle, werde ich es machen.

Es grüßt Sie vielmals

Ihr
Béla Bartók

An Dimitrie G. Kiriac — Bukarest[1]

Budapest, Teréz körút 17
Den 29. April 1910

Mein Herr!

Erlauben Sie mir, mich Ihnen vorzustellen: Ich bin Professor an der Budapester Kgl. Musikakademie. Seit 4 oder 5 Jahren befasse ich mich mit dem Studium der Folklore unseres Landes, indem ich Volkslieder sammle. Nachdem ich bereits viele ungarische und slowakische Volkslieder gesammelt hatte, begann ich mit dem Sammeln von rumänischen Volksliedern in Siebenbürgen, wo ich annähernd 400 Lieder im Beiuș-Gebiet (Bihar) und etwa 200 in verschiedenen anderen Gegenden entdeckte. Anfangs begleitete mich ein rumänischer Student, der die Texte niederschrieb, doch bin ich dazu jetzt bereits selbst in der Lage. Ich glaube, ich verrichte diese Aufgabe, was die Aussprache der Bauern betrifft, viel genauer; bei meinem Begleiter kam es nämlich häufig vor, daß er Abänderungen in der Aussprache vornahm (wie das Menschen zu tun pflegen, die das Volk um jeden Preis umzumodeln versuchen).

Da ich Ihre gemischten Chöre gut kenne und Sie für den einzigen in Rumänien halte, der sich als wahrer Künstler mit der Volksmusik befaßt, erlaube ich mir, Ihnen in der Beilage einige Stücke aus meiner Sammlung aus Bihar zu senden. Ich würde sehr gerne meine ganze rumänische Sammlung — auch

[1] Dieser Brief an den bekannten rumänischen Komponisten (1866–1928) ist im Original französisch geschrieben.

das, was ich in Zukunft sammeln werde — einer öffentlichen Bibliothek in Bukarest stiften. Vielleicht wäre es sogar möglich, sie unter Mitwirkung eines rumänischen Philologen drucken zu lassen.

Ich möchte bemerken, daß ich meine ganze Sammelarbeit für das Budapester Ethnographische Museum verrichte, das meine Reisespesen deckt. Ich benutze beim Sammeln einen Phonographen (ich pflege zunächst Melodie und Text aufzuzeichnen und kontrolliere dann — sozusagen — auf Grund der Aufnahme meine Aufzeichnungen). Meines Erachtens ist es außerordentlich wichtig, von den Volksliedern phonographische Aufnahmen anzufertigen, weil sie — wie Sie ja wissen — intonatorische Glissandos und »Rubatos« enthalten, die sich unmöglich genau fixieren lassen.

Sollte sich die Bukarester Akademie der Wissenschaften für diese Aufnahmen interessieren, so würde ich jedes Lied doppelt aufnehmen: einmal für Budapest und einmal für Bukarest. Doch müßte man in diesem Falle die Kosten zwischen dem Budapester und dem Bukarester Museum zur Hälfte teilen (zur Zeit trägt unser Museum die Gesamtspesen allein). Es handelt sich hier nicht um eine kostspielige Angelegenheit. Das Phonogramm einer Walze, das 2 Lieder (mit je zwei Strophen) enthält, beträgt etwa 1,50 Francs. Hinzu kommt der Preis der Walze (1,10 F.), also kostet die Aufnahme eines Liedes insgesamt 1,85 Fr.

Da jedoch die räumliche Entfernung zwischen uns unzweifelhaft ziemlich groß ist und das Aufrechterhalten des Kontaktes und die Durchführung der Zahlungen eventuell auf Schwierigkeiten stoßen könnten, will dies meinerseits nicht mehr als ein zu nichts verpflichtender Vorschlag sein. Ich lasse Ihnen auf jeden Fall ein Exemplar meiner rumänischen Sammlung zukommen, wenn Sie mir angeben wollten, wohin ich es zur Aufbewahrung schicken soll.

Jetzt muß ich noch bezüglich meiner in dieser Sammlung angewandten Zeichen einige Erklärungen geben.

1. Glissando, bis zur bezeichneten Note.

2. Die Melismen sind alle in folgender Weise bezeichnet:

3. Wie Sie wissen, werden beim Volk die aus 7 Silben bestehenden Reihen, wenn es sich als notwendig erweist, um die Silben »ma«, »le« oder »re« ergänzt oder aber die aus 8 Silben bestehenden Reihen werden verkürzt[2].

An die »Buchdruckerei-Aktiengesellschaft« — Turócszentmárton[1]

Budapest, Teréz körút 17
Den 25. Februar 1911

Im Juni vorigen Jahres bot ich Ihnen das Manuskript meiner aus ungefähr 400 Stück bestehenden slowakischen Volksliedersammlung an, die die Fortsetzung der Serie »Slov. Spevy« sein sollte. Sie baten mich in Ihrer Antwort, Ihnen die Sammlung zwecks Durchsicht zu übersenden und Sie meine Bedingungen wissen zu lassen.

Erst jetzt kann ich auf Ihren Brief zurückkommen und schicke Ihnen vorläufig 134 Lieder aus dem Komitat Nyitra, die gerade ein weiteres Heft ergeben würden.

Die Herausgabe des »Slov. Spevy« ist eine so wundervolle kulturelle Unternehmung, daß sie von jedermann die weitgehendste Unterstützung beanspruchen kann. Deswegen überlasse ich Ihnen unentgeltlich zwecks Veröffentlichung meine ganze Sammlung; ich würde nur um 4 bis 5 Freiexemplare der einzelnen Hefte und um zwei Exemplare der bisher herausgegebenen 2 $^1/_2$ Bände (wenn Sie davon noch welche haben) bitten. Ich besitze sie zwar in einem Exemplar, doch möchte ich jetzt eine größere Studie über das slowakische Volkslied schreiben und benötige zur Vereinfachung dieser Arbeit 2 Exemplare, die auseinandergeschnitten werden können.

Der größte Teil der beiliegenden Lieder stammt aus dem Dorf Drážovce in Nyitra. Ich habe das Material sorgfältig mit den bereits im Slov. Spevy erschienenen Melodien und Texten verglichen, so daß das Material in bezug auf die Melodien ganz neu ist; es kann höchstens vorkommen, daß einige Melodien

[2] Die Fortsetzung des Briefes fehlt.

[1] Ungarisch geschrieben. — Turócszentmárton, slowakisch Turčiansky Swätý Martin, war zur Zeit der Monarchie Mittelpunkt der slowakischen Unabhängigkeitsbewegungen. Seit 1861 bestand hier die *Matica Slovenská*, das bedeutendste Volksbildungsinstitut der Slowakei, eine Heimstätte der Wissenschaften; heute die Nationalbibliothek des Landes.

Varianten der einen oder anderen im Slov. Sp. erschienenen sind. Sämtliche Melodien- und Textvarianten habe ich unter Hinweis auf die genaue Nummer angegeben. Die oben in der linken Ecke des Blattes angebrachte Bezeichnung (Phonogr. Samml. usw.) gibt die Nummer der im Budapester Ethnographischen Museum befindlichen Phonogrammwalze an, auf die ich das betreffende Lied aufgenommen habe. Es wäre gut, wenn auch Sie das täten.

Im Interesse der größeren Übersichtlichkeit habe ich jede Melodie in eine solche Tonart transponiert, daß deren Schlußton immer  ist.

Daran können Sie selbstverständlich ändern, wenn Sie es für richtig halten, ebenso können Sie die Tonart und den Takt angeben.

Es wäre mir lieb, wenn Sie diese Reihenfolge einhalten würden (nach den Gemeinden), da auch die bisher erschienenen Hefte des Spevy nach diesem Gesichtspunkt eingeteilt waren.

Das Tempo wäre vielleicht doch besser mit den üblichen italienischen Ausdrücken zu versehen (wie im I. Band). Das Slov. Spevy ist nämlich eine so bedeutende Sammlung, wie es deren nur wenige gibt, und sicher werden sich später viele ausländische Musikwissenschaftler mit ihr befassen, die jedoch die slowakischen Tempobezeichnungen schwerlich verstehen können.

Die Notenkorrektur möchte ich selber vornehmen, während selbstverständlich der Text und seine Korrektur vom Redakteur durchzusehen sind.

Es ist wirklich bewundernswert, daß Sie ohne jegliche staatliche Unterstützung, nur mit Hilfe von Dilettantensammlern, ganz auf sich gestellt, eine so schöne Sammlung herausgeben konnten, wie sie weder wir Ungarn noch die Kroaten aufzuweisen haben und am allerwenigsten die Rumänen, bei denen nicht einmal im eigenen Lande etwas erschienen ist.

Und es ist unglaublich, was man noch alles sammeln könnte; in diesem Land ist, wie es scheint, das slowakische Volk am reichsten an Volksliedern. In beinahe jeder Gemeinde kennt man andere Lieder.

Höchstwahrscheinlich werde ich, bis Sie diese 400 Lieder herausgeben werden, wieder eine Menge sammeln. Ein Kollege von mir, Dr. Zoltán Kodály, der noch dazu sehr gut Slowakisch kann, sammelt neuerdings auch und wird Ihnen ebenfalls gern sein gesammeltes Material zur Verfügung stellen.

Der übrige Teil meiner Sammlung besteht aus 80 bis 90 Liedern aus Tőkésújfalu und Felsőlefánt (Nyitra) und ungefähr 200 aus vier kleinen Gemeinden aus dem Komitat Gömör (Ratkóbisztró, Fillér, Gerlice und Krokava).

Falls Sie aus irgendeinem Grunde dieses Material nicht herausgeben können, bitte ich Sie, es mir so schnell wie möglich zurückzusenden.

In Erwartung Ihrer Antwort verbleibe ich Ihr ergebener

Béla Bartók

Ordentlicher Professor der
Kgl. Ung. Landesmusikakademie

An Ion Bianu[1] — Bukarest[2]

Rákoskeresztúr[3], den 24. April 1913

Sehr geehrter Herr Professor!

Hier sende ich Ihnen die letzte[n] Correkturen. Bitte sehen Sie noch genau nach, ob meine Correkturen im »Prefață« richtig stilisiert sind? In der französischen »Préface« sind meiner Ansicht nach die ungarischen (offiziellen) Namen der Ortschaften an erster Stelle, die rumänischen an zweiter Stelle in Parenthese zu setzen. Auch sollte man hier unter einem * (astérisque) erklären, daß diese Namen die offiziellen ungarischen sind, die auf den Landkarten gebraucht werden, jene hingegen die von den Einwohnern gebrauchten rumänischen Namen sind.

Im französischen Text sollte vielleicht die Pluralendung »s« bei den rumänischen Wörter[n] wie »Colinda, Doină« etc. weggelassen werden.

Die rumänische Version der Bemerkungen wurde irrtümlich ebenfalls im Satz verfertigt; dieses soll nicht gedruckt werden, da ja die einzelnen Bemerkungen an der betreffenden Stelle

[1] Ion Bianu (1856–1935), Bibliothekar an der Rumänischen Akademie der Wissenschaften. Unter den Briefen, die Bartók an ihn gerichtet hat, waren sechs in französischer, fünf in deutscher und einer in rumänischer Sprache geschrieben.

[2] Deutsch geschrieben, in der Originalfassung wiedergegeben.

[3] In den Jahren 1912–1920 zog sich Bartók in die ungefähr 15 km von Budapest gelegene Großgemeinde Rákoskeresztúr zurück. Er sammelte dort Volkslieder bei den in einem Teil der Gemeinde angesiedelten Slowaken.

nach jedem Lied ohnehin schon vorkommen. Die französische Version dieser Bemerkungen war jedoch notwendig, doch sollte sie gleich nach der französischen »préface« kommen als XVII., XVIII. etc.

Ich habe noch eine Bitte: es wäre höchst wünschenswert, wenn wenigstens das innere (2.) Titelblatt französisch, oder wenigstens rumänisch-französisch wäre. Auf diese Art:

Chansons populaires roumaines
du département Bihar (Hongrie)
recueillis et transcris[4]
par B. B.
prof. de l'académie royale de musique à Budapest

Herr Bîrlea schrieb mir, daß er und Herr Brediceanu nicht warten wollen, bis ich mit dem Ordnen meines Materials aus Maramureş[5] fertig werde; auf diese Art kann mein Material also nicht mit dem Ihrigen in einem Bande erscheinen.

Deshalb werde ich nun meine Sammlung aus [dem] Banat druckbereit machen. Und zwar sende ich das ganze Material an Herrn Prof. Pavel (Prof. der rumänischen Sprache am Gymnasium zu Beiuş), der die Texte auf das sorgfältigste durchsehen wird; auch wird er die rumänische Version der Vorrede besorgen, so daß ich der Academie ein tadellos geordnetes Material zusenden werden kann. Das wird die Correktur bedeutend erleichtern.

Den musikalischen Teil der Sammlung habe ich an die Firma Röder in Leipzig bereits abgegeben, die eine ausführliche Kalkulation der Kosten des Stiches verfertigen werden samt einem Probestich zweier Seiten; alles das werde ich im September Ihnen einsenden.

Hochachtungsvoll Ihr

ergebener
Béla Bartók

[4] Offenbar eine rumänisierte Form. Zu dieser Zeit hatte Bartók das Rumänische bereits erlernt. Es sind uns rumänisch abgefaßte, an Buşiţia und an Bianu gerichtete Briefe von ihm bekannt. (Das Faksimile des Briefes an Buşiţia vom Jahr 1912 ist im Aufsatz »Bartók Béla, a népdalkutató« — Béla Bartók, der Volksliederforscher, von Julia Szegő, Bukarest, 1956, als Beilage zwischen Seite 128 und 129 zu finden; das Faksimile desjenigen an Bianu von 1914 im Band III der János Deményschen Sammlung: »Bartók Béla levelei« — Briefe Béla Bartóks, Budapest 1955 auf den Seiten 74–75.)

[5] Im März 1913 sammelte Bartók Volkslieder unter den Rumänen von Maramureş (Siebenbürgen). Bei seiner Wanderung begleitete ihn Ion Bîrlea, Pfarrer und Volksliedsammler aus dem damals Máramarossziget genannten Ort. Die Arbeit erschien zehn Jahre später in deutscher Ausgabe. (Béla Bartók: Volksmusik der Rumänen von Maramureş. Drei-Masken-Verlag, München 1923.).

An Dimitrie G. Kiriac — Bukarest[1]

Rákoskeresztúr, den 18. Dezember 1913

Verehrter Herr!

Ich danke Ihnen für Ihren Brief. Es freut mich sehr zu hören, daß die Sympathie zwischen Ravel und mir eine beiderseitige ist. Ich weiß, daß ihn die Volkslieder interessieren, darum will ich ihm ein Exemplar meiner Sammlung von Bihar zukommen lassen. Vielleicht wird ihn das eine oder andere Lied inspirieren.

Sie haben teilweise recht, wenn Sie an der Gruppierung der Lieder aus Bihar etwas auszusetzen haben. Es tut mir außerordentlich leid, daß Ihr Brief, in dem Sie die Gründe hierfür angeben, verlorengegangen ist!

Das Prinzip der Gruppierung aber — das gottlob! nicht ich, sondern ein anderer aufgestellt hat und das ich darum rückhaltlos loben darf — ist gut. Ich stelle Tag für Tag beim Klassifizieren der einfachen vierzeiligen Melodien fest, wie brauchbar es sich in der Praxis erweist. Man hat uns (mich und meinen Kollegen Zoltán Kodály, einen Musiker ersten Ranges) mit der Gesamtausgabe der ungarischen Volkslieder (ungefähr 5000 Melodien) betraut, deren Gruppierung wir nach dem von uns ein wenig modifizierten System Ilmari Krohns vorgenommen haben. Um nun diese mit der Musik unserer Nachbarn, der Slowaken, zu vergleichen, habe ich ungefähr 3000 slowakische Lieder nach demselben System klassifiziert, und ich kann Ihnen nur sagen: es ist geradezu staunenswert, wie sehr sich selbst schon beim mechanischen Ordnen die Varianten einander nähern! Man kann mit beispielloser Leichtigkeit auch aus der größten Menge jedwede Melodie herausfinden, wenn eine Gruppierung nach diesem System vorgenommen wurde.

Bei den rumänischen Volksliedern ist es ein bißchen anders. Bei den Slowaken und noch mehr bei uns sind nämlich die Grenzen zwischen den verschiedenen Kategorien der Lieder ein wenig verwischt, wogegen sie bei den Rumänen noch unberührt sind. Infolgedessen müssen zuerst die den verschiedenen Kategorien angehörenden Lieder voneinander getrennt werden. (Durch dieses Verfahren erhalten wir die folgenden Kategorien: Colinden, Klagelieder, Hochzeitslieder, Tanzlieder und Doinen.) Sobald die Trennung vorgenommen wur-

[1] Französisch geschrieben.

de, kann man innerhalb jeder Kategorie 3 Gruppen aufstellen: zweizeilige, dreizeilige und vierzeilige Melodien. Die Sammlung von Maramureş (sowie die vom Banat) enthält größtenteils die letzteren, die wir dann wieder nach den Schlußtönen der Reihen gruppieren können.

Leider habe ich es versäumt, die erste Gruppierung nach Colinden, Doinen, Klageliedern usw. vorzunehmen; das ist der Fehler meiner Biharer Sammlung. Dies kam daher, weil ich damals auf dem Gebiet des Studiums der rumänischen Volkslieder noch Anfänger war und nicht bemerkt hatte, wie wichtig die Unterschiede zwischen den Kategorien der Colinden, Doinen usw. sind. Diesen Fehler habe ich bei meiner Maramureşer Sammlung bereits ausgeschaltet. Sie werden sehen, wie systematisch die Gruppierung ist und wie sich die Varianten einander nähern. In der Beilage schicke ich Ihnen die Kopie meines an die Rumänische Akademie gerichteten Briefes, in dem ich darum bat, die Noten nicht zu setzen, sondern zu stechen; einen Probestich von zwei Seiten füge ich bei.

In dieser Kopie können Sie meine Begründung nachlesen; ich möchte nur noch bemerken, daß ich mir wirklich nicht vorstellen kann, wie man wohl folgende Zeichen des Tongleitens im Satz wiedergeben kann:

Auf eine andere Weise läßt sich das überhaupt nicht lösen (d. h. mit den gebräuchlichen Zeichen), wenn wir nicht ungenau werden wollen. Oder aber man müßte statt der Zeichen jede Seite mit vielen Erklärungen versehen. Wenn die Noten gestochen werden, wird die Seitenzahl und damit auch das Honorar zwar kleiner, doch werden wir nur halb so viel Arbeit mit der Korrektur der Abzüge haben, als es bei der Biharer Sammlung der Fall war.

Ich bitte Sie, im Interesse dieses Vorschlages dringend ein Wort einzulegen: das Stechen würde sich als unvergleichlich zweckmäßiger und schöner erweisen als das Setzen.

Ich hoffe, daß wir in Kürze ein Exemplar Ihrer Sammlung zu sehen bekommen, die uns sehr interessiert!

Mit herzlichen Grüßen
Ihr
Béla Bartók

Bitte meine Empfehlungen Ihrer Frau Gemahlin zu übermitteln.

An Ion Bianu — Bukarest[1]

Rákoskeresztúr, den 20. Mai 1914

Es sei mir erlaubt, Sie in folgenden Angelegenheiten um Ihre Hilfe zu ersuchen:

1. In der Zeitschrift »Şezătoarea«[2] griff man mich mit der Behauptung an, ich hätte die Lieder der rumänischen Bevölkerung von Bihar schlecht vertont, d. h. verfälscht. Ich übermittle Ihnen hiermit meine Erwiderung mit der Bitte, sie zu veröffentlichen — wenn möglich — in den »Convorbiri literare«. Dies wäre um so günstiger, als die Replik auch viele Einzelheiten enthält, die von allgemeinem Interesse sind. (Beschreibung der Methode des Liedersammelns, wie die »Doină«-Melodien zu vertonen sind etc.)

Sollte die erwähnte Zeitschrift aber zu einer Publikation nicht bereit sein, so möchte ich meine Antwort in Ihren Händen belassen. Wenn irgendein Akademiker an der Genauigkeit und Redlichkeit meiner Arbeit Zweifel hegen sollte (infolge des Artikels der »Şezătoarea«), dann könnten Sie ihm meine Replik zeigen, in der ich die Absurdität aller Behauptungen des Kritikers beweise.

2. In diesem Jahre kann ich endlich den so lange gehegten Plan verwirklichen: eine Reise nach der Moldau, um dort die Volksmusik der Csángó[3] sowie der Rumänen zu studieren. Wollen Sie die Güte haben, mir ein Empfehlungsschreiben der Rumänischen Akademie zu verschaffen, denn ohne ein solches kann dort nichts erledigt werden. (Ein Gesuch füge ich bei.)

3. Ich wäre Ihnen sehr dankbar, könnte ich von der Akademie ein Exemplar der Sammlung von T. Pamfile[4] »Cântece de ţară«, erschienen 1913, erhalten.

[1] Französisch geschrieben.

[2] »Şezătoarea«, moldauische Zeitschrift für Volkskunde.

[3] »Csángó« werden die in der Bukowina ansässigen Ungarn genannt. Die moldauischen »csángó«-s haben sich vor einigen hundert Jahren von den Ost-Szeklern losgelöst und vertreten in ethnographischer Hinsicht einen der eigenartigsten Typen des Ungartums.

[4] Der Band von T. Pamfile ist ebenso wie die Bartókschen Sammlungen aus dem Komitat Bihar in der Folge »Din vieaţa populi Român« erschienen.

[5] Erziehungsanstalt.

4. Schließlich muß ich Sie noch in einer Angelegenheit behelligen, die nicht mich betrifft, sondern Herrn Ion Bușiția (Professor am Lyzeum in Beiuș), den Sie vielleicht kennen und der ein guter Rumäne ist, einer, von dem man bei Ihnen sagt »un Român cum se cade«.

Er bittet mich, bei Ihnen für ihn ein gutes Wort einzulegen. Sein höchster Wunsch ist, für seine Tochter einen Freiplatz im »Otteteleșan«[5] zu erlangen.

Er läßt sich von seiner Frau scheiden, deren Nervosität schon ans Krankhafte grenzt. Nun meint er, daß eine entsprechende Erziehung seiner Tochter unter solchen Umständen — ohne Mutter — nirgends als in diesem Institut gewährleistet sei.

Wenn überhaupt möglich, so bitte ich Sie um Ihre liebenswürdige Fürsprache zu seinen Gunsten. Er verdient es wirklich, dessen kann ich Sie versichern.

Empfangen Sie, bitte, den Ausdruck meiner besonderen Hochachtung,

Béla Bartók

An die Direktion der Budapester
Philharmonischen Gesellschaft[1]

Rákoskeresztúr, den 10. Dezember 1915

Weil ich kein Spielverderber sein wollte, habe ich anläßlich Ihres Wiener Festkonzerts keinen Einspruch gegen die Barbarei erhoben, daß Sie meine I. Suite verstümmelt zum Vortrag gebracht haben. Doch jetzt, nachdem Sie das gleiche — wie ich den Zeitungen entnehme — in Budapest wiederholt haben, sehe ich mich gezwungen, gegen Ihr Vorgehen Protest zu erheben. Es hat sich allgemein eingebürgert, daß es sich nicht gehört, ja geradezu nicht erlaubt ist, sonaten- oder symphonieartige Werke in ernsten Konzerten unter Auslassung ganzer Sätze vorzutragen. So etwas ist höchstens bei »Tiergarten«- oder »Jugend«-Konzerten — mit anthologieartigem Programm — zulässig. Mein vorliegendes Werk ist nicht nur un-

[1] Ungarisch geschrieben.

zweifelhaft symphonieartig, sondern darüber hinaus ist der thematische Zusammenhang der einzelnen Sätze so eng, daß die Takte einiger Sätze geradezu unverständlich sind, wenn ihnen die anderen Sätze nicht vorausgehen.

Unter diesen Umständen muß ich Ihnen erklären, daß Sie mich außerordentlich zu Dank verpflichten würden, wenn Sie in Zukunft keines meiner Werke mehr zum Vortrag brächten. Diese meine Bitte ist um so berechtigter, als mich die bedauerlichen Verhältnisse des Budapester Musiklebens sowieso gezwungen haben, mich seit vier Jahren[2] von jeder Art öffentlichen Auftretens als Komponist fernzuhalten und meine seitdem komponierten Werke nicht vor die Öffentlichkeit zu bringen[3].

Béla Bartók

An János Bușiția — Belényes[1]

Budapest, den 6. Mai 1917

Lieber Herr Professor!

Denken Sie ja nicht, daß ich Sie vergessen habe, ganz im Gegenteil, ich habe sogar im Zusammenhang mit den traurigen Ereignissen vom vergangenen Herbst sehr viel an Sie gedacht. Ich hatte schon sehr oft die Absicht, zu schreiben (obgleich man heutzutage nicht einmal so schreiben kann, wie es einem ums Herz ist!). Doch hatte ich in den vergangenen $1^1/_2$ Jahren so viel durchgemacht, wie bisher in meinem ganzen Leben zusammen noch nicht.

[2] Seit vier Jahren, ab 1911 also, hatte Bartók jede Art der Publikation seiner Kompositionen unterlassen, er mied die ungarische Öffentlichkeit. Die Erklärung hierfür ist, daß sein Versuch, einen Neuen Ungarischen Musikverein ins Leben zu rufen, an der Interesselosigkeit der führenden Kreise gescheitert war. Bartók aber erwartete von einer neuen musikalischen Gesellschaft, besonders aber von einem neuen Konzertorchester, die authentische, vollständige und rechtzeitige Aufführung seiner Werke. Seine Verstimmung wurde dadurch noch gesteigert, daß seine einaktige Oper, »Herzog Blaubarts Burg«, die er anläßlich eines Wettbewerbes dem Leopoldstädter Kasino (Budapest) eingereicht hatte, von der Jury abgelehnt wurde.

[3] Nach diesem Brief vergingen drei Jahre, ohne daß im Programm der Ungarischen Philharmonischen Gesellschaft Werke von Bartók enthalten gewesen wären. Erst am 10. September 1918 gelangten in Berlin unter der musikalischen Leitung des Dirigenten Kerner die *Zwei Bilder* zum Vortrag. Dasselbe Werk wurde in Ungarn am 7. Oktober 1918 gespielt.

[1] Ungarisch geschrieben.

Schon allein dieser ständig wachsende Weltumsturz, der — wie es scheint — meine Laufbahn zerstört hat (hier weise ich auf die Volksliedforschung hin) —, sind doch die schönsten Gebiete (gerade Osteuropa und der Balkan) vollkommen verwüstet —, hat genügt, um mich vollkommen niederzuschlagen. Wie schwer war mir ums Herz, als ich hörte, daß die ganze Einwohnerschaft von Făgăraş usw. mit der rumänischen Armee ihre Heimat verlassen mußte. Ob sie wohl noch einmal wieder zurückkommen wird, und wenn ja, in welchem Zustand?! Ob ich dort wohl noch einmal Lieder werde sammeln können? Wie leid taten mir die Szekler von Csík und Gyergyó — habe ich doch auch ihre Gegend bereist. Später stellte es sich natürlich heraus, daß es nicht einmal der »Feind« war, der sie gepeinigt hat, sondern — na, das schreibe ich lieber nicht, Sie wissen ja, wer. Zu all diesen Unannehmlichkeiten kam noch hinzu, daß meine Frau und mein Sohn gerade zur Zeit der rumänischen Invasion in Marosvásárhely bei einem verwandten Militärarzt zu Besuch waren. Sie flohen ungefähr drei Wochen lang mit dem Militär, während welcher Zeit ich überhaupt nichts über sie wußte, bis endlich mein Schwiegervater mit großer Not durch die Gendarmerie eine telephonische Verständigung erhielt.

Höchstwahrscheinlich auf dieser Flucht zog sich meine Frau ihre Krankheit — Lungenspitzenkatarrh — zu, weswegen sie für zwei Monate nach Újtátrafüred fahren mußte. Doch die ungarischen Sanatorien sind nichts wert, hier wäre Davos oder ein anderer strenger Ort notwendig gewesen. Aber wer kann denn jetzt dorthin fahren? Sie ist immer noch nicht vollkommen gesund, so daß ich nicht weiß, was noch geschehen wird. In Keresztúr gibt es weder Milch noch Butter noch sonst was. Trotzdem kommt sie jetzt vorläufig nach Hause, und wir werden schon sehen, wie wir fertig werden. Inmitten so vieler Sorgen konnte ich kaum mein einaktiges Tanzspiel für die Oper beenden; das ist sogar in ruhigen Zeiten eine gewaltige Arbeit, um wieviel mehr, wenn man so große Schwierigkeiten hat. Als ich mit knapper Not doch damit fertig wurde, ging erst der richtige Tanz an: ich hatte so unermeßlich viel Mühe, Plagen und Ärger mit dem Opernhaus, daß man sich kaum einen Begriff davon machen kann. Was ist das Kgl. Ung. Opernhaus? Der Augiasstall, ein Misthaufen der verschiedenartigsten Schweinereien, eine Stätte des Wirrwarrs und höchster Kopflosigkeit, wo nur ein einziger Mensch Ansehen und Verfügungsrecht besitzt, bis zu den allergeringsten Bagatellangelegenheiten herunter: der Regierungskommissar. Doch dieser — übrigens gutwillige — Herr Wirklicher Geheimer Rat steckt nur selten seine Nase in die Angelegenheiten des Theaters. Jetzt am 12. Mai wird die Premiere stattfinden; diese Woche ist die Woche der letzten Proben. Die Menschen wetzen ihre Zähne schon im voraus, wenn sie an mich denken.

Na, ich hör auf, genug von dieser Tonart. Wie sehr sehne ich mich nach einem kleinen rumänischen Lied oder nach rumänischen Worten: könnte man wohl nicht im Sommer für einige Wochen irgendwohin nach Bihar fahren, zu der Familie Marele oder an irgendeinen ähnlichen Platz? Natürlich sind jetzt überall Schwierigkeiten mit der Verpflegung.

Also schreiben Sie mir nur einen recht langen Brief, ich werde ihn schon lesen und auch beantworten, sogar viel schneller als Ihre jetzige Postkarte, denn bis dahin werde ich bereits die Opernproben hinter mir haben. Ich erhalte die Post schneller, wenn Sie sie an die Musikakademie adressieren, die Adresse meiner Wohnung ist übrigens: Rákoskeresztúr.

Es grüßt Sie vielmals
Ihr
Béla Bartók

An János Bușiția — Belényes[1]

Rákoskeresztúr, Teréz u. 28
Den 28. Januar 1918

Lieber Herr Professor!

Meine Antwort auf Ihren letzten Brief hat ziemlich lange auf sich warten lassen, da unter anderem das Wiener Konzert, von dem ich das letzte Mal geschrieben habe, meine Zeit sehr in Anspruch genommen hat[2]. Leider konnte die rumänische Tanzserie nicht ins Programm aufgenommen werden, da es sonst zu lang geworden wäre. So wurden die Soldatenlieder Ungarns bloß durch ungarische und slowakische Lieder repräsentiert. Der König war beim Konzert nicht anwesend, sondern

[1] Ungarisch geschrieben.

[2] Das ursprünglich für den 15. Dezember geplante, von der Wiener Musikhistorischen Zentrale veranstaltete Konzert, hat am 12. Januar 1918 stattgefunden.

nur die Königin — also können Sie sich wohl vorstellen, welch ein überschwengliches »Gotterhalte« es gab, wie viel Pracht und Prunk, und dazu ein Publikum, das keinen Dunst von Musik hatte. Aber das macht nichts, es ist gut, daß endlich einmal einige Wiener Musiker, die zufällig in die Gesellschaft der Geld- und sonstigen Aristokraten hineingeschneit sind, »wahre« ungarische Volkslieder hören konnten. Unser Tenor Székelyhidy sang die ungarischen Lieder schön (ich habe ihn am Flügel begleitet); die slowakischen Lieder (für Männerchor) wurden vom »Wiener Männergesangverein« großartig vorgetragen (selbstverständlich mit einem ins Deutsche übertragenen Text).

Die Generäle, die mit der Veranstaltung des Konzerts betraut waren, haben freilich allerlei Merkwürdigkeiten produziert; so mußte z. B. statt: »Ferenc Jóska läßt mich verblühen...« »Ich verblühe vor Kummer« (!!) gesungen werden; dann waren nur die deutsche und die ungarische Sprache erlaubt (Dualismus): daher mußten die slowakischen Lieder in deutscher Übersetzung gesungen werden, was im Grunde genommen für uns eine Verletzung der allgemeinen Rechtsgrundsätze bedeutet, nicht wahr, wohnen doch die Slowaken in Ungarn und nicht in Österreich, also hätte man ihre Lieder — wenn schon in Übersetzung — dann in ungarischer Übersetzung vortragen müssen. Ferner: auf dem Programm waren nur die Bezeichnungen *österreichische* und *ungarische* Lieder erlaubt. So wurden also die slowakischen Lieder (wenn es rumänische gewesen wären, auch sie) als *ungarische* Lieder bezeichnet, und nur am Ende des Begleittextes stand: *Deutsche Übersetzung aus dem Slowakischen.* Also haben sich hier die Bürokratie und der höhere militärische Verstand ausgetobt. Na, aber auch das nehmen wir in Kauf!

Dagegen werden in Wien der größte Teil des Programms, ferner 100 ungarische Soldatenlieder (ohne Begleitung) veröffentlicht; später noch mehr.

Die rumänischen Tänze habe ich doch nicht vergeblich instrumentiert: sie gelangen im Februar — ich glaube am 9. — in Budapest zur Aufführung[3]. Schade, daß Sie nicht dabeisein können. Sie würden sicher gerne diese rumänischen Melodien

[3] Das »Rumänische Tänze aus Siebenbürgen« betitelte Stück wurde bei dem Konzert des Budapesti Zenekar Egyesület (Budapester Orchesterverein) am 11. Februar 1918 unter der Leitung von Emil Lichtenberg aufgeführt.

in einem Budapester Konzertsaal hören. Ich habe diese Tänze ursprünglich für Klavier zu zwei Händen geschrieben (sehr leicht, sozusagen zum Schulgebrauch), in dieser Form werden sie gerade jetzt in Wien in Druck gegeben: die Universal-Edition gibt sie heraus. Ich wollte Ihnen eigentlich eine Überraschung bereiten, aber ich denke, so etwas kann und darf man doch nicht tun, ohne erst zu fragen: ich habe dieses Heft rumänischer Musik Ihnen, Herr Professor, mit folgenden Worten gewidmet: »Domnului Prof. Joan Bușiția«. Haben Sie nichts dagegen einzuwenden? Ist es gut so? Ich denke, daß es so einfach genug ist; so habe ich wohl keinen Fehler gemacht. (Es wird in drei Sprachen herausgegeben: in Deutsch, Ungarisch und Rumänisch.)

Genau derselbe Verlag gibt auch 20 Colinde-Melodien für Klavier zu zwei Händen heraus. Dazu muß ich als Anhang auch den Anfang der Texte mit angeben. Ich bitte Sie, so freundlich zu sein, die beiliegenden rumänischen Verszeilen zu überprüfen und — unter Berücksichtigung des Dialekts — durchzukorrigieren, aber die Verbesserungen nur mit einfachem Bleistift anzuzeigen. Ferner bitte ich Sie noch, was rot unterstrichen ist, ins Rumänische zu übersetzen. Die Sache eilt nicht so sehr, es genügt, wenn ich alles in 2 bis 3 Wochen zurückbekomme.

Das Kriegsministerium hat die Absicht, das Wiener Festkonzert hier in Budapest zu wiederholen. Budapester »maßgebende« Kreise haben sich dahingehend geäußert, daß in Budapest ausschließlich *nur* ungarische Lieder gesungen werden dürfen! Darüber war wiederum das Kriegsministerium, das mich mit der künstlerischen Leitung des Budapester Konzerts betraut hatte, empört. Ich hatte nämlich in Wien erklärt, daß man hier auch einige österreichische Lieder vortragen könne — schon allein wegen der Gegenseitigkeit — und so könnten von ungarischer Seite slowakische und rumänische, eventuell auch kroatische Lieder neben den ungarischen auf das Programm gesetzt werden. Sollten die Budapester meinen Vorschlag bezüglich des Programms nicht annehmen, dann ziehe ich mich lieber von der ganzen Angelegenheit zurück[4]. Sollen die Budapester es allein machen, wenn sie können. Hier handelt es sich nämlich um das Vortragen von Soldatenliedern

[4] Die Feier in der Budapester Staatsoper fand ohne Bartók statt. Sein Name figuriert auch nicht im Album »Musik heldenhafter Zeiten«, das aus diesem Anlaß herausgegeben wurde.

der Armee, was übrigens auch der Titel des Konzerts ist, also ist es unmöglich und widerspricht jedem Gefühl von Recht, die Nationalitäten einfach mit Stillschweigen zu übergehen. Ja, so sieht es bei uns in Ungarn aus! — Voller Bestürzung lese ich in den Zeitungen von immer neueren Maßregelungen! Schöne Sachen sind das, das kann ich wohl sagen! Wie steht es um die Angelegenheit der staatlichen Subvention, von der Sie mir in Ihrem letzten Brief geschrieben haben, und welche Wendung hat diese Sache genommen? Was gibt es sonst Neues in Belényes? Die Erstaufführung des *Blaubart* beginnt man hier bereits ins Endlose hinauszuschieben, vielleicht bis zum Mai! Bei der Oper macht man es immer so mit mir! Ihnen im voraus für Ihre Freundlichkeit dankend,

grüßt Sie vielmals
Ihr ergebener
Béla Bartók

Die Photographie des Berény-Bildes[5] ist nicht erhältlich, da die Platte nicht mehr vorhanden ist. Doch will die Zeitschrift *Ma* es jetzt auf Grund einer alten Photographie bringen; davon kann ich Ihnen ein Exemplar zusenden.

An den Chefredakteur des »Szózat«[1] — Budapest[2]

Budapest, den 20. Februar 1920

Sehr geehrter Herr Chefredakteur!

Man erwähnt mich in einigen Blättern als Mitglied des neu gegründeten Musikrates. Demgegenüber halte ich es für meine Pflicht, zu erklären, daß bisher von maßgebender Seite keine diesbezügliche Aufforderung an mich ergangen ist und daß ich auch gar nicht den Wunsch habe, einem so zusammengestellten Musikrat anzugehören, in dem die besten Musiker des

[5] Róbert Berény (1887–1953), ungarischer Maler, der 1913 ein Porträt von Bartók verfertigte.

[1] Eine Tageszeitung rechtsradikaler Einstellung.
[2] Ungarisch geschrieben.

Landes fehlen[3]. Ich bitte Sie, diese meine Erklärung in Ihrem Blatt bekanntzugeben.

Indem ich Ihnen für Ihre Gefälligkeit im voraus danke, bleibe ich mit vorzüglicher Hochachtung

Ihr ergebener
Béla Bartók

An seine Mutter — Budapest[1]

Kassa, den 5. April 1923

Liebe Mama und Tante Irma!

Endlich ist es uns — nach Überwindung riesiger Schwierigkeiten — gelungen, das Konzert hier zu geben. Visa haben wir bloß auf Umwegen erhalten; 20 Minuten vor Beginn des Konzerts erschienen Amtspersonen und wollten das Konzert verbieten, weil eine »Ministerstvo«-Genehmigung gefehlt hatte; endlich erteilten sie aus Gnade zum ersten und allerletzten Mal die Erlaubnis. Das Podium war dermaßen wackelig, daß der Stuhl, das Klavier und das Notenpult auf die kleinste Bewegung nur so hin und her schwankten. Der Stuhl des Umblätterers hatte kaum neben dem Klavier Platz, so daß ich ihn mit meinem linken Ellbogen ständig in den Bauch stieß. Es war keine Treppe zum Podium vorhanden, so daß eine aus einem Stuhl und einem blankgeriebenen Küchenschemel improvisiert werden mußte; darauf jonglierten wir mit Waldbauer[2] zum allgemeinen Gaudium herauf und herunter. Das Programm war ganz falsch gedruckt (weil inzwischen ein Brief verlorengegangen war); es stand die d-moll-Sonate von Brahms auf dem Programm, und statt Händel der Bärentanz und rumänische Bauerntänze. Das Podium war schlecht beleuchtet, der arme Umblätterer konnte kaum die Noten lesen. Während meiner Sonate mußte Imre Waldbauer auch etwa viermal umblättern, was auch jedesmal ein mächtiges Knarren

[3] Anspielung Bartóks auf Zoltán Kodály, Ernő Dohnányi und Egisto Tango, den Dirigenten der Budapester Oper.

[1] Ungarisch geschrieben.

[2] Imre Waldbauer, Geigenkünstler (1892–1952), Begründer des nach ihm benannten bedeutenden ungarischen Streichquartetts (1909), mehrere Jahre hindurch Bartóks Konzertpartner.

seiner Schritte hervorrief und ein noch heftigeres Schwanken des Podiums verursachte. Imre vergaß an einer Stelle meiner Sonate, das Sordino herunterzunehmen — die Geige gab einen dünnen, zwirnsdünnen Klang —, er aber bemerkte gar nichts und obzwar er inzwischen eine Fermate hatte, in der er das Gerät hätte abnehmen können, tat er es dennoch nicht — und drohend nahte eine *f*-, ja sogar eine *ff*-Stelle: Du meine Güte, was wird hier jetzt geschehen! — dachte ich und mußte ihn endlich anschreien: Herunter mit dem Sordino! Die »Krone« allen Mißgeschicks ereignete sich aber, als der Umblätterer meine Noten vom Pult herunterwarf und sie vom Boden auflesen mußte. Na, ich war schon nahe daran, vor Lachen laut loszuplatzen. So ein Konzert habe ich noch nie durchgemacht. Der Saal jedoch war voll: wir hatten auch einen schönen Applaus; mein Reinverdienst ergab nach Abzug der Spesen 1400 Tschechokronen, und es war im Grunde genommen nicht sehr ermüdend. — Ich habe keine blasse Ahnung, wer mir diesen Brief geschickt hat, auf dessen leeren Seiten ich Euch schreibe[3].

Na, jetzt muß ich mich aber schlafen legen; morgen um 12 Uhr reisen wir nach Hause und sind um 7 Uhr in Pest. Ja, tatsächlich, was ich noch sagen wollte, das nächste Jahr will man hier wieder ein Konzert mit mir veranstalten, sogar einen Klaviersoloabend.

Küsse

B.

An seine Mutter — Budapest[1]

Seattle, den 18. Januar 1928[2]

Liebe Mama, Tante Irma und Elza!

Also gottlob, ich befinde mich bereits auf dem »Heimweg«. Inzwischen habe ich (gestern) auch in Portland gespielt, und

[3] Auf der Rückseite dieses Briefes ist folgendes zu lesen: »In Erinnerung an Ihr erstes Werk ›Der Lauf der Donau‹, das Sie im Alter von zehn Jahren im Rathaussaal von Nagyszőllős vorgetragen haben, spricht Ihnen einer ihrer bescheidenen Anhänger seine Bewunderung aus und bittet Sie zugleich um ein Autogramm.«

[1] Ungarisch geschrieben.

[2] Neben das Bild des Hotels »The Olympic« in Seattle hat Bartók auf dem Briefpapier einen Pfeil gezeichnet, mit der folgenden Bemerkung: »Hier habe ich gewohnt, am 11. Stock. Vier Fahrstühle sind ununterbrochen in Betrieb. Die Treppen sieht man gar nicht.«

so habe ich heute dem »Fernen Westen« Lebewohl gesagt und begebe mich zurück in östlicher Richtung.

Gestern schrieb ich Euch eine Karte aus Portland, ich bin neugierig, ob Ihr wohl jene oder diesen Brief früher erhalten werdet.

Es ist wirklich sehr interessant, auch einmal hierherzukommen, aber ich habe jetzt schon genug davon. Ich werde zwar gar nicht müde von dem fortwährenden Hin- und Herreisen, eher wird der Mensch faul von diesem »Nichtstun«. Tagelang in einem Zug zu sitzen, im Hotel zu sitzen, auf die Ankunft zu warten, auf den Konzertanfang zu warten: man ist einfach nicht in Stimmung für produktive Arbeit. Einige Wochen macht das nichts aus, aber dann hat man genug davon.

Die Leute sind überall sehr freundlich, man nimmt mich auf Autofahrten mit, sie wollen mir alles Schöne zeigen und sind sehr betrübt, wenn sie das wegen des schlechten Wetters nicht tun können. Sie zeigen für alles großes Interesse, wollen mit der Zeit Schritt halten, aber manchmal fällt ihnen das schwer. Sie haben lauter neue Städte, deren Kulturentwicklung sich erst im Anfangsstadium befindet. Seattle war 1880 eine kleine Ortschaft mit 3000 Einwohnern, heute 400 000. — Los Angeles zeigt eine noch wunderbarere Entwicklung: vor 50 Jahren hatte es 10 000 oder 20 000 Einwohner und heute fast anderthalb Millionen. Dieses Land hat eine so riesige Ausdehnung — und doch sind seine Einrichtungen überall genau dieselben! Wenn ich eine so weite Reise mache wie etwa die Entfernung Madrid—Moskau, dann finde ich überall auf dem Weg die gleichen Hoteleinrichtungen, genau die gleichen Gebäude, die gleichen Menschen und die gleiche Kost — ganz wie am Ausgangspunkt. Apropos Verköstigung! Heute aß ich ein Schweinskarree (im Speisewagen) mit Garnierungen, die ich Emil warm empfehle. Also, es gab zunächst ein ganz normales Schweinskarree und dazu: Kartoffelpüree, heiße rote Rüben, in Scheiben geschnittene, ungeschälte Äpfel — *papriziert* — und dazu eine große Tasse Milchkaffee! Diese vielen Dinge hätte ich wahrscheinlich alle auf einmal verzehren sollen, denn sie wurden mir gleichzeitig serviert: das »Apfelpaprikasch« sogar auf demselben Teller mit dem Karree!

Ich habe noch in Los Angeles »Avocado« (= Advokat) gegessen. Das ist irgendein Obst, in Farbe und Größe einer Gurke gleich, aber von butterartiger Weiche, so daß man es aufs Brot streichen könnte. Es hat einen mandelartigen Geschmack, ist aber nicht so süß. Es ist im allgemeinen in dem hier berühmten Obstsalat enthalten (grüner Salat+Äpfel+Sellerie+Ananas+rohe Tomaten+Mayonnaise).

Die beigefügte Photographie wurde am Ufer des Stillen Ozeans in Sánta Monica[3] (neben Los Angeles) aufgenommen. Die Santa Catarina habe ich bloß von weitem erblicken können — wie sie in einer Entfernung von etwa 30 km im Meer herumschwamm. Die Santa Barbara jedoch erblickte ich aus dem Eisenbahnfenster. In San Francisco kam ich abends um 8 Uhr an und begab mich sofort in das chinesische Theater. Es war ganz sonderbar, so des Abends im Finstern, allein im chinesischen Viertel herumzuspazieren: lauter chinesische Aufschriften und ausschließlich unter Chinesen. Ich habe aber bald das »Great-China-Theatre« gefunden. (Glücklicherweise hatte es auch englische Aufschriften.) Jedenfalls war dies das bisher Interessanteste, was ich in diesem Lande zu sehen bekommen habe. Ich blieb bis Mitternacht dort und wollte unbedingt bis zum Schluß bleiben, aber es ging leider nicht. Gott allein weiß, wie lange dort so eine Theatervorstellung dauert! Außer mir und einem Billettkontrolleur befand sich kein einziger Weißer im Theater. Das Publikum bestand hauptsächlich aus Männern, vereinzelten Frauen und einer Menge Kinder verschiedensten Alters.

Diesen Brief schreibe ich im Zug zwischen Portland und Denver: die Fahrt dauert 48 Stunden. Denver liegt gerade in der Mitte des Festlandes.

Es küßt Euch alle vielmals

Béla

An Octavian Beu[1] — Bukarest[2]

Zwischen Berlin und Budapest, am 10. Januar 1931

Sehr geehrter Herr!

...[S. 5,5] »compositorul român«. Meine Auffassung ist wie folgt: ich halte mich für einen ungarischen Komponisten. Auf-

[3] Ein Wortspiel: Bartók schreibt statt »Santa« »Sánta«, was ungarisch »lahm« bedeutet.

[1] Octavian Beu (1903–1964), Hermannstädter Ethnograph.

[2] Deutsch geschrieben, in der Originalfassung wiedergegeben. Dieser Teil eines langen Briefes zeigt besonders Bartóks Auffassung vom Nationalismus. Vollständiger Originaltext Band III der János Deményschen Sammlung: Bartók Béla levelei (Briefe Béla Bartóks), Budapest 1955, 189–195 S.

grund jener Originalwerke, in welchen ich Melodien eigener Erfindung, die rumänischer Volksmusik nachgebildet oder nachempfunden sind, benütze, kann ich ebensowenig als »compositorul român« bezeichnet werden, wie Brahms, Schubert und Debussy nicht auf Grund ihrer Originalwerke, in welchen sie ungarisch, bzw. spanisch nachempfundenes thematisches Material verwenden, als ungarische bzw. spanische Kompon. bezeichnet werden können. — Sie oder andere Forscher sollten — meiner Ansicht nach — auf diese Bezeichnung verzichten und sich auf die Feststellung beschränken, »da und da, in diesem und in jenem Werke ist rumän. nachempfundene Thematik vorhanden«. — Wäre Ihre Auffassung richtig, so könnte ich mit ebensolchem Recht als »slowakischer Komponist« gelten; ich wäre also dann ein Komponist von dreifacher Nationalität! Da ich mich nun schon im Aufrichtigsein befinde, möchte ich Ihnen einige meiner diesbezüglichen Gedanken mitteilen:

Eigentlich kann man mein kompositorisches Schaffen, eben weil es aus dieser 3-fachen (ungar., rumän., slowak.) Quelle entspringt, als eine Verkörperung jener Integritäts-Idee betrachten, die heute in Ungarn so sehr betont wird. Freilich schreibe ich Ihnen dies nicht, um Sie zu bewegen, es zu verkünden, und Sie werden sich auch davor hüten, sowas ist ja nichts für die rumänische Presse. Ich erwähne es bloß als einen nicht unmöglichen Blickpunkt, auf den ich ungef. vor 10 Jahren kam, als unsere Chauvinisten mich wegen meinem angeblichen musikalischen *Scotus Viatorentum*[3] am heftigsten angegriffen haben. Meine eigentliche Idee aber, deren ich mir — seitdem ich mich als Komponist gefunden habe — vollkommen bewußt bin, ist — die Verbrüderung der Völker, eine Verbrüderung trotz allem Krieg und Hader. Dieser Idee versuche ich — soweit es meine Kräfte gestatten — in meiner Musik zu dienen; deshalb entziehe ich mich keinem Einflusse, mag er auch slowakischer, rumänischer, arabischer oder sonst irgendeiner Quelle entstammen. Nur muß die Quelle rein, frisch und gesund sein! Infolge meiner — sagen wir geographischen — Lage ist mir die ungarische Quelle am nächsten, daher der ungarische Einfluß am stärksten. Ob nun mein Stil — ungeachtet der verschiedenen Quellen — einen ungarischen

[3] Pseudonym R. W. Seton-Watsons, eines englischen Journalisten, der durch seine Artikel zum Schrecken der ungarischen Revisionisten geworden war.

Charakter hat (und darauf kommt es ja an), müssen andere beurteilen, nicht ich. Jedenfalls fühle ich es, daß er ihn hat. Charakter und Milieu müssen ja doch irgendwie im Einklang stehen...

An seine Mutter — Budapest[1]

Mondsee, den 13. Juli 1931

Liebe Mama und Tante Irma!

Ich schreibe vorläufig überhaupt nicht über Mondsee, sondern versetze mich im Geiste eine Woche und die darauf folgenden Tage zurück, um nachträglich über die Genfer Ereignisse Rechenschaft zu geben.

Also: Montag früh ging ich allererst zur ungarischen Gesandtschaft. B. ist auf Urlaub und verreist, also habe ich mit seinem Vorgesetzten, dem Gesandten P. (seine Stellung ist eher die eines *Chargé d'affaires*), gesprochen. Ich bat ihn um seine Meinung in der Angelegenheit der Toscanini-Eingabe. Wenn er kein Diplomat wäre, hätte er sehr den Kopf geschüttelt; so hat er mir nur höflichst den Rat erteilt, daß ich sie einstweilen nicht einreichen solle, sondern mich lieber bei den einzelnen Mitgliedern des Ausschusses noch näher erkundigen möge. Dann begaben wir uns gemeinsam in das Gebäude des Völkerbundes, damit er mich mit einigen einflußreichen Männern persönlich bekannt machen könne. Das geschah auch in einem Beratungssaal, wo der Platz eines jeden schon an einem großen Tische bezeichnet war: es lagen viel weißes Papier und Bleistifte bereit, eine große Mappe voller Drucksachen — und das Wichtigste von allem — die eingetroffene Post, die ich — zu meinem größten Leidwesen — lange noch nicht einmal öffnen konnte. Rechts von mir nahm der berühmte Čapek Platz und zu meiner Linken der englische Universitätsprofessor Gilbert Murray. Es währte lange, bis ich mich unter den vielen fremden Gesichtern zurechtgefunden hatte! Immer wieder fragte ich Čapek: Wer hat nun gesprochen? Wer hat jetzt das Wort ergriffen? In der Mitte des Saales saßen die Übersetzer und an den vier Wänden allerlei Schreiber und sonstige An-

[1] Ungarisch geschrieben.

gestellte des Völkerbundes, daneben auch Journalisten und später sogar geladene Gäste. Mr. Murray eröffnete die Sitzung mit einer englischen Ansprache. Kaum hatte er das letzte Wort ausgesprochen, da sprang auch schon der Übersetzer der englisch gehaltenen Reden auf und hudelte nur so seine improvisierte Übersetzung herunter. Diese Übersetzer bewunderte ich fast am meisten. Sie stenographierten die zu übersetzenden Reden und trugen sie dann schnurstracks, sozusagen ohne zu stocken vor. Mancher unter ihnen, so zum Beispiel der Dolmetscher der deutschen Reden, sprach und gestikulierte mit einer so »festen Überzeugung«, als hätte er sein eigenes, heiligstes Glaubensbekenntnis vorgetragen; manchmal blickte er nicht einmal in seine Notizen und sprach frei. Dieses Nachäffen des Redners machte wirklich einen reichlich komischen Eindruck, besonders wenn er in einer seiner »Reden« genau die gegenteilige Ansicht vertrat als in seiner vorherigen »Rede«. Das kam vor, wenn nach der einen Originalrede der andere Redner sich bemüht hatte, den ersteren zu widerlegen. Auf Vorschlag Murrays haben wir Destrée, den ehemaligen belgischen Minister für Unterricht, unter allgemeinem Beifall zum Präsidenten gewählt. (Was wäre geschehen, wenn zum Beispiel ich als Gegenvorschlag unsern Freund Čapek für diesen Posten vorgeschlagen hätte!) Destrée hat uns alle aufgefordert, so zu sprechen, wie es uns am leichtesten sei (natürlich muß ein Dolmetscher zugegen sein!). Nach seiner Rede hat es sich herausgestellt, daß die Übersetzung der französischen Reden ins Englische von niemandem gewünscht wurde. Nämlich, die offiziellen Sprachen des Völkerbundes sind die französische *und* die englische und man hätte, falls irgendeiner der Teilnehmer das verlangt hätte, beide Sprachen verwenden müssen. Also, jeder verstand »ausgezeichnet« Französisch — gottlob! —, was die Diskussionszeit um mindestens die Hälfte verkürzte. Mit Ausnahme von 3 Personen sprach jeder Französisch, ausgenommen jene, die in deutscher Sprache ihre Rede hielten. Sonst hätten zum Beispiel die deutschen Reden nicht nur ins Französische, sondern auch ins Englische übersetzt werden müssen. Die Übersetzer konnten auch sehr froh darüber sein, denn sie konnten während der ganzen Zeit ihre Nägel kauen oder lesen. Sobald aber ein englisches oder deutsches Wort ertönte, griffen sie gleich nach ihren Bleistiften.

Ich lauschte mit denkbar größter Anspannung: hauptsächlich anfangs konnte ich einzelnen Rednern kaum folgen. Natürlich begann jeder zunächst ganz langsam, aber dann, wenn er schon warm geworden war, wurde das Tempo immer schneller und schneller. Einen Rumänen, den Oprescu, habe ich ausgezeichnet verstanden. Es stellte sich bald heraus, daß diejenigen, die am meisten sprechen, folgende waren: der bereits genannte Rumäne, der Italiener Ojetti (ich glaube ein Journalist), der französische Dichter Paul Valéry (60 Jahre alt), Focillon, ein französischer Kunsthistoriker, und der Schweizer Reynold (seinen Beruf kenne ich nicht). Es war anfangs von allgemeinen Fragen die Rede; ein Vorschlag: Man solle sich darüber äußern, was in der Gegenwart als beispielgebende Haltung gelten kann, was unsere Konzeption vom Menschen von heute sei, wie er sein sollte usw. — Nach vielem *Für* und *Wider*[2] — und dies bei allen Vorschlägen, die ernst genommen wurden — bildete der Vorsitzende einen Unterausschuß, bestehend aus dem Antragsteller selbst und denjenigen, die am meisten an der Aussprache teilgenommen hatten, mit dem Auftrag, in der Zeit zwischen den Sitzungen eine Entschließung abzufassen, die dann von der Plenarsitzung unverändert oder modifiziert angenommen werden könnte. — Dann wurde die »*ordre du jour*« (Tagesordnung) für den Nachmittag, den folgenden Tag usw. festgelegt. Die »Ordre« war, daß nach den allgemeinen Fragen die weiteren Erörterungen fachweise weitergeführt werden sollen, und zwar in Literatur, *Musik* und bildender Kunst. — Ich vergaß zu erwähnen, daß der Präsident Rechenschaft darüber ablegte, was für Ergebnisse die inzwischen aufgelöste »Subkommission«, die Vorgängerin dieser »Komission«, bereits erzielt hatte (das heißt, die Devise war, auf die Erörterung dieser Angelegenheiten nicht mehr zurückzukommen). Also: es waren bereits in Angelegenheiten der Volkskunst und in den Fragen der Übersetzungen Beschlüsse gefaßt worden. (Siehe: Prager Kongreß für Volkskunst, an dem vor drei Jahren auch ich teilgenommen hatte.) In Fragen der Musik jedoch konnten sie überhaupt keine Ergebnisse aufweisen, weshalb jetzt von mir, als dem einzigen Vertreter für Musik, Vorschläge erwartet wurden, ganz gleich welche, ich sollte sie nur machen und sie würden sie dann schon annehmen.

Ich erklärte ihnen, daß ich nur etwas vorschlagen könne, dessen Verwirklichung viel Geld kosten würde: sie meinten,

[2] Deutsch im Original.

das schade nichts. Na schön, ich konzipierte am Abend irgend etwas (bezüglich Grammophonaufnahmen) und las es am folgenden Tag — deutsch — vor. Čapek hatte einen ähnlichen Vorschlag, und so wurden beide gemeinsam behandelt. Es wurde ein Unterausschuß eingesetzt und ein Beschluß formuliert, der sich allerdings wesentlich von dem unsrigen unterschied, kaum praktischen Wert hat, jedoch kein Geld kostet. Zu Hause werde ich Euch all das zeigen.

Dann wurde noch Folgendes verhandelt: Der englische, »mit Lorbeeren gekrönte Dichter« (Poeta laureatus) war erbittert darüber, daß zu wenig Gedichte vor der Öffentlichkeit *vorgetragen werden*, und diese wenigen dazu auch noch schlecht; Valéry fügte hinzu, daß das Deklamieren in den Schulen völlig ungenügend unterrichtet werde. Beschluß: Die Radiogesellschaften sollen aufgefordert werden, mehr Gedichte vortragen zu lassen und darauf zu achten, daß sie gut vorgetragen werden. (Auch das wird ohne praktischen Erfolg bleiben!) Ein weiterer Beschluß: Die Filmgesellschaften müssen aufgefordert werden, nach jedem Hauptfilm einen »erzieherischen« Film zu geben. (Die werden wahrscheinlich auf uns und auf den ganzen Völkerbund pfeifen und auch weiterhin nur das spielen, was ihnen mehr einbringt.) Es war sehr unterhaltend, zu beobachten, wie der eine Redner auf den anderen reagierte. Ein jeder begann damit, er habe die wundervollen Anträge des Vorredners mit unendlicher Freude und Genuß angehört, seine Ideen seien ausgezeichnet, nur lägen die Dinge nicht ganz so, er hätte daher einige kleine Änderungen vorzuschlagen, da dies und jenes schwer zu verwirklichen oder unrichtig sei — zuletzt stellte es sich heraus, daß nichts davon gut sei, was der Vorredner gesagt hatte. Hauptsache ist jedoch — die Höflichkeit! Eines ist also sicher: daß es in diesem Komitee zu keinen Handgreiflichkeiten kommen wird.

Thomas Mann ergriff auch einige Male das Wort, immer in Deutsch; er sprach gewandt und sehr interessant.

Täglich gegen fünf Uhr nachmittags wird gemütliches Teller- und Tassengeklapper hörbar: die Stubenmädchen des Völkerbundes stellen Geschirr auf einen Tisch und bringen uns aus einer wirklichen Küche (und nicht aus der Hexenküche des Völkerbundes), aber es kann auch aus einem benachbarten Restaurant sein, Keks, Tee und andere Getränke. Sodann verkündet der Präsident: »Je vous donne la liberté pour dix minutes«, und nun beginnt Teetrinken auf Kosten des Völkerbundes.

Eines Nachmittags, gerade mitten in einem italienischen Vortrag, unterbricht der Vorsitzende auf einmal mit folgenden Worten: »Voici madame X.« (Den Namen verstand ich nicht.) Daraufhin standen wir alle wie auf Kommando auf und begrüßten auf diese Weise eine hereinschwebende, sympathisch aussehende ältere Dame mit großem Hut, wahrscheinlich eine Prinzessin oder etwas Ähnliches. Der Präsident richtete an sie eine Ansprache: Wir sind sehr gerührt, daß Sie uns mit Ihrem Besuch beehrt haben, und bedauern sehr, daß Ihr seliger Gatte uns nicht so zusammen sehen kann (da begann ich schon etwas zu ahnen) usw. Schließlich stellte es sich heraus, daß es Mme Wilson war (die Witwe des amerikanischen »Friedenspräsidenten«). Sie dankte mit einigen englischen Worten für den freundlichen Empfang und setzte sich dann in die Zuhörerschaft. Es fanden nur je ein offizielles Mittagessen und Abendessen statt, das Mittagessen wurde vom Sekretär der Kommission gegeben, das Abendessen von dem Präsidenten. Das Mittagessen — in einem Hotel — war ausgezeichnet, das Abendessen — in der schönen Wohnung des Präsidenten — nicht besonders gut. Keines war aber unerfreulich für mich, da ich mich mit mir zusagenden Menschen unterhalten konnte. Beim Abendessen saß ich neben der Frau von Thomas Mann. Auch mit ihm habe ich sehr viel gesprochen. Dann kam zu ihm Nini Roll-Anker, die norwegische Schriftstellerin, und machte ihm den Hof, indem sie sagte, wie wundervoll das eine seiner Bücher sei und wie herrlich das andere. Wie könnte eine Nini auch anders sprechen?! Ich wurde genötigt, vorzuspielen, und zwar das Obligate: »Abend bei den Szeklern« und »Bärentanz«. Das erstere auf den ausgesprochenen Wunsch des Rumänen Oprescu, der es schon in Kolozsvár von mir gehört hatte, als er Professor an der dortigen Universität war.

Es fand noch ein Mittagessen beim ungarischen Gesandten statt: anwesend waren nur ich und X., der ungarische Bevollmächtigte, mit seiner Gattin, (einer schrecklichen Person). Die Gattin des Gesandten ist Amerikanerin, spricht nur amerikanisch, gibt sich aber als große Ungarin aus. Es wurden dabei mit so großem Raffinement ausgedachte Leckerbissen serviert, daß ich mich kaum erinnern kann, wann ich jemals so etwas Feines gegessen habe. Fünf- bis sechserlei Weingläser standen um unsere Gedecke herum, alles aus feinstem venezianischem Glas, mit und ohne Sockel usw. Vor dem Diner wurde wunderbarer »Cocktail«-Schnaps gereicht und am Schluß — Tokajer, was sich bei einem ungarischen Gesandten von selbst versteht. Das Mittagessen verlief trotzdem nicht angenehm: da war das scheußliche Juchzen der Mme X., aber auch diese aalglatten und verschmitzten Diplomaten sind so ganz anders, weit weniger natürlich als das Künstlervolk.

Das Genfer Hotel ist gut, es ist ein einfaches, ruhiges Familienhotel — eher eine Pension — und nicht zu teuer.

Also, das war Genf.

Und nun der Mondsee: allerdings habe ich nicht viel von dieser amerikanischen Schule erwartet, aber sie erwies sich als eine wahre Affenkomödie.

Ich kam Freitag abend an und wurde vom Generalsekretär erwartet; wir besprachen, daß die Einteilung meiner Schüler am nächsten Vormittag um 10 stattfinden soll. — Wie viele sind es? — fragte ich. — So ungefähr 6 — antwortete er (statt 8.) — Am folgenden Tag komme ich pünktlich zur Einteilung. Also — sage und schreibe — *ein einziger* Schüler war anwesend. Wo sind die anderen?! Also, zwei, die bereits gezahlt hätten, *wären noch nicht eingetroffen*, schwirrten noch irgendwo in Europa herum. Und die anderen? Teils haben sie abgesagt, teils waren sie gar nicht vorhanden. Aber Mrs. P., die Hauptorganisatorin der Schule, und Mrs. C., die Hilfsorganisatorin, mochten auch bei mir lernen — beides alte Schachteln. — Mir ist es ja schließlich ganz egal — sagte ich —, aber die Bezahlung muß für 8 Stunden erfolgen, selbst wenn ich nur einen einzigen Schüler unterrichten kann.

Diese Woche haben sich dann tatsächlich noch weitere Schüler eingefunden — nach dem derzeitigen Stand der Dinge habe ich jetzt drei feste Schüler (einen Klavierspieler: nicht übel; einen Komponisten: geht an; und einen, der nur Harmonielehre studieren will: verdächtig; alle drei sind Mädchen) — und dann die beiden alten Schachteln. Ein Sechster wollte bei mir Harmonielehre studieren, aber er kennt nicht einmal die Skalen. Da habe ich erklärt, das ginge denn doch schon zu weit!!

Der Wiener Weingarten ist wieder nach Wien zurückgefahren, da sich kein einziger Schüler bei ihm gemeldet hat. Dagegen behauptet jeder, daß dieses Jahr prachtvoll begonnen habe und die Schule beginne erst jetzt richtig aufzublühen. Na — ich kann mir kaum vorstellen, wie es wohl im vorigen Jahr ausgesehen hat, wenn es damals noch schlechter war als jetzt. Ein Violinlehrer aus Berlin hat nur *einen einzigen* Schüler! — Ich befasse mich jetzt viel mehr mit jedem einzelnen Schüler und unterrichte de facto wöchentlich 8 Stunden. Zahlen tun sie sogar auch: heute haben sie mir brav ihren Scheck geschickt über 496 österr. Schilling für die 8 Stunden dieser Woche.

Über alles andere, Baden, Spaziergänge, Gasthof, Kost, wird D.[3] nächstens berichten. Ich möchte nun dieses »Briefchen« beenden; es tut mir sehr leid, daß ich Euch so lange habe warten lassen, aber aufgeschoben ist nicht aufgehoben, und es wäre wirklich schwierig gewesen, in Genf oder auch bisher hier so viel zusammenzubringen.

Viele Küsse von
Béla

Für die erste Zusammenkunft des »Neuen Ungarischen Musikvereins« (UMZE)[1]

Den 20. Januar 1932

Die 44 Duos für 2 Violinen, von denen einige im heutigen Konzert der »UMZE« aufgeführt werden, wurden für den gleichen Zweck geschaffen wie seinerzeit die Serie »Für Kinder«: die Schüler sollen in den ersten Jahren ihres Studiums Vortragswerke kennenlernen, welche die ungekünstelte Einfachheit der Volksmusik mit deren melodischen und rhythmischen Eigenheiten vereinen.

Béla Bartók

An »The Music News«[2]

Budapest, den 10. Oktober 1933

Ich habe die tiefgehenden Betrachtungen in Mr. Graingers Artikel »Melody versus Rhythm« mit großem Interesse gelesen.

[3] Ditta Pásztory (Bartóks Gattin).

[1] Dieser Text, dem eine Aufzeichnung Bartóks als Grundlage diente, war zur Erläuterung der Violinduos, die auf dem Konzert des Neuen Ungarischen Musikvereins — Új Magyar Zene Egyesület (UMZE) — aufgeführt wurden, bestimmt. Der Aufzeichnung, einer kurzen, eigenhändig geschriebenen Anweisung, gebührt ein Platz unter den Briefen. — Auf diesem Kammermusikkonzert gelangten die Stücke 44, 19, 16, 28, 43, 36, 21 und 42 der später »44 Duos für Violine« betitelten Komposition zur Aufführung.

[2] Dieser Artikel ist eine Antwort auf Percy Graingers — eines australischen Komponisten — Abhandlung »Melodie und Rhythmus«, erschienen in: »The Music News«, Chicago, am 29. September und 6. Oktober 1932. Bartók wurde auf P. Graingers Artikel von Storm Bull aufmerksam gemacht. Storm Bull war zu jener Zeit Bartóks Schüler in Budapest. Bartók schrieb seine Antwort am 10. Oktober 1933 oder einige Tage später in:deutscher Sprache. Sie erschien in englischer Übersetzung in »The Music News« am 19. Januar 1934 (Storm Bulls Mitteilung).

Ich erlaube mir bloß zwei Bemerkungen bezüglich dieses Themas auszusprechen: beide Bemerkungen sind aus der Betrachtung eines Urzustands der Musik, die ich bei osteuropäischen und nordafrikanischen Völkern beobachten konnte, geschöpft.

In diesem Urzustand sehen wir zwei ausschließliche Arten von Musik: die eine in freiem Parlando-Rhythmus, die andere in festem Tanz-Rhythmus. Bei der ersten ist der Rhythmus nur im großen Ganzen, in den Hauptzügen beständig; in den Details jedoch (der momentanen Inspiration entsprechend oder aus Gründen der sprachlichen Diktion) sehr kleinen, manchmal kaum merklichen Schwankungen unterworfen. — Aber, und das ist es, was ich als erste Bemerkung betonen möchte, *beide* Arten *besitzen* Rhythmus, wenn auch voneinander abweichenden Charakters. Denn: Melodie ohne Rhythmus ist unvorstellbar, wenn auch Rhythmus ohne Melodie vorstellbar ist.

Nun sind diese beide Arten von Musik bei jenen, fast im Urzustand lebenden Völkern sozusagen gleichberechtigt: jene im freien, parlandoartigen Rhythmus wird gebraucht, wenn Bewegungen nicht mit im Spiel sind; jene im festen Rhythmus dann, wenn Bewegungen sich zur Musik gesellen (also namentlich beim Tanz). Man kann nicht wahrnehmen, daß die eine oder die andere Art bevorzugt wäre: jede muß und kann nur zu der passenden Gelegenheit ausgeübt werden. Daß aber die Ausübung der festrhythmischen Musik dort ein ebensolches Bedürfniss [!] ist wie die Ausübung der andern Art, sieht man eben aus dem Vorhandensein und Reichtum der festrhythmischen Musik bzw. aus der Existenz der Tanzbelustigungen überhaupt. Und dabei kann von dem Einflusse irgendeiner [!] »slave-driver«-Geistes ganz und gar keine Rede sein: im Urzustand lebende Völker können *nur* nach *ihrem eigenen Instinkte*, *nur spontan* Musik machen. — Nun entspricht die Frei-Parlando-Musik dieser Völker ihrer Rolle und ihrem Charakter nach der von Mr. Grainger »melodious« genannten Art der höheren Kunstmusik, die fest-rhythmische dagegen der von ihm »rhythmic« genannten. Die Musik jener im Urzustand lebenden Völker widerspiegelt jedenfalls einen vollkommen natürlichen Zustand, dieser natürliche Zustand scheint meine Auffassung zu bekräftigen: daß nämlich die Menschheit von Natur aus *in gleichem* Maße sowohl die »melodious« als die »rhythmic« Musik begehrt und benötigt. Ich fühle die Gleichberechtigung beider Arten und als das vollkommenste musikalische

Werk betrachte ich jenes Werk, welches beide Arten zusammenfaßt. Und dieses Werk ist, meines Wissens und meinem Gefühle nach, J. S. Bachs Werk.

An Raina Kacarowa[1] — Sofia[2]

Budapest, II. Csalán út 27
Den 27. Februar 1935

Liebe gnädige Frau!

Ich bin ganz verzweifelt, daß meine Reise durch den Wortbruch des Konzertbüros Antonow zunichte gemacht wurde. Es änderte im letzten Augenblick, 5 Tage vor dem 1. Konzert, seine Bedingungen!

Dabei hätte es mich außerordentlich interessiert, zu erfahren und zu sehen, wie Sie auf dem Gebiet der Volksmusik arbeiten, Sie kennenzulernen und eventuell in einem Dorf mit anzuhören, wie die Bauern diese merkwürdigen Rhythmen singen. Doch leider wollte es Gott — besser gesagt, Antonow — anders.

Ich habe bereits mit dem Studium des 1. Bandes der großen Ausgabe begonnen. Nur möchte ich in diesem Zusammenhang Fragen stellen, doch erst nach einigen Monaten, wenn ich bereits größere Fortschritte in dieser Arbeit aufzuweisen habe. Was den Betrag betrifft, den Sie mir überweisen wollen, so bitte ich Sie, mir bulgarische Bücher zu kaufen und zuzusenden, bis die Summe erschöpft ist (die Postspesen miteinbegriffen): z. B. irgendeine Grammatik für die Mittelstufe, wie man sie in den Schulen benutzt, ein Lesebuch — sagen wir, für die 2. oder 3. Klasse der Elementarschule (womöglich mit Bildern), ferner, wenn noch Geld übrigbleibt, illustrierte Zeitungen und Zeitschriften. (Selbstverständlich nur dann, wenn es Ihnen keine Mühe macht, sonst könnten Sie vielleicht eine Gelegenheit abwarten, wie z. B. die Budapester Reise von Professor Fehér, um mir mit ihm das Geld zu schicken.)

Ein Wörterbuch brauche ich nicht, da ich ein ausgezeichnetes habe, den Weigand (bulgarisch—deutsch).

Hinsichtlich der erbetenen Lieder kann ich Ihnen (als Geschenk) ein Heft schicken: 20 ungarische Volkslieder mit leich-

[1] Bulgarische Folkloristin.
[2] Französisch geschrieben.

ter und einfacher Klavierbegleitung, das von Kodály und mir herausgegeben wurde.

Falls Sie eine andere Sammlung haben möchten (5 slowakische Volkslieder), so kostet diese ungefähr 3 oder 4 Reichsmark; doch sind sie ebenso schwer zu singen wie zu begleiten.

Bitte, haben Sie die Güte, beiliegenden Brief Herrn Prof. Fehér zu übermitteln, da ich seine Adresse nicht kenne; darin erkläre ich ihm, was meine Reise nach Sofia vereitelt hat.

Empfangen Sie meine respektvollen Grüße

Ihr
Béla Bartók

An Imre Deák[1] — Pasadena (Kalifornien)[2]

Budapest, II. Csalán út 27
Den 5. März 1935

Liebe Familie Deák!

Mit Vergnügen entnehme ich Ihren Nachrichten, daß es Ihnen endlich gelungen ist, Ihr Ziel zu erreichen — also kann ich nunmehr meinen Brief mit obiger Anrede beginnen! Haben Sie sich in Kalifornien mit einigem Erfolg placieren können? Hier ist — was mich betrifft — die größte Neuigkeit die, daß ich seit September nicht mehr an der Hochschule unterrichte. Statt dessen wurde ich vom hohen Ministerium beauftragt, an der Akademie der Wissenschaften Arbeiten auf dem Gebiet der Volksmusik zu leisten, worüber ich mich gewiß nur freuen kann.

Nun hätte ich eine kleine Bitte, und zwar in Verbindung mit folgender Angelegenheit:

Die Lage hat sich so entwickelt, daß ich einen gewissen Teil meiner wissenschaftlichen Arbeiten auf dem Gebiet der rumänischen Volksmusik selbst herausgeben muß. Dies ist eine streng wissenschaftliche Ausgabe: nach einer Einleitung von 3 Bogen *in deutscher Sprache* 484 Melodien.[3] Damit die Kosten der Ausgabe wenigstens teilweise gedeckt werden, möchte ich versuchen, auf privatem Wege Besteller zu gewinnen. Freilich, in Anbetracht des wissenschaftlichen Charakters der Ausgabe

[1] Imre Deák (1892—1945), Pianist und Musikforscher, Schüler Thománs und später Bartóks und Sauers. Er lebte seit 1921 im Ausland.

[2] Ungarisch geschrieben.

[3] »Die Melodien der rumänischen Colinde«, Wien 1935.

könnten nur Bibliotheken und Fachleute als Besteller in Betracht kommen. Könnten Sie mir vielleicht solche beschaffen (Universitäts-, staatliche, städtische Bibliotheken, falls es dort so etwas überhaupt gibt)? Oder könnten sie vielleicht jemanden mit der Erledigung dieser Sache beauftragen? Das Buch wird ungefähr im Laufe des Monats April erscheinen; zu diesem Zeitpunkt würde ich die Prospekte versenden (Preis Schw. Fr. 5,— = ca. $ 1,70).

Nehmen Sie es mir nicht übel, wenn ich Sie mit derartigen Dingen belästige, und wenn Sie eventuell mangels entsprechender Verbindungen nichts unternehmen können, schreiben Sie es mir ganz offen.

Prof. Thomán war wieder sehr krank und lag einige Wochen im Sanatorium; augenblicklich geht es ihm besser. Vor einigen Tagen hat das Leopoldstädter Kasino zu seinen Gunsten ein Konzert veranstaltet: unter Teilnahme seiner sämtlichen in Pest befindlichen ehemaligen, »arrivierten« Schüler (mit Ausnahme von Dohnányi, der noch immer Rekonvaleszent ist).

Mit herzlichen Grüßen an Sie beide

Ihr getreuer
Béla Bartók

An László Rásonyi[1] — Ankara[2]

Budapest, II. Csalán út 27
Den 18. Dezember 1935

Sehr geehrter Herr Professor!

Ich habe Ihren an die Hochschule für Musik adressierten Brief wahrhaftig erst jetzt durch Zufall erhalten (seit 1½ Jahren unterrichte ich dort nicht mehr, so daß ich in der Regel nur monatlich einmal jemanden um mein Gehalt dorthin schicke).

1. Ich hätte auf jeden Fall Lust, dorthin zu fahren und Vorlesungen zu halten, auch dann, wenn das für mich keinen finanziellen Gewinn bedeutet; doch ist es wichtig, daß mich dieser Ausflug — wenn er mich schon Zeit kostet — wenigstens kein

[1] Der Orientalist László Rásonyi (geb. 1899) war an der Universität zu Ankara Professor der ungarischen Sprache; er hatte die Idee, Bartók nach der Türkei einzuladen, damit er die Sammelarbeit der dortigen Volksmusik organisiere oder wenigstens auf einer Reise durch das Land dessen Musik studiere.

[2] Ungarisch geschrieben.

Geld kosten soll. Aber die Nebenkosten (wie Visa, Mahlzeiten im Zug, Auto usw.) wären ziemlich bedeutend.

2. *Ich weiß davon*, daß die türkische Regierung Hindemith vor kurzem nach Ankara berufen hat, damit er dort eine Musikhochschule einrichten soll. Ich stehe zu Hindemith in einem warmen freundschaftlichen Verhältnis und schätze ihn auch sehr; daher müßte man auch den allergeringsten Anschein vermeiden, daß ich mich in seine dortige Arbeit einmengen will. Doch ist das auch nicht nötig: er gab Ratschläge in den Organisationsangelegenheiten der Musikschule usw., wogegen ich auf dem Gebiete der Volksliedersammlung meine Ratschläge geben würde — diese gehörten sowieso nicht zu Hindemiths »Fach«.

3. Es würde sich eventuell als nützlich erweisen, wenn auch noch andere dorthin fahren würden, doch könnte ich das Organisieren von so etwas kaum übernehmen. Ja, sogar das könnte ich schwerlich sagen, *welche Personen* für die Reise vorzuschlagen wären. Wer hier schon irgendeine Anstellung gefunden hat, der wird höchstwahrscheinlich kaum geneigt sein, sich dort endgültig niederzulassen. Was jedoch »stellenlos« ist, wie z. B. Mátyás Seiber (Komponist und Cellist), Iván Engel und Kentner (Pianisten), sind größtenteils Juden: ich weiß nicht, ob das dort ein Hindernis ist oder nicht. Es fällt mir Sándor Veress ein (er gehört zu den besten unserer jungen Komponisten, ist auch ein guter Pianist und befaßt sich ebenfalls mit dem Sammeln von Volksliedern). Selbstverständlich haben alle diese Leute kein Geld zum Reisen: oder würde vielleicht auch deren Reisespesen die türkische Regierung decken?

Nach all dem möchte ich Ihnen folgenden Vorschlag machen:

Bis Ende März kann ich wegen meiner übrigen Angelegenheiten die Reise nicht antreten, so wäre also erst April oder Mai für mich geeignet. Kann die Vorlesung $1^1/_2$ Stunden dauern? Und in welcher Sprache soll sie gehalten werden (in Deutsch, Französisch, oder eventuell Englisch)? Was für Fremdsprachen werden dort überhaupt gesprochen? Ich könnte zur Illustrierung der Vorlesung einige geeignete kleinere Klavierstücke vorspielen; doch wäre es besser, wenn auch das dortige philharmonische Orchester — falls sie eines haben — etwas von uns spielen würde, vielleicht einen oder zwei Tage nach der Vorlesung; ich habe einige leichtere Orchesterstücke, doch wären auch Kodálys »Háry-Suite« oder seine »Tänze aus Galánta« nicht zu schwer. Die »Nebenausgaben« schätze ich, wenn ich flüchtig kalkuliere, auf wenigstens 200,— P. (Die Reise dorthin dauert 3 Tage, nicht wahr?) So viel kann ich auf keinen Fall für die Fahrt opfern. Ich habe die Idee, daß man mir lieber Schlafwagen II. Klasse gibt (vor einigen Jahren bin ich auf die gleiche Weise nach Athen gefahren, und das war durchaus entsprechend), bringen Sie mich an einem weniger vornehmen Platz unter (ich habe sowieso keine große Vorliebe für Luxushotels), und die Differenz verwende man zur Dekkung meiner Nebenausgaben. Oder: könnte ich dort nicht in einer Privatwohnung, im Hause eines türkischen Herrn als Gast wohnen? Das gefiele mir am besten; ich kenne freilich die dortigen Verhältnisse nicht und habe keine Ahnung, ob das wohl möglich wäre! Ich habe noch einen Einfall, wie Geld beschafft werden könnte. Gerade jetzt ist eine kleinere Studie von mir in Arbeit! »Wie und warum sollen wir Volksmusik sammeln?« im Umfang von ca. 2½ bis 3 Druckbogen (sie wird in Budapest ungarisch erscheinen). Wäre es nicht möglich, daß man mir das Recht zur türkischen Ausgabe zu einem bei uns üblichen Honorar abkaufen würde (pro Bogen 80,— P.), da man ja gerade wegen solcher Fragen um meinen Besuch bittet? Meines Wissens ist dort die Volksliedersammlung noch im Anfangsstadium; vielleicht wäre so ein kleines Handbuch für die zukünftigen türkischen Sammler von Nutzen.

Ich möchte während meines dortigen Aufenthaltes auch einen kleinen Forschungsausflug unternehmen, wozu ich jedoch einen Phonographen und phonogr. Walzen benötigen würde. Hat wohl das dortige Museum oder jemand anders einen Phonographen, mit dem man Aufnahmen machen könnte? Gibt es dort wohl leere Walzen? Einen Phonographen könnte ich zwar mitbringen, aber Walzen müßten Sie (in Deutschland oder in Budapest) bestellen.

Schließlich möchte ich noch einiges zum Thema der Vorlesung bemerken. Es würde sich in erster Linie um die (osteuropäische) Volksmusik und die gegenseitigen Beziehungen der heutigen Kunstmusik handeln; besser gesagt, es dreht sich fast ausschließlich nur darum. Denn wir wissen von den Beziehungen der ungarischen Volksmusik zur türkischen so gut wie gar nichts: was mir an älteren türkischen Musik-Ausgaben in die Hand gekommen ist, war eher arabisch.

Mahmud Raghib behauptet nämlich, daß es in der wirklichen türkischen Volksmusik viele Pentaton-Melodien gäbe; er hat auch jemandem nach Budapest einige Melodien dieser Art geschickt, doch könnten wir auf Grund eines so kleinen Materials noch keine Schlußfolgerungen ziehen. — Jetzt sehe ich, daß gerade Raghib im »Zenei Lexikon« (1931) folgendes schreibt: »Das Zentrum der modernen türkischen Musikfolklore-Bewegung ist das 1923 gegründete Istanbuler Konservatorium (Dar-ül-elhan). Das Sammeln der Volkslieder geschieht mit Hilfe eines *Phonographen*. Was die Publizierung des Materials betrifft, so erschienen bisher zwei Melodienbände und 13 Liederserien in der Redaktion des Verfassers dieser Zeilen mit 1000 Volkslied- und 200 Kunstmelodien.« (Schon das ist schlecht, daß er Volks- und Kunstlied vermengt.) Könnte ich nicht dieses 1000 (eventuell seither noch mehr) Volkslieder enthaltende Verlagswerk erhalten (die Kunstlieder brauche ich — vorläufig — nicht), damit ich erfahre, was und wie bei Ihnen gesammelt wurde? Ferner wäre es zu begrüßen, wenn ich auf meiner Hinreise, noch vor der Vorlesung, diese Istanbuler Musikfolklore-Zentrale besichtigen könnte, da ich nur dann nutzbringende Anregungen geben kann, wenn ich weiß, was bis jetzt auf diesem Gebiete geleistet wurde und was nicht.

Ich bitte Sie, möglichst noch im Laufe des Dezembers auf alle diese Fragen zu antworten, ich reise nämlich am 2. Januar nach England, woher ich erst ungefähr am 21. Januar zurückkehre.

Mit vorzüglicher Hochachtung

Ihr ergebener
Béla Bartók

PS. Es gibt etwas, was ich auf keinen Fall in dieser Angelegenheit in Anspruch nehmen will, und zwar eine finanzielle Unterstützung durch das ungarische Kultusministerium! Ich habe dafür meine triftigen Gründe.

An die Kisfaludy-Gesellschaft[1] — Budapest[2]

Budapest, den 29. Dezember 1935

Sehr geehrte Herren!

Ich habe den heutigen Blättern entnommen, daß mir die Kisfaludy-Gesellschaft in diesem Jahr für meine I. Orchestersuite (op. 3) die Greguss-Medaille zuerkannt hat. Ich möchte dazu folgendes bemerken:

1. Die Behauptung in der Begründung, daß die *erste* vollständige Aufführung dieses Werkes in Ungarn im November 1929 stattgefunden hat, ist falsch, da das ganze Werk, Gott sei Dank, bereits 1909 von Jenő Hubay und am 29. November 1920 von Antal Fleischer[3] in Budapest aufgeführt wurde. Ich sage »Gott sei Dank«, weil man es doch als sehr eigenartig ansehen müßte, wenn ein so ausgezeichnetes Werk, das die Greguss-Medaille verdient und bereits 1905 komponiert wurde, 24 Jahre lang hätte darauf warten müssen, bis es in seiner Gesamtheit in Ungarn zum Vortrag gelangen kann.

2. Doch wenn auch oben erwähnte Begründung in der Behauptung stimmen würde — was jedoch nicht der Fall ist —, dann wurde doch in der Zuerkennung ein Fehler begangen. Ich habe zwar dieses meiner Werke sehr gern und halte es für eine wirklich ausgezeichnete Leistung eines 24jährigen jungen Mannes, doch wurden in dem Zeitraum 1929–1934 in Ungarn viel bessere und reifere Werke zum Vortrag gebracht, wie z. B. die »Szekler Spinnstube« oder die »Tänze aus Galánta«.

3. Zwar ungebeten, doch gutgemeint möchte ich Ihnen den Rat geben, sich schnellstens einen anderen Referenten in dieser Sache zu wählen. Wer nicht einmal feststellen kann, welche Werke auf Grund äußerer Umstände chronologisch in Be-

[1] Die Kisfaludy-Gesellschaft wurde im Jahre 1836 gegründet. Sie hatte sich ursprünglich zum Ziel gesteckt, die besten Schriftsteller Ungarns zu vereinen. (Doch wandte sie sich später gegen den »Fortschritt«.) Sie verlieh den Greguss-Preis (nach dem Ästhetiker August Greguss so benannt), mit dem sie abwechselnd künstlerische und kritische Werke auszeichnete. Der Preis wurde in fünfjährigen Zeitabständen vom Greguss-Komitee verteilt.

[2] Ungarisch geschrieben.

[3] An den Namen Antal Fleischers (1889–1945) knüpft sich u. a. auch die Erstaufführung von Bartóks Suite No. 1 für großes Orchester in mehreren Städten Europas.

tracht gezogen werden können, ist auch unmöglich imstande, den Wert der Werke zu beurteilen[4].

4. Erlauben Sie mir schließlich die Erklärung, daß ich weder jetzt noch in Zukunft, weder lebendig noch tot die Greguss-Medaille anzunehmen wünsche.

Mit vorzüglicher Hochachtung

Ihr ergebener
Béla Bartók

An Frau Müller-Widmann[1] — Basel[2]

Budapest, den 24. Mai 1937

Liebe Frau Müller-Widmann!

Ich beginne gleich mit der Angelegenheit der Briefe. Das ist nämlich ein Ding mit zwei Stellen, einer rechten und einer linken. Briefe erhalten: das macht mir meistenteils Freude, namentlich so warm klingende Briefe wie die Ihrigen. Aber Briefe zu schreiben — das ist meine schwache Seite, meistens ist das eine große Plage, die ich so lange wie möglich von einem Tag auf den andern verschiebe. Diese Abneigung kommt aber wahrscheinlich davon, daß ich meistenteils über ärgerliche oder bestenfalls zuwidere und langweilige Dinge schreiben muß: man muß sich mit Verlegern, mit Konzertbüros zanken, denn überall wird versucht, einen zu beschwindeln, niemand kommt seiner Pflicht und Schuldigkeit nach, niemand hält sein Versprechen usw., usw. — Anders ist es freilich mit Briefen, wie dem vorliegenden — hier sind wiederum andere Hindernisse: erstens ein Zeitmangel überhaupt, der einen unglaubli-

[4] Bartóks Bemerkungen betreffen den Referenten des Greguss-Komitees, Viktor Papp (1881–1953). Dieser hatte in seinem Bericht über die zwischen 1929 und 1934 entstandenen Werke besonders Dohnányis »Szegeder Messe« hervorgehoben, die aber nicht ausgezeichnet werden konnte, da ihr Verfasser bereits Inhaber des Preises war. Die Oper schlug Zoltán Kodálys »Szekler Spinnstube« und die Musikhochschule Bartóks II. Klavierkonzert vor; letzteres erklärte Papp jedoch für eine zu extreme Musik und empfahl des Meisters Jugendwerk, die kürzlich wiederaufgeführte I. Orchestersuite.

[1] Frau Professor Dr. Müller-Widmann, eine Kunstgönnerin, an die Bartók sehr wichtige menschliche Äußerungen enthaltende Briefe richtete. Anläßlich seiner Auslandstourneen hat Bartók in der zweiten Hälfte der 30er Jahre bis zu seiner Emigration — mitunter auch zusammen mit seiner Frau — Frau Müller-Widmann in ihrem gastfreundlichen Schweizer Heim immer wieder aufgesucht.

[2] Deutsch geschrieben.

chen Arbeitsrückstand nach sich zieht (ich habe einen Teil meiner arabischen Walzensammlung, die ich im Jahre 1913!! machte, noch immer nicht in Notenschrift gesetzt); und zweitens die Überbürdung mit den unangenehmen Briefen, deren ich weiß gar nicht wieviel ich monatlich zu schreiben habe. Man wendet sich aus allen Teilen Europas und Nordamerikas mit den merkwürdigsten Angelegenheiten an mich; ich sollte eben einen sehr geschickten Sekretär haben, der ungarisch, deutsch, englisch, französisch gut versteht und die Fähigkeit hat, sozusagen selber alle diese Briefe zu beantworten. Aber leider kann ich mir so einen nicht leisten, vielleicht wäre er gar nicht aufzutreiben!

Was unsere Sommerreise anbelangt, so planten wir — meine Frau und ich — tatsächlich eine Reise, zwar nicht nach Frankreich, sondern in die franz. Schweiz (nach Fionnay bei Sembranches). Von dort wollte ich dann nach Paris reisen, um an der Sitzung des Comité des Lettres et des Arts am 20.–23. Juli teilzunehmen. Aber infolge meiner Krankheit in den letzten Wochen (Grippe, Bronchitis) bin ich derart zeitarm geworden, daß ich den Pariser Besuch absagen muß (derartige Sitzungen sind übrigens meiner Ansicht nach vollkommen zwecklos, produzieren nur mehr oder minder »geistreiches« Geschwätz, aber ohne das geringste praktische Ergebnis). Und damit hat sich der ganze Plan geändert — wir fahren irgendwo nach Kärnten, wohin die Reisekosten bedeutend niedriger sind. Noch bevor Ihr Brief kam, wollte ich schreiben und Sie um einige Auskünfte über Hotels in Fionnay bitten — aber dann kam diese Änderung und nun ist alles leider anders. — Und weshalb gehen Sie nach Paris? Vielleicht zum Musikfest? (Ich weiß gar nicht, wann es stattfinden soll.) Oder gar wegen der Ausstellung? (die aber angeblich erst Ende Juli fertig werden soll.) — Ursprünglich wollten wir nach Italien (Dolomiten) gehen; aber mein Haß gegen Italien ist in der letzten Zeit derart anormal groß geworden, daß ich mich einfach nicht entschließen kann, das Land zu betreten[3]. Das scheint ein überspannter und übertriebener Standpunkt zu sein: aber wenigstens in meinen Ferienwochen möchte ich nicht fortwährend von der italienischen Aggressivität gereizt werden. Allerdings sagt man, daß Österreich bereits ebenfalls vom Nazigift durchtränkt sei, aber vielleicht trägt man das dort nicht so sehr zur Schau.

[3] Es handelt sich hier um das Italien Mussolinis.

Im Konzert am 7. Mai habe ich tatsächlich einige Stücke aus dem »Mikrokosmos« gespielt. Aber nicht das war das Wichtige in diesem Konzert, sondern die Kinderchöre. Es war eine große Sensation für mich, als ich — während der Proben — meine kleinen Chöre von diesen Kinderscharen zum erstenmal erklingen hörte. Ich werde diesen Eindruck nie vergessen: wie frisch, wie heiter die Stimmen dieser Kleinen klangen. Es ist etwas in der Natürlichkeit der Tongebung dieser Kinder, namentlich der Vororteschulen, die an den Klang des noch unverdorbenen Bauerngesanges erinnert.

Ich bedaure es sehr, daß ich diesen Sommer abermals nicht nach Basel kommen kann. Ich wünsche Ihnen und Ihrer Familie alles Gute für diesen Sommer und verbleibe mit den besten Grüßen an Sie Alle

Béla Bartók

An Frau Müller-Widmann — Basel[1]

Budapest, den 13. April 1938

Liebe Frau Müller!

Ihr teilnahmsvoller Brief hat uns unendlich wohlgetan! Ja, das war auch für uns eine fürchterliche Zeit — jene Tage, in denen Österreich überrumpelt wurde. Über diese Katastrophe zu schreiben, glaube ich, ist ganz überflüssig. — Sie haben ja das Wichtigste sehr knapp und schön in Worte gefaßt — genau so, wie auch wir es fühlen. Nur eines möchte ich hinzufügen, was — wenigstens für uns — zur Zeit am schrecklichsten ist. Es ist nämlich die eminente Gefahr, daß sich auch Ungarn diesem Räuber- und Mördersystem ergibt. Die Frage ist nur, wann und wie? Wie ich dann in so einem Lande weiter leben oder — was dasselbe bedeutet — weiter arbeiten kann, ist gar nicht vorstellbar. Ich hätte eigentlich die Pflicht, auszuwandern, solange es noch möglich ist. Aber — auch im günstigsten Fall — würde mir das Erwerben des täglichen Brotes in irgendeinem fremden Lande so ungeheure Schwierigkeiten und seelische Pein verursachen (jetzt in meinem 58. Jahr wieder mit unersprießlichen Arbeiten, wie z. B. Unterricht, zu beginnen irgendwo und ganz

[1] Deutsch geschrieben.

darauf angewiesen zu sein), daß daran gar nicht zu denken ist. Denn ich würde ja damit gar nichts erreichen, könnte ja unter solchen Umständen auch anderswo meine eigentlichen und wichtigsten Arbeiten nicht verrichten. Also ist es ganz gleich, ob ich gehe oder bleibe. — Dann habe ich hier meine Mutter: soll ich sie jetzt, in ihren letzten Lebensjahren für immer verlassen — nein, das kann ich nicht tun! Das bisherige betrifft Ungarn, wo leider die »gebildeten« christlichen Leute fast ausschließlich dem Nazi-System ergeben sind: ich schäme mich wirklich, aus dieser Klasse zu stammen.

Was mich aber nicht minder beunruhigt, ist der Gedanke, wann (nach dem Niedergang der Tschechoslowakei und Ungarns) die Reihe z. B. an die Schweiz kommt (und dann an Belgien usw.). Wie ist es eigentlich bei Ihnen? Aber wie günstig auch die Lage bei Ihnen wäre, die Möglichkeit ist immer vorhanden, daß sich 1000 Personen finden, die plötzlich Deutschland um den Einmarsch ersuchen!

Was nun meine spezielle Lage anbetrifft, so ist sie vorläufig eine ziemlich böse, denn nicht nur mein Verlag (U. E.) ist jetzt ein Naziverlag geworden (man hat die Inhaber und Leiter einfach hinausgeworfen), sondern auch die A. K. M.[2] (Gesellschaft für die Aufführungsrechte), der ich angehöre (auch Kodály), ist ja eine Wiener Gesellschaft, die jetzt — ebenfalls »nazifiziert« wurde. Eben vorgestern erhielt ich den berüchtigten Fragebogen, mit Fragen über Großväter usw., dann: »Sind sie deutschblütig, rassenverwandt oder nichtarisch?« Natürlich wird dieser Fragebogen weder von mir noch von Kodály ausgefüllt: unser Standpunkt ist, daß solche Fragerei (!) rechts- und statutenwidrig ist. (Eigentlich schade, denn man könnte bei der Beantwortung schöne Späße machen, z. B. sagen, wir sind nichtarisch — weil ja schließlich, wie ich aus meinem Lexikon erfahre, »arisch« heißt »indoeuropäisch«; wir Ungarn sind jedoch finno-ugrisch, ja sogar vielleicht rassenmäßig nordtürkisch, also überhaupt nicht indoeuropäisch, demzufolge nicht arisch. Eine andere Frage lautet: »Wo und wann wurden Sie verwundet?« Antwort: »Am 11., 12. und 13. März in Wien!«)

Aber leider können wir uns diese Späßchen nicht erlauben, denn wir müssen eben daran festhalten, daß dieser statutenwidrige Fragebogen uns nichts angeht und deshalb unbeant-

[2] Autoren, Komponisten und Musikverleger.

wortet bleiben muß. — Je mehr Statutenwidrigkeiten bei der A. K. M. verübt werden, desto besser für uns, desto leichter können wir uns aus ihren Krallen befreien (denn sonst müßten wir noch 10 (sage zehn) Jahre in diesem Gefängnis bleiben, laut einem unglückseligen § der Statuten!). Soeben hören wir, daß 2 mächtige Komponistengesellschaften zweier westeurop. Staaten bereit wären, uns als Mitglieder aufzunehmen . . . jetzt müssen also noch weitere in Aussicht stehende Statutenverletzungen abgewartet werden und dann können die nötigen Schritte vorgenommen werden. Was die U. E. anbelangt, so ist gerade in den letzten Tagen aus einem fremden, aber sehr wichtigen Lande die Nachricht gewisser Pläne gekommen, die unsere Befreiung bezwecken.[3] Leider kann ich darüber nichts Ausführliches berichten, muß Sie sogar bitten, selbst diese beiden Nachrichten (in den letzten 13 Zeilen dieses Briefes) nicht weiterzugeben.

Ihre angebotene Hilfe hat uns wirklich gerührt! Und in der Tat hätte ich 3 Angelegenheiten, wo ich Sie um Ihre Hilfe bitten möchte, wenn Ihnen das keine Unbequemlichkeiten verursacht.

1. Schon seit Nov. sehe ich, daß die Politik Ungarns auf immer schiefere Wege gerät: da kam mir schon damals der Gedanke, daß ich wenigstens die Autographen meiner musikalischen Werke irgendwo in Sicherheit zu bringen hätte. Ich beabsichtigte eigentlich schon im Januar, darüber zu sprechen, aber durch das viele Durcheinander kam ich nicht dazu. Nun frage ich Sie beide, ob Sie die Freundlichkeit hätten, diese Schriften bei sich zu beherbergen. Natürlich ganz ohne Verantwortung: ich meine, alles Risiko nehme ich auf mich. Großen Umfang haben diese Sachen nicht: vielleicht den eines kleineren Koffers. Einen Teil möchte ich vielleicht durch Frau Geyer hinsenden, den anderen gelegentlich selbst hinbringen.

2. (Das hat nichts mit der Krise zu tun!) Ich habe mein Exemplar jener deutschen Rohübersetzungen meiner Kinder- und Frauenchöre verloren. Könnten Sie vielleicht von Herrn Huber (nicht wahr, so heißt der Gesanglehrer Ihrer Töchter?) sein Exemplar auf eine kurze Zeit zurückverlangen und davon 5 Exemplare kopieren lassen? Die Unkosten werde ich durch Schultheß oder persönlich (im Juni) begleichen.

[3] Ralph Hawkes, Mitinhaber des englischen Musikverlags Boosey and Hawkes, traf kurze Zeit später in Budapest mit Bartók und Kodály zusammen zwecks Übernahme der in der Folgezeit noch entstehenden (und früherer, noch ungedruckter) Kompositionen durch das Londoner Verlagshaus.

3. (Das bezieht sich auf einen Streit, den ich mit dem deutschen Autoren-Komponisten-Verband habe.) Ich sende ein Dossier separat, eingeschrieben, daraus erfahren Sie, worum es sich handelt. Ich habe diesen Protest auch nach Baden-Baden geschickt (wo er eine große Bestürzung hervorgerufen hat, was mir zwar aufrichtig leid tut, aber eine Ausnahme zu machen, ist nicht möglich). Man wollte dort nämlich — wie Sie aus dem beigelegten Programmblatt sehen — meine »5 ungarischen Volkslieder« — ebenfalls ein von jenem Komponistenverband, der berüchtigten Stagma, zu einer »Bearbeitung« degradiertes Werk — aufführen. — Ich nehme nun an, daß irgend jemand, vielleicht eben Herr Sacher, zu diesem Musikfest hinreist: könnten Sie ihm dieses Schriftstück zur Ansicht übergeben und ihn (oder den, der eben nach Baden-Baden fährt) in meinem Namen um folgendes ersuchen: a) mir nach dem Musikfest zu berichten, ob das Werk trotz meines Protestes dort aufgeführt wurde; b) falls die Aufführung tatsächlich stattgefunden hat, dort die Nachricht zu verbreiten, daß ich dagegen Protest erhoben habe; c) wenn die Aufführung nicht geschehen ist, mich darüber zu benachrichtigen, womit man das Fortbleiben begründet hat.

Wissen Sie schon, daß wir im Juni nach London reisen, um dort am 20. (?) die 2. Klav. Sonate zu spielen? Die dortige Gesellschaft hat uns für 50 £ engagiert; vorher spielen wir das Werk am 11. im Radio-Luxembourg, also werden wir irgendwie doch ohne Defizit auskommen. Bei der Rückfahrt möchten wir dann über die Schweiz reisen!

Das ist ein überaus langer Brief geworden — beg your pardon! Mit den wärmsten Grüßen an Sie und an Herrn Professor von uns beiden

Ihr ergebener
Béla Bartók

P. S. Bitte jenes Schriftstück über die Stagma einstweilen noch nicht Journalisten zu zeigen. (Das kommt später — vielleicht.)

An Frau Zoltán Székely — Amsterdam[1]

Budapest, d. 24. Oktober 1938

Liebe Mien!

It is a shame que nous n'avons pas immédiatement répondu après avoir reçu les nouvelles und wir nicht gleich brieflich gejubelt haben: *evviva il Francesco Jacopo, vive le petit François Jacob*, es lebe der kleine Franz Jakob! lange, zu jedermanns Freude und zur Beglückung seiner Eltern, hurra! *Živio! să triăsca! Yasasin küçüh oglunuz!* Also das wollen wir vielfältig und auf polyglotte Weise nachholen... Seid uns wegen der Verspätung nicht böse.

Wie viel Schlimmes hat sich inzwischen in der ganzen Welt ereignet, Unruhe, Entsetzen... und jetzt dieses bestürzende Zurückweichen der westlichen Länder. Man müßte weggehen von hier, weit weg aus der Nachbarschaft dieses verpesteten Landes[2], aber wohin: nach Grönland, Kapland, dem Feuerland, den Fidschiinseln oder weiß der liebe Herrgott wohin!

Euren Brief habe ich erhalten. Was Zoltán darin schreibt, ist in Ordnung, doch vergaß er gerade, auf eines zu antworten. Aber jetzt ist es sowieso gleichgültig; in Kürze, sofern nichts dazwischen kommt, fahren wir nach Holland, dann werden wir ihn treffen und *then we will talk it over.*

I am afraid you will not quite understand my very genuine Hungarian expressions but I can't help it: in writing to you my mind pours out the most colourful words... Et puis je n'ai pas voulu faire usage de questa maledetta lingua dei nostri vicini, que j'abhorre plus que jamais.

Our best wishes to you, to your little darling and to your husband.

A bientôt
Béla

Ich wünsche Euch allen dreien viel Freude und Glück aus ganzem Herzen!

Ditta[3]

[1] Die mit Kursivschrift gedruckten Stellen sind in der Originalfassung (also englisch, französisch, italienisch, serbisch, rumänisch und türkisch) wiedergegeben. Der Brief ist im übrigen aus dem Ungarischen übersetzt. — Es handelt sich hier um die Frau des nach Amsterdam ausgewanderten ungarischen Geigers Zoltán Székely. Zoltán Székely war der Begründer des »Ungarischen Streichquartetts« in Amsterdam.

[2] Nazi-Deutschland.

[3] Geborene Ditta Pásztory, seit 1923 zweite Frau des Komponisten, seine Gefährtin in der Emigration. Nach dem Tod ihres Mannes ist sie nach Budapest heimgekehrt.

An Hans Priegnitz[1] — Berlin[2]

Budapest, den 12. Januar 1939

Sehr geehrter Herr!

Ihren Brief vom 20. Dezember habe ich erhalten. Außer meinem ersten Klavierkonzert aus 1926 habe ich nur noch ein zweites Klavierkonzert vom Jahre 1931–32, dessen Partitur schon vor einigen Jahren erschienen ist, im Handel zu haben ist und von jedem aufgeführt werden kann. Ein drittes Klavierkonzert habe ich nicht. Was die geplante Aufführung des ersten Klavierkonzertes im Deutschlandsender anbelangt, so möchte ich bemerken, daß dieses Klavierkonzert für das Orchester *außerordentlich* schwierig ist und, falls das Orchester und der Dirigent nicht absolut erstklassig sind, ferner, wenn keine genügende Probezeit vorhanden ist, es besser wäre, von der Aufführung abzusehen. Übrigens wundert es mich, daß man gerade in einem Sender derartige »entartete«[3] Musik aufzuführen die Absicht hat.

Hochachtungsvoll

Ihr ergebener
Béla Bartók

1 Der deutsche Pianist Hans Priegnitz versuchte, beim »Deutschlandsender« moderne Musik senden zu lassen, um auf diese Weise Antifaschismus zu bekunden. Den Plan unterstützte auch der Dirigent Karl List. Er erfuhr, daß Bartók ein II. Klavierkonzert komponiert habe. Daher bat er den Komponisten um das Manuskript. — Prof. Hans Mersmann, bis 1933 musikalischer Leiter bei dem Sender, hatte in Prof. Hans Hüber einen gleichgesinnten Nachfolger gefunden, der 1943 im Zusammenhang mit dem antifaschistischen Studentenunternehmen »Weiße Rose« der Geschwister Scholl (Universität München) hingerichtet wurde. Beide, Mersmann und Hüber, sind vorzügliche Volksliedforscher und Bartók-Kenner.

2 Deutsch geschrieben.

3 Bartók bezeichnete seine Musik in seinem Antwortschreiben spöttisch als »entartete Musik« als Anspielung auf die nazistische Ausstellung, die unter dem Titel »Entartete Musik« 1938 in Düsseldorf veranstaltet worden war. Als Bartók erfuhr, daß seine Musik auf dieser Ausstellung nicht vertreten war — zweifellos unter Berücksichtigung der Politik der hitlerfreundlichen ungarischen Regierung —, erhob er empört dagegen Protest.

An seinen Sohn Béla Bartók jun. — Orosháza[1]

Saanen, Châlet Aellen, den 18. August 1939

Mein lieber Sohn!

Also, wieder ist der Jahrestag Deines Geburtstages gekommen. Ich beeile mich, dessen zu gedenken, damit meine Zeilen Dich noch in Szőllős antreffen, da Ihr, wie ich höre, nur bis zu jenem Tage dort bleiben wollt. Ich will zugleich über mein hiesiges Leben kurz berichten. Irgendwie fühle ich mich als ein Musiker vergangener Zeiten, der von seinem Mäzen zu Gast geladen ist. Nicht wahr, Du weißt, daß ich als Ehrengast Sachers[2] hier weile. Sie sorgen aus der Ferne vollständig für mich. Mit einem Wort, ich wohne ganz allein — in einem volkskundlich interessanten Objekt: in einem regelrechten Bauernhaus. Die Einrichtung kann jedoch kaum mehr volksmäßig genannt werden, da das Ganze überkomfortabel ausgestattet ist. Sogar ein Klavier haben sie mir aus Bern hierhergeschafft. Sein Eintreffen war für den 2. August 10 Uhr angekündigt und denk Dir, sie sind nicht um 12 Uhr oder nachmittag damit eingetroffen (wie das zu Hause bei uns üblich wäre), sondern schon um dreiviertel 10 vormittag. Die Frau des Pedells kocht für mich und räumt auf, eine sehr ordentliche, anständige Person, für die meine Wünsche Befehle sind. Neuerdings ist mir auch das Wetter gut gesinnt — der Himmel ist seit neun Tagen vollkommen klar — und seit dem 9. ist kein Tropfen Regen gefallen. Was die Ausflüge betrifft, so kann ich das schöne Wetter leider nicht ausnützen: ich muß arbeiten. Und gerade für Sacher: eine Bestellung (irgend etwas für Streichorchester); auch dies macht meine Situation den Musikern der Vergangenheit ähnlich. Glücklicherweise ging es gut mit der Arbeit, ich wurde damit in 15 Tagen fertig (ein Werk

[1] Ungarisch geschrieben. — Orosháza, Großgemeinde in Südwestungarn im Komitat Békés. Bartók jun. weilte zu dieser Zeit auf Szőllőspuszta, das in diesem Komitat liegt.

[2] Paul Sacher, Begründer und Leiter des »Basler Kammerorchesters«, Förderer der modernen Musik, vergab an prominente Komponisten aller Länder zahlreiche Aufträge, die er freigebig honorierte. So komponierte u. a. auch Bartók drei seiner Werke in Sachers Auftrag: 1. Musik für Streich- und Schlaginstrumente mit Celesta; 2. Sonate für zwei Klaviere und Schlaginstrumente 3. Divertimento für Streichorchester.

von ungefähr 25 Minuten langer Spieldauer). Gerade gestern habe ich es beendet.[3]

Jetzt müßte ich aber noch einer anderen Bestellung nachkommen, und zwar für Z. Székely (»Neues Ungarisches Streichquartett«[4]). Seit 1934 arbeite ich sozusagen nur auf Bestellung!

Die armen, friedlichen und anständigen Schweizer sind gezwungen, in ständigem Kriegsfieber zu leben! Ihre Zeitungen sind voll von militärischen Artikeln, auf den wichtigeren Paßübergängen usw. wurden Schutzmaßnahmen und militärische Vorbereitungen getroffen. Ich habe selbst welche auf dem Julier-Paß gesehen: z. B. in den Boden eingebaute Felsblöcke gegen Tanks und ähnliche schöne Dinge. In Holland ist die Lage die gleiche, auch sogar in Scheveningen. — Es gefällt mir nicht, daß Du nach Rumänien willst; in so unsicheren Zeiten sollte man sich nicht in so unsichere Gegenden begeben. Ich werde auch fortwährend von dem Gedanken beunruhigt, ob ich noch von hier nach Hause werde reisen können, wenn eventuell dies oder jenes geschehen würde. Zum Glück kann ich mir diese schlimmen Gedanken aus dem Kopf schlagen — wenn es sein muß —, und so stören sie mich nicht in meiner Arbeit. Heute kommen die Sachers für einige Stunden zum Besuch hier an.

N. B. Dieses Haus ist nicht ihr Eigentum, nach den vorjährigen September-Ereignissen haben sie es — für alle Fälle — gemietet. Zwei Wochen habe ich keine Zeitungen gelesen; erst gestern bekam ich wieder eine in die Hand: ich habe dem Ausfall kaum angemerkt, daß es eine 2 Wochen alte Nummer war. Inzwischen hat sich gar nichts Neues ereignet. (Gott sei Dank!)

Ich wünsche Dir und Euch alles Gute. Wenn es schlimm wird, denk an mich.

Es küßt Dich
Dein Vater

[3] Es handelt sich hier um das Divertimento, dessen Partitur vom 2. bis 17. August 1939 in Saanen entstand.

[4] Auf der Partitur des VI. Streichquartetts ist als Zeit und Ort des Entstehens Saanen — Budapest, August—November 1939 angegeben.

An seine Söhne Béla und Péter — Budapest[1]

110—31, 73 Road | Forest Hills | Long Island, | N. Y. | U. S. A.

(Die Adresse soll so, aber in 5 Reihen geschrieben werden; wir bleiben bis zum 7. Mai in dieser Wohnung.)

Den 24. Dezember 1940

Lieber Béla und Péter!

Ich schreibe Euch beiden in zwei Exemplaren; das eine schicke ich heute Dir, lieber Béla, und das andere in einer Woche Dir, lieber Péter. Wenn Du, Béla, Dein Exemplar erhalten hast, zeige es Tante Irma und schicke es dann Péter, wenn Du nicht inzwischen sein Exemplar erhalten hast. Du wieder, lieber Péter, sende das Deine an Béla, wenn Du nicht inzwischen das seine erhalten haben solltest.

Jetzt ist bei uns 1 Uhr nachmittag, bei Euch schon Weihnachtsabend; natürlich denken wir viel an Euch, wie und wo Ihr den Heiligen Abend verbringt; wir gedenken der früheren Weihnachtsabende — und fühlen uns sehr allein. Die völlig unzuverlässige Postverbindung ist sehr unangenehm. Von Dir, Péter, ist bis jetzt nur ein einziger Brief angekommen (geschrieben Ende Oktober, angekommen mit Clipper vor ungefähr 4 Wochen) und von Dir, Béla, vor 4 Tagen, Deine am 1. Nov. in Kolozsvár aufgegebene Karte, gleichzeitig mit der Karte von Elza, die sie Ende Okt. in Budapest schrieb (zugleich auch ein Brief von Julis mit demselben Datum).

Wir haben Dir, Péter, schon ungefähr drei Briefe geschrieben und Dir, Béla, ungefähr ebensoviel; weiterhin habe ich Euch am 27. Nov. telegraphisch $ 250 gesandt — dies ist der von der National-Bank erhaltene Dollarbetrag. Ich habe in zweien meiner Briefe über meine Paß-Angelegenheit geschrieben, daß Ihr ins Innenministerium gehen sollt, um die Verlängerung meines Passes zu reklamieren, der unter der Nummer 5832 von dem hiesigen ungarischen Generalkonsulat dorthin geschickt wurde. Wenn die Sache erledigt ist, sollt Ihr im Innenministerium die Telegrammspesen bezahlen, damit sie das

[1] Ungarisch geschrieben.

hiesige Generalkonsulat telegraphisch von der Erledigung informieren! Schreibt uns ausschließlich per Luftpost (solange es noch geht), denn die Beförderung eines Briefes per Schiff dauert ungefähr zwei Monate!

Am 7. Dez. zogen wir in eine möblierte Wohnung unter obiger Adresse. Diese liegt 16 km vom Zentrum New Yorks entfernt, aber die Haltestelle der Untergrundbahn (Express) ist vor unserer Haustür, und wir können daher für 5 Cents in 20 Minuten im Zentrum sein. Die Züge verkehren sehr häufig und Tag und Nacht ohne Unterbrechung. Hier zu wohnen, ist viel angenehmer als drin in der Stadt. Breite Straßen, sogar Felder, Wälder und Teiche kann man sehen, der Wagenverkehr ist zwar groß, aber nicht lärmend, nur die Untergrundbahn braust alle 5 Minuten vorbei. Geschäfte und jede Art von Bequemlichkeit sind vorhanden. Die Heizung funktioniert so gut, daß wir sie zu dreiviertel absperren müssen. Das eine Fenster unseres Schlafzimmers lassen wir (wenn kein Wind ist) sperrangelweit offen. Wir beginnen uns allmählich zu »amerikanisieren«, beispielsweise mit der Verköstigung. Morgens Grapefruit, Grilled Corn (!) (gerösteter Weizen) mit süßer Sahne, Braunbrot mit Butter bestrichen, Eier oder Speck oder Fisch. Nachmittags zwischen 2 und 4 Kaffee mit Butterbrot oder etwas anderem (das ist zwar nicht amerikanisch, da die Amerikaner um 1 Uhr ein kleines Mittagessen einnehmen); abends zwischen 8 und 10 haben wir unsere Hauptmahlzeit, bestehend aus: rohen gelben Rüben, Salat, Radieschen, Oliven und ähnlichem mit Butterbrot, eventuell Suppe, Fleisch oder Mehlspeise. — Das Kochen braucht ziemlich viel Zeit; aber es gibt hier auch allerlei Restaurants. (Diese haben wir noch nicht ausprobiert.) Wörter wie Hefe und Kümmel machten uns einige sprachliche Schwierigkeiten, aber darüber sind wir jetzt schon hinweg. Mein Kopf ist wirr vor lauter neuen Dingen, Namen von Straßen und Untergrundbahnstationen, Zeichnungen von Eisenbahnnetzen mit der Masse von Umsteige- und Verkehrsmöglichkeiten, lauter Sachen, die für das hiesige Leben unumgänglich notwendig, jedoch an sich ganz belanglos sind. Wir leben im sechsten »Floor« (Stockwerk), aber über uns gibt es kein weiteres mehr. Die Halle des Hauses (lobby) ist niedrig, aber lang und breit, geheizt, mit Sofas, Tischchen und ständig brennenden Lampen. Hier befinden sich die Briefkästen der Bewohner, jeder holt sich selbst seine Post. Der Hausmeister, Mr. Janosko, besser gesagt Pan Janoško, ist ein Slowake aus der Umgebung von Kassa und kann noch ganz gut Ungarisch (freilich auch Slowakisch), obwohl er seit 30 Jahren hier lebt; er ist seit 12 Jahren verwitwet und hat 11 Kinder, die alle am Leben sind, aber nur Englisch sprechen. Einer seiner Schwiegersöhne, ein kleiner Angestellter in einem Elektrizitätswerk, hat uns in seinem bequemen, viersitzigen Auto zu einem Ausflug an den Meeresstrand mitgenommen. Wir waren auch in ihrer aus 4 Zimmern bestehenden, mit allem Komfort ausgestatteten Wohnung, wo wir mit einer von Janoško selbst hergestellten Sülze bewirtet wurden (es war gerade Mittagszeit). So sehen hier die Sprößlinge der Hausmeister aus! Es machte uns reichlich Mühe, mit den verschiedenen elektrischen und Gasgeräten, Korkenziehern, Konservenöffnern und dergleichen, sowie auch mit den Verkehrsvorschriften fertig zu werden, aber jetzt geht's schon. Nur manchmal passieren kleine Unglücksfälle: so zum Beispiel wollten wir unlängst nach dem südlichsten Punkt New Yorks fahren, aber ich wußte nicht genau, wo und auf was wir umsteigen müssen. (Die Wegweiser sind hier nicht besonders übersichtlich angebracht, dabei lückenhaft und eher verwirrend.) So fuhren wir 3 Stunden lang unter der Erde hin und her, bis wir endlich — da uns keine Zeit mehr blieb — unverrichteter Dinge und etwas beschämt nach Hause zurückschlichen, natürlich auch wieder unter der Erde.

Am 25. Nov. wurde ich »verdoktert[2]«. Na, das war eine richtige Komödie! Zur Einleitung mußte ich mir meine Kopf- und Schulterbreite usw. nach Ellen, Fuß und Klafter messen lassen und die Ziffern davon der Universität einsenden. Auf der Universität angelangt, wurden wir alle in Toga und Talar gehüllt, und dann mußten wir paarweise und feierlich hereinmarschieren, unter den Klängen einer diskreten Orgelmusik. Es gab ganz genaue Anweisungen: sobald mein Name fällt, habe ich aufzustehen, und wenn der Präsident mit seiner salbungsvollen Rede beginnt, habe ich die Toga abzulegen, und wenn er am Ende seiner Rede angekommen ist, muß ich mich in der Richtung auf ihn in Bewegung setzen, damit er mir das Diplom überreicht. Dabei wird mir das rosa Samtband des Musikordens um den Hals gehängt; dann darf ich endlich

[2] Bartók wurde mit drei anderen — Dr. Paul Hazard, Dr. Carl T. Compton und Dr. Sir Thomas Carr — zum Doktor promoviert. Die Nummer vom 26. November 1940 der New York Times brachte die Bilder der vier Promovierten in Gesellschaft des Präsidenten, Nicholas Murray Butler.

wieder zurückkehren, um mich hinzusetzen. So geschah es denn auch. Glücklicherweise waren die so ehrenvoll Ausgezeichneten nicht verpflichtet, selbst zu reden. Eine Art Dekan wies zunächst in einer Begrüßungsansprache darauf hin, wie schön es sei, daß die Columbia-Universität in dieser verworrenen Welt einem Kind der ungarischen »Pußta«, einem Sohne Frankreichs, einem englischen Gelehrten und — na, auch einem Professor der U. S. A. diesen Ehrentitel verleihen könne.

Ein paar Mal spielten wir in New York. Am 1. Dez. fuhr ich für 8 Tage nach Cleveland und Umgebung; dort irgendwo machte ich die Bekanntschaft von Oszkár Jászi[3]. Die Clevelander Ungarn gaben einen großen Abend: mit Zigeunermusik und »Palotás«-Tanz!! Wo man nur hinschaute, überall waren Ungarn, aber wir konnten keine rechte Freude darüber empfinden, denn die zweite Generation sprach nur noch mit Müh und Not und sehr schwerfälliges Ungarisch.

Wir denken sehr viel an Euch und erwarten sehnlichst Nachrichten von Euch, Tante Irma und Elza. Wer weiß, wie lange noch Briefverkehr möglich ist und ob nicht im Frühjahr etwas geschieht, was auch dieser schwachen Verbindungsmöglichkeit ein Ende macht.

Den gesetzlichen Vorschriften nachkommend, meldeten wir uns bei dem Postamt von Jamaica, dieses liegt uns nämlich am nächsten (4 bis 5 Untergrundhaltestellen, also noch weiter draußen als wir selbst). Ganz nach »Gesetz und Recht« nahmen sie von uns Fingerabdrücke (wir haben uns die Hände danach sogleich dort mit Benzin abgewaschen), und wir mußten einen Eid leisten. Wir haben damit 3 bis 4 Stunden verloren, so viele Menschen waren dort. Sie hatten nämlich mit 3 Millionen Ausländern gerechnet, aber bis jetzt haben sich schon 4 Millionen gemeldet; es kann sein, daß die Endzahl 5 Millionen erreichen wird.

Über unser Gepäck ist am 9. Dez. eine telegraphische Meldung aus Lissabon eingetroffen, wonach es auf dem Dampfer »Excambion« am 13. zur Verschiffung gelangen wird. Dieses Schiff ist gestern nachmittag angelangt, und wir wissen immer noch nicht, ob es unsere Sachen mitgebracht hat; es kamen Sendungen für 3000 Personen damit an, so daß man bis heute mittag darüber noch nichts feststellen konnte. Morgen ist Feiertag, folglich können wir erst übermorgen etwas erfahren.

[3] Ungarischer Politiker zu Beginn des 20. Jahrhunderts.

Ist das nicht ärgerlich? Wir hatten so sehr gehofft, zu Weihnachten alles zu erhalten!

Was zur Zeit das Wichtigste ist, darüber kann man natürlich nicht schreiben; aber schließlich macht das ja nichts aus. Etwas Positives weiß sowieso niemand, und man spricht so viel verworrenes Zeug. Nur die Tonart ist dabei überall verschieden.

Wir küssen Euch vielmals

Papa

Es ist bereits 6 Uhr geworden. Bei Euch ist der Weihnachtsabend sicherlich schon vorüber. Wie war's? Seit gestern denken wir fortwährend an unser Heim, fast jeden Augenblick.

Es umarmt Euch alle

Ditta

Ich will noch hinzufügen, daß wir am Tage unserer Ankunft, am 30. Okt., folgende Depesche an Dich, Béla, gesandt haben: »Glücklich angelangt, verständige jeden.«

Es scheint, Du hast sie nicht erhalten!

Wir selbst haben keinen Weihnachtsbaum, aber es gibt einen für das ganze Haus, unten in der Halle, nach hiesiger Sitte mit elektrischen Glühbirnen; Pan Janoško hat ihn aufgestellt und geschmückt.

Auch auf den Straßen, Plätzen, in den Warenhäusern und Bahnhöfen gibt es Weihnachtsbäume.

An Douglas Moore — New York[1]

110/31, 73 Road, Forest Hills, N. Y.
Den 18. April 1941

Lieber Herr Professor!

Wie Sie wissen, habe ich eine Zeitlang an der Parryschen Sammlung jugoslawischer Volksmusik gearbeitet. Während ich davon vieles aufzeichnete, hatte ich Gelegenheit, auch den Inhalt derselben kennenzulernen.

Diese einzig dastehende, aus mehr als 2600 Grammophonplatten bestehende Sammlung — meines Wissens die einzige

[1] Englisch geschrieben.

akustisch fixierte jugoslawische Volksmusiksammlung — enthält zahlreiche epische Lieder, welche von einem primitiven einsaitigen Musikinstrument, der Gusla, begleitet werden. Der Stil und die musikalische Behandlung dieser Heldenlieder stehen den Homerischen Gedichten so nahe, wie nur irgendein heutzutage aufgefundener Volksmusikstil es sein kann. Vom geschichtlichen, literarischen und musikalischen Standpunkt aus ist dieses Material unschätzbar, jedoch vom musikästhetischen Standpunkt aus sind die in der Sammlung enthaltenen lyrischen Lieder oder »Frauenlieder« und Instrumentalstücke dankbarer. Die Art des Singens epischer Lieder ist im allgemeinen einfach, aber sie ändert sich etwas je nach den Gegenden und den Sängern. Das Singen selbst gehört zweifellos zum alten europäischen Volkserbe; die Guslabegleitung weist aber hie und da eine Parallele mit der arabischen Melodiebehandlung auf, was vielleicht eine Folge des Einflusses der langen türkischen Unterjochung ist.

Die Sammlung muß von zwei Standpunkten aus studiert werden. Der eine ist die musikalische Aufzeichnung der wichtigsten Beispiele des epischen Materials, um dieselben der literarischen und textlichen Bearbeitung der Harvard-Universität einverleiben zu können. Der andere ist die Aufzeichnung des in der Sammlung enthaltenen übrigen Materials, um zu einem möglichst vollständigen Bild der jugoslawischen Volksmusik zu gelangen. Dieser letztere Gesichtspunkt könnte, wie Sie schon einmal bemerkt haben, leicht ein Buch über die jugoslawische Volksmusik zur Folge haben. Meiner Schätzung nach würde die Aufzeichnung der, entsprechend den oben erwähnten Gesichtspunkten, wertvollsten Teile der Sammlung ein Jahr beanspruchen, meine in diesem Semester laufende Arbeit gar nicht gerechnet.

In Anbetracht meines alten Interesses für osteuropäische und balkanische Volksmusik habe ich mit Freude vernommen, daß es hierzulande eine solche einzig dastehende Sammlung gibt. Die tragische europäische Lage stimmt mich nachdenklich; wann werden wir — wenn überhaupt je — Gelegenheit haben, Studien ähnlicher Natur zu beginnen? Nichts würde mich mehr freuen, als wenn ich Gelegenheit hätte, dieser außerordentlich interessanten Forschung noch mehr Zeit zu widmen, um die Ergebnisse allen denen erschließen zu können, die ein Interesse daran haben.

Béla Bartók

An Wilhelmine Creel[1] — Seattle[2]

Neue Adresse ab 1. Juli:
32, Park Avenue
Saranac Lake, N. Y.

Den 28. Juni 1943

Liebe Mrs. Creel!

Ja, wir sind wahrhaftig in Nöten seit meinem Zusammenbruch im Februar. Dies hat sich folgendermaßen abgespielt: Wie ich Ihnen bereits geschrieben habe, bin ich seit April 1942 krank, und obgleich die Ärzte »Polyzythämie« festgestellt hatten, vermochten sie die wirkliche Ursache meines Leidens nicht zu finden, denn Polyzythämie erklärt nicht dieses stets wiederkehrende hohe Fieber. Trotzdem konnte ich aber arbeiten und meine Aufgabe durchführen, obgleich meine Temperatur allabendlich um 2 Grad (Fahr.) über die normale obere Grenze hinaufging. Da meine Krankheit nicht festgestellt werden konnte, konnte auch nicht an eine Heilung gedacht werden. Im Januar, besonders aber im Monat Februar trat eine sichtliche Verschlimmerung ein, die zu einem vollkommenen Zusammenbruch führte. Ich war außerordentlich schwach, konnte kaum aus einem Zimmer in das andere gehen und hatte des öfteren 4° Temperaturerhöhung über der normalen. Wiederum eine Untersuchung im Spital, wiederum ohne Resultat. Die Harvarder waren sehr besorgt (ich hatte dort im Februar 3 Vorlesungen gehalten, die mich gänzlich erschöpft hatten) und redeten mir zu, mich einer neuerlichen Untersuchung zu unterziehen, und zwar auf ihre Kosten und unter Leitung eines von ihnen hochgeschätzten Arztes. Diese Untersuchung hatte einen gewissen Erfolg, da eine Röntgenaufnahme in der Lunge eine kleine Unregelmäßigkeit zeigte, von der man annahm, daß es Tbc sei, was begeistert und mit großer Freude begrüßt wurde:

»Endlich kennen wir die Ursache«, sagten sie. (Beim Hören

1 Wilhelmine *Creel* (Mrs. Harold E. Driver), amerikanische Pianistin und Philologin orientalischer Sprachen, eine der bedeutendsten Schülerinnen Bartóks. Sie lebte in Peking, von wo sie direkt zu Bartók reiste, um bei ihm in Budapest von März 1936 bis Juni 1937 zu lernen. Sie propagierte Bartóks Klavierwerke, die sie häufig auch in Japan vortrug. Von 1940 bis 1950 unterrichtete sie in Seattle an der Washington University. Sie lebt seither in Bloomington.

2 Englisch geschrieben.

dieser Nachricht war ich weniger froh.) Ich ging nach Hause, und wochenlang hielten sie mich im Bett fest. Da kam die ASCAP[3], die irgendwie sich für meinen Fall zu interessieren begann und sich entschloß, mich auf ihre eigenen Kosten kurieren zu lassen (obgleich ich kein Mitglied der ASCAP bin). Sie führten mich zu ihren Ärzten, die mich wiederum ins Spital schickten. Die neuen Röntgenaufnahmen zeigten jedoch immer weniger und weniger Defekte in der Lunge, so daß diese in Wirklichkeit ganz bedeutungslos sind. Es ist möglich, daß ich überhaupt nicht Tbc habe! *Das begründet nicht die hohe Temperatur.* Die alte Geschichte: die Ärzte kennen nicht die wahre Ursache meiner Krankheit — demzufolge können sie sie weder behandeln noch heilen! Sie tappen im Dunkeln und versuchen verzweifelt die ausgefallensten Hypothesen aufzustellen. Was nützt das alles? — In der Erscheinungsform meiner Krankheit, und zwar in den Symptomen, ist eine äußerliche Änderung eingetreten: seit April zeigen sich periodisch niedrigere und höhere Temperaturen, jede dauert ungefähr 9 Tage. In der 1. Periode ist die Temperatur nicht mehr als 1 Grad über der normalen, in der 2. Periode liegt der Höhepunkt 4 Grad über der normalen. Eine neue Etappe: seit Mai treten Schmerzen in den Gelenken, besonders in den Knien, auf, so daß ich während der schlechten Perioden — was ziemlich unangenehm ist — kaum gehen kann. Der einzige Gewinn ist der, daß ich im April und Mai 9 Pfund zugenommen habe (mein lächerliches Körpergewicht war früher 87 Pfund)! Im Juni hat mich leider die fürchterliche New Yorker Hitze völlig appetitlos gemacht, und von den wertvollen 9 Pfund habe ich wieder 2 eingebüßt. — Hier ist also in gedrängter Kürze meine Krankheitsgeschichte, die eine ziemlich langweilige und gar nicht erfrischende Lektüre ist. — Keine Hoffnung auf Genesung, und auch die Annahme einer Stellung kommt gar nicht in Frage. Auf Kosten der ASCAP fahren wir nun für 3 Monate nach Saranac Lake, so daß wir bis Ende September einen Aufschub haben. Bis dahin wird uns unser ganzes Geld ausgegangen sein, und ich habe keine Ahnung, was wir dann beginnen sollen. Meine Frau ist Optimistin und glaubt, daß sie irgendwie Geld verdienen kann. Ich bin fest überzeugt, daß sie keine Stellung bekommen wird! Mein Sohn Péter hat dieser Tage

[3] American Society of Composers, Authors and Publishers — Amerikanische Gesellschaft der Komponisten, Autoren und Musikverleger.

die »Regent«-Prüfung[4] mit gutem Erfolg bestanden. Er wird in einer Fabrik Arbeit bekommen, so was ist jetzt leicht zu haben; so wird er unabhängig sein. — Im März habe ich von der Kunst- und Literatur-Akademie (Academy of Arts and Letters) einen Preis erhalten. Das hat für eine Zeit geholfen. Als Komponist beziehe ich einige hundert Dollar Tantiemen und sonstige ähnliche Einnahmen; das ist aber nur ein Tropfen auf den heißen Stein!

Zu all dem habe ich noch Sorgen im Zusammenhang mit irgendeiner Verlagsangelegenheit (bezüglich meiner wissenschaftlichen Arbeiten), wo man mich nicht entsprechend behandelt. Aber es würde zu weit führen, wenn ich das näher erklären wollte.

Bitte, seien Sie nicht böse, daß wir kein Antworttelegramm geschickt haben. Ich war gerade in meiner schlechten Periode, und meine Frau wiederum ist in solchen Dingen ziemlich unbeholfen. In einem Telegramm hätte ich mich ohnedies nur auf oberflächliche Allgemeinheiten beschränken müssen.

Ich hoffe Sie wohlauf und sende meine herzlichsten Grüße

Ihr getreuer
Béla Bartók

An József Szigeti[1] — Palos Verdes Estates (Kal.)[2]

Albemarle Inn
Asheville, N. C.

Den 30. Januar 1944

Mein lieber Jóska!

Sei mir nicht böse, daß ich so lange nicht geschrieben habe. Es nützt nichts, ich bin halt ein unverbesserlich schlechter Briefschreiber — und diese ewige viele Arbeit, dringende Arbeit, da man doch nie wissen kann, wie lange man noch arbeitsfähig ist. Gott allein weiß (wenn er es wirklich weiß), ich habe viel an Dich gedacht und noch in Saranac einen

4 Zulassungsprüfung an der Universität.

1 József Szigeti (geb. 1892), einer der bedeutendsten zeitgenössischen Violinisten. Er war seit langer Zeit mit Bartók befreundet. Nach dem Tode des Komponisten veröffentlichte er in seiner Autobiographie seine auf Bartók bezüglichen Erinnerungen.

2 Ungarisch geschrieben.

schönen, langen Brief an Dich geplant. Aber gerade das war der Fehler: einen kurzen Brief wollte ich nicht, und zu einem langen braucht man immer erst einen großen Entschluß. Aber lassen wir das...

Wahrhaftig, es tut mir sehr leid, daß nicht Du das Violinkonzert spielen konntest. Vielleicht erinnerst Du Dich noch, daß ich vor drei Jahren, als der Klavierauszug noch gar nicht erschienen war, Dir eine Photokopie davon sandte? Außer Dir erhielt damals kein anderer ein Exemplar. Mit Ormándy ist noch immer eine Möglichkeit vorhanden. Er schrieb mir in einer anderen Angelegenheit und erwähnte, wie sehr er bedauere usw., und er möchte, wenn es sich doch noch ermöglichen ließe, das Violinkonzert mit Dir in Phil. aufführen, denn er habe es im Rundfunk gehört und meint, seit Beeth., Mendels. und Brahms wurde noch kein derartiges Violinkonzert komponiert. Sic Ormándy! — Die Aufführung war wirklich ausgezeichnet. Am meisten freute mich, daß die Instrumentation fehlerlos war. Man braucht nichts daran zu ändern. Obzwar doch gerade die Orchester-»Begleitung« zur Geige etwas sehr Heikles ist. — Die Kritiker freilich sind sich treu geblieben, obwohl sie diesmal um eine Nuance günstiger schrieben als gewöhnlich. Ich würde kein Wort über diese Kritiker verlieren, wenn einer von ihnen nicht folgenden Blödsinn geschrieben hätte: er glaubt nicht, daß dieses Werk diejenigen von Beeth., Mendel., Brahms »verdrängen« würde. Wie kann man einen solchen Unsinn schreiben? Wer wäre so irrsinnig, daß er mit seinem Werk jene Werke »verdrängen« wollte? Wenn er geschrieben hätte, er glaube nicht, daß man sie nebeneinander stellen könnte, oder was Ähnliches, dann wäre die Sache in Ordnung. Aber lassen wir das...

Ende August ist in meinem Gesundheitszustand eine plötzliche Besserung eingetreten. Augenblicklich fühle ich mich ganz gesund, habe kein Fieber, meine Kräfte sind zurückgekehrt, und ich kann schöne Spaziergänge in den waldreichen Bergen machen — ja tatsächlich, ich besteige Berge (natürlich nur mit der nötigen Vorsicht). Im März betrug mein Nettogewicht 87 Pfund, jetzt 105. Ich nehme zu, ich werde dick, ich gehe auseinander. Du wirst mich nicht mehr erkennen. — Vielleicht ist es dieser Besserung zuzuschreiben (oder umgekehrt), daß ich für Kussewitzky das Werk, das er bestellt hatte, fertigstellen konnte.[3] Den ganzen September — sozusagen Tag

[3] Es handelt sich um das Concerto für großes Orchester.

und Nacht — habe ich daran gearbeitet. Um den 17.–18. März beabsichtigt man, es in Boston zum Vortrag zu bringen. Angeblich bei jenem Konzert, bei dem Du Solist sein wirst. Ich wäre froh, wenn Du wenigstens die Probe mit anhören könntest. Es ist ein großer Kummer für mich, daß ich nicht dort sein kann. Die Situation ist nämlich die: Meine Ärzte (wenn ich nur nie Ärzte sehen müßte) haben mich zum Schutz vor dem unmenschlichen nördlichen Winter zur Nachkur bis Ende April hierher verbannt. Dann, wenn bis dahin nichts Übles passiert — bin ich wieder frei.

Ich habe hier eine sehr interessante (aber, wie immer, langwierige) Arbeit begonnen, und zwar eine, wie ich sie noch niemals unternommen habe. Eigentlich ist dies keine musikalische Arbeit: ich ordne nämlich die rumänischen Volksliedtexte und schreibe sie ins Reine: 2000 Stück. Ich glaube, es wird viel Interessantes dabei herauskommen, wenigstens was die Bauern betrifft. Beispielsweise, daß es für das Mädchen viel übler ist, im Stich gelassen zu werden, als für den Burschen. Das wußten wir zwar bisher auch, doch ist es jetzt mit statistischen Daten »schwarz auf weiß« zu beweisen. Dann, daß die Mädels (oder Frauen) weit heftiger und giftiger sind[4]: es gibt viel mehr Fluchtexte von Mädchen über ungetreue Burschen als umgekehrt. Diese Fluchtexte sind übrigens auch ganz eigenartig: welche shakespearehafte Phantasie offenbart sich darin, sie sind ganz wundervoll! Aus dem Rumänischen kann ich leider nichts zitieren, weil Du das nicht verstehen würdest. Aber wir Ungarn haben solche Texte in reicher Auswahl, z. B.:

»Von dreizehn Apothekenreihen
Schlucke alle Arzeneien;
In deinem Bette mögen
Neun Fuhren Heu und Stroh verfaulen.
Dein Handtuch werde Glut,
Dein Waschwasser zu Blut.«

Oder aber:

[4] Das wußten wir wohl auch! oder nicht. (Anmerkung Bartóks)

»Strafe dich der Herrgott
Mit Geld gekauftem Brot,
Mit Geld gekauftem Brot,
Mit einem Dirnenweib.«

Der in der Stadt lebende Amerikaner könnte überhaupt nicht verstehen, worin der Fluch liegt, da wir doch alle unser Brot für Geld kaufen müssen. Jawohl, aber nicht der Kleinlandwirt; der erzeugt seinen Weizen selbst, bäckt das Brot selbst, und wenn seine Ernte durch Hagel zugrunde geht, müßte er Brot für bares Geld kaufen. Woher soll er es aber dann hernehmen?

Ebenso »unverständlich« ist es, wenn ein rumänisches Mädchen folgendes wünscht: »Hab die Fallsucht, wenn du zu deiner Hochzeit gehen willst« und noch weitere schöne Wünsche: »Straf' dich Gott mit neun Ehefrauen.« Nun, das ist doch ein guter Wunsch, würde der Amerikaner sagen: *Varietas delectat!* Ja, aber bei Bauern gibt es keine Scheidung! Frauen-»Austausch« kann nur nach dem Tode des Eheweibes erfolgen. Aber ein Todesfall wiederum ist ein großes Unglück bei ihnen: er verursacht große Unkosten und allerlei andere Störungen.

Ganz typisch sind auch die »unziemlichen« Texte. Das sind nicht die abscheulichen städtischen »Kaserne-Schweinereien«, sondern sie sind voller überraschender Einfälle, voll Humor und einer Überfülle von Spöttelei.

Also, mit so was beschäftige ich mich jetzt — und warte dabei auf das Ende meiner Verbannung.

Dieser Vecsey—Saint-Saëns-Fall hat sich folgendermaßen abgespielt: Wir waren gerade in Portugal, und zwar in Oporto[5]. Saint-Saëns war auch dort. Papa Vecsey wollte ihn unbedingt mit Frenki zusammenbringen. Ich weiß nicht mehr, bei welchem Konzertstück es sich ereignete, ich erinnere mich weder daran, was gespielt wurde, noch an die Tonart, ich erinnere mich eigentlich an gar nichts, nur daran, daß der (2.) Andantesatz von dem Jungen in einem unmöglich langsamen Tempo gespielt wurde, offenbar auf Anraten seines Vaters. Der Komponist erschien im Hotelzimmer, und wir begannen zu spielen. Als wir zu dem bewußten Satz gelangten, unterbrach Saint-Saëns unser Spiel und sagte: »So ist das unmöglich«, setzte sich ans Klavier und stellte den Takt auf das normale Andante-

[5] Das ist im März 1906 geschehen. (Anmerkung Bartóks.)

tempo ein. Auf diese Weise wurde das — übrigens (wenigstens für mich) langweilige — Stück erträglich. Nachdem Saint-Saëns weggegangen war, platzte der alte Vecsey heraus: »Ach, der versteht das ja nicht, der ist ja kein Geiger!« — Weshalb interessiert Dich diese Geschichte? Wie ist Dir das Ganze eingefallen?

Dorothea Parrish-Domonkos schrieb entzückt über ihren Sommerbesuch bei Euch. Wie kam es dazu, daß sie Dir vorgespielt hat?

Es würde mich sehr freuen, wenn Du mir vom Bostoner Konzert schreiben könntest.

Alles Gute und wärmste Grüße

B é l a

An Yehudi Menuhin[1] — Alma[2]

Den 30. Juni 1944

Mein lieber Freund!

Besten Dank für die sorgfältige Arbeit, die Sie dem Fingersatz und der Bogenführung widmeten[3], und für alles andere, was Sie noch getan haben. Was das Ausschließlichkeitsrecht anbelangt, so glaube ich, daß ein Jahr allzu kurz ist, und ich möchte Ihnen wenigstens 2 Jahre anbieten. Über den Konzertplan habe ich nur aus Ihrem Brief Kenntnis erhalten. Herr Heinsheimer wollte es mir bis jetzt nicht mitteilen, solange es nicht abgemacht war. Natürlich haben wir jetzt das Programm besprochen, es wird ein wunderbarer Abend werden.

Hier folgt meine Antwort auf Ihre Fragen:

I. Satz, 43. Takt. Sämtliche Akkorde sind natürlich pizzicato gemeint.

I. Satz, 66. Takt.

Der sechste Ton

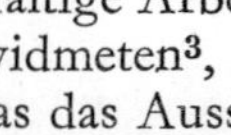

[1] Yehudi *Menuhin* (geb. 1916), aus Rußland stammender Violinkünstler. Er hatte bei Bartók eine Solosonate für Violine bestellt und ihm dadurch eine bedeutende finanzielle Hilfe geboten. Später lud er Bartók auf sein Gut in Kalifornien ein, um ihm Gelegenheit zu ruhigem weiterem Schaffen zu geben. Bartók konnte der Einladung nicht mehr Folge leisten, da er schwer erkrankte und bald starb.

[2] Englisch geschrieben.

[3] Es handelt sich um die Yehudi Menuhin gewidmete Violinsonate (vgl. Menuhins Bericht im Bartók-Sonderheft »Musik der Zeit«, Bonn 1953).

IV. Satz, 347. Takt[4]. Der vorletzte Ton muß ein ♭ sein; mea culpa.
Der dritte Satz kann bis zum Ende mit Sordino gespielt werden. Und wie wäre das Ganze ohne Sordino?

Mit Freude höre ich, daß das Stück sich als spielbar erweist. Bei gewissen Lagen jedoch habe ich noch immer Bedenken. Sind die 99—100 Takte des I. Satzes nicht übermäßig hoch? Ich meine damit, ob sie in einer so hohen Lage gut klingen. Wenn nicht, dann könnte ich eine andere Lösung finden.

Würden Sie einige (sehr wenige) Änderungen gestatten? Ich habe folgende kleine Änderungen vorgenommen. I. Satz, Takte 17, 18, 23; der Pizzicato-Akkord sei

42. Takt: Der letzte Ton ändert sich in

53. Takt: Der zweite Akkord sei

(Das war die ursprüngliche Form, damals dachte ich, es sei unspielbar. Aber jetzt scheint es nicht so schwer zu sein.) I. Satz, Takte 84—86. Wäre es nicht besser, in der tiefsten Lage immer mit

[4] Richtig: 348. Takt.

(Das war die ursprüngliche Form.) Diese Frage mögen *Sie* entscheiden.

II. Satz, 62. Takt. Die dritte Achtelnote sei

IV. Satz, Takte 101 105[5]:

IV. Satz, 353. Takt[6]:

Das ist alles. Ich verspreche Ihnen, keine Änderungen mehr vorzunehmen, ausgenommen Ihre Vorschläge.

Ihr Bericht über den Nachklang meines Sonatensatzes bei der alaskanischen Mannschaft ist ganz überraschend. Das hätte ich nie erwartet[7].

Ich fühlte mich in Asheville sehr wohl. Jedoch meine Gesundheit ist durchaus nicht so gut, wie sie sein sollte; die Ärzte hudeln noch immer weiter, sie sagen, es sei mit meiner Milz, mit meinen Blutzellen, mit diesem, mit jenem usw. etwas nicht in Ordnung... der Himmel weiß (sicher nicht die Ärzte), was mir fehlt. Wir wollen auf die Zukunft hoffen.

Die Monate Juli, August und September werde ich in Saranac Lake (N. Y., 32, Park Avenue) verbringen und kehre dann wieder nach New York zurück.

Ihr aufrichtiger

Béla Bartók

[5] Richtig: Takte 302–306.

[6] Richtig: 354. Takt.

[7] Hinweis auf ein kurz vorher auf der Insel Kodiak (Aleuten) veranstaltetes Konzert, worüber Yehudi Menuhin Bartók berichtet hatte.

An Wilhelmine Creel — Seattle[1]

New York 19, N. Y. 309 West 57th St.
Den 17. Dezember 1944

Liebe Mrs. Creel!

Nicht wahr, das ist ein sonderliches Papier zum Briefschreiben?[2] Muß man es aber nicht als patriotische Pflicht betrachten, bei diesem akuten Papiermangel mit dem Papier sparsam umzugehen? Obzwar natürlich die Reklameanzeigen der Lucky Strike und Chesterfield immer wieder erscheinen und die Leute zum Kaufen ermuntern, wo sie doch nichts zum Verkaufen haben. Aber das ist selbstverständlich eine andere Sache: niemand hat das Recht, sich in die hohen Prinzipien des Reklamegeschäfts einzumengen, ob nun Papier vorhanden ist oder nicht; sonst würde ja die Welt aus ihren Fugen geraten. So also, da ich diese (nur auf einer Seite beschriebenen) Kopien erhielt, die speziell für Sie angefertigt wurden, und diese schönen leeren Blätter sah, konnte ich der Erfüllung meiner patriotischen Pflicht nicht widerstehen...

Es ist ganz unverzeihlich, daß ich auf Ihre Briefe so spät antworte. Ich versuche auch gar nicht Ausflüchte zu finden und diese aufzuzählen, beginne stattdessen mit der Beschreibung der wesentlichsten Momente meines Lebens in diesem Jahre.

Sie schreiben in einem Ihrer Briefe, daß meine Genesung ein wahres Wunder sei. Das ist nur mit einigem Vorbehalt wahr: bloß ein hemisemidemi Wunder[3]. Jene Infektion in der Lunge verschwand allerdings auf eine genau so rätselhafte Weise, wie sie gekommen — das wissen Sie bereits aus meinem letzten Brief. Es gibt aber — und das fast ununterbrochen — eine Art von kleineren Unannehmlichkeiten, die man vielleicht nie völlig heilen kann und die jedwedes systematische Arbeiten oder Konzertieren usw. unmöglich machen. Im April letzten Jahres z. B. begann mir die Milz zu revoltieren. Mein Arzt in Asheville dachte an Brustfellentzündung. Sehr zuvorkommend, wäre er bereit gewesen, mich zu behandeln, doch zu

[1] Englisch geschrieben.

[2] Es handelt sich um einige Blätter der englischen Übersetzung seiner rumänischen Melodiensammlung, auf deren leere Rückseite er den Brief schreibt.

[3] Wortspiel, das besagt: Bloß ein »Halbwunder«.

meinem Glück mußte ich zurück nach New York, wo man das Übel gleich erkannte und meine Milz mit einer brutalen Röntgenbehandlung bestrafte. Nachher entdeckten sie irgendeine Anomalie im Blutbild, weshalb sie mich dementsprechend mit Arsen vergifteten. Soll ich fortfahren? Vielleicht doch nicht.

Vor einigen Wochen sagte ich: »Herr Doktor, verraten Sie mir endlich, was eigentlich meine Krankheit ist. Wählen Sie ein schönes lateinisches oder griechisches Wort und sagen Sie es mir.« Nach einigem Zögern erklärte er: »Polyzythämie«. Da sind wir ja wieder! Vor nur 2 Jahren bedeutete es zu viele rote Blutkörperchen, jetzt aber zu viele weiße.

Wahr ist, daß ich mich nicht mehr so aktiv und agil fühle wie vor 4 Jahren und daß ich mich sehr schonen muß, besonders bei schlechtem Wetter usw. Aber ich arbeite — meist »Hausarbeit« — und könnte dabei auch unterrichten. Ich habe jedoch keine Schüler, nur gelegentlich. So kam z. B. im vergangenen Mai Dorothy Parrish nach New York, um einige Stunden zu nehmen. Sie war damals in gesegneten Umständen, erwartete das Kind im Dezember und wollte für den Winter nach New York kommen. Doch erhalte ich keinerlei Nachrichten über sie, irgend jemand sagte mir bloß, ihr Mann wäre nach Übersee. Zu Weihnachten wird eine andere alte Schülerin hier sein, Agnes Butcher aus Kanada.

Ich habe eine neue Komposition: eine Sonate für Solo-Violine, die ich in Asheville für Menuhin schrieb. Am 26. November spielte er sie anläßlich eines New Yorker Konzerts; es war eine herrliche Produktion. Die Sonate besteht aus 4 Sätzen und dauert ungefähr 20 Minuten. Ich fürchtete, sie würde zu lang werden, stellen Sie sich vor: 20 Minuten hindurch nichts anderes als eine Violine zu hören. Aber es war alles in Ordnung, zumindest was mich betrifft. Sollte er einmal in Seattle konzertieren, so versuchen Sie es, die Konzertdirektion zu veranlassen, dieses Stück von ihm zu verlangen. Meine Orchesterwerke könnten dort ohnehin kaum aufgeführt werden.

Die Erstaufführung meines für die Kussewitzky-Stiftung im September 1943 geschriebenen Orchesterwerkes fand am 1. und 2. Dezember in Boston statt. Wir fuhren zu den Proben und Aufführungen hin, da wir zu dieser Reise die ungern gegebene Bewilligung der Ärzte erhielten. Es war der Mühe wert, die Aufführung gelang vorzüglich. Kussewitzky ist von der Komposition ganz begeistert und behauptet, daß sie »das beste Orchesterwerk der letzten 25 Jahre« sei (inbegriffen sogar die Werke seines Abgotts Schostakowitsch!). Zumindest ist das seine persönliche Meinung...

Im Januar beabsichtigt er eine Aufführung in New York. Menuhin spielte das Konzert dieses Jahr in Washington, Baltimore, Pittsburg und (im September) in London (BBC) zweimal! Nächste Saison wird er es in Philadelphia und vielleicht auch in Boston spielen.

Meine ganze Zeit — außer den paar Wochen, die ich für die Soloviolinsonate benötigte — verbrachte ich mit besonderen wissenschaftlichen Arbeiten. Vielleicht wissen Sie, daß ich dem musikalischen Teil meiner rumänischen Volksmusiksammlung während meiner Krankheit die endgültige Form gab. Es sind 2 Bände: I. Instrumentale Melodien. II. Vokale Melodien. Nun, dieses Jahr habe ich weiter daran gearbeitet und nahezu den ganzen III. Band beendet, dieser enthält alle Texte. Das war eine völlig ungewohnte Arbeit für mich. Vor allem mußte ich ein Klassifikationssystem für diese 1700 Texte erfinden, dann studierte und untersuchte ich das systematisierte Material von den verschiedensten Gesichtspunkten aus und schließlich zog ich, auf Grund meiner Studien, eine Menge Schlußfolgerungen. Eine dieser ist auf Blatt L–LI ersichtlich. Wie gefällt sie Ihnen? Die Kopie dieser Blätter ließ ich hauptsächlich deshalb anfertigen, um Ihnen 3 Textübersetzungen (rot angestrichen) zu zeigen. Die erste ist eine getreue Prosaübersetzung, die 2. und 3. versuchte ich im Versmaß des Originals zu übersetzen. Ich füge noch eine andere Übersetzung hinzu — ob Sie sie wohl erkennen?[4]

(Unterbrechung von einigen Tagen.)

Indessen ist Ihr Paket mit den beiden Büchern angelangt. Und ich habe über die Bücher vom vorigen Jahr noch nichts gesagt! Das von Isak Dinesen ist wunderbar.[5] Es hat so ein gewisses europäisches Fluidum. Oft grübelte ich darüber, ob es ursprünglich eigentlich englisch geschrieben wurde oder eine Übersetzung ist. Ich muß noch bemerken, ich wußte nie, daß Isak ein Frauenname ist! Eliot[6] scheint ein bedeutender Dichter zu sein — zwar bin ich, der sprachlichen Schwierig-

[4] Die englische Textversion der *Cantata profana*,

[5] Isak Dinesen, »Winter Tales« (Wintermärchen).

[6] T. S. Eliot, »Four Quartets« (Vier Quartette).

keiten wegen, natürlich ein unbefugter Beurteiler der englischen Dichtkunst. Einige seiner früheren Gedichte kenne ich aus einer Anthologie.

Und nun ein kurzer Bericht über mein Familienleben. In New York herrscht Wohnungsmangel. Mit Ditta wohne ich in einer Zweizimmerwohnung, die selbstverständlich zu klein ist für uns beide. Oft behindern wir einander bei der Arbeit, doch müssen wir froh sein, wenigstens eine solche Wohnung bekommen zu haben. Mein Plan ist, den ganzen Winter in New York zu bleiben, und ich hoffe, daß das schlechte Winterklima meiner Gesundheit nicht schaden wird.

Péter ist — nach einer Ablehnung und deren Widerrufung — im vergangenen Februar zur Marine eingerückt, dort mußte er an einem Sechsmonatekurs für Elektroingenieure teilnehmen. Seit September ist er in Panama stationiert, und es scheint, daß ihm der Ort gefällt.

Wir alle sind über die Lage in Ungarn sehr beunruhigt, besonders über die Zustände in Budapest, und verfluchen die Deutschen, doch verschafft uns das keine Erleichterung.

Unterrichten Sie noch immer diese orientalischen Sprachen? Oder befassen Sie sich nur mit Musik?

Zu Weihnachten und Neujahr die herzlichsten Grüße und besten Wünsche von uns beiden.

In aufrichtiger Freundschaft

Béla Bartók

Vor einiger Zeit erhielt ich einen Brief von Prof. Wood. Ich werde ihm bald antworten: es ist ganz unwahrscheinlich, daß ich je nach Seattle kommen kann!

Bartók gehörte zu jenem Menschenschlag, der von ewiger Unzufriedenheit getrieben, alles auf Erden verändern, alles schöner und besser machen will. Aus dieser Gattung gehen die Größten der Kunst und Wissenschaft hervor, die großen Entdecker und Erfinder, in der Politik die großen Revolutionäre, Männer wie Columbus, Galilei, Kossuth, die alle eine andere Welt zurückließen, als sie vorgefunden hatten.

Natürlich gibt es viele Unzufriedene, die die Welt verändern möchten, es aber nicht können. Bartók konnte es. Denn seine Werke haben jene unergründliche, lebendige und belebende Kraft, die vielen anderen, dem Äußern nach ähnlichen Werken fehlt.

Viele versuchten in den letzten fünfzig Jahren, neue Musik zu schreiben, das heißt, viele waren von dem allenthalben hervorbrechenden neuen Geist beseelt, der nach künstlerischem Ausdruck strebte, aber nur wenigen gelang es, ihm eine bleibende Form zu geben.

Bartók zählt zu diesen wenigen, und darum ist er heute bereits einer der meistgespielten Komponisten der Welt. Und das, obwohl es viele Leute auf der Welt gibt, die sich an das Althergebrachte, Gewohnte klammern und den neuen Ton nicht gern vernehmen. Sooft eines seiner Werke aufgeführt wird, denken die Menschen wohl einen Augenblick auch an Ungarn, vielleicht nicht mehr als das: Es kann doch kein so geringes Land sein, wo derartiges gedeiht.

Anhang

Diskographie*

Zusammengestellt von László Somfai

Abkürzungen

Ang.	— Angel
BRS	— Bartók Recording Studio (New York)
Ca.	— Columbia (USA)
Cam.	— Cambridge
Cl.	— Classic (Frankreich)
Col.	— Columbia (England)
Con. Disc	— Concert-Disc
Cont.	— Continental (USA)
DGG	— Deutsche Grammophon Gesellschaft
HMV	— His Master's Voice (AM, AN — Ungarn)
Lon.	— London
Pac.	— Pacific (Frankreich)
Per.	— Period
Pol.	— Polydor
Vic.	— RCA Victor
West.	— Westminster

I. Gesamtverzeichnis der von Bartók bespielten Platten

Klaviermusik

(A) Eigene Werke

1. Bagatelle Nr. 2 (1908). HMV AM 2622, Cont. 4006, CLP 1001, BRS 003, BRS 903, Remington R-199-94.

* Der erste Teil dieses Verzeichnisses enthält sämtliche Schallplatten Bartóks, die unter seiner Mitwirkung aufgenommen wurden. Eine besondere Übersicht wird über die heute (1970) zugänglichen auf Langspielplatten überspielten Stücke gegeben, allerdings ist ein Teil der Aufnahmen nicht eben geeignet, den Pianisten Bartók von seiner besten Seite vorzustellen; dies liegt nicht nur an den Mängeln der Schallplattentechnik, die Aufnahmen sind auch klaviertechnisch und die Interpretation betreffend nicht auf der Höhe. Die Jahreszahl wird nur dort angegeben, wo die Datierung unzweifelhaft ist, d.h. im Falle der Konzertaufnahme von Washington am 13. April 1940. Im zweiten Teil des Verzeichnisses wird von jedem Werk tunlichst eine Aufnahme empfohlen. Im Falle der wiederholt auf Schallplatten aufgenommenen Werke sind diejenigen Aufnahmen aufgezählt, die der Zusammensteller dieser Liste für besonders authentisch hält oder die überdurchschnittliche Interpretationsleistungen darstellen bzw. geschichtlichen Wert besitzen.

2. Abend auf dem Lande, Bärentanz (10 leichte Klavierstücke 1908, Nr. 5, 10). (Aufnahme A:) HMV AN 469, BRS 903, (Aufnahme B:) Vox 650, Cl. C 2075, Vox PLP 6010, Turnabout Vox TV 4159.
3. Für Kinder (1908/9), (Rev. Ausg. 1945, Vol. I): (a) Nr. 3, 4, 6, 10, 12; (b) 13, 15, 18, 19, 21; (c) 26, 34, 35, 31, 30. (a-b-c:) Vox 650—651, Cl. C 2075—2076, (nur a-b:) Pol. Vox PLP 6010, Turnabout Vox TV 4159.
4. Burleske Nr. 2 (1911). HMV AM 2622, BRS 003.
5. Rumänischer Tanz Nr. 1 (1910). HMV AN 469, BRS 003, BRS 903.
6. Allegro barbaro (1911). HMV AM 2622, BRS 003, BRS 903.
7. Alte Tanzweisen (15 ungarische Bauernlieder 1914/18, Nr. 7—12, 14—15). Pat. Mr E 63, Pat. Ultravox E 172, Durium Pat. DMB 10 111, Pac. 6501, BRS 903.
8. 3 ungarische Volksweisen (»Homage to Paderewski«, ersch. 1942.) Cont. 4008, CLP 1001, Remington R-199-94.
9. Suite op. 14 (1916). HMV AN 486 (Satzreihenfolge: I.—III., II.—IV.), BRS 003, BRS 903.
10. Rondo Nr. 1 (1916/27). Pat. Nr. 64, Durium Pat. Dac. 10 242, Pac. 5010, Cont. C 1193, CLP 1001, BRS 903, Remington R-199-94.
11. Improvisationen über Bauernlieder (1920, Nr. 1—2, 6—8). Cont. 4007, CLP 1001, Remington R-199—94.
12. (a) Lied, Tamburin [mit 13(b) aufgenommen]; (b) Preludio all'Ungherese (9 kleine Klavierstücke 1926, Nr. 6, 8, 9). (a:) Pat. Nr. 64, Durium Pat. Dac. 10 242, Pac. 5010, Cont. C 1193, BRS 903; (b:) Cont. 4006, CLP 1001, Remington R-199-94.
13. Kleine Suite (1936), (a) vollständig (als Satz I^{bis} eine Übertragung der Nr. 32 aus 44 Duos); (b) nur der letzte Satz. (a:) Cont. 4005, CLP 1001, Remington R-199-94; (b:) Pat. Nr. 64, Durium Pat. Dac. 10 242, Pac. 5010, Cont. C 1193, BRS 903.
14. Mikrokosmos (1926/39), (a) Nr. 113, 129, 131, 128; 120, 109, 138; 100, 142, 140; 133, 149, 148; 108, 150, 151; 94, 152, 153; (b) 126, 116, 130, 139, 143, 147, 144, 97, 118, 141, 136, 125, 114; (c) 124, 146. (a:) Col. Album M 455 (D 71 112—71 114) Odyssey 32 16 0220; (a—b:) Col. ML 4419; (c:) Col. DB 1790, Col. DB 1306, BRS 903.
15. 7 Stücke aus dem Mikrokosmos für 2 Klaviere zu 4 Hän-

den, Nr. 2, 5, 6 (mit Ditta Pásztory-Bartók). Cont. 4008, CLP 1001, Remington R-199-94.

(B) Fremde Komponisten

16. SCARLATTI, Domenico: 4 Sonaten (Longo Nr. 286, 135, 293, 50). BRS 903.
17. LISZT, Franz: Sursum corda. Pat. Mr E 63, Pat. Ultravox E 172, Durium Pat. DMB 10 111, Pac. 6501, BRS 903.

Kammermusik

(A) Eigene Werke

18. 2. Sonate für Violine und Klavier 1922 (mit Joseph Szigeti) (aufgenommen: 13. 4. 1940). Vanguard VRS 1131.
19. 1. Rhapsodie für Violine und Klavier 1928 (mit Joseph Szigeti) (Aufnahme A). Col. LOX 519, Col. D 11 410, Col. ML 2213.
20. 1. Rhapsodie für Violine und Klavier 1928 (mit Joseph Szigeti) (Aufnahme B: 13. 4 .1940). Vanguard VRS 1130.
21. Sonate für zwei Klaviere und Schlagzeug 1937 (mit Ditta Pásztory-Bartók, Schlagzeug: Harry J. Baker, Edward J. Rubsan). Pol. Vox PLP 6010, Cl. c 2113—2115, Turnabout Vox TV 4159.
22. Kontraste für Violine, Klarinette und Klavier 1938 (mit Joseph Szigeti und Benny Goodman). Col. LOX 485–486, Col. D 70 666—70 667, Ca 703 623, Col. ML 2213, Odyssey 32 16 0220.
23. Ungarische Volksweisen für Violine und Klavier, übertragen von Joseph SZIGETI (mit Joseph Szigeti). Col. LX 31, Col. M 7274.
24. Rumänische Volkstänze für Violine und Klavier, übertragen von Zoltán SZÉKELY (mit Joseph Szigeti). Col. LB 6, Col. D 17089.

(B) Fremde Komponisten

25. BEETHOVEN, Ludwig van: A-dur-Sonate (»Kreutzer«) für Violine und Klavier op. 47 (mit Joseph Szigeti) (aufgenommen: 13. 4. 1940). Vanguard VRS 1130.

26. DEBUSSY, Claude-Achille: Sonate für Violine und Klavier (mit Joseph Szigeti) (aufgenommen: 13. 4. 1940). Vanguard VRS 1131.

Ungarische Volksliedbearbeitungen

(A) Eigene Werke

27. (a) »Elindultam szép hazámbul«, »Által mennék én a Tiszán«, »A gyulai kert alatt«; (b) »Nem messze van ide Kismargitta«, »Végigmentem a tárkányi sej-haj nagy utcán« (neukomponierte Bearbeitungen aus d. »Ungarische Volksmusik 1906«) (gesungen von Vilma Medgyaszay). (a:) HMV AM 1676; (b:) HMV AM 1678.
28. (a) »Fekete főd«, »Asszonyok, asszonyok«; (b) »Istenem, Istenem«, »Ha kimegyek arr'a magos tetőre« (8 ungarische Volkslieder 1907/17, Nr. 1, 3, 2, 5) (gesungen von Mária Basilides). (a—b:) HMV AM 1671; (b:) Qualiton HLP SZK 3513.
29. »Töltik a nagy erdő útját«, »Eddig való dolgom«, »Olvad a hó« (8 ungarische Volkslieder 1907/17, Nr. 6, 7, 8) (gesungen von Ferenc Székelyhidy). HMV AN 215, Qualiton HLP SZK 3513.

(B) aus ZOLTÁN KODÁLYS »Ungarische Volksmusik«

30. (a) Nr. 9, 7; (b) 8, 11, 10; (c) 15, 12, 16; (d) 41, 14; (e) 13, 30; (f) 6; (g) 1 (gesungen von Mária Basilides). (a—e:) HMV AM 1672—1675; (f—g:) HMV AN 209—210; (c, a:)Qualiton HLP SZK 3513.
31. (a) Nr. 37; (b) 32, 39, 33; (c) 40, 42; (d) 36 (gesungen von Ferenc Székelyhidy). (a:) HMV AN 215, Qualiton HLP SZK 3513; (b:) HMV AM 1690; (c:) HMV AN 216, (nur Nr. 40 aus (c:) Qualiton HLP SZK 3513; (d:) HMV AM 449.
32. (a) Nr. 21; (b) 23, 24; (c) 19, 20; (d) 18 (gesungen von Vilma Medgyaszay). (a—b:) HMV AM 1676; (c:) HMV AM 1677; (d:) HMV AN 211.

Übersicht der Sammlungen auf Langspielplatten

(A) »Béla Bartók at the piano«. Bartók Records BRS 003, — Seite A = 5, 1, 4, 6; Seite B = 9.

(B) »Bartók plays Bartók« Remington R-199-94. — Seite A = 1 10, 13, 12(b); Seite B = 15, 11, 8.

(C) Vox PLP 6010 und Turnabout Vox TV 4159. — Seite A = $21^{I\text{-}II}$; Seite B = 21^{III}, 3(a), 3(b), 2.

(D) »Béla Bartók playing his own works«. Columbia Masterworks, »Meet the composer«, ML 4419. — Seite A = 14(a); Seite B = 14(b).

(E) Columbia ML 2213. — Seite A = 22; Seite B = 19.

(F) »Béla Bartók at the piano«. Bartók Records BRS 903. — Seite A = 16, 17, 1, 2, 5, 4, 6; Seite B = 7, 9, 10, 12(a), 13(b), 14(c), 36.

(G) »Hungarian folk songs«. Qualiton HLP SZK 3513. — Seite A = 30(c), 30(a^{I}), 28(b), 30(a^{II}); Seite B = 31(a), 29, 31 (c^{I}).

(H) «A sonata recital by Joseph Szigeti and Béla Bartók«. Recorded at the Library of Congress, Washington, D. C., April 13, 1940. Vanguard, Library of Historic Performances, VRS 1130—1131 and Qualiton LPX 11373-74. — 1. Platte, Seite A = $25^{I\text{-}II}$; Seite B = 25^{III}, 20; 2. Platte, Seite A = 26; Seite B = 18.

(I) »Legendary Performances«. Odyssey 32 16 0220. — Seite A = 14(a); Seite B = 22.

Bartóks Stimme auf Schallplatte

33. (Ungarisch) Text der »Cantata profana«, 3'41". Qualiton LPX 1162.
34. (Ungarisch) Drei Ansagen der von ihm gespielten »Für Kinder«—Aufnahmen (siehe 3), 3" ,3", 3". Vox 650—651, Cl. C 2075—2076; (nur 1. und 2.:) Pol. Vox PLP 6010.
35. (Ungarisch) Zwei Ansagen der von ihm gespielten »Abend auf dem Lande« — und »Bärentanz« — Aufnahmen (siehe 2), 2", 1". Vox 650, Cl. C 2075, Pol. Vox PLP 6010.
36. (Englisch) Eine kurze Erklärung über »Mikrokosmos«, Suite op. 14, 1. Rondo und »Abend auf dem Lande«, 2'31". BRS 903.

Bühnenwerke

Herzog Blaubarts Burg

37. (Ungarisch) Mihály Székely (Fassung für Baßstimme), Klára Palánkay. Budapester Philh. Orch. Dir.: János Ferencsik. Qualiton HLP MN 1001.
38. (Ungarisch) Mihály Székely (Fassung für Baßstimme), Olga Szőnyi. London Symph. Orch. Dir.: Antal Doráti. Mer. 50311, (Stereo) 90311.
39. (Deutsch) Dietrich Fischer-Dieskau, Herta Töpper. Radio-Symph.-Orch. Berlin. Dir.: Ferenc Fricsay. DGG 18565, (Stereo) 138030.
40. (Englisch von Chester Kallman) Jerome Hines, Rosalind Elias. Philadelphia Orch. Dir.: Eugene Ormándy. Col. ML 5825, (Stereo) MS 6425.

Der holzgeschnitzte Prinz

41. (Vollständige Aufnahme) The New Symphony Orch. Dir.: Walter Susskind. BRS 308.
42. (Vollständige Aufnahme) London Symph. Orch. Dir.: Antal Doráti. Mercury MG 50426, (Stereo) SR 90426.
43. (Fassung der Budapester Oper) Budapester Philh. Orch. Dir.: János Ferencsik. Qualiton LPX 1164.
44. (Suite in 3 Sätzen) Budapester Philh. Orch. Dir.: András Kórody. (Bartók Œuvre Complète)* Hungaroton LPX 11314.

Der wunderbare Mandarin

45. (Vollständig) BBC Symph. Orch. and Chorus. Dir.: Antal Doráti. Mer. 50416, (Stereo) 90416.

* Bartók Œuvre Complète. Eine Unternehmung der ungarischen Staatlichen Schallplattenfabrik Hungaroton (vormals Qualiton). Die Unternehmung begann 1966 und ist bestrebt, Bartóks sämtliche veröffentlichte Kompositionen auf Schallplatten aufzunehmen. Die Interpreten sind überwiegend ungarische Künstler. Verdiente ungarische Bartókforscher leisten ihren Beitrag durch die Erarbeitung der authentischen Notentexte und Analysen der einzelnen Werke. Der Zweck ist, ein repräsentatives Bild von der »Ungarischen Schule« der Bartók-Interpretation zu geben.

46. (Vollständig) Symph. Orch. d. Ung. Rundfunks u. d. Television. Dir.: János Sándor. (Bartók Œuvre Complète) Hungaroton LPX 1301.
47. (Vollständig, Fassung der Budapester Oper) Budapester Philh. Orch., Chor d. Ung. Rundfunks. Dir.: János Ferencsik. Qualiton LPX 1106, (Stereo) SLPX 1106.
48. (Suite) London Symph. Orch. Dir.: Georg Solti. Lon. CM 9399, (Stereo) SC 6399.

Chorwerke mit Orchester

Cantata profana

49. (Ungarisch; Text vorgelesen von Bartók, siehe 33) József Réti, András Faragó, Chor u. Symph. Orch. d. Ung. Rundfunks und d. Television. Dir.: György Lehel. Qualiton LPX 1162.
50. (Englisch) Richard Lewis, Marko Rothmuller. The New Symphony Orch. and Chorus. Dir.: Walter Susskind. BRS 312.

Drei Dorfszenen

51. (Ungarisch) Symph. Orch. d. Ung. Rundfunks u. d. Television. Chor d. Staatl. Volksensemble. Solo: Janka Békás. Dir.: György Lehel. Qualiton LP 1567.

Chöre

27 zwei- und dreistimmige Chöre a cappella

52. Frauenchor des Konservatoriums Győr. Dir.: Miklós Szabó. (Bartók Œuvre Complète) Qualiton LPX 1290.

Aus vergangenen Zeiten (1935), Szekler Lieder (1932)

53. (Ungarisch) Staatl. Männerchor Budapest. Dir.: Lajos Vass. Qualiton HLPX KK 2502.

4 Altungarische Volkslieder (1912), Slowakische Volkslieder (1917)

54. (Ungarisch) Staatl. Männerchor Budapest. Dir.: Lajos Vass. Qualiton HLP K 2509.

Ungarische Volkslieder (1930)

55. (Ungarisch) Chor d. Staatl. Volksensemble. Dir.: Imre Csenki. Qualiton LP 1567.

4 slowakische Volkslieder (1917)

56. (Ungarisch) Chor d. Staatl. Volksensemble. Dir.: Imre Csenki. Klavier: Lajos Dévényi. Qualiton HLP M 1551.

Lieder

Fünf Lieder op. 15

57. (Ungarisch) Magda László, Sopr., Leonid Hambro, Kl. BRS 927.

Volksliedbearbeitungen (siehe auch 27–29)

Zwanzig ungarische Volkslieder 1929

58. (Ungarisch, Nr. 2, 15, 5, 7, 14, 11, 16, 17, 12) Leslie Chabay, Tenor, Tibor Kozma, Kl. BRS 914.

Orchesterwerke

»Kossuth«, symphonische Dichtung 1903

59. Symph. Orch. d. Ung. Rundfunks. Dir.: György Lehel. Qualiton LPX 1203.

I. Suite

60. Ung. Staatl. Symph. Orch. Dir.: János Ferencsik. Qualiton LPX 1204.

II. Suite

61. (Rev. Fassung 1943.) Budapester Philh. Orch. Dir.: András Kórody. Qualiton LPX 1201.

Zwei Porträts; Zwei Bilder; Vier Orchesterstücke

62. Budapester Philh. Orch. VI. — Solo: Mihály Szűcs. Dir.: Miklós Erdélyi. (Bartók Œuvre Complète) Hungaroton LPX 1302.

Rumänischer Tanz (Nr. 1, 1910) für Orchester

63. Budapester Philh. Orch. Dir.: András Kórody. (Bartók Œuvre Complète) Hungaroton LPX 11314.

Rumänische Volkstänze für kleines Orchester

64. Minneapolis Symph. Orch. Dir:: Antal Doráti. Mer. 50132, (Stereo) 90132, 50151.

Tanz-Suite

65. London Philh. Orch. Dir.: Georg Solti. Lon. LL-709.
66. Radiosymph.-Orch. Berlin. Dir.: Ferenc Fricsay. Decca 9747.

Bilder aus Ungarn

67. Chicago Symph. Orch. Dir.: Fritz Reiner. Vic. LM 2374, (Stereo) LSC 2374.

Ungarische Bauernlieder

68. Ung. Staatl. Symph. Orch. Dir.: János Ferencsik. Qualiton HLP MK 1516.

Musik für Saiteninstrumente, Schlagzeug und Celesta

69. Chicago Symph. Orch. Dir.: Fritz Reiner. Vic. LM 2374, (Stereo) LSC 2374.
70. Chicago Symph. Orch. Dir.: Rafael Kubelik. Mer. 50001, 50026.
71. London Philh. Orch. Dir.: Georg Solti. Lon. LL-1230, (Stereo) CS 6399.
72. Berliner Philharmoniker. Dir.: Herbert von Karajan. Ang. 35949, (Stereo) S 35949.
73. Orch. d. Ung. Rundfunks. Dir.: György Lehel. (Bartók Œuvre Complète) Hungaroton LPX 1301.

Divertimento

74. BBC Symph. Orch. Dir.: Antal Doráti. Mer. 50416, (Stereo) 90416.
75. Ung. Kammerorch. Konzertmeister: Vilmos Tátrai. Qualiton LPX 1192.

Konzert für Orchester

76. Chicago Symph. Orch. Dir.: Fritz Reiner. Vic. 1934.
77. Minneapolis Symph. Orch. Dir.: Antal Doráti. Mer. 50033.
78. Houston Symph. Orch. Dir.: Leopold Stokowski. Everest 6069, (Stereo) 3069.

Konzerte

Klavierkonzerte

79. Nr. 1—3. Géza Anda. Radiosymph.-Orch. Berlin. Dir. Ferenc Fricsay. DGG 18708, 18611, (Stereo) 138708, 138611.
80. Nr. 1—3. Gábor Gabos. Symph. Orch. d. Ung. Rundfunks. Dir.: György Lehel. Qualiton LPX 1250–1251.
81. Nr. 1. Leonid Hambro. The Zimbler Sinfonietta. Dir. Robert Mann. BRS 313.
82. Nr. 3. György Sándor. Philadelphia Orch. Dir.: Eugene Ormándy. Columbia Masterworks MM 674. (78 UPM!)

Konzert für 2 Klaviere (1940)

83. Ditta Pásztory-Bartók und Erzsébet Tusa. Orch. d. Ung. Rundfunks u. d. Television. (Schlagzeug: Ferenc Petz und József Márton). Dir.: János Sándor. (Bartók Œuvre Complète) Hungaroton LPX 11398.

Violinkonzert 1938

84. Tibor Varga. Berliner Philharmoniker. Dir.: Ferenc Fricsay. Decca 9545.
85. Yehudi Menuhin. Minneapolis Symph. Orch. Dir.: Antal Doráti. Mer. 50140, (Stereo) 90003.
86. Isaac Stern. New York Philh. Orch. Dir.: Leonhard Bernstein. Col. ML 5283, (Stereo) MS 6002.

Bratschenkonzert (hrsg. von Tibor Serly)

87. Pál Lukács. Ung. Staatl. Symph. Orch. Dir.: János Ferencsik. Qualiton LPX 1058.

Andere Konzertstücke

Rhapsodie für Klavier und Orchester op. 1

88. Andor Földes. Lemoureux Orch. Dir.: Roger Desormière. Vox 6410.
89. Gábor Gabos. Symph. Orch. d. Ung. Rundfunks. Dir.: György Lehel. Qualiton LPX 1250.

Scherzo für Orchester und Klavier op. 2

90. Erzsébet Tusa. Symph. Orch. d. Ung. Rundfunks. Dir.: György Lehel. Qualiton LPX 1203.

Op. posth. Violinkonzert 1907/1908

91. André Gertler. Staatl. Philh. Orch. Brno. Dir.: János Ferencsik. Supraphon SUA 10466.
92. Dénes Kovács. Budapester Philh. Orch. Dir.: András Kórody. (Bartók Œuvre Complète) Hungaroton LPX 11314.

Rhapsodien für Violine und Orchester 1928

93. Nr. 1—2. André Gertler. Staatl. Philh. Orch. Brno. Dir. János Ferencsik. Supraphon SUA 10466.

Kammermusik

Streichquartette

94. Nr. 1—6. Ungarisches Str.-Qu. DGG 18650—18652; (Stereo) 138650—138652.

95. Nr. 1—6. Juilliard-Qu. Col. (Stereo) D3L 317.
96. Nr. 1—6. Tátrai-Qu. (Bartók Œuvre Complète) Qualiton LPX 1294—1296.
97. Nr. 1—6. Végh-Qu. Ang. 35240—35242.

Sonate für zwei Klaviere und Schlagzeug (siehe auch 21)

98. Charlotte Zelenka, Alfred Brendel, Kl., Gustav Schuster, Roland Berger, Rudolph Minarich, Heinrich Zimmermann, Schl. Vox 9600.
99. Aloys und Alfons Kontarsky, Kl., Heinz König, Christoph Caskel, Schl. Wergo 60007.
100. Erzsébet Tusa, István Antal, Kl., Ferencz Petz, József Márton, Schl. Qualiton LPX 1280.

Kontraste für Violine, Klarinette und Klavier (siehe auch 22)

101. Robert Mann, Stanley Drucker, Leonid Hambro. BRS 916.
102. Mihály Szűcs, Béla Kovács, Erzsébet Tusa. Qualiton LPX 1280.

Sonaten für Violine und Klavier (siehe auch 18)

103. Sonate 1903. André Gertler, Diane Andersen. Supraphon SUA 10740.
104. Nr. 1. Robert Mann, Leonid Hambro. BRS 922.
105. Nr. 2. André Gertler, Diane Andersen. Supraphon SUA 10481.

Rhapsodien für Violine (Violoncello) und Klavier (siehe auch 19–20)

106. Nr. 1. János Starker, Vlc., Otto Herz, Kl. Per. 602, 1093.

44 Duos für zwei Violinen

107. Victor Ajtay, Michael Kuttner. BRS 907.
108. Wanda Wilkomirska, Mihály Szűcs. (Bartók Œuvre Complète) Qualiton LPX 11320.

Sonate für Solovioline

109. (Urfassung) Robert Mann. BRS 907.
110. (Menuhin-Ausg.) Yehudi Menuhin. Elect. 80544.
111. (Menuhin-Ausg.) André Gertler. Supraphon SUA 10481.

Klavierwerke

(A) Alben (siehe auch Bartóks eigene Aufnahmen)

112. (Sándor-Album) »Bartók Piano Music Complete«. György Sándor. Vol. 1—3. (9 Platten). Vox, 3-Vox VBX 425–427, (Stereo) SVBX 5425—5427.

113. (Földes-Album) »Andor Földes spielt das Klavierwerk Béla Bartóks«. (4 Platten). DGG LPM 18270—18273.

(B) Bartók Œuvre Complète

II. Reihe: Klaviermusik

114. (1. Platte) *Vier Klavierstücke; Rhapsodie op. 1.* Gábor Gabos. Hungaroton LPX 1300.
115. (2. Platte) *Zehn leichte Klavierstücke; 3 ungarische Volkslieder aus dem Komitat Csík; 14 Bagatellen.* Kornél Zempléni. Hungaroton LPX 1299.
116. (3. Platte) *Zwei Elegien; Zwei rumänische Tänze; Skizzen; Vier Klagelieder.* Loránt Szűcs. Hungaroton LPX 11335.
117. (4. 5. Platten) *Für Kinder.* Kornél Zempléni. Hungaroton LPX 11394–5.
118. (7. Platte) *15 ungarische Bauernlieder; 3 Rondos; Improvisationen über ungarische Bauernlieder; Etüden; Tanzsuite,* Klavierfassung. Gábor Gabos. Qualiton LPX 11337.
119. (8. Platte) *Sonate; Im Freien; 9 kleine Klavierstücke; Kleine Suite.* Erzsébet Tusa. Hungaroton 11338.
120. (9. 11. Platten) *Mikrokosmos.* Kornél Zempléni und Loránt Szűcs. Hungaroton LPX 11405–7.

(C) Einzelne Aufnahmen

Rhapsodie op. 1
121. (Kürzere Fassung) Leonid Hambro. BRS 313.
14 Bagatellen
122. Tibor Kozma. BRS 917.
Für Kinder (Rev. Ausg. 1945)
123. Ditta Pásztory-Bartók. Qualiton LPX 1153–1154.
124. Tibor Kozma. BRS 919—920.
3 Burlesken
125. György Sebők. Erato 3065.
Suite op. 14
126. Erzsébet Tusa. Qualiton LPX 1280.
Improvisationen über ungarische Bauernlieder
127. Leonid Hambro. BRS 902.
Sonate 1926
128. István Nádas. Period SPL 736.

Im Freien

129. Leonid Hambro. BRS 902.
130. Gábor Gabos. Qualiton HLPX M 1029.

Mikrokosmos

131. (Bd. I–VI) Ditta Pásztory-Bartók. Qualiton HLPX M 1033–1035).

7 Stücke aus dem Mikrokosmos für 2 Klaviere zu 4 Händen
(siehe auch 15)

132. Aloys und Alfons Kontarsky. Wergo 60007.

Verzeichnis der Werke Béla Bartóks

Allgemeine Hinweise

Die für die erste Ausgabe des vorliegenden Werkes vor 15 Jahren zusammengestellte Bibliographie sollte damals Angaben über sämtliche handschriftliche und gedruckte Kompositionen sowie die musikwissenschaftlichen und folkloristischen Schriften Bartóks enthalten. Unberücksichtigt blieben: Die Kompositionen anderer Musiker, die von Béla Bartók herausgegeben oder bearbeitet wurden; die in Bänden gesammelten oder einzeln veröffentlichten Briefe; die Gespräche, die in verschiedenen Zeitschriften und Zeitungen erschienen; und die Einleitungen, Anmerkungen und Kommentare, die Bartók für Arbeitsausgaben seiner eigenen Werke und der anderer Komponisten verfaßt hat. Das Verzeichnis der Kompositionen von 1—25 enthielt die vor der Rhapsodie op. 1 aus dem Jahre 1904 entstandenen Werke. Im Herbst 1961, als das Bartók-Archiv der Ungarischen Akademie der Wissenschaften ins Leben gerufen wurde, erhielt diese Institution vom älteren Sohn des Meisters, Béla, eine Sammlung von Dokumenten, die sogenannten hinterlassenen Schriften Bartóks, die die Handschriften beinahe sämtlicher Jugendkompositionen enthielt und als Quelle für die meisten bisher unveröffentlichten Werke angesehen werden kann.

Bevor diese Schriftensammlung der Forschung zugänglich gemacht werden sollte, wollte das Archiv zuerst einmal ein thematisches Verzeichnis der Kompositionen aus der Zeit vor der Rhapsodie Op. 1 erarbeiten. Unter diesen Umständen sehen wir uns zu dem Kompromiß genötigt, die Bibliographie erst mit dem Op. 1 — bei uns Katalog-Nummer 26 — zu beginnen. Da in der Zwischenzeit die internationale Literatur und die Schallplattenverleger es zur Gewohnheit machten, sich auf diesen Katalog zu beziehen, ziehen wir es vor, an der Numerierung nichts zu ändern. Wir beginnen also mit der Nr. 26 und nehmen nur die Berichtigungen vor, die sich inzwischen als notwendig erwiesen, ohne die anfängliche Numerierung abzuändern.

Die Form, in der wir die Daten im Katalog anführen, soll den Gebrauch erleichtern. Das Verzeichnis der Musikwerke enthält die folgenden Angaben: 1. Den deutschen Titel des Werkes in Versalschrift; wenn der Originaltitel ungarisch ist, steht er nach der deutschen Übersetzung in Klammern, in Kursiv-Versalschrift.

2. Nach dem Titel geben wir die Besetzung des Werkes an.

3. Das Entstehungsjahr der Komposition ist in Klammern gesetzt; die Kursivschrift zeigt an, daß das Datum auf dem gedruckten Exemplar steht, die gerade Schrift, daß das Datum auf Grund von Bartóks Korrespondenz oder aus anderen Dokumenten ermittelt wurde.

4. Nach dem Titel und den erwähnten Angaben sind die verschiedenen Teile des Werkes aufgezählt und mit arabischen Ziffern bezeichnet, sofern sie genau unterscheidbare Einheiten bilden; mit römischen Ziffern, sofern die Teile den Charakter von Sätzen haben. Wenn die Teile oder Sätze eigene Titel haben, sind auch diese angegeben, und zwar in Kursivschrift, wenn sie mit den Titeln der gedruckten Exemplare übereinstimmen, in gerader Schrift, wenn es sich um Übersetzungen aus dem Ungarischen handelt. Die ungarischen (oder manchmal rumänischen und slowakischen) Originaltitel stehen in Kursivschrift in Klammern hinter der deutschen Übersetzung des Titels. Die Teile und Sätze ohne besondere Titel sind durch die Angabe des Satzes bezeichnet.

5. In den Fällen, in denen in der Ausgabe selbst die Volkslieder angegeben sind, die der Komposition zugrunde liegen, geben wir den Titel oder die erste Zeile des Liedes in der Originalsprache in Klammern und in Kursivschrift an. (Diese Angabe fehlt, wenn der Titel des Volksliedes mit dem der Komposition oder des Satzes identisch ist.)

6. Was die Widmungen betrifft, so ist — in Abweichung von den Veröffentlichungen — nur der Name der Person angegeben, der das jeweilige Stück gewidmet ist. Wenn im Original die Person nur mit ihrem Vornamen bezeichnet ist, so steht der Familiennamen danach in Klammern.

7. Bei jedem Werk, das wir einzusehen in der Lage waren, sind außer der Nummer der Ausgabe auch das Datum des Erscheinens oder des Copyrights angegeben. Das Fehlen dieser Angaben nach dem abgekürzten Namen des Verlegers zeigt an, daß wir die Daten aus anderen Verzeichnissen übernommen haben, ohne sie auf ihre Richtigkeit prüfen zu können.

8. Im Verzeichnis der Transkriptionen sind nur diejenigen an-

geführt, die von Bartók selbst stammen. Transkriptionen, die weder Klavierauszüge noch aus Ballettmusiken zusammengestellte Suiten sind, stehen nicht im Verzeichnis.

Die Bibliographie von Bartóks Schriften schließt mit dem Sterbejahr des Meisters. Eine Ausnahme bilden die erstmalig postum publizierten Schriften. Die bis zum heutigen Tag erschienenen verschiedenen Übersetzungen sind also nicht angeführt. Es gibt Aufsätze von Bartók, die zu seinen Lebzeiten in Zeitabständen von mehreren Jahren in verschiedenen Sprachen, oft mit minimalen, manchmal aber auch mit ziemlich wichtigen Veränderungen erschienen sind. Die vorliegende Bibliographie ist rein chronologisch und gibt nicht an, ob es sich um Wiederholungen oder Varianten handelt. Zum Zwecke eines kritischen Vergleichs der unterschiedlichen Schriften bediene man sich der Anmerkungen im ersten Band der Sammlung »Bartók Béla összegyűjtött írásai I.« (Gesammelte Schriften Béla Bartóks I.), herausgegeben von A. Szöllősy (vgl. Anhang am Ende der Bibliographie).

Abkürzungen

B	Bárd Ferenc és Fia, Budapest
BH	Boosey and Hawkes Ltd., London
MK	Magyar Kórus, Budapest
R	Rozsnyai Károly, Budapest
Rv	Rózsavölgyi és Társa, Budapest
Schott	B. Schott's Söhne, Mainz und Leipzig
UE	Universal-Edition A. G., Wien — Leipzig — New York
WPhV	Wiener Philharmonischer Verlag A. G., Wien
Zk	Zeneműkiadó Vállalat, Budapest (Editio Musica)

26— RHAPSODIE für Klavier op.1. *(November 1904)*
Widmung: An Emma [Gruber] November 1904
Ausgaben: Rv. 1909 (3199). Diese Ausgabe enthält nur den ersten Teil des Werkes — das Adagio mesto. 1923 (3199), Zk 1955 (1971). Die letztgenannten zwei Ausgaben des vollständigen Werkes tragen den Vermerk »première version«.
Bearbeitung: für Klavier und Orchester. (S. Nr. 27)

27— RHAPSODIE für Klavier und Orchester (1904?). Transkription des Werkes Nr. 26. (Diese Fassung, die in den Briefen Bartóks um 1905 »Conzertstück«, in einigen zeitgenössischen Rezensionen »Ungarische Rhapsodie« genannt wird, erweitert die Klavierfassung um eine Einleitung von 39 Takten.)
Ausgaben: Rv 1910 (mit einem Vermerk »Deuxième version«), UE, Zk 1963. (1023)
Bearbeitung: für zwei Klaviere zu vier Händen, 1905.
Ausgaben: Rv 1910 (3337), 1919 (zweite, umgearbeitete Fassung) (3337), UE (6858)

28— Scherzo op. 2. Für Klavier und Orchester (1904), zuweilen auch als Burlesque erwähnt.
Bearbeitungen: Zk 1961 (3356), Schott 1962 (5023)

29— UNGARISCHE VOLKSLIEDER (MAGYAR NÉPDALOK) Ende 1904, spätestens 1905
1. Abgemäht ist schon die Wiese (Lekaszálták már a rétet,
2. Gib einen Kuß mir, denn ich muß fort (Add reám csókodat, el kell mennem)
3. László Fehér hat ein Pferd gestohlen (Fehér László lovat lopott)
4. Erlaus Gestüt hat Schimmel nur (Az egri ménes mind szürke)

Ausgaben: 1 Zk 1963 (4219), Schott 1963 (5390), 4: Documenta Bartokiana IV. Bp., 1970. (facsimile)

30— SZEKLER VOLKSLIED (SZÉKELY NÉPDAL). Auf die Erde fiel der rote Apfel (Piros alma leesett a sárba). Für Gesang und Klavier (1905)
Ausgabe: Notenbeilage Jahrgang 1905 der Zeitschrift Magyar Lant (Ungarische Leier) (1905)

31— SUITE No. 1. op. 3. für Orchester (Wien 1905) (Umgearbeitet um 1920)
Ausgaben: R. 1912 (3513), Zk 1956, 1961 (1022)

32— FÜR DEN KLEINEN »SLOWAKEN« (A KICSI »TÓT«-NAK). Fünf Lieder für Gesang und Klavier *(Wien, 20. Dezember 1905).*

1. Mütterchen, ich bin so müde *(Álmos vagyok édes anyám lelkem)*
2. Guck doch, Liebste, guck doch her *(Ejnye ejnye nézz csak ide)*
3. Weich und warm ist des Vögelchens Gefieder *(Puha meleg tolla van a kismadárnak)* (Text von István Havas)
4. Bim-bam, bim-bam, tönt die Glocke *(Bim bam bim bam, zúg a harang)*
5. Regen rieselt auf die trocknen Bäume *(Esik eső esdekél száraz fákra)*

Widmung: [an Béla Oláh Tóth] Der Name Tóths — dem die Komposition zugeeignet wurde — stimmt im Ungarischen mit dem Wort »tót«, d. h. Slowake, phonetisch überein. Der ungarische Titel ist also ein unübersetzbares Wortspiel.

Unveröffentlicht. Nr. 1. ist im Buch »Bartók Béla. Levelek, fényképek, kéziratok, kották. Összegyűjtötte és sajtó alá rendezte Demény János.« Budapest 1948. A Magyar Művészeti Tanács kiadása, (Béla Bartók. Briefe, Photographien, Manuskripte, Noten. Gesammelt und zusammengestellt von János Demény) in Faksimile publiziert worden (S. 206—207). Nr. 1. unter dem Titel ESTI DAL (ABENDSLIED) und Nr. 3. unter dem Titel A JÓTEVŐK (DIE WOHLTÄTER) in der Gesangschule Ödön Geszler (Gesangschule für die Bürgerschulen für Knaben und Mädchen) II. Auflage, 1928—1929. S.: 32. 85, 97 und 100 .

32a— Glockenläuter *(harangszó)* für zwei Stimmen a cappella. Text: Béla Sztankó (nach 1905)
Ausgaben: Geszler Ödön: Énekiskola a polgári fiú- és lányiskolák számára (Gesangschule für die Bürgerschulen für Knaben und Mädchen). II. Auflage 1928—1929. Band II. S. 44—45.

33— UNGARISCHE VOLKSLIEDER (MAGYAR NÉPDALOK). Für Gesang und Klavier *(Dezember 1906).* Gemeinschaftsausgabe mit Zoltán Kodály. (Nr. 1—10 sind Bearbeitungen Bartóks. Vor seiner Übersiedlung nach Amerika in 1938 hat er diese Stücke umgearbeitet.)

1. Schöne Heimat, ich muß scheiden *(Elindultam szép hazámbúl)*
2. Gerne möchte ich über die Theiß im Kahne *(Által mennék én a Tiszán ladikon)*

3a. Volksballade *(Fehér László)*
3b. Volksballade *(Fehér László)*
4a. Hinter'm Garten von Gyula *(A gyulai kert alatt)*
4b. Hinter'm Garten von Kertmeg *(A kertmegi kert alatt)*

5. Feuer wütet in der Gasse, Feuer *(Ucca, ucca, ég az ucca)*
6. Mondlicht scheint in's Fenster *(Ablakomba, ablakomba)*
7. Weit vom dürren Stengel blüht die Rose *(Száraz ágtól messze virít a rózsa)*
8. Durch die lange Gasse schreit' ich in Tárkány *(Végig mentem a tárkányi)*
9. Nicht gar weit entfernt ist klein Margitta *(Nem messze van ide kis Margitta)*
10. Pflügt mein Liebchen *(Szánt a babám)*

Ausgaben: R (ohne Verlagsnummer, mit den Plattenzeichen B. K.), Rv 1938 (1584) zweite, revidierte Auflage. Die in der ersten Auflage gestrichenen Melismen sind den Volksweisen hinzugefügt worden. An die Stelle der ausgelassenen Nr. 5 ist Nr. 4b gerückt. Zk 1953 (1175) (Nachdruck der Ausgabe von 1938)

33a— UNGARISCHE VOLKSLIEDER für Gesang und Klavier (1906)

1. Diesseits der Theiß und jenseits der Donau *(Tiszán innen Dunán túl)*
2. Wälder, Täler, enge Auen *(Erdők, völgyek, szűk ligetek)*
3. Weg ist der Schnee *(Olvad a hó)*
4. Wenn ich in die Csárda gehe *(Ha bemegyek a csárdába)*
5. Volksballade. László Fehér hat ein Pferd gestohlen *(Fehér László lovat lopott)*
6. Roten Wein hab ich getrunken *(Megittam a piros bort)*
7. Perlen zieht dies Mädchen auf *(Ez a kislány gyöngyöt fűz)*

8. Ach! Wenn ich zu den Soldaten muß... *(Sej, mikor engem katonának visznek)*
9. Was die Leute sagen *(Még azt mondják)*
10. Mein liebes Mädchen *(Kis kece lányom)*

Stücke der mit Kodály gemeinsam geplanten zweiten Volksliedsammlung. Die Nummern 5 und 10 sind jetzt Klavierstimme in der Reihe »Für Kinder« (Nr. 42) als Nr. I. 28 und I. 17 enthalten.

Ausgaben: Die Nummern 4, 6, 7, 8, Zk 1963 (4219), Schott 1963 (5390).

33b— ZWEI UNGARISCHE VOLKSLIEDER (KÉT MAGYAR NÉPDAL)

1. Meiner Mutters Rosenstock *(Édesanyám rózsafája)*
2. Bist weit, mein Schatz, weit hinter dem Málnáser Wald *(Túl vagy rózsám, túl vagy a Málnás erdején)*

Ausgaben: 1 Zk: 1963 (4219) Schott 1963 (5390), 2: Documenta Bartókiana IV. Bp.—Mainz 1970)

34— SUITE Nr. 2. op. 4. für Orchester (Die Sätze I—III *Wien, 1905*, der IV. Satz *Rákospalota, 1907)*. Umgearbeitet 1920 und 1943.

I. Comodo
II. Allegro scherzando
III. Andante
IV. Comodo

Ausgaben: Eigenverlag des Komponisten (1907) (B. B.) Erste Umarbeitung: UE 1921 (6986) Hawkes and Son 1939. Zweite Umarbeitung: BH 1948 (16160)

Bearbeitung: für 2 Klaviere s. No. 115a.

35— AUS GYERGYÓ, DREI UNGARISCHE VOLKSLIEDER (GYERGYÓBÓL, HÁROM CSÍKMEGYEI NÉPDAL). Für »tilinkó« (etwa: Schalmei und Klavier) (1907)

1. Rubato
2. L'istesso tempo
3. Poco vivo

Ausgaben: Zk 1961 (3744), Schott (5329)

Bearbeitung: für Klavier s. Nr. 35a

35a— DREI UNGARISCHE VOLKSLIEDER (HÁROM CSÍKMEGYEI NÉPDAL) für Klavier (1907). (Transkription von Nr. 35)

1. Rubato
2. L'istesso Tempo

3. Poco vivo
Ausgaben: R (419, 1580), Zk 1954 (1764)

35b— VIER SLOWAKISCHE VOLKSLIEDER für Gesang und Klavier (um 1907)
1. Unter'm Tor von Beszterce *(V tej bystrickey bráne)*
2. ?
3. Totenklage *(Pohřební píseň)*
4. Der Vogel ist davongeflogen *(Priletel pták)*
Ausgaben: Nr. 1, 3, 4: Zk 1963 (4219), Schott 1963 (5390)

36— VIOLINKONZERT *(Jászberény, 1. Juli 1907 — Budapest, 5. Februar 1908)*. Bezüglich des ersten Satzes s. Zwei Porträts Nr. 37.
Ausgabe: BH 1959 (18502)
Bearbeitung: Der zweite Satz für Violine und Klavier *Unveröffentlicht*

37— ZWEI PORTRÄTS (KÉT PORTRÉ) für Orchester op. 5. (1907—1911)
1. Ein Ideal *(Egy ideális)*
2. Ein Zerrbild *(Egy torz)*
Das erste Porträt ist mit dem ersten Satz des Violinkonzerts Nr. 36. identisch.
Ausgaben: R (767), Zk 1953 (1002) und 1954 (1673). BH

38— VIERZEHN BAGATELLEN (TIZENNÉGY ZONGORADARAB) für Klavier op. 6. *(Budapest, Mai 1908)*
1. Molto sostenuto
2. Allegro giocoso
3. Andante
4. Grave *(Mikor gulyásbojtár voltam)* (Als ich Hirtenjunge war)
5. Vivo *(Ej' po pred naš, po pred naš)* (Ach bei uns, bei uns)
6. Lento
7. Allegretto molto capriccioso
8. Andante sostenuto
9. Allegretto grazioso
10. Allegro
11. Allegretto molto rubato
12. Rubato
13. Elle est morte (Lento funebre)
14. Valse (Ma mie qui danse...) (Presto)

Ausgaben: R (328), UE (844), Zk 1953 (943), Suvini Zerboni (4814)
Bearbeitung: Nr. 14 für rchester ist mit dem zweiten Satz der Deux Portraits, Nr. 37, identisch. Instrumentiert 1911

39— ZEHN LEICHTE KLAVIERSTÜCKE (TÍZ KÖNNYŰ ZONGORADARAB) *(Budapest, Juni 1918)*
Widmung (Ajánlás)
1. Bauernlied *(Parasztí nóta)*
2. Qualvolles Ringen *(Lassú vergődés)*
3. Tanz der Slowaken *(Tóth legények tánca)*
4. Sostenuto
5. Abend am Lande *(Este a székelyeknél)*
6. Magyarisches Volkslied *(Gödöllői piactéren leesett a hó)*
7. Aurora *(Hajnal)*
8. Volkslied *(Azt mondják, nem adnak)*
9. Fingerübung (Ujjgyakorlat)
10. Bärentanz *(Medvetánc)*

Ausgaben: R 1908 (29), UE (6841), Zk 1951 (300), Schott (4396) Zerboni (4657)
Bearbeitungen: Nr. 5 und 10 für Orchester 1931 sind mit den Stücken Nr. 1 und 2 der Ungarischen Bilder (s. Nr. 97) identisch.

40— STREICHQUARTETT Nr. 1. op. 7. *(1908)*
I. Lento
II. Allegretto
Introduzione
III. Allegro vivace

Ausgaben: Rv 1911 (3287) Zk 1956 (1585) Suvini Zerboni (5064)

41— ZWEI ELEGIEN (KÉT ELÉGIA) für Klavier, op. 8b *(1. Januar 1908, 2. Dezember 1909)*
Ausgaben: R 1910 (478), UE (6845)

42— FÜR KINDER (GYERMEKEKNEK) (PRO DĚTI) Für Klavier (1908—1909), 85 Volksliedbearbeitungen in vier Heften für Anfänger. Die ersten zwei Hefte (I. Nr. 1—21 und II. Nr. 22—42) enthalten ungarische, das Heft III (Nr. 1—22) und IV. (Nr. 23—43) slowakische Volkslieder. Die Sammlung wurde im Januar 1945 umgearbeitet. Nach dieser Umarbeitung sind 79 Stücke in zwei Heften [im ersten die ungarischen, im zweiten die slowakischen Volkslieder] erschienen. Die Stücke Nr. II. 25 und 29, IV. 23, 27, 33 und 34 der Originalausgabe fehlen in der umgearbeiteten Ausgabe. Die Stücke Nr. 33 und 34 des Heftes IV. der Originalausgabe sind Kompositionen von Frau Emma S. Kodály. Die Slowakischen Liedertexte wurden von Béla Balázs ins Ungarische und von Emma S. Kodály ins Deutsche übertragen. Die Nummern in Klammern sind die Nummern der neuen, umgearbeiteten Ausgabe.

Heft I und II:

1. Allegro (Süssünk, süssünk valamit) (I.1)
2. Andante (Süss fel nap) (I.2)
3. Andante (Elvesztettem páromat) (I.3)
4. Allegro (Elvesztettem zsebkendőmet) (I.4)
5. Poco allegretto (Cickom, cickom) (I.5)
6. Allegro (Hej tulipán, tulipán) (I.6)
7. Andante grazioso (Keresd meg a tűt) (I.7)
8. Allegretto (Ej görbénye, görbénye) (I.8)
9. Molto adagio (Fehér liliomszál) (I.9)
10. Allegro molto (Az oláhok, az oláhok facipőben járnak (I.10)
11. Molto sostenuto (Elvesztettem páromat) (I.11)
12. Allegro (Lánc, lánc, este, lánc) (I.12)
13. Andante (Megöltek egy legényt) (I.13)
14. Allegretto (A csanádi legények) (I. 14)
15. (Allegro (Icike, picike az istvándi ucca) (I. 15)
16. Andante rubato (Nem loptam én életembe) (I. 16)
17. Adagio (Kis kece lányom) (I. 17)
18. Andante non molto (Nagyváradi kikötőbe) (I. 18)
19. Allegretto (Ha bemegyek, ha bemegyek, ha bemegyek a dobozi csárdába) (I. 19)
20. Poco allegro (I. 20)
21. Allegro robusto (I. 21)
22. Allegretto (Debrecenbe kéne menni) (I. 22)
23. Allegro grazioso (Így kell járni, úgy kell járni)(I. 23)
24. Andante sostenuto (Víz, víz, víz) (I. 24)
25. Allegro (Három alma meg egy fél) (—)
26. Andante (Kerülj rózsám, kerülj) (I. 26)
27. Allegramente (I. 27)
28. Parlando (Fehér László lovat lopott) (I. 25)
29. Allegro (Ej haj, micsoda (—)

30. Andante (Felhozták a kakast) (I. 28)
31. Allegro scherzando (Anyám, édesanyám) (I. 29)
32. Allegro ironico (Besüt a nap a templomba) (I. 30)
33. Andante sostenuto (Csillagok, csillagok szépen ragyogjatok) (I. 31)
34. Andante (Fehér fuszujkavirág) (I. 32)
35. Allegro non troppo (Kertbe virágot szedtem) (I. 33)
36. Allegretto (Nem messze van ide Margitta) (I. 34)
37. Poco vivace (Ha felmegyek a budai nagy hegyre) (I. 35)
38. (Ohne Tempoangabe) Tíz litero bennem van) (I. 26)
39. Allegro (Házasodik a trücsök, szúnyog lányát kéri) (I. 37)
40. Molto vivace (Adjon az úr isten) (I. 38)
41. Allegro moderato (»Elmész ruzsám?« »El biz én«) (I. 39)
42. Allegro vivace (Házasodik a trücsök) (I. 40)

Heft III und IV:

1. Allegro (Keby boly čerešne, čerešne, višne, višne) (II. 1)
2. Andante (Kalina, malina) (II. 2)
3. Allegretto (Pod lipko, na lipko edná mala dve (II. 3)
4. *Lakodalmas* (Zur Hochzeit) (E, Lado, Lado!) (II. 4)
5. *Változatok* (Variationen) (Lecela pava, lecela) (II. 5)
6. Rondo (Stará baba zlá) (II. 6)
7. *Betyárnóta* (Betjarenlied) (II. 7)
8. *Táncdal* (Tanzlied) (Hej na prešovskej turni dva holubky šedza) (II. 8)
9. Rondo (Gyermekdal) (Zabelej sa, zabelej, zabelej) (II. 9)
10. Grabgeläute *(Temetésre szól az ének)* (V mikulašskej kompanii) (II. 10)
11. Lento (V tej bystrickej bráne) (II. 11)
12. Poco andante (Šuhajova mati) (II. 12)
13. Allegro (Anička mlynárova) (II. 13)
14. Moderato (Ore, ore šest volov) (II. 14)
15. Dudelsacklied *(Dudanóta)* (Tancuj, dievča, tancuj) (II. 15)
16. Klage *(Panasz)* (II. 16)
17. Andante (Sluzilo dievča na fare) (II. 17)
18. Spottlied *(Gúnydal)* (Mau som ta dievča) (II. 18)

19. Romanze *(Románc)* (Datel na dube, žalostne dube) (II. 19)
20. Fangspiel (Kergetődző) (Nechocže ty, Hanulienka z rana do trna) (II. 20)
21. Spaß *(Tréfa)* (Sadla dola plakala) (II. 21)
22. Wüstes Treiben *(Duhajkodó)* (Hnali švarni šuhaji kozy do dúbravy) (II. 22)
23. Molto rubato, non troppo lento (Ja sem bača velmi starý) (—)
24. Poco andante (Koj som išol cez horu) (II. 23)
25. Andante (Daťel na dube, žalostne dube) (II. 24)
26. Scherzando Allegretto (II. 25)
27. Spöttelei, Allegro *(Csúfolódás)* (—)
28. Die Hirtenflöte, Andante molto *(Furulyaszó)* (II. 26)
29. Noch ein Spaß, rubato-allegro *(Még egy tréfa)* (II. 27)
30. Andante molto rubato (Dosti sorsa nachodil) (II. 28)
31. Kanon, Poco-vivace *(Kánon)* (II. 29)
32. Es schallt der Dudelsack *(Szól a duda)* (Zahradka, zahradka) (II. 30)
33. Waisenkind *(Árvagyerek)* (Ej, hory, hory, zelené hory (—)
34. Romanze *(Románc)* (Viem ja jeden hájiček) (—)
35. Lied von einem andern Betjaren *(Nóta egy másik betyárról)* (Bol by ten Jánošik) (II. 31)
36. Largo (Kebych ja vedela) (II. 32)
37. Molto tranquillo (Pri Prešporku, pri čichom Dunajku) (II. 33)
38. Abschied *(Búcsú)* (Esta sa raz obzrieť mám) (II. 34)
39. Ballade *(Ballada)* (Pásol Janko dva voly) (II. 35)
40—41. Rhapsodie *(Rapszódia)* (Hej! pofukuj povievaj; Hej, ten stoličný dom) (II. 36—37)
42. Beweinung *(Sirató ének)* (II. 38)
43. Totengesang *(Halotti ének)* (Dolu dolinami) (II. 39)

Ausgaben: R I (376, 378), II (377, 378) III (634), IV (728), UE I—IV (6842—6843, 6872—6873), Zk 1950 I—IV (1—4). Die im Jahre 1945 umgearbeitete Fassung BH 1947 (15936—15937)

Bearbeitungen:
1. Heft II, Nr. 42 orchestriert, identisch mit Nr. 5 der Ungarischen Bilder, s. Nr. 97
2. Heft I, Nr. 16 für Gesang und Klavier, s. Nr. 109.
3. Ausgewählte Stücke für Violine und Klavier, Ein-

richtung von Tivadar Országh mit den Korrekturen Bartóks, unter dem Titel Ungarische Volkslieder *(Magyar népdalok)* 1934.

Ausgaben: R 1934 (1699), Zk 1954 (1527)

43— ZWEI RUMÄNISCHE TÄNZE (KÉT ROMÁN TÁNC) für Klavier, op. 8a *(2. März 1910)*

Ausgaben: Rv 1910 (3333) (in zweierlei Versionen), UE (6857), Zk 195 (60)

Bearbeitung: Transkription des ersteren für Orchester s. Nr. 47/a

44— SKIZZEN (VÁZLATOK) für Klavier op. 9/b (In der Ausgabe fälschlich als op. 9. bezeichnet *(1: 1908, 3: August 1910)*

1. Mädchenbildnis *(Leányi arckép)* Andante (con moto)
2. Schaukelspiel *(Hinta palinta)* Comodo
3. Lento
4. Non troppo lento
5. Rumänisches Volkslied *(Román népdal)*
6. Walachisch *(Oláhos)*
7. Poco lento

Widmungen: 1: an Márta [Ziegler–Bartók], 3: an Emma [Sándor–Kodály] und Zoltán [Kodály].

Ausgaben: R (769), UE (6840), Zk 1954 (1752)

45— VIER KLAGELIEDER (NÉGY SIRATÓÉNEK) für Klavier, op. 9a (Die Publikation gibt fälschlich op. 8b oder keine Opuszahl an) (4: *Budapest, 1910*)

1. Adagio
2. Andante
3. Poco lento
4. Assai andante

Ausgaben: Rv (3438), UE (6658), Zk 1955 (1765)

Bearbeigtung: Nr. 2. in Orchesterfassung 1931 ist identisch mit Nr. 3 der Ungarischen Bilder, s. Nr. 97

46— ZWEI BILDER (KÉT KÉP) für Orchester, op. 10 *(Budapest, August 1910)*

1. In voller Blüte *(Virágzás)*
2. Dorftanz *(A falu tánca)*

Ausgaben: Rv 1912 (3557), Zk 1953 (1003), 1954 (1765)

Bearbeitungen: Für Klavier zu zwei Händen

Ausgaben: Rv 1912 (3558), UE (6850), Zk 1953 (867)

47— DREI BURLESKEN (HÁROM BURLESZK) für Klavier op. 8c. (1: *November 1908*, 2: *Mai 1911*, 3: *1910*)

1. Zänkerei *(Perpatvar)*
2. Etwas angeheitert *(Kicsit ázottan)*
3. Molto vivo capriccioso

Widmung: An Márta [Ziegler—Bartók]
Ausgaben: Rv 1912 (3437), UE (6659), Zk 1954 (1763)
Bearbeitung: Nr. 2. orchestriert 1931. Identisch mit Nr. 4 der Ungarischen Bilder, s. Nr. 97

47a— RUMÄNISCHER TANZ für Orchester (1911). Transkription des ersten der beiden rumänischen Tänze von Nr. 43.
Ausgabe: Zk 1965 (4692)

28— HERZOG BLAUBARTS BURG (A KÉKSZAKÁLLÚ HERCEG VÁRA), op. 11. Oper in einem Akt. *(Rákoskeresztúr, September 1911)* Textbuch von Béla Balázs. Veröffentlicht mit ungarischem, deutschem, französischem und englischem Text. Deutsche Übersetzung von Wilhelm Ziegler und Füssl-Wagner (1963), englische Übertragung von Christopher Hassall
Widmung: an Márta [Ziegler—Bartók]
Ausgaben: UE 1922 (7028), 1963 (13641)
Bearbeitung: Klavierauszug mit Gesang
Ausgaben: UE 1922 (7026) (mit deutschem und ungarischem Text, (7030) (mit deutschem und französischem Text)

49— ALLEGRO BARBARO für Klavier (1911)
Ausgaben: UE 1918 (5904). K.M.P. Kiew 1927 (135)

50— VIER ALTUNGARISCHE VOLKSLIEDER (NÉGY RÉGI MAGYAR NÉPDAL) für vierstimmigen Männerchor a cappella (1910—1912) (Mit ungarischem und deutschem Text)

1. Turteltäubchen *(Rég megmondtam, bús gerlice)*
2. Herrgott, was soll ich hier bleiben *(Jaj istenem, kire várok)*
3. In des Schwagers Garten *(Ángyomasszony kertje)*
4. *(Geszte Jóska bársony lovát nyergeli)*
   Eine in den U.S. befindliche Version des Liedes von 1910, führt den Titel: Béreslegény, jól megrakd a szekeret (Knecht, belade gut den Wagen)

Ausgabe: UE 1928 (8891)

51— VIER ORCHESTERSTÜCKE (NÉGY ZENEKARI DARAB), op. 12. (1912) (Orchestriert 1921.)

1. Preludio

2. Scherzo
3. Intermezzo
4. Marcia funebre

Ausgabe: UE 1923 (7270), BH

52— KLAVIERSCHULE (ZONGORAISKOLA) (1913) gemeinsam mit Sándor Reschofsky, s. Nr. 53

Ausgaben: Rv 1913 (3635), Zk 1954 (ohne Verlagsnummer)

53— DIE ERSTE ZEIT AM KLAVIER (KEZDŐK ZONGORAMUZSIKÁJA) Klavierstücke für die Klavierschule Bartók—Reschofsky (s. Nr. 52) (Die Nummern der Stücke in der Klavierschule sind in Klammern angegeben)

1. Moderato (21)
2. Moderato (22)
3. Zwiegespräch *(Párbeszéd)* (24)
4. Zwiegespräch *(Párbeszéd)* (26)
5. Moderato (36)
6. Moderato (40)
7. Volkslied *(Népdal)* (44)
8. Andante (51)
9. Andante (59)
10. Volkslied *(Népdal)* (68)
11. Menuett *(Menüett)* (89)
12. Schweinehirtentanz *(Kanásztánc)* (77)
13. Volkslied *(Hol voltál, báránykám?)* (95)
14. Andante (105)
15. Hochzeitstanz *(Lakodalmas)* (116)
16. Bauerntanz *(Paraszttánc)* (115)
17. Allegro deciso (118)
18. Walzer *(Keringő)* (119)

Ausgaben: Rv 1929 (4936), Zk 1952 (986), 1955 (989), Schott (4335)

54— Eine vor Op. 2 entstandene Komposition

55— SONATINE für Klavier (1915)

I. Dudelsackpfeifer *(Dudások)*
II. Bärentanz *(Medvetánc)*
III. Finale

Ausgaben: Rv 1919 (3929), (3953), UE 1920 (6508), Zk 1951 (117), Schott (4397), Muzgiz (Moskau) 1933

Bearbeitungen: für Orchester (1931). (Vermutlich nach den Bearbeitungen für Violine und Klavier von

André Gertler) Identisch mit den Tänzen aus Siebenbürgen, s. Nr. 96

56— RUMÄNISCHE VOLKSTÄNZE (ROMÁN NÉPI TÁNCOK) (Jocuri poperale Romanesti)

1. Der Tanz mit dem Stabe *(Bot tánc)* (Jocul cu bátá)
2. Gürteltanz (Brâul)
3. Der Stampfer *(Topogó)* (Pe loc)
4. Tanz aus Butschum *(Bucsumi tánc)* (Buciumeana)
5. Rumänische »Polka« *(Román »polka«)* (»Poarga« romaneasca)
6. Schnell-Tanz *(Aprózó)* (Măranţelul)

Widmung: An Professor Jon Buşiţia

Ausgabe: UE 1918 (5802)

Bearbeitungen: Für Orchester 1917. Identisch mit den Rumänischen Volkstänzen, s. Nr. 68

57— RUMÄNISCHE WEIHNACHTSLIEDER (ROMÁN KOLINDADALLAMOK) für Klavier (1915), in zwei Folgen.

Folge I:

1. Allegro *(Pă cel plai de munte)*
2. Allegro *(Intreabă si intreabă)*
3. Allegro *(D-oi roaga s' roaga)*
4. Andante *(Ciucur verde de mătasă)*
5. Allegro moderato *(Coborât-o coborât-o)*
6. Andante *(In patru cornuti de lume)*
7. Andante *(La lină fântână)*
8. Allegretto *(Noi un blăm d-a corindare)*
9. Allegro *(Noi acum ortacilor)*
10. Più allegro *(Tri crai dela răsăritu)*

Folge II:

1. Molto moderato *(Colo'n jos la munte'n josu)*
2. Moderato *(Deasupra pă răsăritu)*
3. Andante *(Creşte-mi Doamme creştiu)*
4. Andante *(Sculati, sculati boieri mari)*
5. Moderato *(Colo'n josu mai din josu)*
6. Andante (Şi-o luat, luată)
7. Variante della precedente *(Colo sus mai susu)*
8. Allegro *(Colo sus pa după lună)*
9. Allegretto *(De ce-i domnul bunu)*
10. Allegro *(Hai cu toţii să suimu)*

Ausgaben: UE 1918 (5890), BH (in den ersten und in

der BH-Ausgabe fehlt der Anhang mit den Änderungen für Konzertgebrauch)

58— ZWEI RUMÄNISCHE VOLKSLIEDER für vierstimmigen Frauenchor a cappella (1915)
Unveröffentlicht

59— NEUN RUMÄNISCHE VOLKSLIEDER für Gesang und Klavier (1915)
Unveröffentlicht

60— DER HOLZGESCHNITZTE PRINZ (A FÁBÓL FARAGOTT KIRÁLYFI), op. 13. Tanzspiel in einem Aufzug. Textbuch von Béla Balázs *(Rákoskeresztúr, 1914—1916)*. Erschienen mit ungarischem, englischem und deutschem Text
Widmung: an Egisto Tango
Ausgabe: UE 1924 (6638)
Bearbeitung: I: Klavierauszug zu zwei Händen
Ausgabe: UE 1912 (6635)
Bearbeitung: II: Suite aus der Musik des Tanzspiels
Ausgabe: UE

61— FÜNF LIEDER (ÖT DAL) für Gesang und Klavier, op. 15 (1915—1916), (Nr. 2: *5. Februar, 1916*, Nr. 3: *Rákoskeresztúr 27. August 1916*. Nr. 5: *6. Februar 1916*). Die Texte von Klára Gombossy (?)
1. Meine Liebe *(Az én szerelmem)*
2. Sommer *(Nyár)*
3. Die Nacht der Sehnsucht *(A vágyak éjjele)*
4. In einem lichten Traum *(Színes álomban láttalak már)*
5. Im Tale *(Itt lent a völgyben)*
Ausgaben: UE 1961 und 1966 (13150)

62— SUITE für Klavier, op. 14 *(Rákoskeresztúr, Februar 1916)*
1. Allegretto
2. Scherzo
3. Allegro molto
4. Sostenuto
Ursprünglich stand zwischen dem 1. und 2. Satz ein Andante, das Bartók später strich. Es wurde in der Zeitschrift Uj Zenei Szemle (Neue Musikrundschau) veröffentlicht (1955 Nr. 10. S. 3—4).
Ausgabe: UE 1918 (5891)

63— FÜNF LIEDER (ÖT DAL) für Gesang und Klavier, op. 16 *(Rákoskeresztúr, Februar—April 1916)*. Gedichte von Endre Ady. Erschienen mit ungarisch-deutschem

(UE) und deutsch-englischem (BH) Text. Deutsche Übersetzung von R. St. Hoffmann

1. *Herbsttränen (Három őszi könnycsepp)*
2. *Herbstgeräusche (Az őszi lárma)*
3. *Mein Bett ruft (Az ágyam hivogat)*
4. *Mit dem Meere allein (Egyedül a tengerrel)*
5. *Ich kann nicht zu dir (Nem mehetek hozzád)*

Widmung: An Béla Reinitz 1920

Ausgaben: Nr. 2 als Beilage der Musikblätter des Anbruch, 1921. Nr. 5. Vollständige Liederfolge: UE 1923 (6934), BH 1939 (17598)

63a— SLOWAKISCHES VOLKSLIED *(Kruti tono vretana)* für Singstimme und Klavier (1916?)

Ausgabe: Zk 1963 (4219), Schott 1963 (5390) (Der junge Bartók)

64— ACHT UNGARISCHE VOLKSLIEDER (NYOLC MAGYAR NÉPDAL) für Gesang und Klavier *(1907—1917)*. Mit ungarischem, deutschem und englischem Text. Englische Übertragung von Nancy Bush

1. Schwarz die Erde *(Fekete föld, fehér az én zsebkendőm)*
2. Gott, ach Gott! *(Istenem, Istenem, áraszd meg a vizet)*
3. Frauen, Frauen! *(Asszonyok, asszonyok, had' legyek társatok)*
4. All das Leid *(Annyi bánat a szivemen)*
5. Wollt ich! *(Ha kimegyek arr' a magas tetőre)*
6. Wege schüttet *(Töltik a nagyerdő útjait)*
7. Meines Lebens *(Eddig való dolgom a tavaszi szántás)*
8. Winter scheidet *(Olvad a hó, csárdás kis angyalom)*

Ausgaben: Im Almanach des Verbandes Budapester Journalisten, Bp. 1911 s. 265—267 unter dem Titel: Szekler Volksballaden. Der vollständige Zyklus: UE 1922 (7191), Hawkes and Son 1939, BH 1955 (18065)

65— UNGARISCHES VOLKSLIED (LESZÁLLOTT A PÁVA) für Klavier (1914—17? 1923?). Gehörte ursprünglich zu den Fünfzehn Ungarischen Bauernliedern (?) s. Nr. 71. Erschien später umgearbeitet unter den Stücken des Paderewski-Gedenkalbums, s. Nr. 66

Ausgaben: Faksimile in der Zeitschrift Periszkóp, 1925, Juni—Juli-Nummer, und ebenfalls als Faksimile in der Beilage der Uj Zenei Szemle (Neue Musikrundschau), 1954, März-Nummer

66— DREI UNGARISCHE VOLKSLIEDER für Klavier

(1914—1917). Gehörten ursprünglich zu den Fünfzehn Ungarischen Bauernliedern, s. Nr. 71

1. Der Pfau flog hernieder *(Leszállott a páva)*
2. Auf dem Marktplatz *(Jánoshidi vásártéren)*
3. Weiße Lilie *(Fehér liliomszál)*

Ausgabe: Im Album Homage to Paderewski, BH 1942, BH 1942 (17679)

67— STREICHQUARTETT Nr. 2. op. 17 *(Rákoskeresztúr, 1915—1917)* (Bartók hat die Tempoangaben zwischen August 1935 und Januar 1936 geändert. Die Ausgaben nehmen darauf keine Rücksicht)

I. Moderato
II. Allegro molto capriccioso
III. Lento

Widmung: Dem Ungarischen Streichquartett Waldbauer-Temesváry-Kornstein-Kerpely

Ausgaben: UE 1920 (6371), WPhV (202)

68— RUMÄNISCHE VOLKSTÄNZE (ROMÁN NÉPI TÁNCOK) für Orchester (1917). Bearbeitung der Rumänischen Volkstänze für Klavier 1915, s. Nr. 56

Ausgaben: Rv, UE 1922 (6545)

69— SLOWAKISCHE VOLKSLIEDER (TÓT NÉPDALOK) für vierstimmigen Männerchor a cappella *(1917)*. Erschienen mit slowakischem Text und in englischer, ungarischer und deutscher Übertragung. Deutsch von Mirko Jelusich, ungarisch von Wanda Gleimann, englisch von Nancy Bush

1. Ah, meine Kameraden (Ej, posluchajte malo)
2. Muß ins Feld ich (Ked' ja smutny pojdem)
3. Krieg will sich bereiten (Kamarádi moj)
4. Ach, wenn ich sollte fallen (Ej, a ked'mna zabiju)
5. Als ins Feld ich auszog (Ked'som siou na vojnu)

Ausgaben: UE 1918 (6101), BH 1939 (17682)

70— VIER SLOWAKISCHE VOLKSLIEDER (NÉGY SZLOVÁK NÉPDAL) für gemischten Chor und Klavier *(1917)*, erschienen mit deutschem, englischem, ungarischem und slowakischem Text

1. Hochzeitslied aus Poniky (Zadala mamka)
2. Heu-Erntelied aus Hiadel (Na holi, na holi)
3. Tanzlied aus Medziboro–Essen, trinken (Rada pila, rada jedla)
4. Tanzlied aus Poniky (Gajdujte, gajdence)

Ausgaben: UE 1924 (7595), BH 1939 (17658), Zk 1950 (24)

71— FÜNFZEHN UNGARISCHE BAUERNLIEDER (TIZENÖT MAGYAR PARASZTDAL) für Klavier (1914—1918)

1—4. Vier alte Weisen *(Négy régi keserves)*
1. Rubato *(Megkötöm lovamat)*
2. Andante *(Kit virágot rózsám adott)*
3. Poco rubato *(Aj, meg kell a búzának érni)*
4. Andante *(Kék nefelejts ráhajlik a vállamra)*
5. Scherzo *(Feleségem olyan tiszta)*
6. Ballade (Tema con variazioni) *(Angoli Borbála)*

7—15. Alte Tanzweisen *(Régi táncdalok)*
7. Allegro *(Arra gyere, amőrre én)*
8. Allegretto *(Felmentem a szilvafára)*
9. Allegretto (Erre kakas, erre tyúk)
10. L'istesso tempo *(Zöld erdőben a prücsök)*
11. Assai moderato *(Nem vagy legény, nem vagy)*
12. Allegretto *(Beteg asszony, fáradt legény)*
13. Poco più vivo—allegretto *(Sári lovam a fakó)*
14. Allegro *(Ësszegyültek, Ësszegyültek az izsapi lányok)*
15. Allegro (Dudelsack-Lied ohne Worte)

Ausgaben: UE 1920 (6370), Muzgiz (Moskau), 1933 (13790 g), BH 1948

Bearbeitungen: Nr. 6—12 und 14—15 für Orchester, 1933, unter dem Titel Ungarische Bauernlieder *(Magyar parasztdalok)*, s. Nr. 100

72— ETÜDEN für Klavier, op. 18. (3: *Rákoskeresztúr 1918*)
1. Allegro molto
2. Andante sostenuto
3. Rubato; Tempo giusto, capriccioso

Ausgaben: UE 1920 (6498), BH 1939 (15828) Muzgiz 1957 (26254 g)

73— DER WUNDERBARE MANDARIN (A CSODÁLATOS MANDARIN), op. 19. Pantomime in einem Akt, Text von Menyhért Lengyel (*Rákoskeresztúr*, Oktober 1918—Mai 1919)

Ausgaben: UE 1927 (8909), WPhV 1958 (304)

Bearbeitungen:

1. Für Klavier zu vier Händen (deutsch–ungarischer Text)

Ausgabe: UE 1925 (7706). (In zwei Versionen)

2. Suite aus der Musik der Pantomime *(Rákoskeresztúr, 1919)*
Ausgabe: UE 1927 (8909).

74— IMPROVISATIONEN ÜBER UNGARISCHE BAUERNLIEDER für Klavier, op. 20 *(Budapest, 1920)*
I. Molto moderato (Sütött ángyom rétest)
II. Molto capriccioso
III. Lento rubato (Imhol kerekedik)
IV. Allegretto scherzando (Kályha vállán az ice)
V. Allegro molto
VI. Allegro moderato, molto capriccioso (Jaj istenem, ezt a vént)
VII. Sostenuto, rubato (Beli, fiam, beli)
VIII. Allegro (Télen nem jó szántani)
Widmung: Nr. VII Claude Debussy zum Gedächtnis
Ausgaben: Nr. VII als im Tombeau de Claude Debussy 1920; Nr. IV als Beilage der Revue Musicale vom 1. März 1921. Vollständig: UE 1922 (7079), BH

75— ERSTE SONATE FÜR VIOLINE UND KLAVIER *(Budapest, Oktober—Dezember 1921)* (Auf den zeitgenössischen Programmen als op. 21 bezeichnet, in der Ausgabe ohne Opuszahl)
I. Allegro appassionato
II. Adagio
III. Allegro
Widmung: an Mlle J[elly]d'/ A[rányi]
Ausgaben: UE 1923 (7247), BH 1939 (15983)

76— ZWEITE SONATE FÜR VIOLINE UND KLAVIER *(Budapest, Juli—November 1922)*
I. Molto moderato
II. Allegretto
Widmung: An Mlle J[elly d'] A[rányi]
Ausgabe: UE 1923 (7259)

77— TANZ-SUITE für Orchester *(Radvány, August 1923)*
I. Moderato
II. Allegro molto
III. Allegro vivace
IV. Molto tranquillo
V. Comodo
(VI). Finale
Ausgaben: UE 1924 (7545), WPhV 1925 (200)
Bearbeitung: Für Klavier zu zwei Händen, 1925

Ausgabe: UE 1925 (8397)

78— DORFSZENEN (FALUN), slowakische Volkslieder für Frauenstimme und Klavier *(Budapest, Dezember 1924)*. Erschienen mit deutschem, ungarischem, slowakischem und englischem Text. Deutsch von Bence Szabolcsi, ungarisch von Viktor Lányi, englisch von Martin Lindsay

1. Heuernte (Szénagyűjtéskor) *(Pri hrabani)*
2. Bei der Braut (A menyasszonynál) *(Pri neveste)*
3. Hochzeit (Lakodalom) *(Svatba)*
4. Wiegenlied (Bölcsődal) *(Ukolievarka)*
5. Burschentanz (Legénytánc) *(Tanec mládencov)*

Widmung: an Ditta (Bartók—Pásztory)

Ausgaben: UE 1927 (8712), BH 1954

Bearbeitung: Nr. 3, 4 und 5 für vier oder acht Frauenstimmen und Kammerorchester 1926, s. Nr. 79

79— DREI DORFSZENEN (FALUN) für vier oder acht Frauenstimmen und Kammerorchester *(Budapest, Mai 1926)* (Bearbeitung von Nr. 78 (3—5)

1. Hochzeit (Lakodalom) (Svatba)
2. Wiegenlied (Bölcsődal) *(Ukoliebovka)*
3. Burschentanz (Legénytánc) (Tanec mládencov)

Ausgabe: UE 1927 (8714)

Bearbeitung: Für vier oder acht Frauenstimmen und Klavier.

Ausgabe: UE 1927 (8713)

80— SONATE für Klavier *(Budapest, Juni 1926)*

I. Allegro moderato
II. Sostenuto pesante
III. Allegro molto

Widmung: an Ditta (Bartók—Pásztory)

Ausgabe: UE 1927 (8772)

81— IM FREIEN (SZABADBAN) für Klavier *(Budapest, Juni—August 1926)*

1. Mit Trommeln und Pfeifen *(Síppal, dobbal)*
2. *Barcarolla*
3. *Musettes*
4. Klänge der Nacht *(Az éjszaka zenéje)*
5. Hetzjagd *(Hajsza)*

Widmung: an Ditta (Bartók(Pásztory—

Ausgabe: UE 1927 (8892)

Einzelausgaben: UE (8893) (8894) (8895) (8896) (8897)

und in 2 Heften getrennte Ausgabe: (1—3, 4—5) (8892 a—b)

82— NEUN KLEINE KLAVIERSTÜCKE (KILENC KIS ZONGORADARAB) *(1926)*

Heft I:

Vier Zwiegespräche (Négy párbeszéd)

1. Moderato
2. Andante
3. Lento
4. Allegro vivace

Heft II:

5. *Menuetto*
6. *Lied (Dal)*
7. *Marcia delle bestie*
8. *Tamburin (Csörgő tánc)*

Heft III:

9. *Preludio — All' ungherese*

Widmung: Nr. 1 und 9 zum 31. Oktober 1926

Ausgaben: UE 1927 (8920), (8921), (8922), BH 1939 (15829)

83— KONZERT Nr. 1 für Klavier und Orchester *(Budapest, August—November 1926)*

I. Allegro

II. Andante

III. Allegro

Ausgabe: UE 1927 und 1928 (8777), (12675)

Bearbeitung: Für zwei Klaviere zu vier Händen

Ausgabe: UE 1927 (8779)

84— DREI RONDOS ÜBER VOLKSWEISEN (HÁROM RONDÓ NÉPI DALLAMOKKAL) für Klavier (1: 1916, 2 und 3: 1927)

1. Andante
2. Vivacissimo
3. Allegro molto

Ausgaben: UE 1930 (9508). (Ein Fragment aus Nr. 1 separat als Faksimile mit dem Titel Slowakisches Volkslied *(Tóth népdal)* in der Januar—Februar-Nummer 1928 der Zenei Szemle (Musikrundschau)

85— STREICHQUARTETT Nr. 3 *(Budapest, September 1927)*

Prima parte. Moderato

Seconda parte. Allegro

Ricapitulazione della prima parte. Moderato
Coda. Allegro molto
Widmung: An die Musical Fund Society von Philadelphia
Ausgaben: UE 1929 (9597), WPhV 1929 (169)

86— RHAPSODIE Nr. 1 für Violine und Klavier (1928)
I. Moderato *(»Lassú«)*
II. Allegretto moderato *(»Friss«)*
Widmung: an József Szigeti
Ausgaben: UE 1929 (9865), BH 1936 (17491). I UE (9935), II UE (9936)
Bearbeitungen:
1. Für Violine und Orchester, s. Nr. 87
2. Für Violoncello und Klavier, s. Nr. 88

87— RHAPSODIE Nr. 1 für Violine und Orchester (1928) (Bearbeitung von Nr. 86)
I. Moderato *(»Lassú«)*
II. Allegretto moderato *(»Friss«)*
Ausgaben: UE (9858), BH 1939 (16229)

88— RHAPSODIE für Violoncello und Klavier (1928) (Bearbeitung von Nr. 86)
I. Moderato (»*Lassú*«)
II. Allegretto moderato *(»Friss«)*
Ausgabe: UE 1930 (9866)

89— RHAPSODIE Nr. 2 für Violine und Klavier (1928) (Umgearbeitet 1945)
I. Moderato *(»Lassú«)*
II. Allegro moderato *(»Friss«)*
Widmung: An Zoltán Székely
Ausgaben: UE 1929 (9891), BH 1939 (15890). I. UE (9925), II. UE (9926)
Bearbeitung: Für Violine und Orchester, s. Nr. 90

90— RHAPSODIE Nr. 2 für Violine und Orchester (1928) (Bearbeitung von Nr. 89)
I. Moderato *(»Lassú«)*
II. Allegro moderato *(»Friss«)*
Ausgaben: UE 1929 (9867), revidierte Fassung BH 1949 (16230)

91— STREICHQUARTETT Nr. 4 *(Budapest, Juli—September 1928)*
I. Allegro
II. Prestissimo, con sordino

III. Non troppo lento
IV. Allegretto pizzicato
V. Allegro molto

Widmung: An das Pro-Arte-Quartett
Ausgaben: UE 1929 (9788), WPhV (166)

92— ZWANZIG UNGARISCHE VOLKSLIEDER (HÚSZ MAGYAR NÉPDAL) für Gesang und Klavier *(1929)*. Erschienen mit deutschem und ungarischem Text. Heft I übersetzt von Bence Szabolcsi 1—2. und R. St. Hoffmann (3—4), Heft II, III und IV von R. St. Hoffmann.

Heft I: Lieder der Trauer *(Szomorú nóták)*
1. Im Kerker *(A tömlőcben)*
2. Traurige Weise *(Régi keserves)*
3. Der Flüchtling *(Bújdosó ének)*
4. Hirtenlied (Pásztornóta)

Heft II: Tanzlieder *(Táncdalok)*
5. Sekler Langsamtanz *(Székely »lassú«)*
6. Sekler Schnelltanz *(Székely »friss«)*
7. Schweinehirtentanz *(Kanásztánc)*
8. Sechsguldentanz *(»Hatforintos« nóta)*

Heft III: Diverse Lieder *(Vegyes dalok)*
9. Der Schäfer *(Juhászcsúfoló)*
10. Scherzlied *(Tréfás nóta)*
11. Lied ein Paar zu besingen 1 *(Párosító 1)*
12. Lied ein Paar zu besingen 2 *(Párosító 2)*
13. Wechselgesang *(Pár-ének)*
14. Klage *(Panasz)*
15. Trinklied *(Bordal)*

Heft IV: Lieder der Jugend *(Új dalok)*
I. Allegro (Mutter, du liebe, laß dir sagen) *(Hej, édesanyám)*
II. Più allegro (Kirschen, wie Knorpel hart pflück' ich heut' *(Érik a ropogós cseresznye)*
III. Moderato (Dort in Dobos) *(Már Dobozon régen leesett a hó)*
IV. Allegretto (Gelber Mais) *(Sárga kukoricaszál)*
V. Allegro non troppo (Weizen, Weizen, Weizen) *(Búza, búza, búza)*

Ausgaben: UE 1932 (1521), (1522), (1523), (1524), BH 1939 (17651), (17652), (17653), (17654)
Bearbeitungen: Nr. 1, 2, 11, 14 und 12 für Gesang und Orchester (1933), s. Nr. 101

93— UNGARISCHE VOLKSLIEDER (MAGYAR NÉPDALOK) für gemischten Chor a cappella *(Budapest, Mai 1930)*. Erschienen mit ungarischem, deutschem und englischem Text. Ins Deutsche übersetzt von R. St. Hoffmann und Bence Szabolcsi, ins Englische von M. W. Pursey und Nancy Bush (BH)
1. Der Gefangene *(A rab)*
2. Heimatlos *(A bujdosó)*
3. Mutter, einen Mann (Az eladó lány)
4. Liebeslied *(Dal)*
Ausgaben: UE 1932 (10371), BH 1939 (18007) (18008), (18009), (18010)

94— CANTATA PROFANA (DIE ZAUBERHIRSCHE) (A KILENC CSODASZARVAS) für zwei gemischte Chöre, Tenorsolo, Baritonsolo und Orchester (Budapest, 8. September 1930). Worte nach rumänischen Weihnachtsliedertexten in Bartóks Übertragung. Erschienen mit ungarischem, deutschem und englischem Text. Deutsche Übersetzung von Bence Szabolcsi (1934), englische Übersetzung von M. D. Calvocoressi (1951) und von Robert Shaw (1955)
Ausgabe: UE 1934 (10613) (Faksimile des Bartókschen Manuskripts), 1957 (12760), 1961 (10613)
Bearbeitung: für doppelten gemischten Chor, Tenorsolo, Baritonsolo und Klavier
Ausgabe: UE 1934 (10614) (Faksimile des Bartókschen Manuskripts), UE 1951 (10614)

95— KONZERT Nr. 2 für Klavier und Orchester *(Budapest, Oktober 1930—September/Oktober 1931)*
I. Allegro
II. Adagio-Presto-Adagio
III. Allegro molto
Ausgaben: UE 1932 (10442) (Faksimile des Bartókschen Manuskripts), UE 1955 (10442), (12193)
Bearbeitung: für zwei Klaviere zu vier Händen
Ausgabe: UE 1941 (10995)

96— TÄNZE AUS SIEBENBÜRGEN (ERDÉLYI TÁNCOK) für Orchester (1931). Bearbeitung der Sonatine Nr. 55. (Wahrscheinlich nach der Fassung für Violine und Klavier von André Gertler)
I. Dudelsackpfeifer *(Dudások)*
II. Bärentanz *(Medvetánc)*

III. *Finale*
Ausgaben: Rv 1932 (5440), Zk 1955 (1021)

97— BILDER AUS UNGARN (MAGYAR KÉPEK) für Orchester *(Mondsee, August 1931)*. Bearbeitungen aus folgenden Werken: Zehn leichte Klavierstücke Nr. 5 und 10 (39), Vier Klagelieder Nr. 2 (45), Drei Burlesken Nr. 2 (47), Für Kinder Nr. II. 42 (42) bzw. Nr. I. 40 der revidierten Fassung aus dem Jahre 1945.
1. Abend am Lande *(Este a székelyeknél)*
2. Bärentanz *(Medvetánc)*
3. Melodie *(Melódia)*
4. Etwas angeheitert *(Kicsit ázottan)*
5. Üröger Hirtentanz *(Ürögi kanásztánc)*
Ausgaben: R, Rv, Zk 1953 (1001) und 1954 (1674)

98— VIERUNDVIERZIG DUOS für zwei Violinen (1931)
Heft I:
1. *Necklied (Párosító)*
2. *Reigen (Kalmajkó)*
3. *Menuetto*
4. *Sommer Sonnwend Lied (Szentivánéji)*
5. *Slowakisches Lied (1) (Tót nóta) (1)*
6. *Ungarisches Lied (1) (Magyar nóta) (1)*
7. *Walachisches Lied (Oláh nóta)*
8. *Slowakisches Lied (2) (Tót nóta) (2)*
9. *Spiel-Lied (Játék)*
10. *Ruthenisches Lied* (Rutén nóta)
11. *Wiegenlied (Gyermekrengetéskor)*
12. *Heu-Erntelied (Szénagyűjtéskor)*
13. *Hochzeitslied (Lakodalmas)*
14. *Polster-Tanz (Párnás-tánc)*

Heft II:
15. *Soldatenlied (Katonanóta)*
16. *Burleske (Burleszk)*
17. *Ungarischer-Marsch (1) (Menetelő nóta) (1)*
18. *Ungarischer Marsch (2) (Menetelő nóta) (2)*
19. *Märchen (Mese)*
20. *Wechselgesang (Dal)*
21. *Neujahrslied (1) (Újévköszöntő) (1)*
22. *Mückentanz (Szúnyogtánc)*
23. *Brautlied (Menyasszony-búcsúztató)*
24. *Scherzlied (Tréfás nóta)*

25. *Ungarisches Lied (2) (Magyar nóta) (2)*
Heft III:
26. *Spottlied (»Ugyan édes komámasszony«)*
27. *Hinke-Tanz (Sánta-tánc)*
28. *Gram (Bánkódás)*
29. *Neujahrslied (2) (Újévköszöntő) (2)*
30. *Neujahrslied (3) (Újévköszöntő) (3)*
31. *Neujahrslied (4) (Újévköszöntő) (4)*
32. *Tanzlied (Máramarosi tánc)*
33. *Erntelied (Aratáskor)*
34. *Zähllied (Számláló nóta)*
35. *Ruthenischer Kolomejka-Tanz (Rutén kolomejka)*
36. *Dudelsack (Szól a duda)*
— Variante zu Nr. 36 *(A 36. sz. változata)*
Heft IV:
37. *Vorspiel und Kanon (Preludium és kánon)*
38. *Rumänischer Dreh-Tanz* (Invartita batranilor) *(Forgatós)*
39. *Serbischer Flechttanz* (Zaplet) *(Szerb Tánc)*
40. *Walachischer Tanz (Oláh tánc)*
41. *Scherzo*
42. *Arabischer Gesang (Arab dal)*
43. *Pizzicato*
44. *Siebenbürgisch (*Ardeleana*) (»Erdélyi« tánc)*

Ausgaben: Die Nummern 31, 37, 34, 32, 40, 44 und 41 im Heft 4, der »Spielmusik für Violine« Schott 1932 (33107). Vollständige Ausgabe UE 1933 I. (10391), II. (10392), III. (10393). IV. (10394); die vier Hefte in zwei Bänden (10452 ab.)

Bearbeitungen: 1. Die Nummern 28, 38, 43, 16 und 36 für Klavier 1936. Identisch mit der Kleinen Suite, s. Nr. 105

2. Nr. 32. für Klavier

Unveröffentlicht

99— SZÉKLER LIEDER (SZÉKELY DALOK) für sechsstimmigen Männerchor a cappella *(Budapest, November 1932)*

1. Ach! wie oft hast du mich gekränkt *(Hej de sokszor megbántottál)*
2. Mein Gott, mein Leben (Istenem, életem)

3. Dünner Zwirn, harter Kern *(Vékony cérna, kemény mag)*
4. Inmitten von Kilyénfalva *(Kilyénfalvi középtizbe)*
5. Dünner Zwirn, harter Kern *(Vékony cérna, kemény mag)*
6. Schick' dich, Pfaff', zum Tanze *(Járjad pap a táncot)*

Ausgaben: MK 1938, 1—2 (418 I.) 3—6 (418 II.), Zk 1955 1—2 (1972)

100— UNGARISCHE BAUERNLIEDER (MAGYAR PARASZTDALOK) für Orchester (1933). Bearbeitung von Nr. 6, 7, 12 und 14—15 der Ungarischen Bauernlieder (s. Nr. 71)

I. Ballade *(Tema con variazioni)*
II. Ungarische Bauerntänze *(Régi táncdalok)*

Ausgaben: UE 1933 (10573). Faksimile der Handschrift Bartóks, BH 1939 (16167)

101— UNGARISCHE VOLKSLIEDER (MAGYAR NÉPDALOK) für Gesang und Orchester (1933). Bearbeitung von Nr. 1, 2, 11, 14 und 12 der Zwanzig Ungarischen Volkslieder (s. Nr. 82)

1. Im Kerker *(A tömlöcben)*
2. Traurige Weise *(Régi keserves)*
3. Lied, ein Paar zu besingen I *(Párosító I)*
4. Klage *(Panasz)*
5. Lied, ein Paar zu besingen II *(Párosító II)*

Ausgabe: UE 1933 (7270)

102— STREICHQUARTETT Nr. 5 *(Budapest, 6. August—6. September 1934)*

I. Allegro
II. Adagio molto
III. Scherzo
IV. Andante
V. Finale

Widmung: an Mrs. (Elisabeth) Sprague-Coolidge
Ausgaben: UE 1936 (10736), WPhV (167)

103— ZWEI- UND DREISTIMMIGE CHÖRE für Kinderchor a cappella (Heft I—IV); für Frauenchor a cappella (Heft VII—VIII) (1935)

Heft I:

1. Frühling *(Tavasz)*
2. Abschied *(Ne hagyj itt)*

3. Zauberspruch *(Jószágigéző)*

Heft II:

1. Brief an die Daheimgebliebenen *(Levél az otthoniakhoz)*
2. Spiel *(Játék)*
3. Brautschau *(Leánynéző)*
4. Habicht, Habicht *(Héjja, héjja, karahéjja)*

Heft III:

1. Trennung *(Ne menj el)*
2. Ich habe einen Ring *(Van egy gyűrűm)*
3. Hab' niemanden auf der Welt *(Senkim a világon)*
4. Brotbacken *(Cipósütés)*

Heft IV:

1. Husarenlied (Huszárnóta)
2. Lob des Müßiggangs *(Resteknek nótája)*
3. Herumirren *(Bolyongás)*
4. Mädchenspottlied *(Leánycsúfoló)*

Heft V:

1. Burschenspottlied *(Legénycsúfoló)*
2. Begrüßungslied am Sankt-Michaelis-Tag *(Mihálynapi köszöntő)*
3. Brautwerbung *(Leánykérő)* (in der MK-Ausgabe irrtümlich als Heft V, Nr. 1. angegeben)

Heft VI:

1. Wehklage *(Keserves)*
2. Vogelgesang *(Madárdal)*
3. Locklied *(Csujogató)*

Heft VII:

1. Leid *(Bánat)*
2. Hätte ich dich nur nicht gesehen *(Ne láttalak volna)*
3. Das Vöglein ist entflogen *(Elment a madárka)*

Heft VIII:

1. Polstertanzlied *(Párnás táncdal)* (irrtümlich als Heft VIII, No. 3 angegeben)
2. Kanon *(Kánon)*
3. Lebewohl *(Isten veled)*

Widmung: (Heft IV, Nr. 4) Zum 31. Oktober 1935
Ausgaben: Mk 1937 (Hefte und Chöre einzeln unter Nr. 3351—3377); später (1938) als Sammelband in der oben angegebenen Anordnung, ergänzt mit den Männerchören aus den Vergangenen Zeiten (s. Nr. 104) unter dem Titel Bartók Béla kórusművei (Die Chorwerke von Béla Bartók). Neugeordnete Ausgabe (Chöre einzeln und in Sammelband) (Ohne Nr. 104): Mk. — Neudruck dieser letzten Ausgabe Zk 1953 (1103). Die Chöre, I.1, 2, 3; III. 1, 4; IV. 1; V. 1, 3 mit der englischen Übersetzung von Nancy Bush und der deutschen von Ernst Roth; BH 1955 (17721) (17725) (17722) (17728) (17726) (17727) (17729) (17724) (17723), außer I. 1 und 3 sowie V. 3 mit dem Klavierauszug der Orchesterbegleitung, s. weiter unten — Chinesische Ausgabe der Chöre I. 2, II. 3, IV. 3, VI. 3, III. 4, 1960
Bearbeitungen: IV. 3, III. 4, IV. 1, III. 1, IV. 2, I. 2 und V. 1 für Chor und Schulorchester, 1937
Ausgaben: (die fünf ersten) MK 1937 (5551), (5553), (5555), (5557), (5559). Dieselben in einem Band Zk 1962 (4168). III. 1: Zk 1959 (2889), III. 4: Zk 1958 (2867), IV. 3: Zk 1959 (2866)

104— AUS VERGANGENEN ZEITEN (ELMÚLT IDŐKBŐL) für dreistimmigen Männerchor a cappella (1935). (Nach Texten alter Volkslieder und Kunstlieder)
I. Parlando (Nincs boldogtalanabb)
II. Allegro scherzando (Egy, kettő, három, négy)
III. Molto tranquillo (Nincsen szerencsésebb)
Ausgabe: MK 1937 (321)

105— KLEINE SUITE (KIS SZVIT) für Klavier (1936). Bearbeitung von Nr. 28, 38, 43, 16 und 36 der Vierundvierzig Duos für zwei Violinen, s. Nr. 98
1. *Getragener Gesang (Lassú)*
2. *Drehtanz (Forgatós)*
3. *Quasi pizzicato (Pengetős)*
4. *Kleinrussisch (Oroszos)*
5. *Sackpfeife (Dudás)*
Ausgabe: UE 1938 (10987)

106— MUSIK FÜR SAITENINSTRUMENTE, SCHLAGZEUG UND CELESTA (Budapest, 7. September 1936)
I. Andante tranquillo

II. Allegro
III. Adagio
IV. Allegro molto

Widmung: Dem Basler Kammerorchester und seinem Leiter Herrn Paul Sacher

Ausgaben: UE 1937 (10815) und (10888), WPhV (201), Muzgiz (Leningrad) 1963 (2326)

107— MIKROKOSMOS Klaviermusik vom allerersten Anfang an (1926—1939)

Band I:

1—6. Sechs Unisono-Melodien *(Hat unisono dallam)*
7. Noten mit Punkt *(Kóta ponttal)*
8. Tonwiederholung *(Hangismétlés)*
9. Synkopen *(Szinkópák)*
10. Mit wechselnden Händen *(Két kézzel felváltva)*
11. Parallelbewegung *(Párhuzamos mozgás)*
12. Spiegelung *(Tükörkép)*
13. Lagenwechsel *(Fekvésváltozás)*
14. Frage und Antwort *(Kérdés és felelet)*
15. Dorfgesang (Falusi dal)
16. Parallelbewegung und Lagenwechsel *(Párhuzamos mozgás helyzetváltozással)*
17. Gegenbewegung *(Ellenmozgás)*
18—21. Vier Melodien all' unisono *(Négy unisono dallam)*
22. Imitation und Kontrapunkt *(Imitáció és ellenpont)*
23. Imitation und Umkehrung *(Imitáció és fordítása)*
24. *Pastorale*
25. Imitation und Umkehrung *(Imitáció és fordítása)*
26. Tonwiederholung *(Hangismétlés)*
27. Synkopen *(Szinkópák)*
28. Kanon in der Oktave *(Kánon oktávban)*
29. Imitation in Spiegelform *(Imitáció tükörképben)*
30. Kanon in der Unterquinte *(Kánon az alsó kvintben)*
31. Kleiner Tanz in Kanon *(Tánc kánon-formában)*
32. Dorische Tonart *(Dór hangsor)*
33. Langsamer Tanz (Lassú tánc)
34. Phrygische Tonart *(Frig hangsor)*
35. Choral *(Korál)*
36. Freier Kanon *(Szabad kánon)*
— Anhang. Übungen 1—4. *(Függelék, gyakorlatok)*

Band II:

37. Lydische Tonart *(Lid hangsor)*

38. Staccato und Legato *(Staccato és legato)*
39. Staccato und Legato *(Staccato és legato)*
40. Auf südslawische Art *(Délszlávos)*
41. Melodie mit Begleitung *(Dallam kísérettel)*
42. Begleitung in gebrochenen Dreiklängen *(Kíséret tört hármasokkal)*
43. Auf ungarische Art: a) für zwei Klaviere, b) für ein Klavier *(Magyaros)*
44. Gegenbewegung (für zwei Klaviere) *(Ellenmozgás)*
45. *Méditation*
46. Zunehmen, Verringern *(Növekedés-fogyás)*
47. Jahrmarkt *(Nagyvásár)*
48. *Mixolydische Tonart* (Mixolid hangsor)
49. *Crescendo diminuendo*
50. *Minuetto*
51. Sich wiegen *(Ringás)*
52. Einstimmigkeit mit Handwechsel *(Egyszólamúság* kézváltással)
53. Auf transsylvanische Art (Erdélyies)
54. Chromatik *(Kromatika)*
55. Triolen in lydischer Tonart (für zwei Klaviere) *(Triolák lid hangsorban)*
56. Melodie in Dezimen *(Terelő dallam)*
57. Akzente (Hangsúlyok)
58. Im Morgenland *(Napkeleten)*
59. Dur und Moll *(Dur és Moll)*
60. Kanon mit gehaltenen Noten *(Kánon tartott hangokkal)*
61. Pentatonische Melodie *(Pentaton dallam)*
62. Kleine Sexten in Parallelbewegung *(Párhuzamos mozgás kis hatodhangközökben)*
63. Summen und Surren *(Zsongás)*
64. a), b) Linie und Punkt *(Vonal és pont)*
65. Zwiesprache (für Gesang und Klavier, mit ungarischem, englischem und französischem Text) *(Párbeszéd)*
66. Verteilte Melodie *(Dallam elosztva)*
— Anhang. Übungen 5—18. *(Függelék, gyakorlatok)*

Band III:

67. Zu Terzen eine dritte Stimme *(Tercekhez egy harmadik szólam)*
68. Ungarischer Tanz für zwei Klaviere *(Magyar tánc)*

69. Akkord-Studie *(Akkordtanulmány)*
70. Doppelgriffe gegen eine Melodie *(Dallamhoz kettősfogások)*
71. Terzen *(Tercek)*
72. Drachentanz *(Sárkánytánc)*
73. Doppelgriffe und Dreigriffe *(Kettős és hármas fogások)*
74. Ungarisches Kuppellied a) für Klavier, b) für Gesang und Klavier mit ungarischem, englischem und französischem Text *(Magyar párosító)*
75. *Triolen* (Triolák)
76. Dreistimmig *(Háromszólamúság)*
77. Kleine Studie *(Gyakorlat)*
78. Pentatonische Tonart *(Ötfokú hangsor)*
79. Hommage à J.S.B.
80. *Hommage à* R. *Sch.*
81. Herumirren *(Bolyongás)*
82. *Scherzo*
83. Melodie mit Unterbrechungen *(Dallam meg-megszakítva)*
84. Heiteres Spiel *(Mulatság)*
85. Gebrochene Akkorde *(Tört akkordok)*
86. Zwei Fünftonreihen in Dur *(Két dur pentachord)*
87. Variationen *(Változatok)*
88. Pfeifenklang *(Sípszó)*
89. Vierstimmig *(Négyszólamúság)*
90. Auf russische Art *(Oroszos)*
91. Chromatische Invention 1 *(Kromatikus invenció 1)*
92. Chromatische Invention 2 *(Kromatikus invenció 2)*
93. Vierstimmig *(Négyszólamúság)*
94. Es war einmal *(Hol volt, hol nem volt)*
95. Fuchslied a) für Klavier, b) für Gesang und Klavier mit ungarischem, englischem und französischem Text *(Róka dal)*
96. Geholper *(Zökkenők)*
— Anhang, Übungen 19—31. *(Függelék, gyakorlatok)*

Band IV:

97. *Notturno*
98. Daumenuntersatz *(Alátevés)*
99. Gekreuzte Hände *(Kézkeresztezés)*
100. Wie ein Volkslied *(Népdalféle)*
101. Vermindertes Quinteninterwall *(Szűkített ötödnyi távolság)*

102. Obertöne *(Felhangok)*
103. Moll und Dur *(Moll és Dur)*
104. a, b) Von Tonart zu Tonart wandernd *(Vándorlás egyik hangnemből a másikba)*
105. Spiel (mit zwei Fünftonreihen) *(Játék) (két ötfokú hangsorral)*
106. Kinderlied *(Gyermekdal)*
107. Melodie in Nebelbrauen *(Dallam ködgomolyban)*
108. Ringen *(Birkózás)*
109. Auf der Insel Bali *(Báli szigetén)*
110. Nun heben Töne an zu klingen und zu schwingen... *(És összecsendülnek-pendülnek a hangok)*
111. *Intermezzo*
112. Variationen über ein Volkslied *(Változatok egy népdal fölött)*
113. Bulgarischer Rhythmus (1) *(Bolgár ritmus) (1)*
114. Thema und Umkehrung *(Téma és fordítása)*
115. Bulgarischer Rhythmus (2) *(Bolgár ritmus) (2)*
116. Lied *(Nóta)*
117. *Bourrée*
118. Dreigruppen im 9/8 Takt *(Triolák 9/8-ban)*
119. Tanz im 3/4 Takt *(3/4-es tánc)*
120. Quintakkorde *(Kvintakkordok)*
121. Zweistimmige Studie *(Kétszólamú tanulmány)*
— Anhang, Übungen 32—33. *(Függelék, gyakorlatok)*

Band V:

122. Akkorde, gleichzeitig und gegeneinander *(Akkordok egyszerre és egymás ellen)*
123. a, b) Staccato und Legato *(Staccato és legato)*
124. *Staccato*
125. Kahnfahrt *(Csónakázás)*
126. Wechselnder Takt *(Változó ütem)*
127. Neues ungarisches Volkslied (für Gesang und Klavier, mit ungarischem, englischem und französischem Text) *(Új magyar népdal)*
128. Stampf-Tanz *(Dobbantós tánc)*
129. Terzen, sich abwechselnd *(Váltakozó tercek)*
130. Ländlicher Spaß *(Falusi tréfa)*
131. Quarten *(Kvartok)*
132. Große Sekunden, gleichzeitig und gebrochen *(Nagy másodhangközök egyszerre és törve)*
133. Synkopen (Szinkópák)

134. Doppelgriff-Übungen (1—3) *(Gyakorlatok kettős fogásban)*
135. *Perpetuum mobile*
136. Tonreihen aus Ganztönen *(Hangsorok egészhangokból)*
137. *Unisono*
138. Dudelsack *(Dudamuzsikus)*
139. Hanswurst *(Paprikajancsi)*

Band VI:

140. Freie Variationen *(Szabad változatok)*
141. Spiegelung *(Tükröződés)*
142. Märchen von der kleinen Fliege *(Mese a kis légyről)*
143. Gebrochene Klänge, sich ablösend *(Tört hangzatok váltakozva)*
144. Kleine Sekunden, große Septimen *(Kis másod- és nagy hetedhangközök)*
145. a, b) Chromatische Invention *(Kromatikus invenció)*
146. *Ostinato*
147. Marsch *(Induló)*
148—153. Sechs Tänze in bulgarischem Rhythmus *(Hat tánc bolgár ritmusban)*

Widmung: 1—55 an Péter (Bartók), 148—153 an Miss Harriet Cohen

Ausgaben: BH 1940 (15196), (15197), (15192), (15191), (15189), (15187), Zk 1951 (125,) (126), (127), (128), (129), (130), Nr. 142 BH (16534)

Bearbeitungen: Nr. 113, 69, 135, 123, 127, 145 und 146 für zwei Klaviere zu 4 Händen unter dem Titel Sieben Stücke aus dem Mikrokosmos, s. Nr. 108

108— SIEBEN STÜCKE AUS MIKROKOSMOS für zwei Klaviere, vierhändig. Nr. 113, 69, 135, 123, 127, 145 und 146 des Mikrokosmos, s. Nr. 107

1. Bulgarischer Rhythmus
2. Akkord-Studie
3. Perpetuum mobile
4. Kanon und Umkehrung
5. Neues ungarisches Volkslied
6. Chromatische Inventionen
7. Ostinato

Ausgabe: BH 1947 (15856)

109— UNGARISCHES VOLKSLIED (DEBRECENNEK VAN EGY VIZE) für Gesang und Klavier (1936) (?).

Nr. 16 aus dem Heft für Kinder, s. Nr. 42, für Gesang und Klavier bearbeitet
Ausgabe: Im Buch Gyöngyösbokréta (Perlenkranz) von Béla Paulini (Budapest 1937, Verlag Vajna és Bokor) S. 10

110— SONATE für zwei Klaviere und Schlagzeug *(Budapest, Juli—August 1937)*
I. Assai lento — Allegro molto
II. Lento ma non troppo
III. Allegro non troppo
Ausgabe: BH 1942 (8675)
Bearbeitungen: Für zwei Klaviere und Orchester 1940 unter dem Titel Konzert für zwei Klaviere, Schlagzeug und Orchester, s. Nr. 115

111— KONTRASTE für Violine, Klarinette und Klavier *(24. September 1938)*
I. Werbetanz *(Verbunkos)*
II. Ruhe *(Pihenő)*
III. Schnell *(Sebes)*
Widmung: an Benny Goodman und József Szigeti
Ausgabe: BH 1942 (B. Ens 49—73), (18756)

112— KONZERT für Violine und Orchester *(Budapest, August 1937—31. Dezember 1938)*
I. Allegro non troppo
II. Andante tranquillo
III. Allegro molto
Widmung: An Zoltán Székely
Ausgabe: BH 1946 (9003)
Bearbeitung: Für Violine und Klavier
Ausgabe: BH 1941 (8296), Muzgiz (Moskau) 1964 (767)

113— DIVERTIMENTO für Streichorchester *(Saanen 2—17. August 1939)*
I. Allegro non troppo
II. Molto adagio
III. Allegro assai
Widmung: An das Basler Kammerorchester
Ausgabe: BH 1940 (8716) (8326)

114— STREICHQUARTETT Nr. 6 *(Saanen-Budapest, August-November 1939)*
I. Mesto — Più mosso, pesante — Vivace
II. Mesto — Marcia
III. Mesto — Burletta
IV. Mesto

Widmung: An das Kolisch-Quartett

115— KONZERT für zwei Klaviere, Schlagzeug und Orchester (Dezember 1940). Bearbeitung der Sonate für zwei Klaviere und Schlagzeug, s. Nr. 110

Ausgabe: BH 1970 (19836)

115/a— SUITE für zwei Klaviere op. 4/b (1941) Freie Bearbeitung der Komposition Nr. 34)

I. Serenata
II. Allegro diabolico
III. Scena della Puszta
IV. Per finite

Ausgabe: BH 1958 (18574)

116— KONZERT FÜR ORCHESTER (*Saranac Lake, 15. August—8. Oktober 1943*)

I. *Introduzione*
II. *Ginoco delle coppie*
III. *Elegia*
IV. *Intermezzo interrotto*
V. *Finale*

Widmung: An die Musikalische Stiftung Koussevitzky, zur Erinnerung an Natalie Koussevitzky

Ausgabe: BH 1946 (9009)

117— SONATE FÜR VIOLINSOLO (Asheville, *14. März 1944*)

I. *Tempo di ciacona*
II. *Fuga*
III. *Melodia*
IV. *Presto*

Ausgabe: BH 1947 (15896) (Herausgegeben von Yehudi Menuhin) (Eine Variante mit Vierteltonintervallen im letzten Satz, die vom Manuskript z. T. abweicht, ist unveröffentlicht)

118— UKRAINISCHES VOLKSLIED (A FÉRJ KESERVE) für Gesang und Klavier (New York, Februar 1945)

Widmung: an Pál Kecskeméti

Ausgabe: Faksimile im Buch Bartók Béla levelei. (Az utolsó két év gyűjtése). Összegyűjtötte és sajtó alá rendezte Demény János. Budapest 1951, Művelt Nép Könyvkiadó kiadása. (Briefe Bartóks. Sammlung der zwei letzten Jahre. Gesammelt und veröffentlicht von János Demény, Budapest, 1951. Verlag »Művelt Nép«). S. XIV—XV.

119— KONZERT Nr. 3 für Klavier und Orchester (1945). (Die letzten 17 Takte instrumentierte Tibor Serly)
I. Allegretto
II. Adagio religioso — poco più mosso — tempo I
III. Allegro vivace
Ausgabe: BH 1946 und 1947 (9122)

120— KONZERT für Bratsche und Orchester (1945), unvollendet. Nach Bartóks Aufzeichnungen zusammengestellt und instrumentiert von Tibor Serly
I. Moderato (attacca)
II. Adagio religioso — allegretto (attacca)
III. Allegro vivace
Ausgabe: BH 1950 (16953)

121— KADENZEN ZUM KLAVIERKONZERT IN ES-DUR VON MOZART (K 365) (1940?)
Unveröffenlicht

Ausgaben ausgewählter Werke
(Publikationen, die zu Lebzeiten Bartóks oder mit seiner Zustimmung erschienen sind)

Jugend am Klavier (A zongorázó ifjúság) (1938) in zwei Heften. Inhalt: Für Kinder Nr. 42. I: Nr. 1—4, 6, 10, 15; II: Nr. 22, 26; III: Nr. 6, 7, 8, 14, 18; IV: Nr. 24, 28, 32; Zehn leichte Klavierstücke Nr. 39: Nr. 1, 2, 3, 8
Ausgaben: R und Rv (gemeinsam) 1938 (6171) und (6172), Zk 1952 (987) und (988)

Bartók-album (Zusammengestellt vom Komponisten) (1939). Inhalt: Vierzehn Bagatellen Nr. 38: No. 1, 2, 3, 4, 10; Drei Burlesken Nr. 47: Nr. 1, 2; Zwei Rumänische Tänze Nr. 43: Nr. 1; Skizzen Nr. 44: Nr. 1, 2, 5, 6; Zehn leichte Klavierstücke Nr. 39: Nr. 5, 10.
Ausgaben: Rv 1946 (7045), Zk

Kossuth. Szimfóniai költemény. Írta Bartók Béla [Kossuth. Eine symphonische Dichtung. Von Béla Bartók]. *Zeneközlöny*, 1904, No. 6, S. 82–86.

Symphonic Poem — »Kossuth« — Béla Bartók (1881). Programmheft der 4. Konzertsaison der Hallé Concert Society, S. 506–511. (Zum Konzert in der Free Trade Hall in Manchester am 18. Februar 1904.)

Strauss: Sinfonia Domestica (op. 53). *Zeneközlöny*, 1905, No. 10, S. 137–143.

Székely balladák [Szekler Balladen]. *Ethnographia*, 1908, No. 1, S. 43–52 und No. 2, S. 105–115.

Dunántuli balladák [Transdanubische Balladen]. *Ethnographia*, 1909, No. 5, S. 301-305.

Elektra. Strauss Richárd operája. Bemutató előadás a m. kir. operaházban 1910. március 11-én [Elektra. Oper von Richard Strauss. Erstaufführung im Kgl. Ung. Opernhaus am 11. März 1910]. *A Zene*, 1910, No. 4, S. 57–58.

Rhapsodie für Klavier und Orchester (op. 1) von Béla Bartók. *Die Musik*, 1909—1910, No. 16, S. 226–228.

Rhapsodie für Klavier und Orchester (op. 1). *Festheft zum 46 Tonkünstler-Fest des Allgemeinen Deutschen Musikvereins, 27—31. Mai 1910 in Zürich*, S. 184–185. Zürich Edition Gebrüder Hug & Co. [1910].

Rhapsodie für Klavier und Orchester op. 1. *Schweizerische Musikzeitung und Sängerblatt*, 1910, No. 17, S. 184–185.

Bartók Béla. *Budapesti Újságírók Egyesülete Almanachja*, Budapest 1911. S. 292.

A hangszeres zene folkloreja Magyarországon [Die Folklore der Instrumentalmusik in Ungarn]. *Zeneközlöny*, 1911, No. 5, S. 141–148, No. 7, S. 207–213, No. 10, S. 309–312 und 1912, No. 19, S. 601–604.

A magyar nép hangszerei I. A kanásztülök [Die Musikinstrumente des ungarischen Volkes I. Das Horn des Schweinehirten]. *Ethnographia*, 1911, No. 5, S. 305–310.

A magyar zenéről [Über die ungarische Musik]. *Auróra*. Budapest 1911, No. 3, S. 126–128.

Delius-bemutató Bécsben [Eine Delius-Erstaufführung in Wien]. *Zeneközlöny*. 1911, No. 11, S. 340–342.

Liszt zenéje és a mai közönség [Liszts Musik und das Publikum von heute]. *Népművelés*, Budapest 1911, No. 17–18, S. 359–362.

Liszt zenéje és a mai közönség [Liszts Musik und das Publikum von heute]. *Zeneközlöny*, 1911, No. 18, S. 556–560.

Az összehasonlító zenefolklore [Die vergleichende Musikfolklore]. *Új élet — Népművelés*, 1912, No. 1–2, S. 109–114.

A clavecinre írt művek előadása [Der Vortrag der für Clavecin geschriebenen Werke]. *Zeneközlöny*, 1912, No. 7, S. 226–227.

A magyar nép hangszerei II. A duda [Die Musikinstrumente des ungarischen Volkes II. Die Sackpfeife]. *Ethnographia*, 1912, No. 2, S. 110–114.

Cântace popolare româneşti din comitatul Bihor (Ungaria) Chansons populaires roumaines du département Bihar (Hongrie). Bucureşti, 1913. Academia Română Librăriile Sosec et Comp şi C. Sfetea. (371 Melodien).

A hunyadi román nép zenedialektusa [Der Musikdialekt der Rumänen von Hunyad]. *Ethnographia*, 1914, No. 2, S. 108–115.

Observări despre muzica poporală românescă [Beobeachtungen über die rumänische Volksmusik]. *Convorbiri Literare*, 1914, No. 7–8, S. 703–709.

Über die magyarische Musik. *Der Merker*, 1916, No. 21, S. 757–758.

»A fából faragott királyfi« — A M. Kir. Operaház bemutatójához — II. A zeneszerző a darabjáról. [»Der holzgeschnitzte Prinz« — Anläßlich der Uraufführung in der Kgl. Ungarischen Oper. II. Der Komponist über sein Werk]. *Magyar Színpad*, 1917, No. 105, S. 2.

A Biskra-vidéki arabok népzenéje [Die Volksmusik der Araber von der Umgebung von Biskra]. *Szimfónia*, 1917, No. 12–13, S. 308–323. (Mit 43 Notenbeispielen in Faksimiles der Handschrift Bartóks.)

Primitív népi hangszerek Magyarországon [Primitive Volksinstrumente in Ungarn]. *Zenei Szemle*, 1917, No. 9, S. 273–275 und No. 10, S. 311–315.

Die Melodien der madjarischen Soldatenlieder. *K. u. K. Kriegsministerium, Musikhistorische Zentrale, Historisches Konzert am 12. Jänner 1918* (Programmheft) Wien, Universal Edition A. G., S. 36–42.

»A kékszakállú herceg vára.« Az Operaház újdonsága I. Szerzők a darabjukról [Herzog Blaubarts Burg. Eine Neuheit des Opernhauses. I. Die Autoren über ihr Bühnenwerk]. *Magyar Színpad*, 1918, No. 143, S. 1.

Béla Bartók (Selbstbiographie). *Musikpädagogische Zeitschrift*, 1918, No. 11—12, S. 97—99.

Béla Bartók (Selbstbiographie). *Rheinische Musik- und Theaterzeitung (Allgemeine Zeitschrift für Musik)*, 1919, No. 5–6, S. 1–2.

Musikfolklore. *Musikblätter des Anbruch*, 1919, No. 3–4, S. 102–106.

Der Musikdialekt der Rumänen von Hunyad. *Zeitschrift für Musikwissenschaft*, 1920, No. 6, S. 352–360.

Das Problem der neuen Musik. *Melos*, 1920, No. 5, S. 107–110.

Hungary in the Throes of Reaction. *Musical Courier*, 1920, No. 29. April, S. 42–43.

Bartók válasza Hubay Jenőnek [Bartóks Antwort an Jenő Hubay]. *Szózat*, 1920, No. 125, S. 2.

Ungarische Bauernmusik. *Musikblätter des Anbruch*, 1920, No. 11–12, S. 422–424.

Die Volksmusik der Araber von Biskra und Umgebung. *Zeitschrift für Musikwissenschaft*, 1920, No. 9, S. 489–522, Sonderabdruck; Druck und Verlag von Breitkopf und Härtel, Leipzig 1920.

Kodály's New Trio, a Sensation Abroad. *Musical Courier*, 1920, No. 19. August, S. 5 und 19.

Der Einfluß der Volksmusik auf die heutige Kunstmusik. *Melos*, 1920, No. 17, S. 384–386.

Arnold Schönbergs Musik in Ungarn. *Musikblätter des Anbruch*, 1920, No. 20, S. 647–648.

To Celebrate the Birth of the Great Bonn Composer, Dohnányi Gives Ten Beethoven Recitals in Budapest. *Musical Courier*, 1920, No. 23. Dezember, S. 7.

Kodály Zoltán. *Nyugat*, 1921, No. 3, S. 235–236.

Aki nem tud arabusul... (Asinus ad lyram!). *Szózat*, 1921, No. 32, S. 4.

Schönberg and Stravinsky Enter »Christian-National« Budapest Without Bloodshed. *Musical Courier*, 1921, No. 24. February, S. 7. und 51.

Selbstbiographie. *Musikblätter des Anbruch*, 1921, No. 5, S. 87–90.

New Kodaly Work Raises Storm of Critical Protest. *Musical Courier* 1921, No. 31. März, S. 6 und 12.

Önéletrajzom [Meine Selbstbiographie]. *Magyar Írás*, 1921, No. 2, S. 33–36.

Lettera di Budapest. *Il Pianoforte*, (Torino) 1921, No. 5, S. 153–154.

Budapest Sorely Misses Dohnányi. *Musical Courier*, 1921, No. 26. Mai, S. 470.

The Relation of Folk-Song to the Development of the Art Music of Our Time. *The Sackbut*, 1921, No. 1, S. 5–11.

Budapest welcomes Dohnányi's Return, *Musical Courier*, 1921. No. 14. Juli, S. 37.

Della musica moderna in Ungheria. *Il Pianoforte*, 1921, No. 7, S. 193–197.

Lettera di Budapest. *Il Pianoforte*, 1921. No. 9, S. 277—278.

Two Unpublished Liszt Letters to Mosonyi. *The Musical Quarterly* 1921, No. 4, S. 520–526.

La musique populaire hongroise. *La Revue Musicale*, 1921, No. 1, S. 8–22.

The Development of Art Music in Hungary. *The Chesterian*, 1922, No. 20, S. 101–107.

Bartók Béla (Önéletrajz) [Béla Bartók (Selbstbiographie)]. *Az Est Hármaskönyve, lexikon az újságolvasó számára*, Budapest, 1923, Az Est Lapkiadó RT. Spalte 77—84. (Mit einem Faksimile von den ersten vierzehn Takten der Zweiten Sonate für Violine und Klavier.)

Volksmusik der Rumänen von Maramures. *Sammelbände für Vergleichende Musikwissenschaft*, Band IV. München 1923, Drei Masken Verlag. (339 Melodien.)

Ábrányi, Emil; d'Arányi, Jelly; Buttykay, Ákos; Demény, Dezső; Durigó, Ilona (Kasics); Erkel, Franz; Földesi, Arnold; Geyer, Stefi (Schultess); Haselbeck, Olga; Hauser, Emil; Horváth, Attila; Hubay, Eugen (Jenő); Hungarian Opera, Pantomime and Ballett; Jacobi, Victor; Jankó, Paul; Jemnitz, Alexander; Juhász, Aladár; Kabos, Ilona (Zsigmondi); Kacsóh, Pongrácz; Kálmán, Emerich; Keéri-Szántó, Imre; Kerner, Stephan; Kerpely, Eugen (Jenő); Kodály, Zoltán; Kornstein, Egon; Környei, Béla; Kósa, Georg; Kovács, Sándor; Lajtha, László; Lehner, Eugen (Jenő); Lendvai, Ervin; Lichtenberg, Emil; Marschalkó, Rózsi (Székelyhidy); Mihalovich, Ödön; Molnár, Anton; Nyiregyházi, Erwin; Pártos, Stephan; Popper, David; Radnai, Miklós; Radó, Aladár; Reiner, Fritz; Rózsa, Ludwig, Rubinstein, Erna; Rumanian Folk-Music; Sándor, Erzsi (Bosnyák); Siklós, Albert; Slovak Folk-Music; Szabados, Béla; Székelyhidy, Franz; Szendy, Árpád; Szirmai, Albert; Takács, Mihály; Tarnay, Alajos; Telmányi, Emil; Temesváry, János; Thomán, Stephan; Várkonyi, Béla; Vecsey, Ferenc; Waldbauer, Emerich; Weiner, Leo; Zágon, Géza Vilmos; Zsolt, Nándor; — außerdem Hinweise bezüglich auf Ungarn in den Artikeln: Academys, Chamber-music players, Opera houses, Orchestras, Publishers und auch ein unabmeßbarer Beitrag zum Artikel: Harmony. — *A Dictionary of Modern Music and Musicians*, London 1924. J. M. Dent and Sons.

A magyar népdal [Das ungarische Volkslied]. Budapest 1924. Rózsavölgyi und Cie. (320 Melodien.)

U żródeł muzyki ludowej [An der Quelle der Volksmusik]. Muzyka, 1925, No. 6, S. 230–233. Бела Барток. Автобиография [Béla Bartók. Selbstbiographie]. 1–6. Современная музыка, 1925. No. 7, S. 1–6.

Das ungarische Volkslied. Versuch einer Systematisierung der ungarischen Bauernmelodien. *Ungarische Bibliothek für das Ungarische Institut an der Universität Berlin* (unter der Leitung Robert Graggers), erste Folge, No. 11. Berlin—Leipzig 1925. Walter de Gruyter & Co. (320 Melodien.)

Ábrányi Emil; d'Arányi Jelly; Buttykay Ákos; Demény, Desiderius (Dezső); Durigó Ilona; Erkel Franz; Földesi Arnold;

Geyer Stefi; Haselbeck Olga; Hauser Emil; Horváth Attila; Hubay Jenő (Eugen Huber); Jacobi Viktor; Jankó Paul von; Jemnitz Alexander; Juhász Aladár; Kabos Ilona (Zsigmondi); Kacsóh Pongrácz; Kálmán Emerich; Keéri-Szántó Imre; Kerner Stephan; Kerpely Eugen (Jenő); Kodály Zoltán; Kornstein Egon; Környei Béla; Kósa Georg; Kovács Sándor; Lajtha László; Lehner Eugen (Jenő); Lendvai Erwin; Lichtenberg Emil; Marschalkó Rózsi (Székelyhidy); Mihalovich Edmund von; Molnár Anton; Nyiregyházy Erwin; Pártos Stephan; Popper Dávid; Radnai Miklós; Radó Aladár; Reiner Fritz; Rózsa Ludwig; Rubinstein Erna; Rumänische Volksmusik; Sándor Erzsi (Bosnyák); Siklós Albert; Slowakische Volksmusik; Szabados Béla; Székelyhidy Franz; Szendy Árpád; Szirmai Albert; Takács Mihály; Tarnay Alajos; Telmányi Emil; Temesváry János; Thomán Stephan; Ungarische Oper, Pantomime u. ungar. Ballett; Várkonyi Béla; Vecsey Ferencz; Waldbauer Emerich; Weiner Leo; Zágon Géza Vilmos; Zsolt Nándor; — außerdem Hinweise auf Ungarn in den Artikeln: Kammermusik-Vereinigungen, Konservatorien, Opernhäuser, Orchester, Verleger, *Das Neue Musiklexikon*. Berlin, 1926. Max Hess's Verlag.

Zum Problem »Klavier«. Rundfragebeantwortungen. *Musikblätter des Anbruch*, 1927, No. 8–9, S. 390.

O wpływie muzyki wiejskiej na twórczość artystyczną [Der Einfluß der Bauernmusik auf die Kunstmusik]. *Muzyka*, 1927, No. 6, S. 256–259.

Küzdelmes út a harcoktól az elismerésig [Ein Weg des Ringens, vom Kampf bis zur Anerkennung]. *Színházi Élet*, 1927, No. 51, S. 49–51.

The Folksongs of Hungary. *Pro Musica*, 1928, S. 28–35.

Magyar népzene és új magyar zene [Ungarische Volksmusik und neue ungarische Musik]. *Zenei Szemle*, 1928, No. 3–4, S. 55–58.

The National Temperament in Music. *The Musical Times*, 1928, No. 1030, S. 1079.

Zenefolklore-kutatások Magyarországon [Musikfolklore-Forschungen in Ungarn]. *Zenei Szemle*, 1929, No. 1, S. 13–15.

Magyarországi népzenei kutatások [Volksmusikalische Forschungsarbeiten in Ungarn]. *Ethnographia*, 1929, No. 1, S. 3–9.

Magyarországi népzenei kutatások [Volksmusikalische Forschungsarbeiten in Ungarn]. *Az 1928 évi prágai nemzetközi népművészeti kongresszuson benyújtott jelentések a magyar népművészetről* [Die in Prag im Jahre 1928 anläßlich der Tagungen des Internationalen Kongresses für die Volkskünste eingereichten Berichte über die Volkskunst in Ungarn]. Budapest 1929, Magyar Tudományos Akadémia, S. 44–51.

Węgierska muzyka ludowa (Ungarische Volksmusik). *Muzyka*, 1929, No. 4, S. 201–202.

[Analyse des Streichquartetts No. 4] (nur in den nach 1930 zum Vertrieb gelangten Exemplaren) ohne Titel in deutscher, französischer und englischer Sprache in der Taschenpartitur-Ausgabe. Universal Edition, Verlagsnummer 9788, und Wiener Philharmonia, Verlagsnummer 166.

Der Einfluß der Volksmusik auf die heutige Kunstmusik. *Melos*, 1930, No. 2, S. 66–67.

Cigányzene? Magyar zene? Magyar népdalok a német zeneműpiacon [Zigeunermusik? Ungarische Musik? Ungarische Volkslieder im deutschen Musikalienhandel]. *Ethnographia*, 1931, No.2, S. 49–62. Die Notenbeispiele sind Faksimilia der Handschrift Bartóks. Sonderabdruck: Budapest 1931, Rózsavölgyi & Cie.

Mi a népzene? [Was ist Volksmusik?]. *Új Idők*, 1931, No. 20, S. 626–627.

A parasztzene hatása az újabb műzenére [Der Einfluß der Bauernmusik auf die neuere Kunstmusik]. *Új Idők*, 1931, No. 23, S. 718–719.

A népzene jelentőségéről [Über die Bedeutung der Volksmusik]. *Új Idők*, 1931, No. 26, S. 818–819.

Über die Herausgabe ungarischer Volkslieder. *Ungarische Jahrbücher*, 1931, No. 3, S. 191–205. Die Notenbeispiele sind Faksimilia der Handschrift Bartóks. Sonderabdruck: *Ungarische Bibliothek*, Berlin–Leipzig 1931. Walter de Gruyter & Co.

Möller, Heinrich: Ungarische Volkslieder (Das Lied der Völker, Bd. 12. Mainz, B. Schotts Söhne). *Zeitschrift für Musikwissenschaft*, 1931, No. 11–12, S. 580–582.

The Peasant Music of Hungary, *Musical Courier*, 1931, No. 11. September, S. 6 und 22.

Slovakian Peasant Music. *Musical Courier*, 1931, No. 26. September, S. 6.

Mi a népzene? [Was ist Volksmusik?]. *Magyar Minerva*, 1931, No. 7, S. 193–195.

A parasztzene hatása az újabb műzenére [Der Einfluß der Bauernmusik auf die neuere Kunstmusik]. *Magyar Minerva*, 1931, No. 8, S. 225–228.

A népzene jelentőségéről [Über die Bedeutung der Volksmusik]. *Magyar Minerva*, 1931, No. 9, S. 257–259.

Nochmals: Über die Herausgabe ungarischer Volkslieder. *Zeitschrift für Musikwissenschaft*, 1931, No. 3, S. 179.

Les recherches sur le Folklore musical en Hongrie. *Art Populaire.* (Congrès International des Arts Populaires à Prague, 1928. Résumés) Paris 1931, Band II, S. 127–128.

Magyar népi hangszerek [Ungarische Volksinstrumente]. *Zenei Lexikon*, Budapest 1931, Győző Andor, Band II, S. 58–63.

Román népzene [Rumänische Volksmusik]. *Zenei Lexikon*, Budapest 1931, Győző Andor, Band II, S. 419–420.

Szlovák népzene [Slowakische Volksmusik]. *Zenei Lexikon*, Budapest 1931, Győző Andor, Band II, S. 571–572.

Hungarian Folk Music. Oxford University Press, London: Humphrey Milford, 1931: (320 Melodien.)

[Anläßlich der Duos für zwei Violinen]. Ohne Titel im Faksimile der Bartókschen Handschrift, als Zusatz des Programmheftes zum ersten Konzert des UMZE (Neuen Ungarischen Musikvereins) am 20. Januar 1932.

Neue Ergebnisse der Volksliederforschung in Ungarn. *Anbruch*, 1932, No. 2–3, S. 37–42.

Volksmusik und ihre Bedeutung für die neuzeitliche Komposition. *Mitteilungen der österr. Musiklehrerschaft*, 1932, No. 2, S. 6–10 und No. 3, S. 5–10.

Gegenantwort an Heinrich Möller. *Ungarische Jahrbücher*, 1932, No. 1–2, S. 130–131.

Proposition de M. Béla Bartók concernant les éditions des textes authentiques (Urtextausgaben) des œuvres musicales et les éditions en fac-similé des manuscrits d'œuvres musicales (auch in deutscher Sprache). *Société des Nations. Commission de coopération intellectuelle, Sous-commission arts et lettres, 1931–1938.* (Protokolle). Comité permanent des lettres et des arts, 2ème session, convoquée à Francfort du 12 au 14 mai 1932.

Ungarische Volksmusik. *Schweizerische Sängerzeitung*, 1933, No. 2, S. 13–14, – No. 3, S. 21–22 und No. 4, S. 31–32. Sonderabdruck: Bern 1933. Unionsdruckerei.

»Zum Kongreß für arabische Musik — Kairo 1932« (Zusammenfassender Titel von Artikeln verschiedener Autoren). *Zeitschrift für Vergleichende Musikwissenschaft*, 1933, No. 2, S. 46–48.

Hungarian Peasant Music. *Musical Quarterly*. 1933, No. 3, S. 267–287.

Rumänische Volksmusik. *Schweizerische Sängerzeitung*, 1933, No. 17, S. 141–142, No. 18, S. 148–149 und No. 20, S. 168–169. Sonderabdruck: Bern 1933. Unionsdruckerei.

Bela Bartók Replies to Percy Grainger. *The Music News*, 1934, No. 19. Januar, S. 9.

Muzica populară şi însemnătatea ei pentru compozţia modernă [Die Volksmusik und ihre Bedeutung für die neuzeitige Komposition]. *Revista Fundaţiilor Regale*, 1934, No. 6, S. 111–121.

Népzenénk és a szomszéd népek népzenéje [Unsere Volksmusik und die der benachbarten Völker]. *Népszerű Zenefüzetek*. No. 3.

Budapest o. J. [1934] Somló Béla. Die Notenbeispiele sind Faksimilia der Handschrift Bartóks.

Miért gyűjtünk népzenét? [Warum sammeln wir Volksmusik?] Az Országos Magyar Királyi Liszt Ferenc Zeneművészeti Főiskola Évkönyve az 1934/35-iki tanévről. [Jahrbuch der Königlichen Ungarischen Landeshochschule Ferenc Liszt, Studienjahr 1934/35.] Budapest, Az Orsz. M. Kir. Liszt Ferenc Zeneművészeti Főiskola kiadása 1935, S. 3–7 und Sonderabdruck.

Miért gyűjtünk népzenét? [Warum sammeln wir Volksmusik?] *Válasz*, 1935, No. 7–8, S. 397–400.

Die Volksmusik der Magyaren und der benachbarten Völker. *Ungarische Jahrbücher*, 1935, No. 2–3, S. 194–258. Die Notenbeispiele sind Faksimilia der Bartókschen Handschrift. — Sonderdruck: *Ungarische Bibliothek*. Erste Folge, No. 20,Berlin – Leipzig 1935. Walter de Gruyter & Co.

»Magyar Népzene« [Ungarische Volksmusik]. *Révai Nagy Lexikona*, Band XXI, Budapest 1935, Révai Testvérek Irodalmi Intézet AG, S. 571–572.

Román népzene [Rumänische Volksmusik]. *Révai Nagy Lexikona*, Band XXI, Budapest 1935, Révai Testvérek Irodalmi Intézet AG, S. 725–726.

Szlovák népzene [Slowakische Volksmusik]. *Révai Nagy Lexikona*, Band XXI, Budapest 1935, Révai Testvérek Irodalmi Intézet AG, S. 776–777.

[Vorwort]. Ohne Titel. Mit einem Faksimile der eigenhändigen Unterschrift Bartóks. *Buzavirág. Magyar férfikórusgyűjtemény. Bartók Béla előszavával.* [Kornblume. Ungarische Liedersammlung für Männerchor. Mit einem Vorwort von Béla Bartók]. Redigiert von Sándor Arany, Tornalja 1935, Kazinczy Könyv és Lapkiadó Szövetkezet, S. 5.

Melodien der rumänischen Colinde (Weihnachtslieder). Wien 1935. Universal Edition A. G. 484 Melodien. Die Notenbeispiele sind Faksimilia der Bartókschen Handschrift.

A népzenéről [Über die Volksmusik]. *Népszava Naptár*, 1936 Budapest, Népszava Könyvkereskedés, S. 51–54.

Nachwort zu der »Volksmusik der Magyaren und der benachbarten Völker« — Antwort auf einen rumänischen Angriff. *Ungarische Jahrbücher*, 1936, No. 2–3, S. 276–284 — und Sonderabdruck.

Dialectul muzical al românilor din Hunedoara [Der Musikdialekt der Rumänen von Hunyad]. *Muzica și Poezie*, 1936, No. 4, S. 6–14.

Miért gyűjtünk népzenét? [Warum sammeln wir Volksmusik?] *Magyar Dal*, 1936, No. 2, S. 2–4.

Muzica populară românească [Rumänische Volksmusik]. *Muzica și Poezie*, 1936, No. 5, S. 18–22.

Liszt Ferenc. *Nyugat*, 1936, No. 3, S. 171–179.

Muzica populară românească [Rumänische Volksmusik]. *Muzica și Poezie*, 1936, No. 6, S. 21–24.

Muzica populară românească [Rumänische Volksmusik]. *Muzica și Poezie* 1936, No. 6, S. 24.

Népzenegyűjtés [Volksmusiksammlung]. *Apollo*, 1936, No. IV, S. 31–39.

Bartók Béla székfoglalójának kivonata. Liszt Ferenc [Zusammenfassung des Akademischen Antrittvortrags von Béla Bartók. Franz Liszt]. *Akadémiai Értesítő*. 1936, No. 462, S. 29–34.

A propos du Jubilé Liszt. *La Revue Musicale*, 1936, No. 167, S. 1–4. (137–140).

Muzica populară maghiară și cea românească [Die magyarische und die rumänische Volksmusik]. *Muzica și Poezie*, 1936, No. 9–10, S. 18–44.

Cercetârile de folklore muzical in Ungaria [Forschungsarbeiten auf dem Gebiet der Musikfolklore in Ungarn]. *Muzica și Poezie*, 1936, No. 12, S. 18–19.

Despre muzica populară românescă [Über die rumänische Volksmusik]. *Muzica și Poezie*, 1936, No. 12, S. 19–23.

Liszt problémák. Székfoglaló előadás a Magyar Tudományos Akadémián 1936 február 3-án [Liszt-Probleme. Antrittsvortrag an der Ungarischen Akademie der Wissenschaften am 3. Februar 1936]. Im Sammelband: *Liszt a miénk*. Budapest 1936, Dante, S. 53–67. — Derselbe Band wurde auch unter dem Titel: *Liszt Ferenc* publiziert. Budapest o. J. [1936], Dante. — Sonderabdruck: Budapest 1936, Hornyánszky V. AG.

La Musique Populaire des Hongrois et des Peuples Voisins. *Archivum Europae Centro-Orientalis*, 1936, No. 3–4, S. 197—232 und I–XXXII. Die Notenbeispiele sind Faksimilia der Handschrift Bartóks. — Sonderabdruck (zusammengebunden mit der Studie »Réponse à une attaque roumaine«): *Études sur l'Europe Centre-Orientale*, Budapest 1937, No. 5, S. 1–36 und I–XXXII.

Réponse à une attaque roumaine. *Archivum Europae Centro-Orientalis*, 1936, No. 3–4, S. 233–244 Sonderabdruck (zusammengebunden mit der Studie »La Musique populaire des Hongrois et des peuples voisins«): *Étude sur l'Europe Centre-Orientale*, Budapest 1937, No. 5. S. 37–48.

Musique et chansons pupulaires. *Acta Musicologica*, 1936, No. 3–4, S. 97–101.

Népzene és népdalok [Volksmusik und Volkslieder]. *Szép Szó*, 1936, No. 10, S. 274–278.

Miért és hogyan gyűjtsünk népzenét? A zenei folklore törvénykönyve [Warum und wie soll Volksmusik gesammelt werden? Das Gesetzbuch der musikalischen Folklore]. *Népzerű Zenefüzetek*, No. 5, Budapest 1936. Somló Béla.

Halk müziği Hakkında [Über die Volksmusik]. *Ankara Halkevi Nesriyatı Büyük Boy* No. 8, Ankara 1936, Raceb Ulusoğlu.

A gépzene [Die mechanische Musik]. *Szép Szó*, 1937, No. 11, S. 1–11.

Népdalgyűjtés Törökországban [Volksliedsammlung in der Türkei]. *Nyugat*, 1937, No. 3, S. 173–181.

Népdalkutatás és nacionalizmus [Volksliedforschung und Nationalismus]. *Tükör*, 1937, No. 3, S. 166–168.

Válasz Petranuék támadására [Antwort auf den Angriff des Petranu-Kreises]. *Szép Szó*, 1937, No. 13, S. 263–272. Auch Sonderabdruck.

Aufbau der »Musik für Saiteninstrumente« — Structure of »Music for String Instruments« — Plan de »Musique pour Instruments à Cordes« in der Partiturausgabe des Werkes. Universal Edition (UE. 10.888).

Collecting folksongs in Anatolia. *Hungarian Quarterly*, 1937, No. 2, S. 337–346.

Badáni o lidových pisnich a nacionalismus [Volksliedforschung und Nationalismus]. *Rytmus*, 1937, No. 9–10, S. 95–96.

Az úgynevezett bolgár ritmus [Der sogenannte bulgarische Rhythmus]. *Énekszó*, 1937–1938, No. 6, S. 537–541.

Béla Bartók über sein neuestes Werk. *Nationalzeitung* [Basel] 1938, No. 13. Januar.

Opinions sur l'orientation technique, esthétique et spirituelle de la musique contemporaine. Opinion de M. Béla Bartók (Varsovie). [sic] *La Revue Internationale de Musique*, 1938, No. 3, S. 452–453.

Du Lied Populaire au Nationalisme. *La Revue Internationale de Musique*, 1938, No. 4, S. 609–615.

Volksliedforschung und Nationalismus. *La Revue Internationale de Musique*, 1938, No. 4, S. 609–615.

[Über Ravel]. Ohne Titel. *La Revue Musicale*, 1938, No. 187, S. 436 (244).

Béla Bartók à l'Orchestre de la Suisse Romande. Analyse du »Deuxième Concerto« pour piano et orchestre de Bela Bartok par son auteur. *La Radio* [Lausanne], 1939. No. 12. Februar, S. 280 und 282. Die Notenbeispiele und die Unterschrift sind Faksimilia der Handschrift Bartóks.

Bartók Béla: az én oldalam. [Béla Bartók: meine Seite]. *Film, Színház, Irodalom*, 1941, No. 14.

Race Purity in Music. *Modern Music*, 1942, S. 153–155.

Parry Collection of Yougoslav Folk Music. *The New York Times*, 1942, No. 28. Juni.

Diversity of Material Yielded up in Profusion in European Meltingpot. *Musical America*, 1943, No. 1, S. 27.

A régi magyar népzenéről [Über die alte ungarische Volksmusik]. *Emlékkönyv Kodály Zoltán hatvanadik születésnapjára*, Budapest 1943, Magyar Néprajzi Társaság, S. 5–8.

Szabolcsi Bence (Benedict): *The Universal Jewish Encyclopedia*, New York 1943, Band X, S. 138.

Hungarian Music. *American Hungarian Observer*, 1944. No. 4 Juni, S. 3 und 7.

Race Purity in Music. *Tempo*, 1944, No. 8, S. 2–3.

[Concert for Orchestra by Béla Bartók. Der Komponist analysiert sein Werk im Rahmen des Artikels im Programmheft]. *Boston Symphony Orchestra*, Sixty-fourth Season, 1944–1945, No. 8, S. 442 und 444.

[Concert for Orchestra by Béla Bartók. Der Komponist analysiert sein Werk im Rahmen des Artikels im Programmheft]. *Concert Bulletin of the Boston Symphony Orchestra*, 1–2 Dezember 1944, S. 606–608.

»I salute the valiant Belgian people«. Belgium, 1945, No. 12, S. 563–564.

Some linguistic observations. *Tempo*, 1946, No. 14, S. 5–7.

Musica popular y culta en Hungría (Articulo postumo). *Nuestra Musica* (Mexiko), 1946, No. 1, S. 14–19. — Zwischen den Seiten 40–41 eine Faksimile des letzten Teiles vom Entwurf dieser in englischer Sprache verfaßten Schrift Bartóks.

Béla Bartók (Selbstbiographische Skizzen in Bartóks Handschrift-Faksimile) Béla Bartók: *Ten Early Pieces for Piano*. London 1950 (?) Liber Southern Ltd. S. 1.

Serbo-Croatian Folk Songs. (Mitarbeiter: Albert B. Lord) Das Vorwort — S. XV–XVI — und der Text der Seiten 3–244 sind von Bartók) *Columbia University Studies in Musicology*, No. 7, New York 1951. Columbia University Press (76 Melodien).

Serbo-Croatian Heroic Songs I (Mitarbeiter: Albert B. Lord. Die Aufzeichnung der Weise No. 4 und die Bemerkungen dazu [S. 437–462] sind von Bartók). Cambridge und Belgrad 1954, Harvard University Press and The Serbian Academy of Sciences.

Slovenské Lûdové Piesné — Slovakische Volkslieder. Band I. Bratislava 1959. Academia Sciantiarium Slovaca, (779 Melodien).

Rumanian Folk Music I–III (edited by Benjamin Sucholt). (Im Band I 1115 instrumentale, im Band II 1440 vokale Melodien, im Band III Texte) (die rumänischen Texte und auch ein Teil der Notenschrift sind Faksimilia der Handschrift Bartóks). Haag 1967, Martinus Nijhoff.

Unter dem Namen von Bartók und Kodály, jedoch von Kodály verfaßte Schriften

Az új egyetemes magyar népdalgyűjtemény tervezete [Entwurf der neuen Gesamtausgabe der ungarischen Volkslieder]. *Ethnographia*, 1913, S. 313–316.

Erdélyi Magyarság. Népdalok [Das Ungartum in Siebenbürgen. Volkslieder]. Budapest, o. J. [1923], *Népies Irodalmi Társaság* (150 Melodien.)

Les Hongrois de Transylvanie. *Chansons populaires*. Budapest, o. J. [1923], *Népies Irodalmi Társaság* (150 Melodien).

Transylvanian Hungarians. *Folksongs*. Budapest, o. J. [1923], *Népies Irodalmi Társaság* (150 Melodien.)

Veröffentlichte Zusammenstellungen von Schriften Bartóks

Scrieri mărunte despre muzica populară românească [Kurze Aufsätze über die rumänische Volksmusik]. (Zusammengestellt und ins Rumänische übertragen von Constantin Brăiloiu) Bukarest 1937.

Bartók Béla, Önéletrajz, *Írások a zenéről* [Autobiographie, Schriften über Musik]. Zusammengestellt von Lili Veszprémi-Almár mit einer einleitenden Studie von János Demény. Budapest 1946, Egyetemi Nyomda.

Bartók Béla válogatott zenei írásai [Ausgewählte musikologische Schriften Béla Bartóks]. Zusammengestellt von András Szőllősy. Einleitung und Anmerkungen von Bence Szabolcsi. Budapest 1948, Magyar Kórus.

Béla Bartók, Scritti sulla musica popolare. (Übertragung des unmittelbar vorangehenden Bandes ins Italienische. Unter der Leitung Diego Carpitellas und mit einer Einleitung von Zoltán Kodály.) Torino 1955. Edizione Scientifiche Einaudi.

Bartók Béla válogatott írásai [Béla Bartóks ausgewählte Schriften]. Zusammengestellt von András Szőllősy, Budapest 1956, Művelt Nép.

Bartók, sa vie et son œuvre. Zusammengestellt unter der Leitung von Bence Szabolcsi. Budapest 1956, Corvina Budapest; 1968 Corvina, Budapest; 1968 Boosey and Hawkes, Paris.

Bartók Béla, Insemnări asupra cînteculi popoular [Béla Bartók: Bemerkungen über das Volkslied]. Mit einem Vorwort von Zeno Vancea. (Übertragung ins Rumänische des Bandes: Bartók Béla válogatott zenei írásai, und des Bandes: Bartók Béla válogatott írásai.) Bukarest o. J. [1956], Editura de Stat Pentru Literatură și Artă.

Béla Bartók, Weg und Werk, Schriften und Briefe. Zusammengestellt unter der Leitung von Bence Szabolcsi. Budapest 1957, Corvina.

Bartók Breviárium (levelek, írások. dokumentumok) [Bartók Brevier (Briefe, Schriften, Dokumente)]. Zusammengestellt von József Újfalussy. Budapest 1958, Zeneműkiadó Vállalat.

Béla Bartók, Eigene Schriften und Erinnerungen der Freunde. Zusammengestellt von Willi Reich. Basel-Stuttgart 1958, Benno – Schwabe & Cie.

Béla Bartók, Postrehy a názoy [Béla Bartók: Schriften und Briefe]. (Übersetzung ins Slowakische von Eva Hykischová des Bandes Bartók Béla válogatott írásai und von fünf Briefen Bartóks.) Bratislava 1965. Statne Hudobne vydavatel'stvo.

Bartók Béla Összegyűjtött írásai I. [Gesammelte Schriften Bartóks I]. Herausgegeben von András Szőllősy, Budapest 1966. Zeneműkiadó. (Etwa hundert Exemplare erschienen mit der Jahreszahl 1967.) Vollständige und kritische Ausgabe der Schriften Bartóks.

Bartók verwendete in seinen Briefen und Aufsätzen die ungarischen Ortsnamen, wie sie vor dem Ersten Weltkrieg in Gebrauch waren. Zur besseren Orientierung geben wir nachstehendes Verzeichnis der alten ungarischen Orte mit ihren deutschen bzw. jetzigen rumänischen oder slowakischen Namen.

Belényes	Beiuş (Rumänien)
Beszterce	Bistriţa (Bistritz, Rumänien)
Felsőlefánt	Hornie Lefantovce (Tschechoslowakei)
Fillér	Filier (Tschechoslowakei)
Fogaras	Făgăraş (Rumänien)
Gerlice	Grlica (Tschechoslowakei)
Kassa	Košice (Kaschau, Tschechoslowakei)
Kolozsvár	Cluj (Klausenburg, Rumänien)
Marosvásárhely	Targu-Mureş (Neumarkt, Rumänien)
Nagyszentmiklós	Sînnicolau Mare (Rumänien)
Nagyszőllős	Vinogradov (Sowjetunion)
Nagyvárad	Oradea (Großwardein, Rumänien)
Pozsony	Bratislava (Preßburg, Tschechoslowakei)
Tőkésújfalu	Klátova Nová Ves (Tschechoslowakei)
Újtátrafüred	Nový Smokovec (Neuschmocks, Tschechoslowakei)

vokalwerke

ungarische volkslieder für solostimme und klavier
fünf lieder für solostimme und klavier op. 15

fünf lieder für solostimme und klavier op. 16
acht ungarische volkslieder für solostimme und klavier

fünf dorfszenen für solostimme und klavier
zwanzig ungarische volkslieder für solostimme und klavier
vier lieder aus dem mikrokosmos

dorfszenen für frauenstimme und kammerorchester
cantata profana. sieben chöre mit orchesterbegleitung
fünf ungarische volkslieder für solostimme und orchester

siebenundzwanzig kinder- und frauenchöre a cappella
30, slpx 1290 stereo/mono 21 dm*

vier altungarische volkslieder für männerchor
fünf slowakische volkslieder für männerchor
székely-lieder für männerchor.
aus alter zeit
vier slowakische volkslieder für gemischten chor
vier ungarische volkslieder für gemischten chor

klaviermusik

vier klavierstücke. rhapsodie für klavier op. 1
30, slpx 1300 stereo/mono 21 dm*

drei ungarische volkslieder aus csik
vierzehn bagatellen op. 6.
zehn leichte klavierstücke
30, slpx 1299 stereo/mono 21 dm*

zwei rumänische tänze op. 8a.
zwei elegien op. 8b
vier klagelieder op. 9a. skizzen op. 9b
30, slpx 11335 stereo/mono 21 dm*

für kinder, heft 1–2
2–30, slpx 11394–95 stereo/mono 32 dm*

drei burlesken op. 8c. allegro barbaro
sonatine. erste zeit am klavier
rumänische volkstänze
rumänische weihnachtslieder
suite op. 14
drei ungarische volkstänze

fünfzehn ungarische bauernlieder.
drei rondos. improvisationen auf ungarische bauernlieder
drei studien op. 18.
tanz-suite für klavier
30, slpx 11338 stereo/mono 21 dm*

sonate. im freien. kleine suite
neun kleine klavierstücke
30, slpx 11339 stereo/mono 21 dm*

mikrokosmos, heft 1–6
3–30, slpx 11405–07 stereo/mono 48 dm*

kammermusik

steichquartette nr. 1–6
3–30, slpx 1294–96 stereo/mono 48 dm*

sonaten für violine und klavier nr. 1+nr. 2

rhapsodien für violine und klavier nr. 1+nr. 2
rhapsodie für violoncello und klavier nr. 1
ungarische volkslieder. kontraste

44 duos für zwei violinen
sieben stücke für zwei klaviere
30, slpx 11320 stereo/mono 21 dm*

sonate für zwei klaviere und schlagzeug
sonate für violine solo

nachgelassene werke

konzert für zwei klaviere, schlagzeug und orchester
suite für zwei klaviere op. 4b
30, slpx 11398 stereo/mono 21 dm*

kossuth, symphonische dichtung.
scherzo für klavier und orchester
scherzo aus der es-dur-sinfonie
30, slpx 11517 stereo/mono 21 dm

konzert für violine und orchester nr. 1
rumänischer tanz nr. 1.
der hölzerne prinz, suite
30, slpx 11314 stereo/mono 21 dm

*bereits erschienen